湖南省大湘西茶产业发展促进会
www.xiaoxiangtea.cn

XIAO
GUAN
CHA
小罐茶®
高端中国茶

2021
中国茶叶行业发展报告

中国茶叶流通协会
组织编写

中国轻工业出版社

编委会

参加单位

组织单位

中国茶叶流通协会

参与单位 （按稿件编排顺序排序）

北京市茶业协会
山西省茶叶学会
江苏省茶叶协会
江苏省茶叶研究所
浙江省茶叶产业协会
安徽省茶叶行业协会
福建省种植业技术推广总站
江西省茶叶协会
山东省茶文化协会
河南省茶叶协会
湖北省茶叶协会
湖南省茶业协会
广东省茶业行业协会
广西茶业协会
海南省茶叶学会
海南省茶业协会
重庆市茶叶商会
四川省茶叶流通协会
贵州省绿茶品牌发展促进会
云南省茶叶流通协会
陕西省茶业协会
八马茶业股份有限公司
中国食品土畜进出口商会茶叶分会
国际茶叶委员会（ITC）
浙江大学
中华全国供销合作总社杭州茶叶研究院
泸州老窖股份有限公司
浙江省茶资源跨界应用技术重点实验室
漳州职业技术学院
浙江农林大学
德化县陶瓷发展委员会
和君集团
福建说茶文化传播有限公司

支持单位

中国茶叶股份有限公司
湖南省茶业集团股份有限公司
湖南省大湘西茶产业发展促进会
湖南华莱生物科技有限公司
北京张一元茶叶有限责任公司
北京吴裕泰茶业股份有限公司
北京小罐茶业有限公司

前言

金风送爽，大地流金。在中国共产党成立100周年之际，汇集产业发展情况、凝聚行业精英智慧的《2021中国茶叶行业发展报告》（以下简称：《报告》）已然成书，即将付梓。承袭以往《报告》严谨、完整的基础结构，编委会今年尝试在选题设计与作者邀约方面寻求突破，力求使《报告》内容更加实用和更具吸引力，从而凸显整部报告的开放性与包容性。

纵观《2021中国茶叶行业发展报告》，全书共设定了综合报告、乡村振兴、内贸流通、国际贸易、食品安全、智慧茶业、文旅建设、配套产业、资本运作、行业宣传、附录十一部分，共计四十篇。其中，第一部分综合报告有五篇：第一篇是2020世界茶叶产销形势报告，基于国际茶委会2020年度数据对全球茶业进行全面分析；第二篇是2020中国茶叶产销形势报告，通过我协会综合农业部、中国海关及自有大数据平台的数据，对2020年中国茶叶产销情况进行分析与解读；第三篇是2020中国茶叶企业发展报告，根据我协会主导的2021中国茶叶百强企业调查结果，对全国头部企业的发展情况进行综述；第四篇2020中国茶业品牌建设发展报告基于年度行业调查结果及品牌评价机制，对当前茶行业品牌建设情况进行概述；第五篇2020中国茶叶行业信用体系建设报告全面分析了茶业企业当前的信用现状。第二部分乡村振兴分为两项内容：一是2020全国重点产茶县发展报告，该报告根据2021年度的行业调查结果，综合分析全国重点产茶县的发展情况；二是2020年度的分省份茶叶行业发展报告（共19篇），内容为中国除甘肃省、台湾省以外的17个茶叶主产省（自治区、直辖市）以及北京市、山西省两大销售区的年度茶业产销形势分析和发展规划等。第三部分内贸流通共有三篇，包括2020中国茶业连锁经营发展报告、2020中国茶叶电商发展报告、2020中国新式茶饮市场发展报告，分别对连锁店模式、茶业电商、新式茶饮等茶行业热点流通领域进行分析。第四部分国际贸易共有三篇，分别介绍了中国茶叶的进出口情况及全球茶叶消费形势。第五部分食品安全有三篇，分别是2020中国茶叶质量安全发展报告、2020中国茶叶标准体系建设发展报告、“十三五”期间中国茶叶健康研究报告，集中阐释茶行业健康发展问题。第六部分智慧茶业有两篇，分别是2020中国茶酒行业发展报告、2020中国茶饮料发展报告，着力展现当前中国茶行业在创新衍生领域的新突破。第七部分文旅建设，从年度行业热点“非遗”入手，系统分析了茶行业非遗开发及保护现状，试图将文化与产业进行有机串联。第八部分配套产业，对2020年度的中国陶瓷茶具行业发展情况进行了介绍。第九部分资本运作，围绕茶行业年度热点资本运营事件，尝试指出茶行业资本运营的未来发展方向。第十部分行业宣传，对茶叶行业宣传的新热点领域——自媒体发展运营进行了系统介绍和分析。最后的附录部分，全面提供了2020年中国茶叶行业重要产业数据、中国茶业指数总结分析、年度百强企业与百强县名单及涉茶相关法律法规标准的汇编等内容，非常具有实用性。

2021年是《中国茶叶行业发展报告》出版的第十三年。作为一部公认的行业工具书，本书的每一份成长、每一点进步都离不开行业的支持与读者的关怀。2021年度报告的成功出版，我们首先要感谢全国各茶叶主产省（自治区、直辖市）省级茶业社团组织；还要感谢中华全国供销合作总社杭州茶叶研究院、中国食品土畜产进出口商会、德化县陶瓷发展委员会办公室、浙江大学、浙江农林大学、漳州职业技术学院、和君资本、福建说茶文化传播有限公司、八马茶业股份有限公司、泸州老窖股份有限公司以及全国100余个重点产茶县的县级政府与近200家国内茶叶行业龙头企业的参与和支持。感谢中国茶叶股份有限公司、湖南省茶业集团股份有限公司、湖南省大湘西茶产业发展促进会、北京张一元茶叶有限责任公司、北京吴裕泰茶业股份有限公司、北京小罐茶业有限公司、湖南华莱生物科技有限公司给予本书出版的特别支持以及中国轻工业出版社有限公司的辛勤付出。

最后，我们要感谢的是长期关注和支持《中国茶叶行业发展报告》的广大读者。您们的肯定与帮助，是我们坚守初心、不断探索的动力之所在；你们的鼓励与期盼，是我们推陈出新，严谨作为的行为之准绳。作为平凡的行业工作者，我们深知：一切伟大的成就都是奋斗的结果，一切伟大的事业都需要在继往开来中推进，中国茶产业亦如是。我们有幸生于这个伟大的时代，我们有幸见证这个百年未有之大变局，我们将一如既往地以客观、立体、全方位的角度记录中国茶产业的发展，不遗余力地搜集、整理关乎茶产业未来走势的信息数据与信息资讯。中国茶产业的发展之路还很漫长，中国茶叶流通协会将始终贴近行业、服务行业。让我们用《中国茶叶行业发展报告》忠实记录下中国茶业经济史的点点滴滴。

谨以此书向全体中国茶业工作者致以最崇高的敬意！

王庆

2021年9月，于北京

目 录

第一部分

综合报告

2020世界茶叶产销形势报告

2020中国茶叶产销形势报告

2020中国茶叶企业发展报告

2020中国茶业品牌建设发展报告

2020中国茶叶行业信用体系建设报告

2020世界茶叶产销形势报告

中国茶叶流通协会

2020年，突如其来的新冠肺炎疫情对世界经济带来严重冲击，全球经济、贸易和投资等遭遇重挫而显著衰退，美欧日等发达经济体增速大幅下滑，新兴市场和发展中经济体处境艰难，全球经济复苏前景充满不确定性。与此同时，全球产业链和价值链加速重组，数字经济成为复苏新动能，医疗物资、农业贸易、纺织业、现代制造业迎来了新的发展机遇。

作为全球农业的重要组成部分，茶叶产业在2020年也经受了巨大考验。尽管全球茶叶种植面积、产量持续攀升，生产格局总体未受明显影响，但是国际贸易量明显回落带来的消费端萎缩，使得全球茶叶产大于销的局面持续加剧。据有关资料显示：2020年，全球茶叶种植面积为509.8万公顷，茶叶产量626.9万吨，全球茶叶总出口量为182.2万吨，较上一年分别增长2.0%、1.9%和–3.7%。

一、生产情况

（一）种植面积持续扩大

据国际茶叶委员会（ITC）统计：2020年，世界茶园面积再创历史新高，达到509.8万公顷。纵观2011—2020年的十年间，世界茶叶种植面积增长了125.8万公顷（图1），十年增幅高达32.8%，年均复合增长率达3.2%。

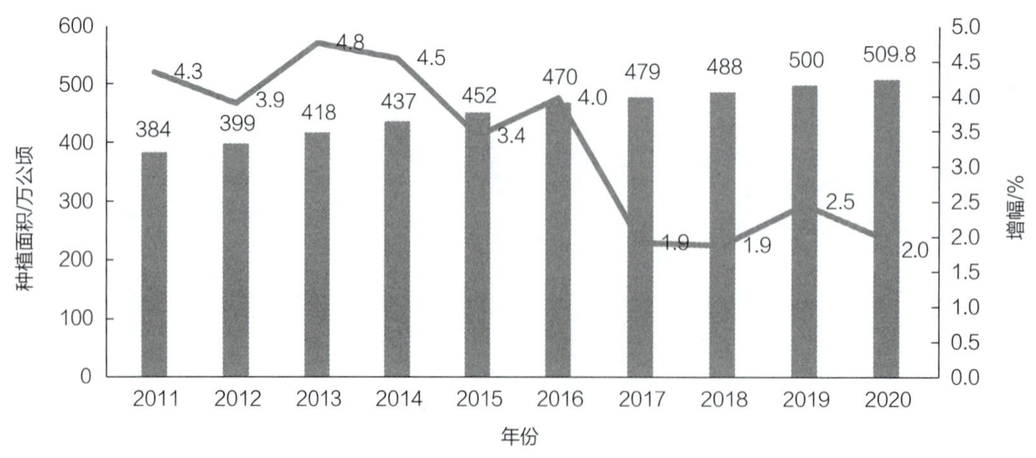

图1 2011—2020年世界茶叶种植面积

数据来源：国际茶叶委员会

如表1所示，2020年度全球茶叶种植面积超10万公顷的国家有6个。其中，中国面积最大，为316.5万公顷，同比增长3.3%，占总面积的62.1%；印度居第二，茶叶种植面积保持在63.7万公顷，占全球12.5%；茶叶种植面积排名3～6位的国家依次是肯尼亚（26.9万公顷）、斯里兰卡（20.3万公顷）、越南（13.0万公顷）、印度尼西亚（11.4万公顷）（图2）。

表1　2020年世界茶叶种植面积前十名的国家

国家名称	中国	印度	肯尼亚	斯里兰卡	越南	印度尼西亚	土耳其	缅甸	孟加拉	乌干达
种植面积/万公顷	316.5	63.7	26.9	20.3	13.0	11.4	8.3	8.1	6.5	4.7

数据来源：国际茶叶委员会

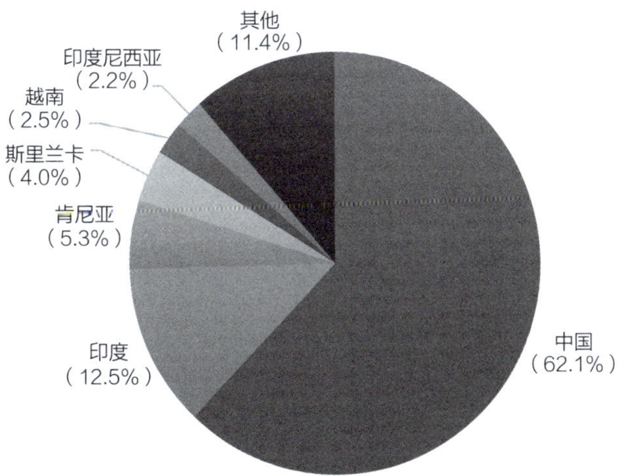

图2　2020年世界各主要产茶国茶叶种植面积占比

（二）茶叶产量继续增加

据统计：2020年，在中国和肯尼亚茶叶产量增长的带动下，全球茶叶总产量保持增长态势。2020年世界茶叶产量达到626.9万吨，较2019年增长1.9%，增速为近五年最低。2011—2020年十年间，世界茶叶总产量增长了168万吨（图3），十年增幅达36.6%，年均复合增长率为3.5%。

分国家看，2020年度全球最大的产茶国仍是中国（298.6万吨）和印度（125.8万吨），两国茶产量合计达424.4万吨，占到世界茶叶总产量的67.7%。产量排在第3～10位的依次是肯尼亚（57.0万吨）、土耳其（28.0万吨）、斯里兰卡（27.80万吨）、越南（18.6万吨）、印度尼西亚（12.6万吨）、孟加拉国（8.6万吨）、阿根廷（7.3万吨）和日本（7.0万吨）（表2）。在产量位居前十的国家中（表2），除肯尼亚（19.4%）、中国（6.3%）、土耳其（4.4%）实现了正增长，其余国家均出现了不同幅度的减产，印度与孟加拉国的茶产量降幅均超过了10%。

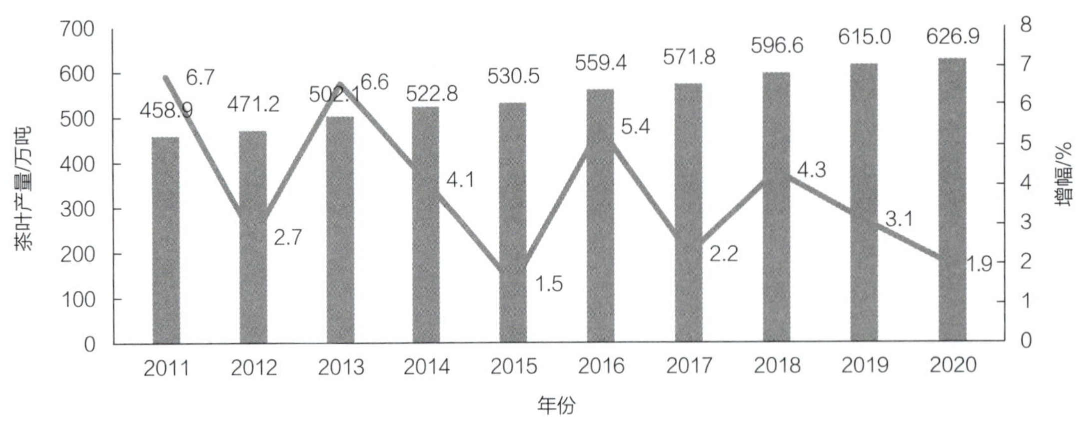

图3　2011—2020年世界茶叶产量

数据来源：国际茶叶委员会

表2　2020年全球茶叶产量

名次	国家名称	生产量/万吨	增幅/%
1	中国	298.6	6.3
2	印度	125.8	-10.5
3	肯尼亚	57.0	19.4
4	土耳其	28.0	4.4
5	斯里兰卡	27.8	-7.8
6	越南	18.6	-2.2
7	印度尼西亚	12.6	-2.2
8	孟加拉国	8.6	-11.2
9	阿根廷	7.3	-5.5
10	日本	7.0	-9.6
	……		
	全球总产量	626.9	1.9

数据来源：国际茶叶委员会

二、市场情况

（一）全球茶叶出口贸易遇冷回落

受全球经济持续低迷、国际贸易与物流严重受阻的影响，2020年度世界茶叶出口量呈现下滑态势，年度茶叶出口总量为182.2万吨（图4），比2019年减少了7.05万吨，降幅为3.7%，是近十年来最大幅度的下滑。回顾2011—2020年的十年间，世界茶叶出口量分别在2012—2013年、2017—2019年出现过两次大幅攀升，至2020年骤然降至2014年的水平，与总产量的比值则持续呈萎缩趋势（图5）。2020年，全球茶叶总出口量与产茶国内销量的比值为29∶71。

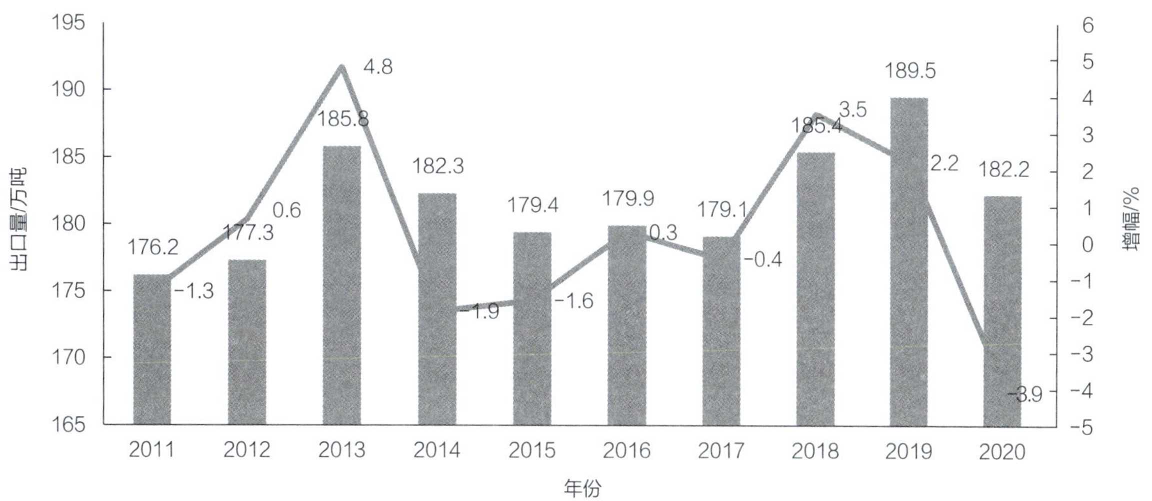

图4 2011—2020年世界茶叶出口情况

数据来源：国际茶叶委员会

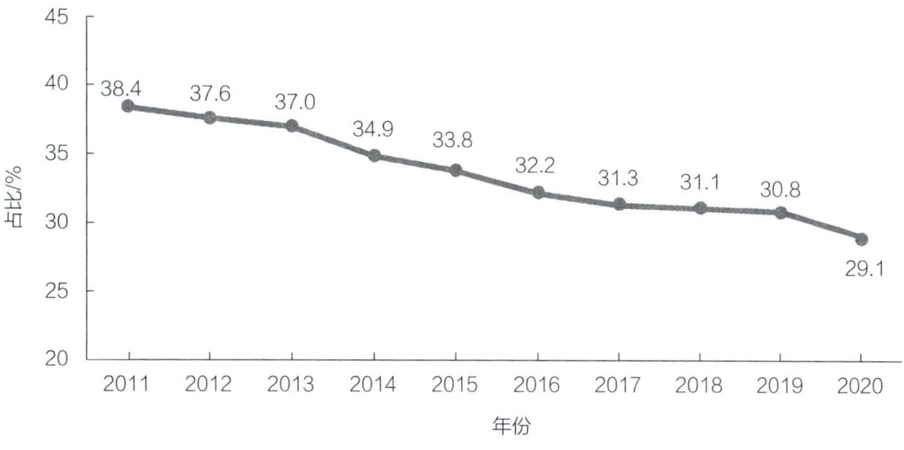

图5 2011—2020年世界茶叶出口占总产量的比重

数据来源：国际茶叶委员会

从主要产茶国的出口情况看（表3）：2020年，出口量超过1万吨的茶叶生产国和地区数量为14个；依次是肯尼亚、中国、斯里兰卡、印度、越南、阿根廷、乌干达、印度尼西亚、马拉维、卢旺达、坦桑尼亚、尼泊尔、津巴布韦、布隆迪。茶叶出口量排在第一位的仍是肯尼亚（51.9万吨），在全球茶叶出口总量中的占比为28.5%；其次是中国（34.9万吨，占比19.1%），第三是斯里兰卡（26.3万吨，占比14.4%），第4～10位依次是印度（20.4万吨）、越南（13.0万吨）、阿根廷（6.6万吨）、乌干达（5.7万吨）、印度尼西亚（4.5万吨）、马拉维（4.3万吨）、卢旺达（3.1万吨）。在出口量位前十的国家和地区中，肯尼亚、乌干达、印度尼西亚、马拉维、卢旺达5国在2020年出口实现了茶叶出口量的正增长，其中，马拉维的茶叶出口量增幅甚至高达30.1%；而中国、斯里兰卡、印度、越南、阿根廷等国的茶叶出口量均比上一年有所减少。

表3 2020年全球茶叶出口量

名次	国家名称	出口量/万吨	增幅/%
1	肯尼亚	51.9	4.5
2	中国	34.9	-4.8
3	斯里兰卡	26.3	-9.3
4	印度	20.4	-16.5
5	越南	13.0	-4.4
6	阿根廷	6.6	-12.4
7	乌干达	5.7	2.9
8	印度尼西亚	4.5	5.0
9	马拉维	4.3	30.1
10	卢旺达	3.1	8.8
	……		
	全球总出口量	182.2	-3.9

数据来源：国际茶叶委员会

从出口均价看（图6，表4）：在产茶国中，2020年全球茶叶出口均价最高的国家仍是日本，达到了28.88美元/千克（但茶叶出口量保持在5000多吨）；其次是中国台湾，达到12.84美元/千克。中国大陆的茶叶出口均价继续保持上涨势头，达到5.84美元/千克；其后是斯里兰卡（4.64美元/千克）；而肯尼亚虽然茶叶出口量在全球居首，但出口均价相对较低，仅为2.17美元/千克。而在再出口国家和地区中，法国再出口均价为15.64美元/千克，其次是德国（10.16美元/千克）和英国（7.11美元/千克）。

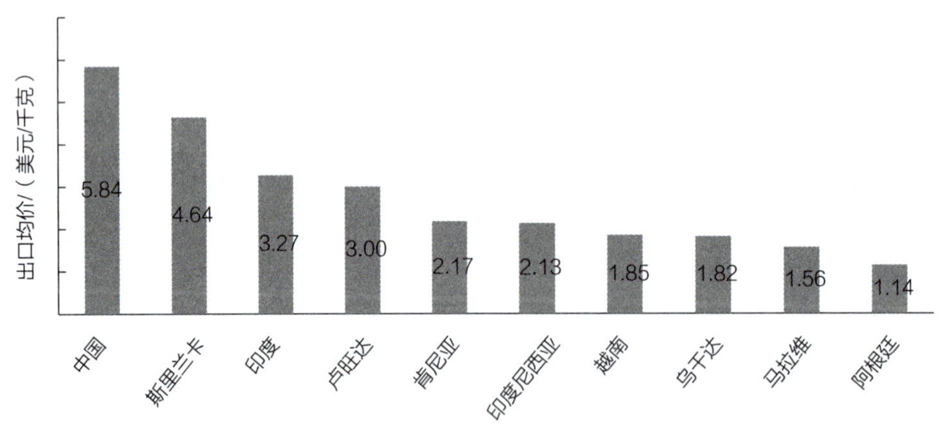

图6 2020年世界茶叶出口量前十的国家及地区出口均价

数据来源：国际茶叶委员会

表4 2020年世界主要茶叶出口国的平均离岸价格

国家名称	日本	法国*	中国台湾	德国*	英国*	中国	斯里兰卡	卢旺达	印度	肯尼亚	印度尼西亚
平均离岸价格/（美元/千克）	28.88	15.64	12.84	10.16	7.11	5.84	4.64	3.00	3.27	2.17	2.13

*表示再出口国。

数据来源：国际茶叶委员会

（二）全球茶叶进口量有所下滑

2020年世界茶叶总进口量为173.5万吨（图7），较2019年减少4.2%。2011—2020年十年间全球茶叶进口量除2018年和2019年较大外，总体基本稳定在170万吨左右。

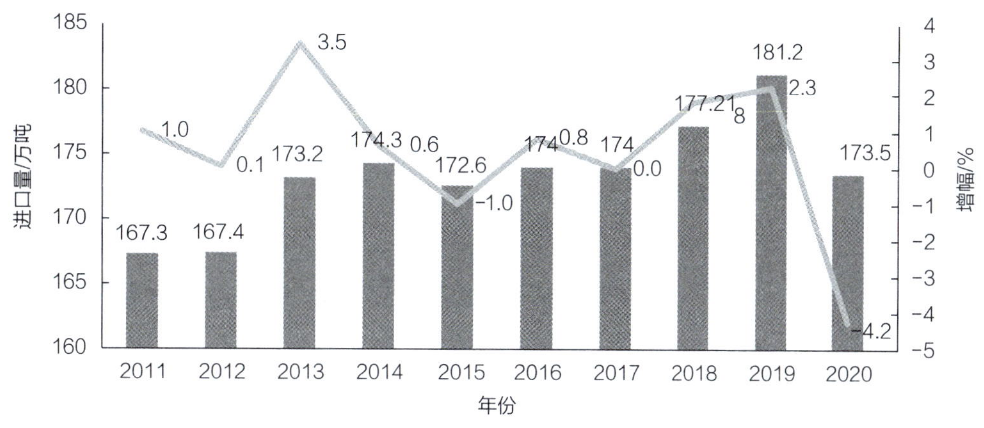

图7　2011—2020年世界茶叶进口量

数据来源：国际茶叶委员会

分国家来看（表5）：2020年，世界茶叶进口量排在第一位的国家仍是巴基斯坦，达25.2万吨，占全球茶叶进口总量的11.4%；其次是俄罗斯（14.2万吨）；第三是英国（11.1万吨），第4～10位的国家依次为美国（10.6万吨）、埃及（9.4万吨）、摩洛哥（6.4万吨）、伊朗（5.3万吨）、阿联酋（4.5万吨）、中国（4.3万吨）、波兰（4.2万吨）。其中，中国首次进入茶叶进口国前十。巴基斯坦茶叶进口量延续上涨趋势，同比增长22.3%；其主要供应国为肯尼亚；2020年，该国从肯尼亚进口茶叶21.3万吨，占巴基斯坦进口茶叶量的84.5%。在2020年茶叶进口量排名前十的国家和地区中，除巴基斯坦、英国、波兰3国外，其余国家和地区均出现不同幅度下滑，摩洛哥下降比例达22.9%，伊朗更是高达34.6%。

表5　2020年全球茶叶进口量

名次	国家名称	进口量/万吨	增幅/%
1	巴基斯坦	25.2	22.3
2	俄罗斯	14.2	-1.4
3	英国	11.1	6.7
4	美国	10.6	-9.4
5	埃及	9.4	-13.8
6	摩洛哥	6.4	-22.9
7	伊朗	5.3	-34.6
8	阿联酋	4.5	-6.3
9	中国	4.3	-2.3
10	波兰	4.2	10.5
	……		
	全球总进口量	173.5	-4.2

数据来源：国际茶叶委员会

（三）全球茶叶拍卖成交均价分化趋势明显

从全球各大茶叶拍卖行交易情况看。2020年全球主要茶叶拍卖市场交易量为141.24万吨。交易量居世界第一的是肯尼亚蒙巴萨拍卖行（51.68万吨），第二的是斯里兰卡科伦坡拍卖行（25.74万吨），排位第3～10位的拍卖行依次是古瓦哈提（印度）（16.25万吨）、加尔各答（印度）（13.26万吨）、西里古里（印度）（13.12万吨）、吉大港（孟加拉国）（8.30万吨）、古努尔（印度）（6.66万吨）、科钦（印度）（4.15万吨）、哥印拜陀（印度）（1.48万吨）、林贝（马拉维）（0.60万吨）（图8）。

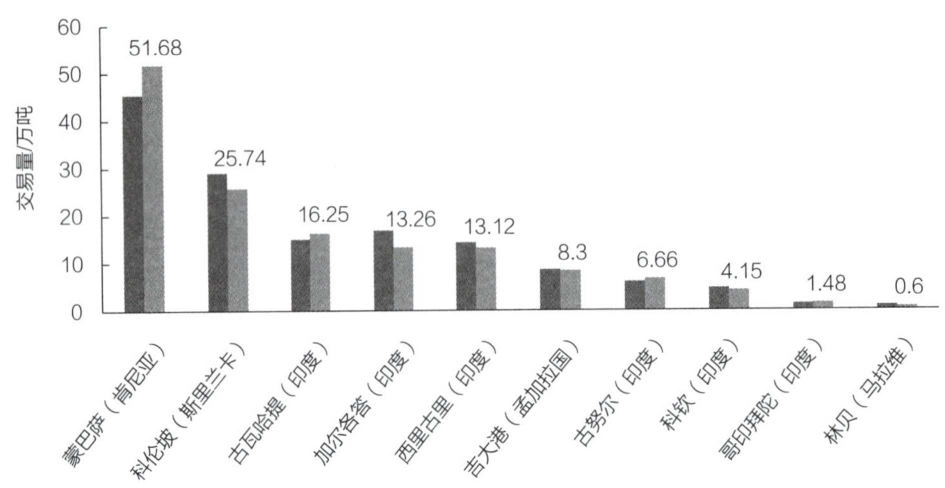

图8 2020年世界主要茶叶拍卖行交易量

数据来源：国际茶叶委员会

非洲最主要拍卖市场——肯尼亚蒙巴萨拍卖行2020年的成交均价为193美分/千克，同比降低5.4%，连续第三年出现成交价格下滑，达到十年来价格的最低水平。十年来，蒙巴萨的成交均价一直处于波动状态，没有明显提升，价格最高为2012年的288美分/千克（图9）。

印度最主要拍卖市场——加尔各答，2020年交易量出现下滑被古瓦哈提市场反超，加尔各答拍卖行2020年的成交均价为215.88印度卢比/千克（2021年9月18日汇率：1印度卢比=0.08774人民币），较2019年增长26.5%。十年来，加尔各答拍卖行的成交均价保持稳定上升状态，从2011年的129.44印度卢比/千克上涨到215.88印度卢比/千克，年均复合增长率为5.8%（图10）。

斯里兰卡最主要拍卖市场——科伦坡拍卖行2020年的成交均价为631.56斯里兰卡卢比/千克（2021年9月18日汇率：1斯里兰卡卢比=0.03249人民币），较2019年增长15.9%。十年来，科伦坡拍卖行的成交均价呈波动上升的态势，从2011年的359.68斯里兰卡卢比/千克提升到2020年的631.56斯里兰卡卢比/千克，年均复合增长率达到了6.5%（图11）。

图9　2011—2020年肯尼亚蒙巴萨拍卖市场茶叶拍卖均价

数据来源：国际茶叶委员会

图10　2011—2020年印度加尔各答拍卖市场茶叶拍卖均价

数据来源：国际茶叶委员会

图11　2010—2019年斯里兰卡科伦坡拍卖市场茶叶拍卖均价

数据来源：国际茶叶委员会

三、消费情况

（一）茶叶生产国仍是主要消费国

据统计，2020年世界茶叶消费总量为587.8万吨，同比微增0.3%。消费量最大的国家为中国，达245.0万吨；印度居第二位，达106.2万吨；其后分别是土耳其（27.0万吨）、巴基斯坦（25.2万吨）、俄罗斯（14.2万吨）、英国（11.1万吨）、埃及（9.4万吨）、日本（9.2万吨）、英国（11.1万吨）、印度尼西亚（9.6万吨）（表6）。2020年，消费量前十的国家中，巴基斯坦消费量增长强劲，同比增长22.3%，中国、英国、土耳其消费量稳定增长，其余六个国家消费量有不同幅度下滑。值得注意的是，中国和印度茶叶消费量占到全球消费量的一半以上，达到59.7%。

表6　2020年世界茶叶消费量

名次	国家名称	消费量/万吨	增幅/%
1	中国	245.0	7.6
2	印度	106.2	-4.2
3	土耳其	27.0	2.7
4	巴基斯坦	25.2	22.3
5	俄罗斯	14.2	-1.4
6	英国	11.1	9.9
7	美国	10.6	-9.4
8	印度尼西亚	9.6	-1.0
9	埃及	9.4	-13.8
10	日本	9.2	-10.7
	……		
	全球总消费量	587.8	0.3

数据来源：国际茶叶委员会

（二）人均消费量仍有较大发展空间

2020年，茶叶人均消费量排名全球第一位的仍是土耳其，人均每年消费茶叶3.2千克，同比增长3.2%；第二位是利比亚，2.64千克/（人·年），同比减少12.9%；第三位是爱尔兰，2.1千克/（人·年），同比增长5%。近年来，中国香港、中国大陆和中国台湾的人均茶叶消费量持续缓慢提升，均进入全球人均消费量的前15位。其中，中国香港排在第五位［1.65千克/（人·年），同比增长3.8%］，中国大陆排第六位［1.64千克/（人·年），同比增长5.8%］，中国台湾排第十位［1.3千克/（人·年）］（图12）。而作为世界主要产茶国的印度、肯尼亚，人均消费量仅分别为0.83千克/（人·年）和0.84千克/（人·年），均未进人均消费量排名的前十五位。

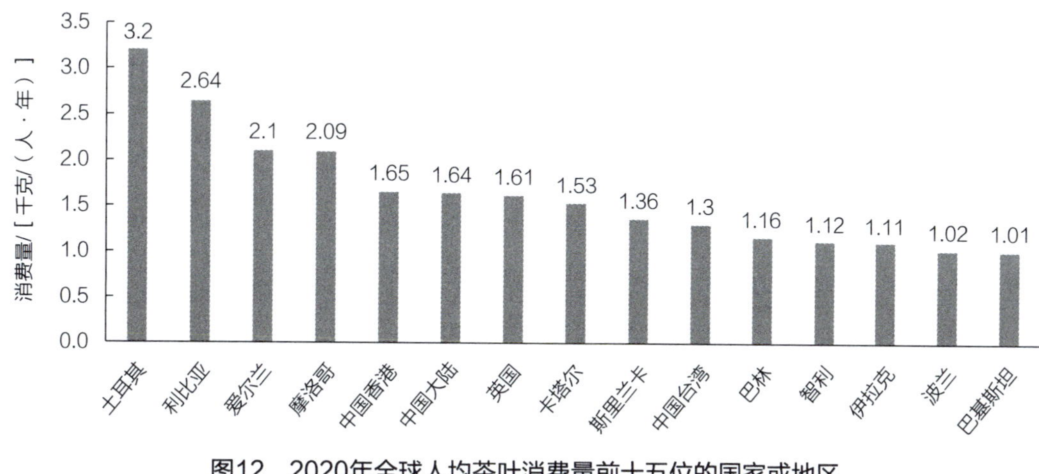

图12　2020年全球人均茶叶消费量前十五位的国家或地区

数据来源：国际茶叶委员会

四、结语

当前，全球进入后疫情时期。我们注意到：近一段时期以来，全球茶叶主产国为保护小农户的利益，已开始有计划地实施价格保护，因此在短期内产茶国与贸易商之间的博弈在所难免。但是鉴于茶叶的健康属性，因此茶叶的消费增长仍有巨大潜力，全球茶叶价格的普遍提升已成定局。但也应看到，疫情隔离、保护主义、金融风险等因素仍将继续阻碍世界经济增长，中期内世界茶叶贸易仍将保持稳定。目前，世界各茶叶主产国都已将重点放在提振国内消费市场，培养新消费增长点，对新兴市场的开发步伐有所减缓。针对中国茶业的全球化发展，特向政府、行业组织及产销企业建议如下。

（一）加强磋商协调，弱化国际茶叶贸易的限制影响

及时监测和跟踪进口国措施和标准的变化，加强全球茶叶行业进口国措施制定部门的沟通和交流，提高进口措施的可执行性和透明度。积极推进区域贸易协定中的非关税措施的统一和相互承认，减弱由于国家间的措施或标准差异导致的非关税措施成本对茶叶出口的影响。利用措施评议、国际协调和谈判，协助出口企业有效应对不合理的限制措施，将企业可能受到的影响和损失降至最低。加大与企业出口相关单位的协调力度，在通关和检疫等领域实行优惠政策。

（二）倡导领域创新，不断挖掘培育全球新消费增长点

深入研究消费新趋势带来的机遇和挑战及新增长点的培育，着力激发国内市场增长潜力，助力加快构建新发展格局；聚焦绿色发展对全球贸易带来的新机遇与新挑战，谋划绿色发展背景下国际贸易发展的新图景；结合后疫情时代的全民健康，研究茶叶经济可持续发展和包容性增长；结合数字经济时代的特点，推动茶叶贸易、服务和技术的自由流动，提升全球经济活力与产业创新能力；聚焦人工

智能、量子信息、移动通信、物联网、区块链等新一代信息技术，研究国际协作，激发智能制造潜力，共同促进智能制造发展，助力经济实现提质增效和转型升级。

（三）强化全球合作，深度挖掘全球茶产业内涵与外延

政府与行业组织应积极推进全球茶产业发展与合作，聚焦各国绿色发展的经验做法，研究绿色金融推动全球绿色经济和可持续发展的机遇、路径与合作，关注在区域经济一体化趋势下的金融开放与合作所带来的机遇和挑战，并保障茶业产品供应链的安全稳定。行业企业应通过跨业合作、跨国合作等多种方式，聚力产品创新、服务提升、产业分级，探索全球绿色发展与大健康时代背景下的茶产业优化路径。

（执笔人：梅宇、梁晓）

2020中国茶叶产销形势报告

中国茶叶流通协会

面对百年不遇的新冠肺炎疫情的突然暴发与严重冲击，面对严峻复杂的国际形势和第二次世界大战以来全球最严重的经济衰退，中国经济在2020年初出现大幅下滑。但是随着疫情逐步得到有效控制，消费回暖，带动了投资增速和进出口增速的稳步回升，贸易顺差较2019年大幅上升，人民币汇率在合理区间内宽幅双向波动。加之中国经济结构中的制造业和农业增加值占国内生产总值（GDP）45.47%的高比率优势，避免了经济增长过深下行。截止至2020年底，中国经济增速实现同比增长2.3%，GDP总量达到1015986亿元，规模以上工业增加值全年累计增长2.8%。疫情防控工作的重大战略成果，经济社会发展主要目标任务的胜利完成，"十三五"规划的圆满收官，充分彰显了中国坚强的政治领导力和经济抗风险能力。

面对疫情困扰及宏观经济形势的不利影响，中国茶产业表现出了强大的发展定力与韧劲——茶叶总产量、总产值，内销量、内销额，出口额、出口均价持续攀升，再创历史新高；茶业作为精准脱贫的支柱产业，助力全国脱贫攻坚战取得决定性胜利。与此同时，以电商为首的渠道端、以新茶饮为首的消费端亮点频出；多个茶企提交登陆主板申请；多家资本再度关注茶产业；中欧地理标志协定为中国茶进军高端国际市场提供了重要机遇。但是也应看到，产业供需不平衡，企业经营压力大，行业创新亮点不多，文化、科技、产业统筹发展有待加强等情况仍亟待解决。

一、种植生产

（一）数据指标

1. 茶园面积增速趋缓

据统计，2020年，全国18个主要产茶省（自治区、直辖市）茶园总面积4747.69万亩（1亩≈667平方米），同比增加149.82万亩，增长率3.26%（表1）。其中，可采摘面积4152.18万亩，同比增加461.41万亩，增长率12.50%。可采摘面积超过300万亩的省份有5个，分别是云南（630.00万亩）、贵州（619.22万亩）、四川（446.24万亩）、湖北（389.00万亩）、福建（320.00万亩）。未开采面积超过100万亩的省份有2个，分别是四川（139.76万亩）、湖北（124.71万亩）。

表1　2020年中国各主要产茶省份茶园面积

省份	2020年面积/万亩	2019年面积/万亩	面积增量/万亩	增幅/%
贵州	716.31	698.70	17.61	2.52
云南	709.70	699.90	9.80	1.40
四川	586.00	575.00	11.00	1.91
湖北	513.71	495.00	18.71	3.78
福建	335.40	327.80	7.60	2.32
浙江	307.50	306.00	1.50	0.49
安徽	286.32	280.25	6.07	2.17
湖南	274.00	266.30	7.70	2.89
陕西	233.00	215.40	17.60	8.17
河南	205.20	174.50	30.70	17.59
江西	169.00	164.85	4.15	2.52
广西	118.23	115.63	2.60	2.25
广东	104.08	100.08	4.00	4.00
重庆	78.20	70.28	7.92	11.27
江苏	50.80	50.77	0.03	0.06
山东	39.00	35.60	3.40	9.55
甘肃	17.92	18.19	（0.27）	（1.48）
海南	3.32	3.62	（0.30）	（8.29）
总计	4747.69	4597.87	149.82	3.26

注：括号中数据为降低值。下同。　　数据来源：中国茶叶流通协会

2. 茶叶产量增势不变

2020年，全国干毛茶产量为298.60万吨，比上年增加19.26万吨，增幅6.9%（表2）。产量超过30万吨的省区有福建（41.81万吨）、云南（40.88万吨）、贵州（38.56万吨）、湖北（35.06万吨）、四川（31.53万吨）。增产逾万吨的省区是贵州（9.96万吨）、湖南（1.77万吨）、湖北（1.52万吨）、四川（1.44万吨）、广东（1.25万吨）。

表2　2020年中国各主要产茶省份干毛茶产量

省份	2020年产量/吨	2019年产量/吨	增量/吨	增幅/%
福建	418131	412000	6131.2	1.5

续表

省份	2020年产量/吨	2019年产量/吨	增量/吨	增幅/%
云南	408824	399957	8866.6	2.2
贵州	385636	286046	99589.7	34.8
湖北	350571	335400	15171.1	4.5
四川	315343	300951	14392.0	4.8
湖南	240826	223111	17715.0	7.9
浙江	188100	181096	7003.9	3.9
安徽	138900	137094	1805.8	1.3
广东	116000	103496	12503.7	12.1
陕西	92996	91683	1313.2	1.4
广西	84696	88312	（3616.3）	（4.1）
河南	81000	75303	5697.0	7.6
江西	78076	73403	4673.3	6.4
重庆	43300	41241	2059.0	5.0
山东	29600	26620	2980.0	11.2
江苏	12000	15352	（3352.0）	（21.8）
甘肃	1418	1397	21.2	1.5
海南	600	920	（320.0）	（34.8）
合计	2986016	2793381.98	192634.5	6.9

数据来源：中国茶叶流通协会

3. 农业产值持续增长

2020年，全国干毛茶总产值为2626.58亿元，比增230.58亿元，增幅9.62%（表3）。干毛茶产值超过200亿元的省份有5个，分别是贵州（405.84亿元）、福建（290.42亿元）、四川（285.07亿元）、浙江（238.60亿元）、云南（204.85亿元）；产值增长超过30亿元的省份有3个，依次是贵州（83.99亿元）、广东（48.79亿元）、湖北（30.51亿元）。

表3　2020年中国各主要产茶省份干毛茶产值

省份	2020年产值/亿元	2019年产值/亿元	增量/亿元	增幅/%
贵州	405.84	321.86	83.99	26.09
福建	290.42	297.27	-6.85	（2.30）

续表

省份	2020年产值/亿元	2019年产值/亿元	增量/亿元	增幅/%
四川	285.07	279.69	5.39	1.93
浙江	238.60	224.74	13.86	6.17
云南	204.85	198.17	6.68	3.37
湖北	188.00	157.49	30.51	19.37
陕西	163.21	162.96	0.25	0.15
湖南	158.27	146.85	11.43	7.78
广东	153.79	105.00	48.79	46.47
安徽	146.17	145.50	0.67	0.46
河南	137.40	122.36	15.04	12.29
广西	82.76	68.33	14.43	21.12
江西	71.15	66.39	4.76	7.17
重庆	37.50	34.97	2.53	7.22
山东	30.00	33.10	–3.10	(9.37)
江苏	29.24	27.66	1.58	5.71
甘肃	2.71	2.65	0.06	2.26
海南	1.59	1.01	0.58	57.43
合计	2626.58	2396.00	230.58	9.62

数据来源：中国茶叶流通协会

4．茶类结构有所调整

2020年，六大茶类中，绿茶、乌龙茶产量继续稳增，但总产量占比继续向下微调（表4）。红茶、白茶、黄茶产量激增，总产量占比出现攀升；黑茶略有减产，总产量中占比有所下降。具体来看：绿茶产量184.27万吨，占总产量的61.70%，比增6.99万吨，增幅3.94%；红茶产量40.43万吨，占比13.54%，比增9.71万吨，增幅31.59%；黑茶产量37.33万吨，占比12.50%，比减0.48万吨，减幅1.28%；乌龙茶产量27.78万吨，占比9.30%，比增0.20万吨，增幅0.73%；白茶产量7.35万吨，占比2.46%，比增2.39万吨，增幅48.05%；黄茶产量1.45万吨，占比0.49%，比增0.48万吨，增幅48.78%（图1）。

表4　2020年中国六大茶类产量

茶类	2020年产量/万吨	2019年产量/万吨	增量/万吨	增幅/%
绿茶	184.27	177.28	6.99	3.94

续表

茶类	2020年产量/万吨	2019年产量/万吨	增量/万吨	增幅/%
红茶	40.43	30.72	9.71	31.59
黑茶	37.33	37.81	-0.48	-1.28
乌龙茶	27.78	27.58	0.20	0.73
白茶	7.35	4.96	2.39	48.05
黄茶	1.45	0.97	0.48	48.78
总计	298.61	279.34	19.27	6.90

数据来源：中国茶叶流通协会

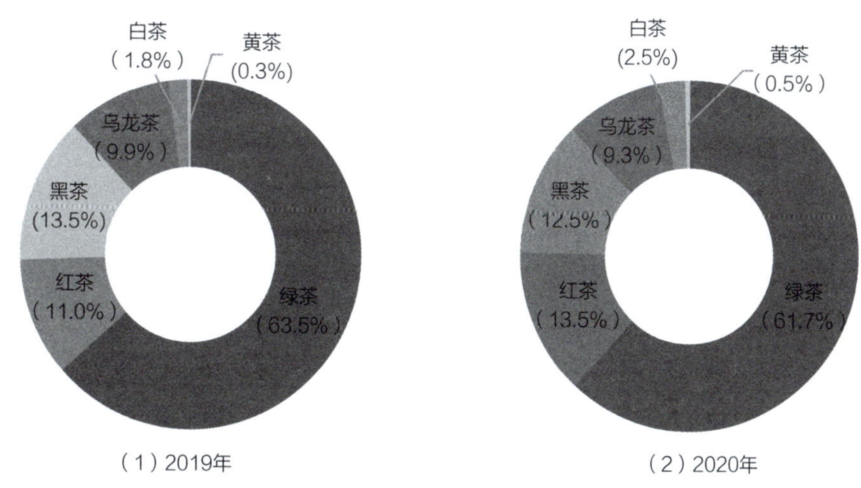

图1　中国各茶类产量占比

数据来源：中国茶叶流通协会

（二）运行情况

1. 气象年景偏差，局部灾害频发

2020年，中国气候偏差。主汛期南方地区遭遇1998年以来最重汛情，自然灾害以洪涝、地质灾害等为主。对茶产业的主要影响：2月中旬全国范围的寒潮对特早茶品种造成了较大危害；3月下旬中东部地区大范围大风降水降温天气过程，造成江北局地茶叶不同程度受灾；云南春夏连旱，影响了多地头春茶产量和品质；6—8月份，全国多地先后发生严重洪涝灾害，安徽、湖北、广东、四川等省的茶园、茶厂受灾。

2. 抗疫复工复产，运行符合预期

总体来看，尽管疫情发生与春茶季基本完全重叠，但在党和政府的有力统筹与组织下，2020年春茶生产仍然有序开展，主要表现：一是开采时间基本与往年持平，尽管早期有天气灾害，但影响不大；二是疫情影响茶叶生产加工，但对茶叶采摘、鲜叶产量与质量影响有限。疫情的真正严重影响主要反映在

销售环节——上半年，产销区市场均因人流、物流受阻而造成“难买”“难卖”，产品留滞现象严重、销售量价额明显下滑。在产区，各地茶市2月下旬之前普遍无法正常开市，开市后又受限流影响，茶青、干毛茶等生产原料交易一度受阻；销区市场也面临同样问题，经销商进出货周期长且对短中期市场预期不佳。此外，各茶区每年春季举办的主题节会和展销活动受到影响，纷纷移师线上，尽管采用了直播带货等多种形式，但不足以弥补线下的缺失。进入下半年，疫情逐步缓解，茶叶生产也进入尾声。当然，内需市场的回暖无疑是对茶叶市场流通重大的利好。

3．产业持续发展，指标平稳向好

2020年疫情之下，中国茶叶产量超预期的大增，主要原因：一是年内投产茶园面积较大，极个别省份甚至超过100万亩；二是农业端出于对疫情不确定性的考量，在采摘鲜叶环节，从原来的选择性采摘切换为应采尽采，甚至能采尽采的模式。与此同时，持续上升的成本使农业产值继续提升。分茶类产量看，红茶、白茶、黄茶激增，总产量占比出现攀升；黑茶略有减产，总产量占比有所下降；红茶取代黑茶成为中国第二大量产茶类。从分茶类产值看，绿茶以1632亿元占据绝对优势；红茶次之，产值为429亿元；黑茶、乌龙茶则分别为239亿元和237亿元；白茶、黄茶快速提升，产值分别达到75亿元和14亿元。在抗疫复工复产有序推进的同时，全国茶园结构持续优化，无性系良种茶园面积比例不断提高，绿色优质产品生产基地增多，区域公用品牌、集群品牌、企业品牌、产品品牌整体数量和质量都有大幅提高，茶叶绿色安全稳定向好，质量效益继续提升。

4．产业痼疾仍在，改革任重道远

综合供给侧与需求侧反馈信息看，当前茶产业的主要问题：一是茶叶产能持续增大，产品供求结构性失衡的问题日益凸显；二是发展方式粗放，产业原先低成本、重扩增形成的竞争优势正在快速弱化；三是区域品牌、集群品牌、企业品牌、产品品牌等总体建设水平与日益增长的高质量品牌需求之间的矛盾较为突出；四是科技转化效率低，高校人才培养机制不适应茶产业需求，标准更新效率不高，行业管理与服务标准有待完善；五是业态融合发展形式单一，产品质量有待提升；六是新冠疫情的影响将持续到“十四五”前期，在警报完全解除前，生产环节的不确定性仍然存在；七是劳动力、土地等生产成本持续攀升，挤压利润空间。

二、内销市场

（一）国产茶叶

1．量额齐增，内销均价持续下降

据统计（表5～表7），2020年中国茶叶国内销售量达220.16万吨，比增17.61万吨，增幅为8.69%。2020年，中国茶叶内销均价为131.21元/千克，比减4.03元/千克，减幅2.98%。2020年，中国茶叶国内销售总额为2888.84亿元，比增149.34亿元，增幅5.45%。

表5 2011—2020年中国茶叶内销总量

年份	2020	2019	2018	2017	2016	2015	2014	2013	2012	2011
内销量/万吨	220.16	202.56	191.05	181.70	171.06	167.91	150.25	133.83	124.01	109.61

数据来源：中国茶叶流通协会

表6 2011—2020年中国茶叶内销总额

年份	2020	2019	2018	2017	2016	2015	2014	2013	2012	2011
内销额/亿元	2889	2740	2661	2405	2148	1869	1669	1385	1176	971

数据来源：中国茶叶流通协会

表7 2011—2020年中国茶叶内销均价

年份	2020	2019	2018	2017	2016	2015	2014	2013	2012	2011
内销价/（元/千克）	131.2	135.2	139.3	132.4	125.5	111.3	111.1	103.5	94.9	88.5

数据来源：中国茶叶流通协会

2．此消彼长，茶类格局出现调整

2020年，中国绿茶内销量127.91万吨，占总销量的58.1%；红茶31.48万吨，占比14.3%；黑茶31.38万吨，占比14.2%；乌龙茶21.92万吨，占比10.0%；白茶6.25万吨，占比2.8%；黄茶1.23万吨，占比0.6%（表8、图2）。

各茶类中，绿茶均价132.85元/千克、红茶159.09元/千克、乌龙茶128.06元/千克、黑茶96.11元/千克、白茶143.35元/千克、黄茶138.06元/千克（图3）。

据此推算，中国绿茶内销额1699.20亿元，占内销总额的58.8%；红茶500.85亿元，占比17.4%；黑茶301.57亿元，占比10.4%；乌龙茶280.72亿元，占比9.7%；白茶89.53亿元，占比3.1%；黄茶16.96亿元，占比0.6%（表9、图4）。

表8 2020年中国六大茶类内销量

茶类	2020年内销量/万吨	2019年内销量/万吨	增量/万吨	增幅/%
绿茶	127.91	121.42	6.49	5.35
红茶	31.48	31.86	-0.38	-1.19
黑茶	31.38	21.63	9.75	45.08
乌龙茶	21.92	22.6	-0.68	-3.01
白茶	6.25	4.22	2.03	48.10
黄茶	1.23	0.83	0.4	48.19
总计	220.17	202.56	17.61	8.69

数据来源：中国茶叶流通协会

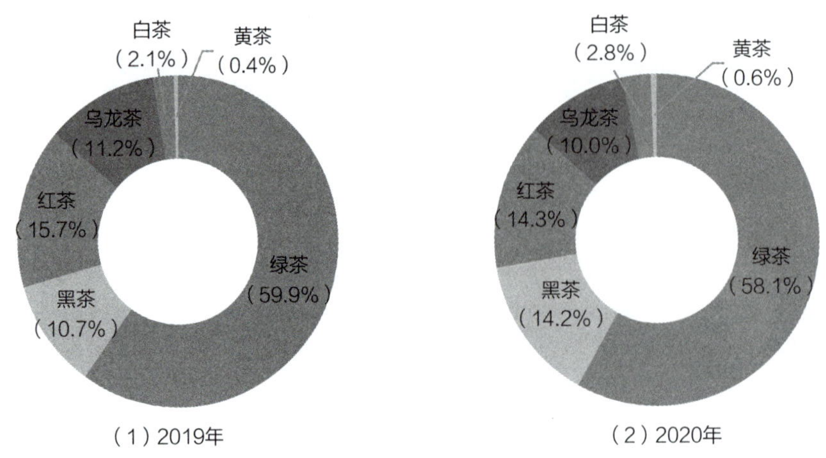

图2　中国六大茶类内销量

数据来源：中国茶叶流通协会

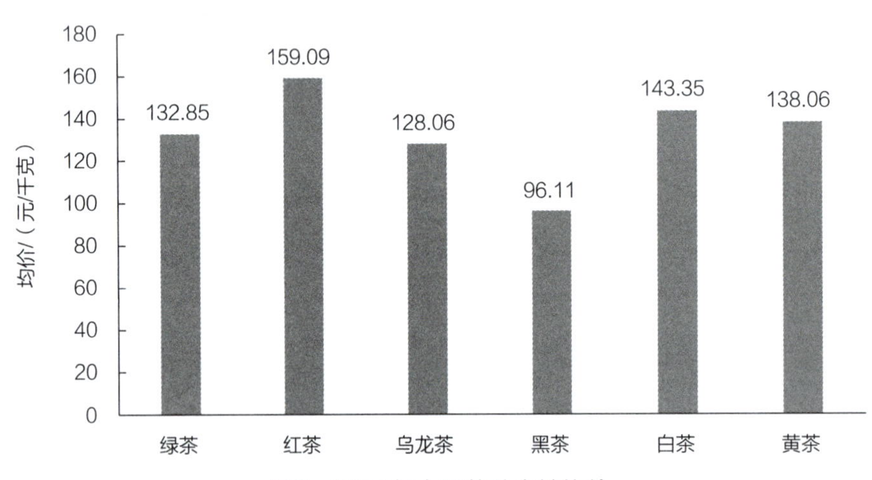

图3　2020年中国茶叶内销均价

数据来源：中国茶叶流通协会

表9　2020年中国六大茶类内销额

茶类	2020年内销额/亿元	2019年内销额/亿元	增量/亿元	增幅/%
绿茶	1699.2	1596.7	102.5	6.4
红茶	500.8	570.3	-69.5	-12.2
黑茶	301.6	202.7	98.9	48.8
乌龙茶	280.7	296.9	-16.2	-5.5
白茶	89.5	62.9	26.6	42.3
黄茶	17.0	10.0	7.0	70.0
总计	2888.8	2739.5	149.3	5.4

数据来源：中国茶叶流通协会

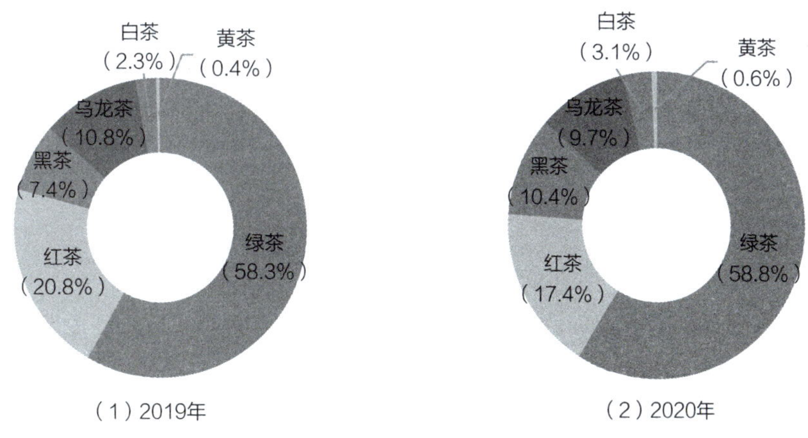

图4　中国六大茶类内销额

数据来源：中国茶叶流通协会

（二）进口茶叶

受全球疫情影响，2020年中国进口茶叶总体呈下调状态。据海关数据（表10），2020年1—12月，中国进口茶叶4.33万吨，同比减少0.17%；金额1.80亿美元，同比减少3.85%；均价4.2美元/千克，同比下降3.69%。

表10　2020年中国茶叶进口量额情况

名次	进口茶叶量排名		进口茶叶金额排名	
	国家或地区	总量/千克	国家或地区	总额/美元
1	斯里兰卡	13909499	斯里兰卡	67595895
2	印度	10282175	中国台湾	39278903
3	越南	3595654	印度	29078070
4	中国台湾	2958759	越南	6031917
5	印度尼西亚	2855736	肯尼亚	4485243
6	肯尼亚	2284652	印度尼西亚	3976917
7	马拉维	1424511	中国	3958389
8	布隆迪	1177220	波兰	3466225
9	乌干达	971022	布隆迪	3295037
10	莫桑比克	805228	英国	2806794
11	中国香港	571250	德国	2598742
12	阿根廷	570399	马拉维	1585368
13	尼日利亚	368741	新加坡	1569274
14	波兰	217300	乌干达	1486716
15	坦桑尼亚	215620	中国香港	1260095
16	泰国	205464	莫桑比克	1252115
17	马来西亚	170197	澳大利亚	574799

续表

名次	进口茶叶量排名		进口茶叶金额排名	
	国家或地区	总量/千克	国家或地区	总额/美元
18	卢旺达	146796	阿联酋	566300
19	新加坡	118547	阿根廷	517588
20	阿联酋	97715	泰国	454125

数据来源：中国海关

1. 分茶类统计

（1）进口量方面 2020年进口红茶3.54万吨，比减2.71%，占总量的81.74%；绿茶0.43万吨，比增5.14%，占比9.84%；乌龙茶0.29万吨，比增9.24%，占比6.66%；花茶0.06万吨，比增142.51%，占比1.43%；普洱茶0.01万吨，比增215.14%，占比0.33%。（图5、表11）

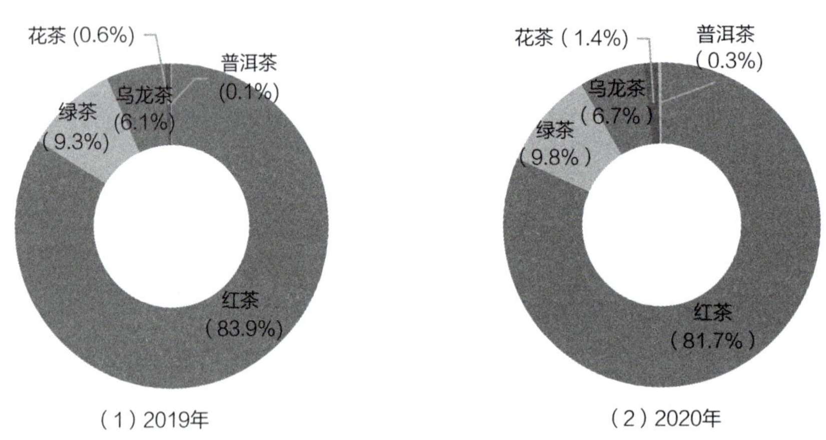

图5 中国茶叶进口量分茶类占比

数据来源：中国海关

表11 2020年中国进口茶叶量价额情况

茶类	进口量/吨	进口额/万美元	进口均价/（美元/千克）	进口量增幅/%	进口额增幅/%	进口均价增幅/%
花茶	619	296	4.8	142.51	-14.98	-64.94
绿茶	4266	1828	4.3	5.14	3.63	-1.43
乌龙茶	2887	2872	10.0	9.24	-25.96	-32.22
普洱茶	142	97	6.8	215.14	-21.45	-75.08
红茶	35428	12907	3.6	-2.71	2.38	5.23
合计	43342	18001	4.2	-0.17	-3.85	-3.69

数据来源：中国海关

（2）进口额方面　2020年进口红茶1.29亿美元，比增2.38%，占总额的71.70%；绿茶0.18亿美元，比增3.63%，占比10.15%；乌龙茶0.28亿美元，比减25.96%，占比15.95%；花茶0.03亿美元，比减14.98%，占比1.64%；普洱茶0.01亿美元，比减21.45%，占比0.54%（图6）。

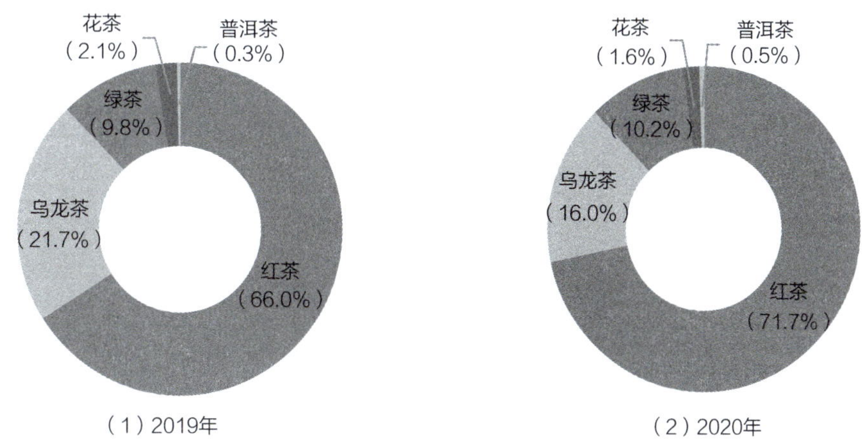

图6　中国茶叶进口额分茶类占比

数据来源：中国海关

（3）进口均价方面　2020年，红茶均价3.6美元/千克，比增5.23%；绿茶均价4.3美元/千克，比减1.43%；乌龙茶均价10.0美元/千克，比减32.22%；花茶均价4.8美元/千克，比减64.94%；普洱茶均价6.8美元/千克，比减75.08%（图7）。

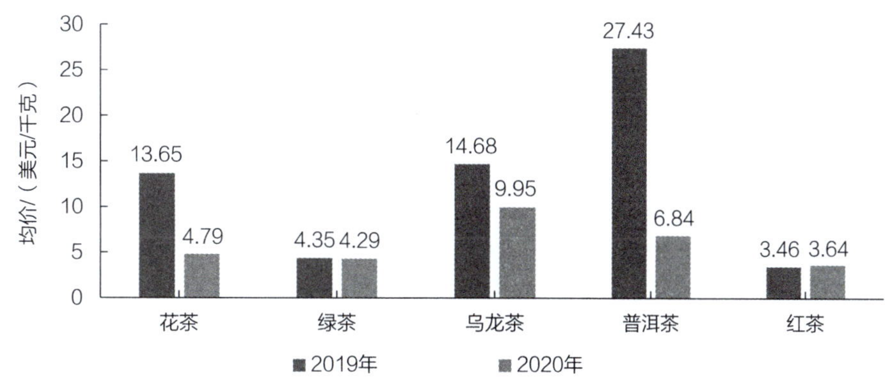

图7　2019年与2020年中国进口茶类均价对比

数据来源：中国海关

2. 分省区统计

2020年，中国进口茶叶逾千吨的省（自治区、直辖市）共计9个（表12），依次是浙江（0.83万吨）、福建（0.80万吨）、北京（0.58万吨）、江苏（0.57万吨）、广东（0.51万吨）、上海（0.48万吨）、广西（0.21万吨）、安徽（0.14万吨）、云南（0.14万吨）。

表12　2020年中国进口茶叶数量分省份统计表（>1000吨）　　单位：吨

企业注册地	花茶	绿茶	乌龙茶	红茶	普洱茶	合计
浙江	238	1099	40	1	6951	8328
福建	40	258	1747	72	5890	8007
北京	0	3	10	2	5790	5805
江苏	4	580	16	9	5079	5687
广东	53	53	76	14	4946	5142
上海	22	793	885	3	3118	4822
广西	0	0	82	36	1937	2054
安徽	260	69	4	0	1067	1400
云南	0	0	1360	1360	20	1399

数据来源：中国海关

2020年，中国进口茶叶额最大的9个省（自治区、直辖市）分别是上海（0.49亿美元）、福建（0.30亿美元）、广东（0.22亿美元）、浙江（0.19亿美元）、江苏（0.19亿美元）、广西（0.18亿美元）、北京（0.07亿美元）、安徽（0.07亿美元）、云南（0.02亿美元）（表13）。

表13　2020年中国进口茶叶额分省份统计表（前9位）　　单位：万美元

企业注册地	花茶	绿茶	乌龙茶	红茶	普洱茶	合计
上海	54	1049	1361	10	2470	4944
福建	72	94	954	19	1859	2997
广东	99	70	137	46	1808	2159
浙江	40	199	99	2	1560	1900
江苏	3	16	21	2	1840	1881
广西	3	65	41	5	1648	1762
北京	0	126	5	3	605	738
安徽	0	0	183	8	509	701
云南	0	178	39	0	5	221

数据来源：中国海关

（三）运行情况

1．内销市场依然是拉动中国茶业经济增长的主动力源

2020年，中国传统茶类销售格局基本稳定。名优茶仍是创造茶产业价值的主力军，内销额贡献率继续保持在70%以上。从销售通路看，受疫情影响，连锁门店、批发市场、商超卖场、传统茶馆，甚至新中式茶饮都出现了发展停滞的现象，而天猫、京东等平台电商的销售量额大增，销售份额持续扩大。据推算，2020年全国茶叶线上总交易额约280亿元，比增15.23%。与此同时，以快手、抖音等平台为基础的直播电商、社交电商飞速发展，带动了新消费的升级。但总体来看，由于茶叶是体验型产品，因此在电商成为茶叶消费者新的购买渠道的同时，传统的茶叶销售主渠道因覆盖范围广，产品选购更为直观，依然具备较强的竞争力优势。从消费市场发展看，由于疫情使人们更注重健康，因此饮茶人口数量与消费需求量持续增多，而且在可预期的未来将进一步扩大。

2．新中式茶饮在内销市场中继续保持较高热度

从行业角度看，新式茶饮是产品与业态的融合体；从消费者的角度看，则是服务与产品的统一。根据中茶协茶饮咖啡专委会汇总信息看：新式茶饮业在2020年也被疫情按下了“暂停键”，但是以奈雪的茶、喜茶为代表的新茶饮行业头部品牌迅速调整策略，依靠精耕会员体系，入驻电商平台，发力新零售、小程序及数字化运营等措施盘活流量，带动行业快速“复苏”；至2020年底，新式茶饮市场规模已达1020亿元。目前，90后与00后消费者是新式茶饮主流消费人群，占整体消费者数量的近七成，月均花费不断攀升；女性消费者仍占消费主导，但男性消费者的比重已有所提升。在城市分布方面，2020年新式茶饮门店在一二线城市的增速放缓，呈现向三四线市场下沉的趋势。在线下布局的同时，新式茶饮企业的线上发展似乎更为顺畅，线上订单同比2019年提升近20%，个别头部品牌在头部电商平台上的成长速度甚至达到倍级以上；标准化的成功使50%以上的消费者选择通过线上渠道购买新式茶饮。在消费选择方面，“品质安全”超越“口感口味”成为首要考量因素。新茶饮业的发展变化对未来中国茶叶产销格局具有重要的参考价值。

三、外销市场

受全球疫情影响，2020年，中国茶叶出口呈现出盘整态势，出口量明显减少，均价大涨，出口额微增，价额继续创历史新高。据中国海关统计数据，2020年1—12月，中国茶叶出口总量34.88万吨，比2019年减少1.77万吨，比减4.84%；出口总额20.38亿美元，比2019年增加0.18亿美元，同比微增0.91%；出口均价为5.84美元/千克，同比上涨0.33美元/千克，涨幅6.04%（表14、表15）。

表14 2020中国茶叶出口量额情况

名次	出口茶叶量排名		出口茶叶金额排名	
	国家或地区	总量/千克	国家或地区	总额/美元
1	摩洛哥	67159190	中国香港	465306506
2	乌兹别克斯坦	23031846	摩洛哥	198163705
3	加纳	18730410	马来西亚	171314963
4	多哥	17636660	越南	132674335
5	塞内加尔	16901530	缅甸	114472613
6	俄罗斯	14812091	加纳	79843661
7	毛里塔尼亚	14097722	多哥	76913438
8	中国香港	13974241	塞内加尔	67420214
9	阿尔及利亚	13894051	毛里塔尼亚	60209532
10	喀麦隆	13573668	日本	57153002
11	日本	11486833	美国	52849364
12	美国	9661369	阿尔及利亚	47106244
13	德国	8349650	乌兹别克斯坦	40368425
14	波兰	6089619	俄罗斯	38726994
15	贝宁	5878291	泰国	33117015
16	马来西亚	5634037	德国	32909000
17	巴基斯坦	5603137	吉尔吉斯斯坦	23081556
18	冈比亚	5534520	冈比亚	21920513
19	越南	5081698	法国	18953005
20	尼日尔	4729719	喀麦隆	16169587

数据来源：中国海关

表15 2020年中国茶叶出口量价额统计

茶类	出口量/吨	出口额/亿美元	出口均价/（美元/千克）	出口量增幅/%	出口额增幅/%	出口均价增幅/%
花茶	6130	6074	9.9	-5.54	-6.01	-0.50
绿茶	293394	130524	4.4	-3.47	-0.96	2.60
乌龙茶	16943	21592	12.7	-6.62	-8.55	-2.07
普洱茶	3545	11173	31.5	27.23	116.25	69.96
红茶	28803	34435	12.0	-18.16	-1.40	20.48
合计	348815	203798	5.8	-4.84	0.91	6.04

数据来源：中国海关

（一）分茶类统计

1. 中国茶叶出口量自2014年以来首次出现下降

除普洱茶外，其余茶类出口量均有不同幅度减少。绿茶出口量为29.34万吨，占总出口量的

84.1%，减少1054吨，降幅3.5%；红茶出口量为2.88万吨，占总出口量的8.3%，减少6392吨，降幅18.2%；乌龙茶出口量为1.69万吨，占总出口量的4.9%，减少1200吨，降幅6.6%；花茶出口量为6130吨，占总出口量的1.8%，减少359吨，降幅5.5%；普洱茶出口量为3545吨，占总出口量的1.0%，增加759吨，增幅27.2%（图8）。

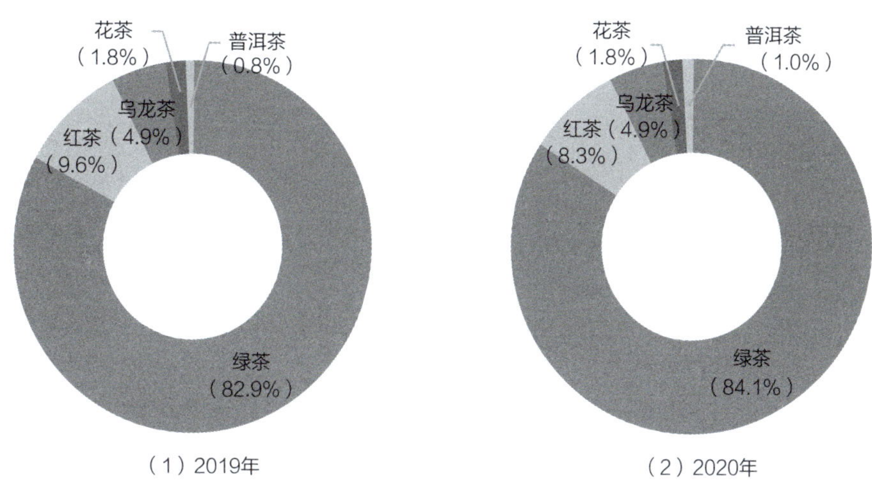

图8　中国茶叶出口量分茶类占比

数据来源：中国海关

2. 出口额继续保持2013年的增长态势，但增速明显放缓

量额呈正相关。绿茶出口额13.05亿美元，同比减少0.96%，占总额的64.0%；红茶3.44亿美元，同比比减1.40%，占总额的16.9%；乌龙茶2.16亿美元，比减8.55%，占总额的10.6%；花茶0.61亿美元，比减6.01%，占总额3.0%；普洱茶1.12亿美元，比增116.25%，占总额的5.5%（图9）。

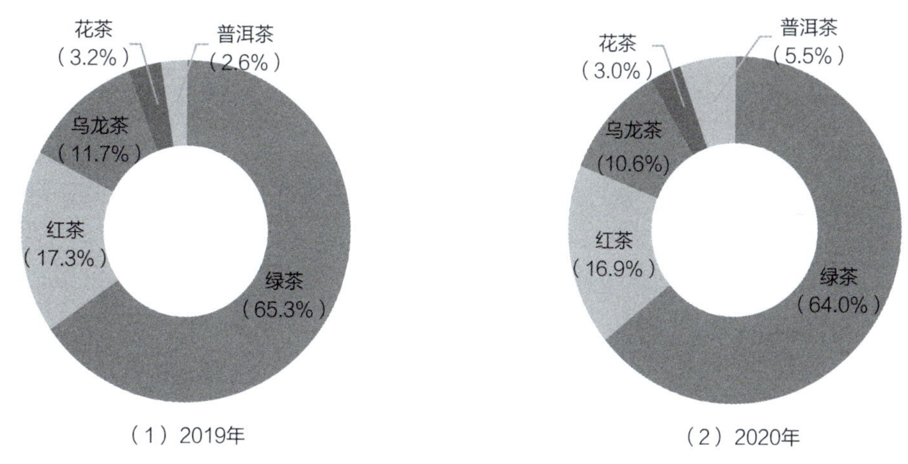

图9　中国茶叶出口额分茶类占比

数据来源：中国海关

3. 出口均价继续2013年以来的升势，年均复合增长率达到6.23%

绿茶出口均价4.4美元/千克，同比上涨2.60%；红茶均价12.0美元/千克，同比上涨20.48%；乌龙茶均价12.7美元/千克，比减2.07%；花茶均价9.9美元/千克，比减0.50%；普洱茶均价31.5美元/千克，同比大增69.96%（图10）。

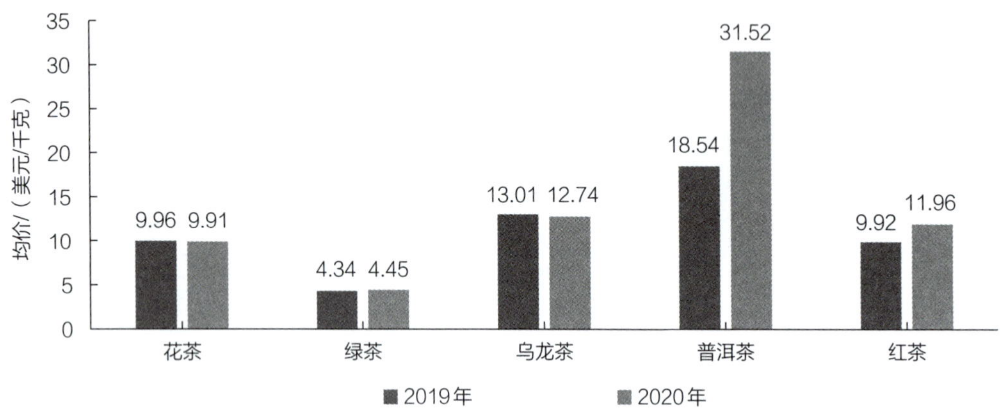

图10　2019年与2020年中国出口茶类均价对比

数据来源：中国海关

（二）分省区统计

1. 出口量：传统省份优势显现

2020年，中国茶叶出口量突破万吨的省份共有6个（表16），依次是：浙江，14.62万吨，同比减少7.94%，占总量的41.92%；安徽，6.64万吨，同比增长10.65%，占总量的19.04%；湖南，3.55万吨，同比减少9.06%，占总量的10.18%；福建，2.20万吨，同比减少8.29%，占总量的6.31%；湖北，1.84万吨，同比增长5.37%，占出口总量的5.28%；江西，1.44万吨，同比减少0.85%，占总量的4.13%（图11）。

表16　2020年中国各省份茶叶出口量（前20位）

省份	2020年出口量/千克	2019年出口量/千克	增量/千克	增幅/%
浙江	146167525	158778596	-12611071	-7.94
安徽	66417448	60022379	6395069	10.65
湖南	35494470	39031215	-3536745	-9.06
福建	22004922	23993995	-1989073	-8.29
湖北	18351881	17417182	934699	5.37
江西	14422519	14546473	-123954	-0.85
四川	8226421	10791036	-2564615	-23.77
河南	7425202	7791800	-366598	-4.70

续表

省份	2020年出口量/千克	2019年出口量/千克	增量/千克	增幅/%
云南	6665053	7958573	-1293520	-16.25
广东	6569882	6874466	-304584	-4.43
重庆	4358062	5120589	-762527	-14.89
上海	4048739	7756132	-3707393	-47.80
贵州	3276308	2334299	942009	40.36
江苏	1894360	1336789	557571	41.71
广西	1121091	1069217	51874	4.85
山东	702938	667467	35471	5.31
天津	661036	420985	240051	57.02
陕西	634081	223672	410409	183.49
内蒙古	191318	24972	166346	666.13
海南	51200	57550	-6350	-11.03

数据来源：中国海关

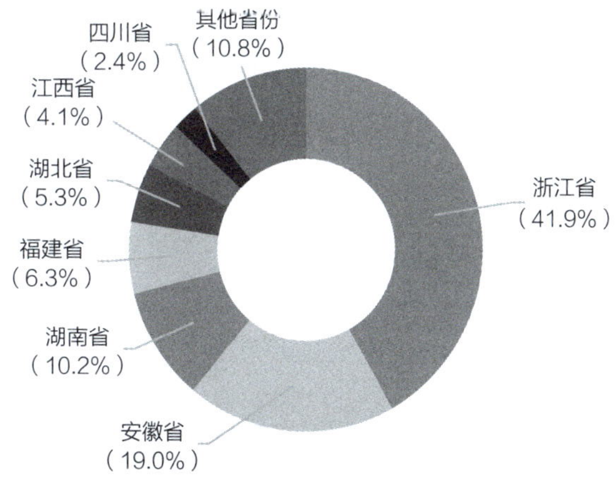

图11 2020茶叶出口量过万吨省份占总出口量比重

数据来源：中国海关

2．出口额：西部各省迅速崛起

2020年，中国茶叶出口额达到1亿美元以上的省份有6个（表17），依次是：浙江，4.47亿美元，同比减少7.54%，占总额的21.93%；福建，4.18亿美元，同比减少8.24%，占总额的20.51%；安徽，2.80亿美元，同比增长12.88%，占总额的13.74%；湖北，2.01亿美元，同比减少6.18%，占总额的9.86%；云南，1.10亿美元，同比增长65.60%，占总额的5.40%；贵州，1.04亿美元，同比增长115.80%，占总额的5.10%（图12）。

表17　2020年中国各省份茶叶出口额（前20位）

省份	2020年出口额/美元	2019年出口额/美元	增量/美元	增幅/%
浙江	447227447	483688752	-36461305	-7.54
福建	417730833	455253106	-37522273	-8.24
安徽	280027122	248077041	31950081	12.88
湖北	201112460	214353781	-13241321	-6.18
云南	110479719	66714959	43764760	65.60
贵州	103570998	47992868	55578130	115.80
湖南	98632395	103351426	-4719031	-4.57
江西	84716385	87612884	-2896499	-3.31
广东	79506088	95053113	-15547025	-16.36
河南	53224585	72791484	-19566899	-26.88
江苏	35019145	19051592	15967553	83.81
广西	28729403	22390627	6338776	28.31
上海	25613994	30464558	-4850564	-15.92
天津	19699054	14106891	5592163	39.64
陕西	16421594	2699566	13722028	508.30
四川	16038473	28541549	-12503076	-43.81
山东	15538702	14051392	1487310	10.58
重庆	3641174	8518054	-4876880	-57.25
北京	413288	1041590	-628302	-60.32
海南	232229	120469	111760	92.77

数据来源：中国海关

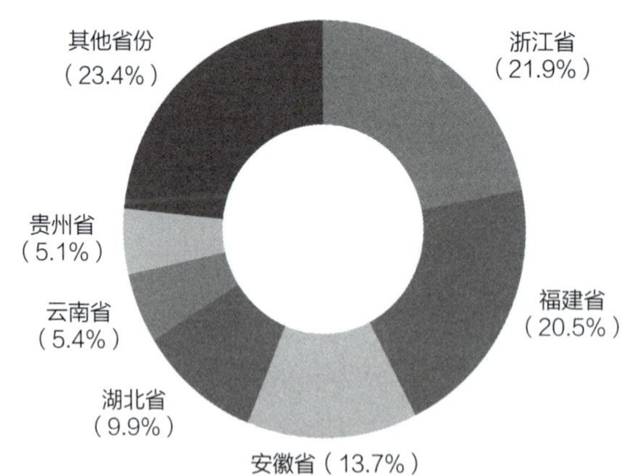

图12　2020茶叶出口额过亿美元省份占总出口额比重

数据来源：中国海关

四、相关建议

2021年是国家“十四五”开局之年，也是后疫情时代中国经济重回发展正轨的关键之年。值此发展的关键时期，中国茶产业应当布局整体设计，快速融入新经济格局，继续承担产业经济应承担的责任。

（一）持续推进《中国茶产业十四五发展规划建议（2021—2025）》落地

2021年是“十四五”开局之年，加之国内疫情刚刚缓解，全球疫情仍未结束，因此未雨绸缪、夯实基础是产业年度发展的关键所在。茶产业是我国特色优势产业，承担着支撑茶区经济、满足健康消费、稳定扩大就业、服务乡村振兴的重要任务。在国内外经济形势深刻变化、市场竞争日益激烈的时代背景下，建议各地政府、各企业根据中国茶叶流通协会组织编写的《中国茶产业十四五发展规划建议（2021—2025）》，量身定制符合自身实际的、高质量的中长期发展战略，从而确保最终发展结果的高质量。

（二）持续构建以国内大循环为主体、国内国际双循环相互促进的新发展格局

受历史文化的影响，中国茶产业长期把发展立足点更多放在国内，实施扩大内需战略，成为全球茶产业可持续发展的典范。随着全球一体化的发展，中国茶叶的出口量价额指标在近年来屡创历史新高。在当前构建双循环经济格局的国家战略框架下，中国茶产业应当加速将市场规模和生产体系优势转化为参与国际合作与竞争的新优势，更好联通国内市场和国际市场，更好利用国际国内两个市场、两种资源，培育新形势下参与国际合作与竞争新优势，为我国茶业经济发展增添新动力。

（三）持续做好巩固拓展脱贫攻坚成果同乡村振兴有效衔接，实现脱贫攻坚向乡村振兴的平稳过渡

随着脱贫攻坚取得胜利，我国将全面推进乡村振兴，这是“三农”工作重心的一次历史性转移。为践行习近平总书记指示，推进茶产业从脱贫攻坚的支柱产业向乡村振兴的支柱产业转化，中国茶产业应以生态友好和绿色发展为导向，有机茶叶基地为重点，坚持实施高标准茶园建设，强化基础设施和配套装备支撑；应当普及科学饮茶知识、健康安全理念，引导消费、创造消费；应加大品牌投入力度，注重协同发展；应当发挥优质区域品牌的支撑作用和优势品牌企业的引领作用；应当把握《中欧地理标志协定首批保护名录》的机遇，大力开拓国际市场。

（执笔人：梅宇 制图人：梁晓）

2020中国茶叶企业发展报告

中国茶叶流通协会

2020年面对疫情困扰及宏观经济形势的不利影响，在党和政府的正确领导下，在全产业的共同努力下，中国茶产业表现出了强大的发展定力与韧劲——茶叶总产量、总产值，内销量、内销额，出口额、出口均价持续攀升，再创历史新高；茶业作为精准脱贫的支柱产业，助力全国脱贫攻坚战取得决定性胜利。与此同时，以电商为首的渠道端、以新茶饮为首的消费端亮点频出；多家茶企提交登陆主板申请；多家资本再度关注茶产业；中欧地理标志协定为中国茶进军高端国际市场提供了重要机遇。但是也应看到，产业供需不平衡，企业经营压力大，行业创新亮点不多，文化、科技、产业统筹发展有待加强等情况仍亟待尽快解决。

面对疫情带来的不确定性叠加效应，中国茶叶企业着眼长期经济和社会效益，审时度势调整发展战略，以市场为中心全面提高企业质量，不断提升可持续能力，在2020年延续了良好的发展势头。为持续掌握中国茶产业整体情况，研判发展趋势，彰显茶业影响力与竞争实力，提升企业品牌效应，科学引导消费，中国茶叶流通协会与全国各省级茶叶行业社团组织于2021年5—8月联合开展了“2021茶业百强企业调查工作”，以对企业2020年的发展情况做出评价。本报告主要内容及数据均来源于此次调查工作收集数据。

一、样本分布

“2021茶业百强企业调查”共收到有效企业样本181个，其中茶叶产销企业180个，综合性茶叶市场1个（不纳入计算）；包含全国19个省、自治区、直辖市的企业（图1），其中北京4个、上海1个、江苏3个、浙江6个、安徽18个、福建30个、江西3个、山东1个、河南14个、湖北9个、湖南10个、广东10个、广西7个、海南2个、重庆2个、四川8个、贵州6个、云南15个、陕西32个，涵盖66个地市（州）107个区县（市）。

从“2021中国茶业百强企业调查”（以下简称“年度企业调查”）数据分析，95%企业集中在茶叶产区，只有5%的企业分布在北京、上海、广州、深圳等一线城市。全国20个产茶省（自治区）（包括中国台湾地区）除西藏、甘肃、山东外，均有品牌企业样本分布。而从品牌企业样本区域分布图来看，陕西、福建、安徽分别是参与调查企业数量前三位的省份。陕西省2021年在当地省级协会及政府部门有力组织下，填报企业数量大幅上升，企业样本数量达32个，位居首位，占全国总数的17.7%。

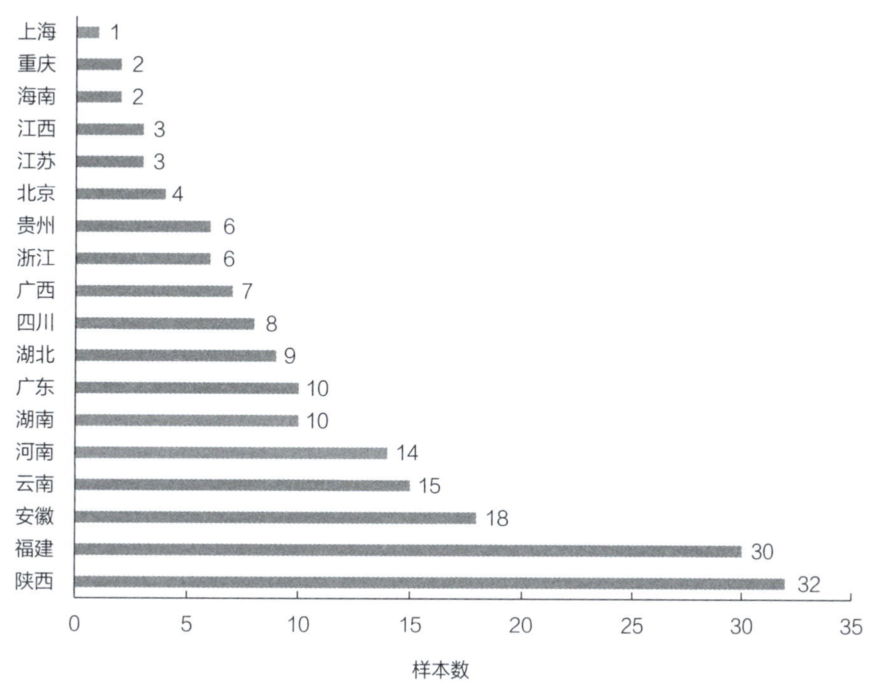

图1 2021中国茶业百强企业调查样本数量分布

从此次调查体量及全国茶叶生产体量分析，产销企业样本基本符合全国茶叶经济发展情况，基本可以代表行业整体发展状况并体现产业发展趋势。

二、基本状况

（一）整体规模

从不同省（自治区、直辖市）参与调查企业的平均销售规模看，2021企业销售规模普遍分布在0.4亿～6亿元区间（图2）。平均销售规模排名前三的地区分别是北京（6亿元）、浙江（5.8亿元）、福建（5.6亿元），这些地区茶业产业基础雄厚，企业品牌效应明显，企业规模普遍较大；平均销售规模排在后三位的地区分别是陕西（0.4亿元）、海南（0.5亿元）、广西（1亿元），此类地区一般以原料供应为主，缺乏龙头企业效应，品牌带动效应不明显。

据2021年度企业调查显示。180家样本企业2020年总资产规模为517亿元，同比增长8%，企业平均总资产约为2.87亿元。其中115家企业总资产超过1亿元，8家企业总资产超过10亿，有30家企业总资产出现下降，占比16.7%。

样本企业2020年总负债为167亿元，同比增长6.1%，企业平均负债约为0.9亿元，企业整体资产负债率为32.3%，行业负债水平保持在低位运行，整体财务状况良好。负债过亿元企业47家，其中负债过5亿元企业5家。值得注意的是，有100家企业总负债在2020年出现了上升，占比55.6%。

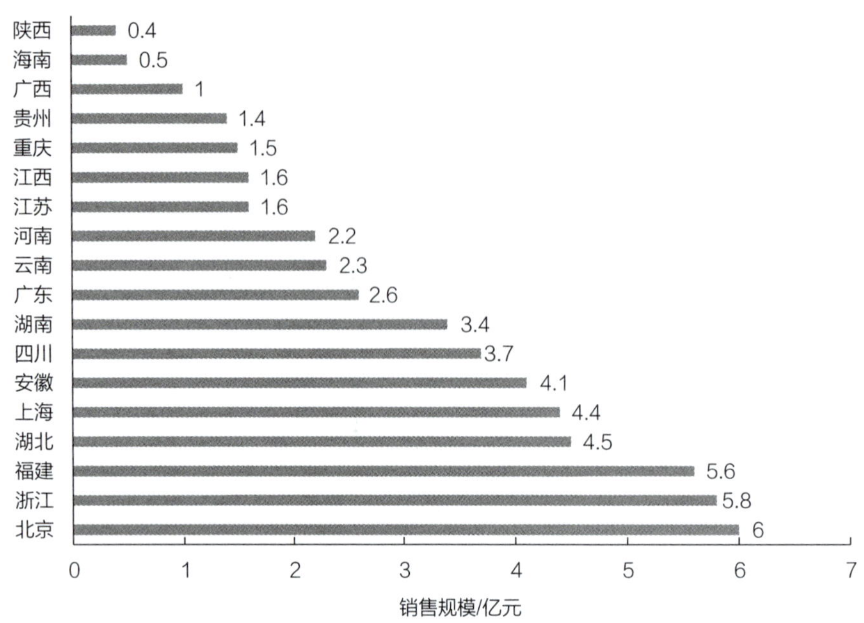

图2 各省（自治区、直辖市）茶业企业2020年平均销售规模

样本企业2020年固定资产总额为138.4亿元，同比增长6.9%，企业平均固定资产0.77亿元。固定资产亿元以上企业38家，占比21%，有76家样本茶叶企业固定资产在2020年出现减少，占比42.2%。

（二）企业类型

按照我国的公司法等相关规定，企业种类包括全民所有制企业（即国有企业）、集体所有制企业、联营企业、三资企业、私营企业及其他企业。在样本企业中，私营企业156家，占比86.7%，私营企业是茶企的绝对主力，且发展迅速；国有企业13家，占比7.2%；三资企业4家，占比2.2%；其他类型企业7家，占比3.9%（图3）。

从龙头企业数量看：近年来，茶行业龙头企业数量和质量持续提升，截止2020年底，农业产业

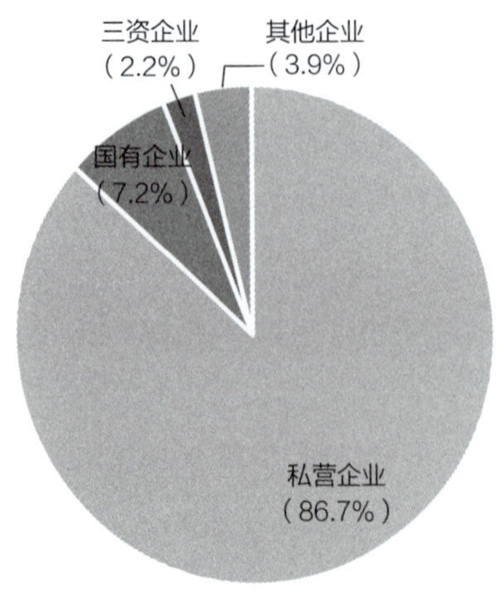

图3 2021年中国茶业百强企业调查样本企业类别占比

化国家重点龙头茶企数量已达68家。此次调查样本企业中，市级以上龙头企业共计172家，占比达95.6%，其中国家级龙头企业41家、省部级龙头企业105家、地市级龙头企业26家（图4）。行业龙头企业是开拓市场的先锋，也是带动科技创新成果积极转化、茶农有效增收的示范企业，各茶叶主产区均在大力培养一批实力龙头企业，引领带动茶农发展特色茶产业，增收致富，龙头企业在抓品质、抓基地、抓加工、抓科研等方面持续发力，有效推动农业产业现代化进程。

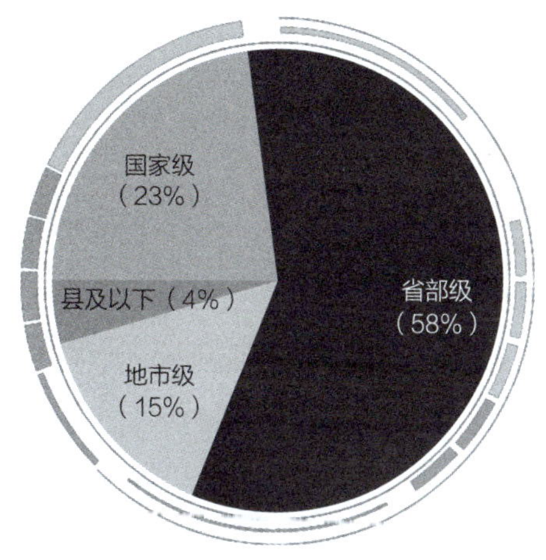

图4 2021中国茶业百强企业调查样本龙头企业级别分布

（三）人员结构

从企业人员构成分析：2021年度茶业调查企业样本在编员工总人数约为53145，样本企业平均员工数量为295人，其中员工人数过千的企业11家。其中，销售人员占比36.0%，在各类员工中占比最高，生产人员占总员工数的30.3%，管理人员占比14.6%，此外，技术员工占比9.8%，其他人员占比9.3%（图5）。

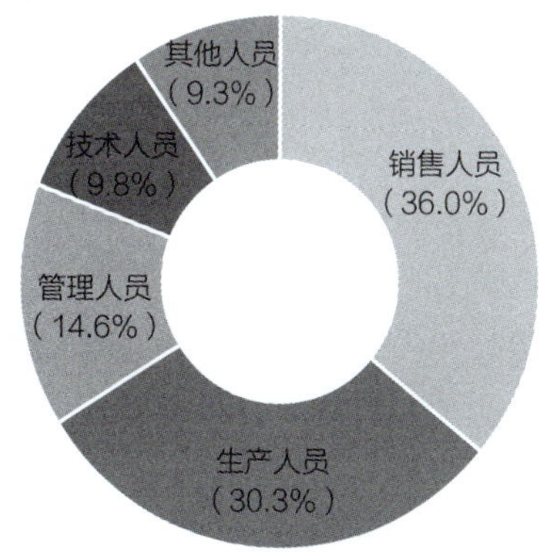

图5 2021中国茶业百强企业调查样本人员分布情况

（四）利税情况

从企业利税情况看：据2021年度企业调查显示，180家样本企业2020年利润总额为49.0亿元，同比增长3.65%，有近70家企业，在2020年出现利润负增长。企业整体平均利润为2721万元，利润亿元以上企业数量为11家，有4家企业在2020年度出现亏损。

从企业销售利润率情况看：有29家企业（占比16%）利润率在15%以上，42家企业（占比23%）利润率在10%~15%，57家企业（占比23%）利润率在5%~10%，52家企业（占比29%）利润率低于5%（图6）。

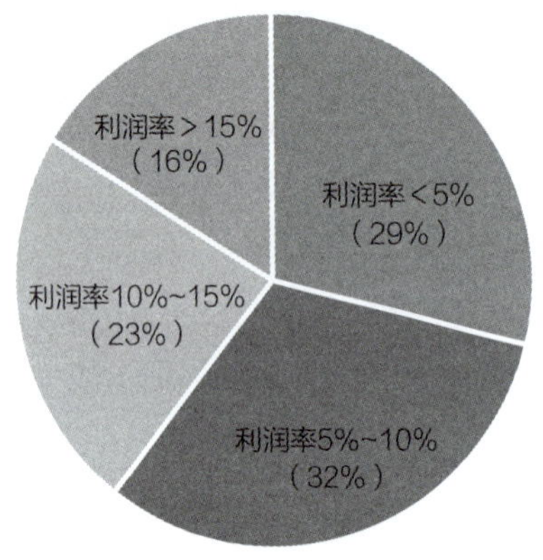

图6　2021中国茶业百强企业调查利润率分布

从企业纳税情况看：样本企业有163家为一般纳税人，占比90.6%，17家为小规模纳税人，占比9.4%。180家企业纳税总额为18.86亿元，企业平均纳税1048万元，纳税金额超过1亿元的企业有3家，占比1.7%，1000万~1亿元的企业33家，占比18.3%，500万~1000万元32家，占比17.8%，100万~500万元55家，占比30.6%，100万元以下企业57家，占比31.7%（图7）。

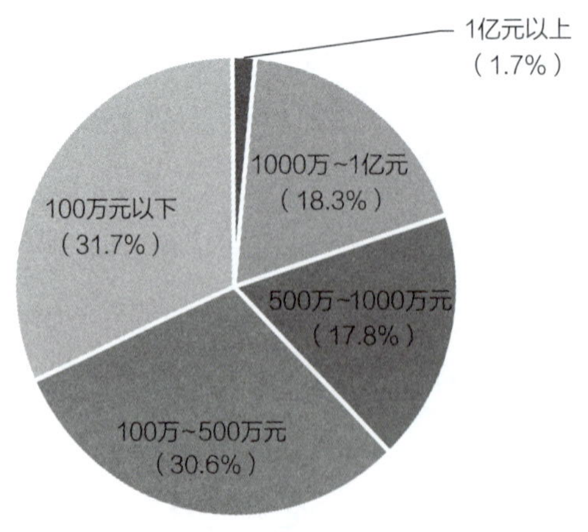

图7　2021中国茶业百强企业调查纳税额分布

三、生产情况

（一）茶园管理

自有茶园面积及产量方面：样本企业自有总茶园面积共计247.6万亩，占全国茶园面积的5.2%。在茶园供应量方面，企业自有茶园的茶叶产量达到41.5万吨，平均产量为167.5千克/亩，远高于全国平均茶叶产量62.9千克/亩的水平，整体利用率和茶园管护明显高于全国，这表明企业的集中化合理化管控有效地提高了茶园的亩产量和其生产效率。

绿色生产认证方面：在国家大力监管食品安全问题的当下，茶叶企业将质量安全放在十分重要的位置，具有一定规模的品牌企业样本更是起到了带头作用。品牌企业样本数据显示，159家企业通过食品生产许可（SC）认证，占到全部企业的88.3%；98家企业获得有机食品认证，占到全部企业的54.4%；64家企业获得绿色食品认证，占到全部企业的35.5%；并有部分企业通过了瑞士生态市场研究所认证（IMO）、日本农林标准有机认证（JAS）、美国国家有机工程（NPO）、雨林联盟、欧盟和美国等国外相关机构的有机认证。在管理体系认证方面，112家企业拥有ISO9000系列认证，占比62.2%，64家企业拥有危害分析与关键控制点（HACCP）认证，33家企业拥有ISO22000系列认证，28家企业拥有ISO14000系列认证，18家拥有良好农业规范（GAP）认证，品牌企业样本的质量安全认证水平远超行业平均水平。

（二）茶叶生产

从样本企业中可以看出，中国茶叶企业依旧以生产绿茶、红茶为主，品牌企业样本中涉及红茶、绿茶两类茶的企业各有134家之多，但各家企业并不局限于单类产品生产，对于其他茶类也不同程度的涉猎。白茶生产企业数量增长迅速，样本企业中有74家有白茶生产，占比已达41.1%，此外，有58家企业生产黑茶，36家企业生产青茶，17家企业生产黄茶（图8）。

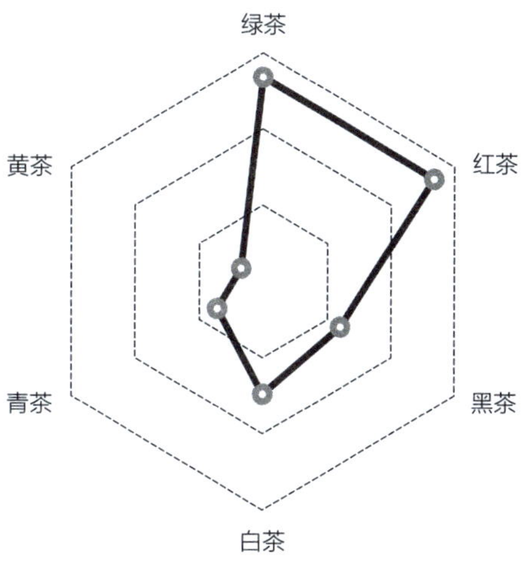

图8　2021中国茶业百强企业调查样本茶类经营情况

样本企业2020年度茶叶生产总量为39.74万吨，占我国茶叶总产量的13.3%。其中绿茶产量为19.04万吨，占全国绿茶总产量的10.3%；红茶产量7.06万吨，占全国总产量的17.4%；黑茶产量为9.2万吨，占全国总产量的24.6%；青茶产量0.66万吨，占全国总产量的2.4%；白茶产量为3.48万吨，占全国总产量的47.3%；黄茶产量0.3万吨，占全国总产量的20.7%（图9）。

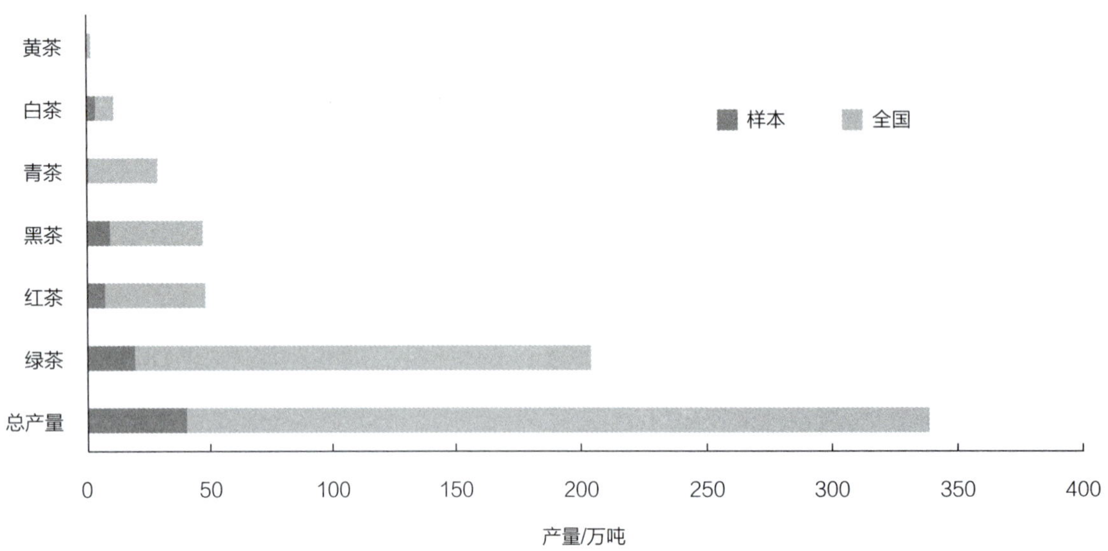

图9　2021中国茶业百强企业调查样本与全国分茶类产量对比

（三）其他衍生产出

近年来，茶叶企业走向全产业链发展的趋势越来越清晰，茶企的经营服务范围不断扩张，茶叶企业衍生产出不断增多。根据样本企业数据，2020年除常规茶叶产品外，共生产茶粉、茶叶提取物、日化产品等精深加工产品2340吨，聚焦深加工产品的企业达到32家，生产茶食品4000吨，生产液态饮品135吨，此外，另有生产茶具106万套。多元化的产业链使得茶企可以在不同项目单元中发挥自身作用，带动更多就业可能和效益产出，全方位的刺激关于“茶”的消费。

（四）生产创新

样本企业共拥有2963项专利（图10），其中发明专利数量为375个（占比13%），实用新型专利数量为1060个（占比36%），外观设计专利数量为1528个（占比51%）。在研发投入上，样本企业2020年度共投入8.3亿元用于企业科技研发，平均每个企业投入463万元。我国茶企越来越重视自主创新，不断增强自主研发能力。

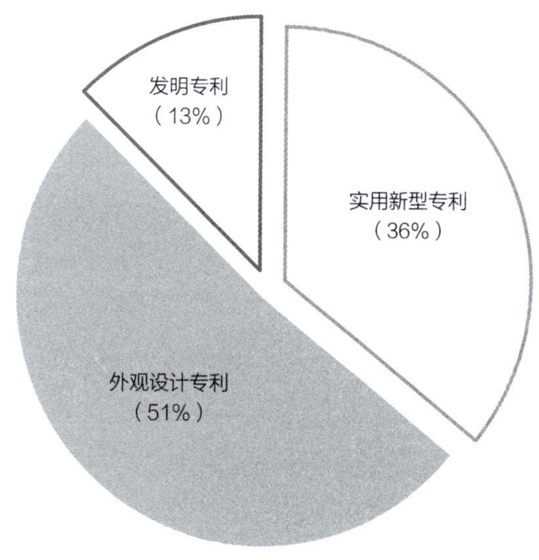

图10 2021中国茶业百强企业调查样本专利分布

（五）品牌维护

样本企业共注册商标9248个，平均注册商标51.4个；实际使用商标5625个，平均使用312个，多注册的部分多为字形、字义、语音相近的保护性商标，反映出我国茶行业商标使用依然存在乱象，企业品牌保护意识在不断增强。样本企业拥有证明商标共373个，平均为2.1个，较往年有所增长。值得注意的是，样本中常用商标（主商标）的平均使用年限已达到19.65，多个企业品牌使用年限在70年以上，说明参评企业多为在行业内深耕多年，拥有极强品牌号召力的企业。

品牌荣誉方面，样本企业拥有中华老字号、中国驰名商标、中国名牌农产品等国家级品牌荣誉41个，省级名牌产品等省级品牌荣誉114个。此外，样本企业中有151各企业开展了日常品牌维护，其中有15家与外部知识产权机构有长期合作，131家企业设有品牌管理相关职能部门。我国茶叶企业正不断树立品牌意识，培育自主品牌，不断提升产品质量和企业管理水平，不断提高产品附加值和品牌的核心竞争力。

四、销售情况

（一）茶类分布

从调查中可以看出，2020年样本企业销售茶叶共计44.28万吨，销售额总计521.72亿元，均价为117.8元/千克。其中，绿茶销量为23.79万吨，销售额为241亿元；红茶销量7.18万吨，销售额为71.17亿元；黑茶销量为7.59万吨，销售额为30.59亿元；青茶销量0.89万吨，销售额为32.15亿元，均价为各茶类最高，达361.2元/千克；白茶销量为3.16万吨，销售额为99.02亿元；黄茶销量0.28万吨，销售额为8.67亿元；普洱茶销量1.39万吨，销售额为39.08亿元（图11、图12）。

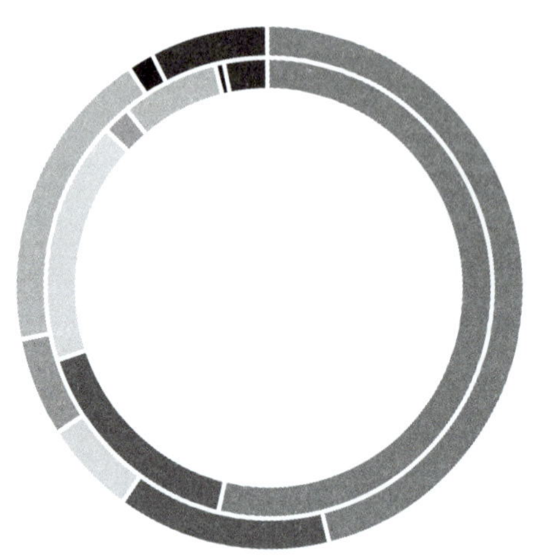

图11　2021中国茶业百强企业调查样本分茶类销量统计

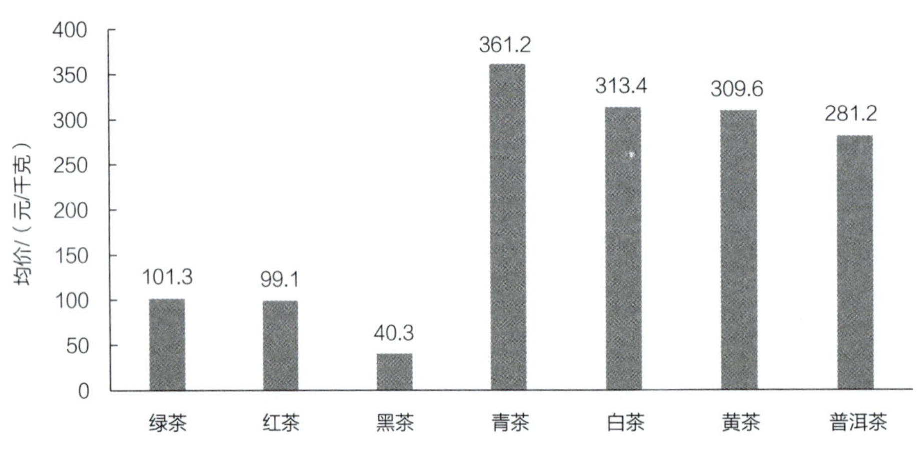

图12　2021中国茶业百强企业调查样本分茶类销售均价

（二）渠道分布

据样本数据显示，直营店销售量为7.72万吨，销售额为139.7亿元，店铺数为12272家；加盟店销售量为9.73万吨，销售额为160.26亿元，店铺数为30788家；商超渠道销售量为2.0万吨，销售额为19.23亿元；电商渠道销售量为2.47万吨，销售额为52.2亿元；集中采购销售量为9.50万吨，销售额为81.74亿元；出口量为6.7万吨，出口额为21.6亿元；其他渠道销售量为6.16万吨，销售额为47.1亿元。整体来看，在样本企业中，线上销售占比为5.6%，出口占比15.1%，线下销售依然为企业销售的最大渠道，占比近80%（图13）。

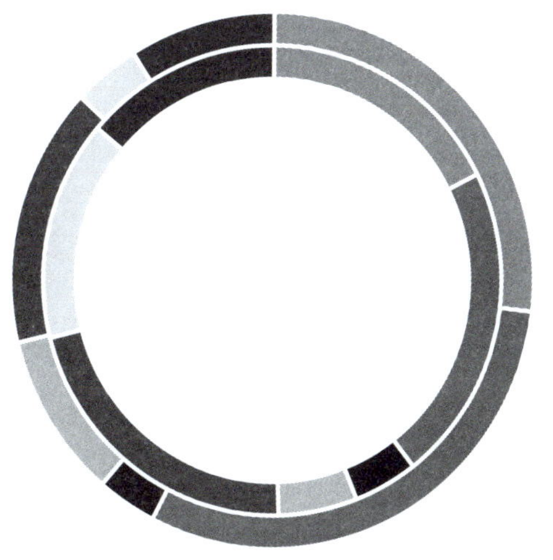

图13 2021中国茶业百强企业调查样本分渠道销售统计

（三）区域分布

按照区域划分：华东地区销售量为9.15万吨，销售额为140.1亿元；华北地区销售量为6.35万吨，销售额为100.2亿元；东北地区销售量为2.29万吨，销售额为32.6亿元；华中地区销售量为7.47万吨，销售额为80.1亿元；华南地区销售量为6.92万吨，销售额为68.2亿元；西南地区销售量为2.76万吨，销售额为47.3亿元；西北地区销售量为2.61万吨，销售额为32.1亿元（图14）。整体来看，茶叶消费量存在明显“东多西少，南多北少”的特点。

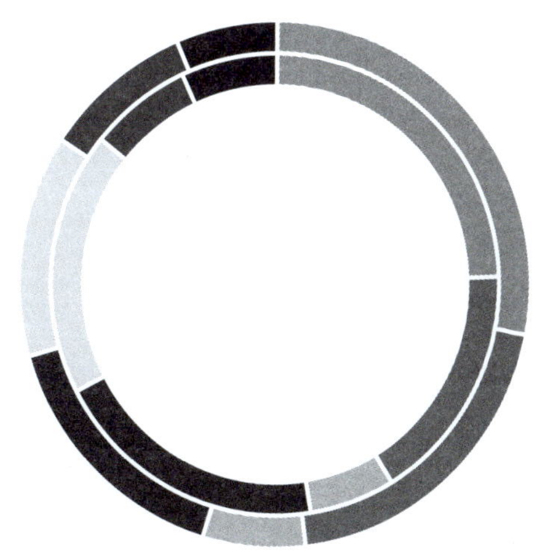

图14 2021中国茶业百强企业调查样本分区域销售统计

区域划分按照地理分区划分：东北（黑龙江省、吉林省、辽宁省）、华东（上海市、江苏省、浙江省、安徽省、福建省、江西省、山东省、台湾地区）、华北（北京市、天津市、山西省、河北省、内蒙古自治区）、华中（河南省、湖北省、湖南省）、华南（广东省、广西壮族自治区、海南省、香港特别行政区、澳门特别行政区）、西南（四川省、贵州省、云南省、重庆市、西藏自治区）、西北（陕西省、甘肃省、青海省、宁夏回族自治区、新疆维吾尔自治区）。

（四）城市分布

按照城市划分：北、上、广、深超一线城市销售量为8.71万吨，销售额为136.3亿元；一线及省会城市销售量为18.23万吨，销售额为195.64亿元；地市级城市销售量为7万吨，销售额为115.5亿元；县级及以下市场销售量为3.65万吨，销售额为53.9亿元（图15）。

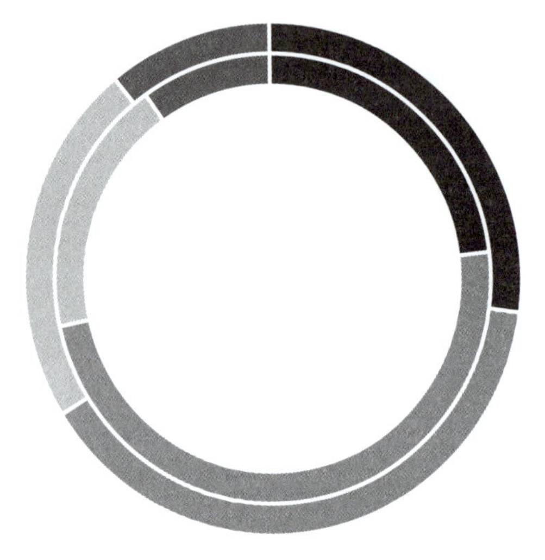

图15 2021中国茶业百强企业调查样本分城市等级销售统计

（五）宣传调研

打造优秀的企业品牌不仅应该在产品质量及口碑上下功夫，还应该拥有健全的媒体宣传渠道和活跃度、曝光度。2020年度品牌企业调查中，各企业主要以品鉴茶会、电视、网络、新媒体以及各大全国性展会为主要宣传渠道。2020年，样本企业平均在广告及活动上的投入可达1073.08万元，总投入达16.74亿元。有40家企业开展了专题调研，另外，参加展会也成为企业推广宣传的主要方式之一，近年来全国各地开展了大大小小的展会活动，企业踊跃参与不仅有益于企业品牌深入地方、深入群众推广，还有利于在展会中拓展渠道商、加盟商，部分企业还借助展会的人气优势，在会展期间同期举办新闻发布会、品鉴会等形式各异的活动，带动宣传推广力度的二次加强。

五、电商发展情况

（一）电商业务开展情况

样本企业中，共有165家企业开展了电商业务。根据统计数据，开展电商业务的企业中，有144家入驻天猫（淘宝）平台，入驻京东平台企业为106家。此外，有54家企业入驻拼多多平台，有19家企业入驻苏宁平台，67家企业建设自有平台，84家企业入驻抖音等其他平台。

（二）销售情况

2020年，样本企业在电商平台实现销售量2.47万吨，销售收入52.15亿元。其中，天猫（淘宝）平台销售量为1.15万吨，占比46.4%，销售额为25.12亿元，成交单数为1319万单；在京东平台销售量为0.57万吨，占比23.0%，销售额为13.09亿元，成交单数为616万单；在苏宁平台销售量为0.04万吨，销售额为0.33亿元，成交单数为20万单；在拼多多平台销售量为0.19万吨，销售额为2.2亿元，成交单数为181万单；在自有平台销售量为0.4万吨，占比16.1%，销售额为8.35亿元，成交单数为257万单；在抖音、微店等其他平台销售量为0.13万吨，销售额为3.06亿元，成交单数为199万单（图16）。

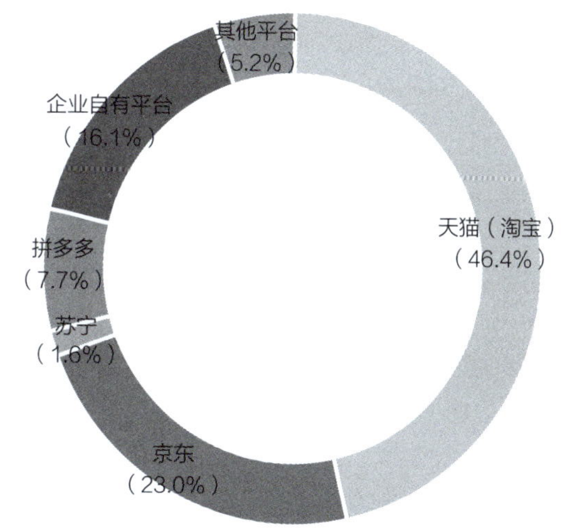

图16 2021中国茶业百强企业调查样本企业不同电商平台销售量占比

（三）不同平台粉丝发展情况

2020年，样本企业各平台粉丝总数达到4601万人，其中新增粉丝达到1596万人，增长率为53.0%，电商渠道消费群体发展迅速。分平台看，样本企业在京东平台粉丝增长速度最快，达到101%，其他平台和天猫平台增长速度也较快，分别为74%和40%。各企业粉丝运营能力正不断提升，样本企业在不同平台的平均产品回购率达到52.2%，天猫（淘宝）平台回购率最高，可达到79.8%，这表明茶叶企业在电商领域已逐渐站稳，开始在网络消费者中树立起良好的品牌形象。

六、建议

（一）坚守茶叶食品安全

中国茶叶企业要时刻铭记社会责任，加强自我约束，确保自我规范，坚决落实食品安全责任。要增强食品安全意识，推行良好操作规范，以严格的生产标准、可靠的保障措施，充分保证每一片茶叶都是干净、放心茶。

（二）坚持高质量发展

茶叶企业应顺应产业转型升级，坚持科技创新，加大研发力度，潜心钻研，不懈探索，创新新工艺，研发新口味、新包装。要提升集群发展水平，提高设计制造、资源协同能力，推进全产业链有机整合，主动寻求与健康产业、生物医药产业等不同领域的跨界融合，共同推动全国茶叶行业高质量发展。

（三）加大国家政策扶持

建议国家相关部委加大对茶产业的指导与扶持，推动产业高质量发展。一是有效落实国家政策，切实减轻茶叶企业负担；二是建议国家增加对中小企业的金融支持；三是建议引导一批新技术落地应用落地茶产业；四是组织中国茶叶企业有序走出去，不断开拓国外市场；五是引导消费者注重食品营养和健康，倡议全民饮茶。

（执笔人：梁晓）

2020中国茶业品牌建设发展报告

中国茶叶流通协会

“推动中国制造向中国创造转变、中国速度向中国质量转变、中国产品向中国品牌转变”，习近平总书记一直重视品牌建设，并多次提出殷切期许。建设品牌强国，任重道远，夯实科技、创新、质量、诚信支撑，尤为重要。

品牌不仅代表着产品的属性、名称、包装，更主要是还向消费者和社会传递产品价格、质量、声誉、文化观念等潜在的信息。随着我国脱贫攻坚战取得全面胜利，开启全面建设社会主义现代化国家新征程、向第二个百年奋斗目标进军的征程，人民生活水平得到了全面的提高，社会主要矛盾已经转化为人民日益增长的美好生活需要和不平衡不充分的发展之间的矛盾，人民对于高质量、高标准、品牌化的产品消费需求越来越旺盛，品牌已经成为消费者在购买决策过程中的重要影响因素，我国大部分行业和企业已经进入到品牌竞争的时代，因此，为了适应消费市场需求的变化，提升茶产业品牌化进程，需要积极加强茶产业品牌建设，同时加强茶产业品牌建设还有助于提高茶叶产品竞争力，推动茶产业优化升级，促进茶产业集群发展，也有助于加快农业现代化建设，在助推供给侧结构性改革、实现乡村振兴方面都有重要意义。

一、存在问题

近年来，在全行业的共同努力下，我国茶叶品牌建设已经取得了快速的发展，但仍然存在着一些问题：茶叶品牌建设总体水平仍和消费者需求存在差距；全行业品牌意识普遍偏弱，对于品牌的认识仅停留在做广告方面；茶叶品牌总体规模偏小，品牌间差异较大；品牌杂而乱，多为初加工和代加工企业，缺乏现代经营意识和品牌管理经验；“有品类，无品牌”，区域公用品牌建设普遍强于企业品牌，导致消费者在购买决策时存在困难；区域公用品牌使用者和所有者不一致，导致部分品牌使用者存在不爱护品牌的行为，导致“公地悲剧”；

相关品牌保护、传承、管理、发展体系制度仍不健全；注重短期增产增效增收，缺乏长远的品牌培育意识，使得品牌溢价不高、品质不稳。

二、社会环境

当前，我国正处于百年未有之大变局的深度调整期、百年未遇之大疫情持续影响期和“两个一百年”奋斗目标的历史交汇期，这三个百年大局相互叠加、交互作用，塑造了新时期我国经济社会发展错综复杂的时代背景。全球政治经济秩序加速变革，大国关系发生转折性变化，新一轮科技革命和产业变革改变了传统的生产方式、社会结构和生活方式，世界面临百年未有之大变局。新冠肺炎疫情对全球经济社会运行造成巨大冲击，并将加剧全球变局，疫情防控效果也成为检验各国治理成效的重要标尺，对全球治理带来重要影响。

人民对美好生活的期待全面升级。全面小康实现后，随着人民收入水平提高以及老龄化、城镇化、信息化、国际化的发展，人民需求结构全面升级。物质生活和教育水平的提高、互联网和全球信息流通、“改革开放一代”成为社会中坚，对社会公平正义和自身全面发展的需要进一步提升。但同时，我国经济的供给侧还不适应人民的新需要。过去一度依赖劳动力、资本、资源和外部市场扩张支撑的增长方式面临拐点，资源和环境约束触及底线，对土地财政和房地产的依赖导致房价过高，过度依赖模仿和技术引进导致自主创新缺乏后劲。在40余年的高度压缩式追赶以后，需要根据新时代的发展要求，以新发展理念为引领，推动以人民为中心的发展，满足人民群众对美好生活新的需要。

当前，在共建“一带一路”和经济全球化的时代背景下，加之乡村振兴战略计划的提出和实施，为提升农业品牌建设提供了绝佳的机会。2020年中央一号文件指出，要继续调整优化农业结构，加强地理标志农产品认证和管理，打造地方知名农产品品牌。

三、发展建议

（一）政府

1. 加强茶叶品牌发展规划设计，制定完善品牌建设战略规划

发挥政府在品牌竞争力提升中的基础角色，加大支持引导工作。一是完善品牌建设的配套政策，通过品牌评估调查了解发展需求，实施针对性的品牌战略和惠企措施，加强对地方品牌的扶持力度和政策照顾。提供品牌建设所需的外部资源并营造良好的营商环境，壮大地方龙头品牌、培育代表性精品已形成品牌规模效益，促进企业增收、农民就业。二是提供品牌“走出去、引进来”支持政策，加大对不同国家市场的进口贸易保护政策研究和国内区域市场动态解读，帮助品牌疏通国际出口、国内区域销售渠道，搭建开放有序的公共交易平台，避免对单一市场的过多依赖和销售渠道堵塞。同时，通过加大招商引进一流的国内外科技强企，助力科技振兴茶产业，扩大国际化、标准化的茶产业链。

2. 积极创造良好有序的市场环境，充分发挥政府职能作用

在经济运行中，政府担负着调节市场和监管市场的重要职责。区域公用品牌负面信息溢出与企业品牌对区域品牌产生“公地悲剧”“品牌株连”效应都在一定程度上来源于对质量把控的不到位与市场环境混乱。因此，地方一是要制定和完善相关的产业标准和市场竞争规则，鼓励品牌参与质量管理体系认证和地理标志产品认证，确保产品全过程符合市场质量要求，为扩大商贸交易规模打好质量基

础。二是完善行业监管管理，敦促市场监管部门严格履行工作职责，监督茶叶生产和销售的各个环节质量，加大包装、商标、防伪等品牌标识的抽查与检验，严加打击假冒伪劣，严厉处罚违规品牌，针对不良行为，市场监管及农业生产主管部门应及时查办处理，维护公平、公正的市场秩序，维护本土品牌尤其是地理标志产品在消费者之间长久积累起来的品牌认知和品牌忠诚，减少“搭便车”“公地悲剧”等相关现象出现，维护本地品牌的市场美誉度。

3．整合品牌资源，集中产业优势

一般来说企业的生产规模越大，品牌建设的基础越好。当前，以家庭、小型合作社模式的生产经营方式还占有很大比例，规模化生产比例较低，严重制约品牌建设。因此，为促进品牌建设，要积极推行产业化生产经营模式，采取多种形式扩大生产规模，不断提升产业化水平。

龙头企业对农产品区域公用品牌的发展起到强大的支撑作用，且龙头企业的积极经营行为能够引指带领区域内的中小型企业不断成长壮大。因此，地方政府与行业协会应当积极培育与支持龙头企业发展，发挥龙头企业示范作用，促进创新发展网络形成，首先，要对区域内的品牌进行竞争力综合评估，筛选出区域政府需要重点培育的龙头企业和重点扶持的潜力企业，进行战略层面的产业布局和资源布局。其次，按照互助互利原则，帮助龙头企业对散杂且无竞争力的小企业进行并购重组，同时由新兴的潜力企业与中型企业进行联营合作，充分整合区域资源并进行有效配置，集中优势品牌形成规模效应，打造竞争优势突出、品牌高度聚集的产业集群，提升企业品牌对区域公用品牌的支撑力。

4．挖掘自身特色，促进产业差异化发展

为保障品牌建设的可持续性，不断提升品牌竞争力，需要积极促进区域公用品牌差异化发展。一方面是农产品区域公用品牌的文化差异化发展。要充分利用及发挥区域的区位优势及历史人文文化优势，挖掘文化内涵，形成特色的品牌概念，围绕品牌概念打造品牌亮点。通过品牌概念的提升，进一步开拓销售渠道，提高农产品区域公用品牌在市场上的占有率、知名度与竞争力，为区域内的品牌企业形成较好的区域公用品牌伞效应，充分发挥其搭载提携效应、产业带动效应与集聚辐射效应。

5．扩展销售渠道，健全营销网络

当前许多茶叶品牌仍面临着销售渠道单一、销售研式传统的问题，全国范围内营销网络尚未建设起来。因此，地方政府应当发挥其职能优势，从“引进来”和“走出去”两方面健全营销网络体系，促进茶叶区域公用品牌发展。一方面，要积极“引进来”，依托现有自然资源、传统制茶工艺、区域人文文化等资源优势，积极运用各级媒体平台，形成宣传合力，发动各方力量进行广泛宣传。在区域内组织一系列具有地方特色的茶事活动，如文化节、开采节等，彰显区域特色，助力宣传区域公用品牌和企业品牌，从而为区域内的优秀品牌提供展示的平台和机会，进而达到提升销量、吸引投资的目的。另一方面，要积极“走出去”，地方政府要积极为区域内品牌走出去搭台唱戏，多组织企业参加高质量的博览会、展销会等，深入学习先进经验与优秀案例，加强同外界沟通交流，进一步提升区域公用品牌影响力，助力品牌企业进行学习借鉴，不断提升自身产品品质与经营水平。

6. 加大专业人才培养与引进力度

品牌的打造与建设离不开技术人员与专业人才的加入，当前我国茶业品牌管理人才相对缺乏，品牌管理相对混乱，部分地方和企业品牌缺乏规划、定位模糊，无法充分发挥其产品优势与品牌优势。因此，地方政府应当注重提高区域内相关从业人员的专业水平。一方面要形成规范化、专业化的培训体系，定期组织对区域内企业品牌负责人进行营销知识与管理培训，由此提升品牌企业的生产经营水平，促进区域公用品牌建设。另一方面，地方政府要加大专业人才引进力度，创造良好的就业环境，加大人才政策支持，增强对专业人才的吸引力度，引进高水平的技术人才与管理人才，为品牌发展提供引擎。

（二）行业协会

1. 发挥桥梁纽带作用

行业协会在品牌与市场、政府相关利益者之间扮演服务、协调、组织、沟通的角色，应当最大化发挥角色优势。首先，行业协会要对政府颁布的政策法规进行研究解读、对行业发展趋势进行分析预判，为会员单位提供信息咨询服务。其次，行业协会要基于相关标准制定相关管理体系并做好从业者的管理约束，对于违规行为进行适当处理以维护行业形象，定期组织会员单位进行相互考察、外出学习以促进集体进步和信息交流。再次，行业协会可以结合地方地理标志性农产品统一宣传标识，利用区域公用品牌，通过京东、淘宝等网络销售平台打入其他区域市场，借助养生、康体、营养美食、绿色无公害、有机食品等专场活动吸引更多潜在消费者。

2. 加强跨界合作，建立合作机制

打破行业限制，与关联行业品牌进行跨界合作，共享资源。茶叶品牌可与食品、饮料、烟酒、电商、商超、物流等品牌建立战略合作机制，一是打破资源流通壁垒，实现客户资源共享和渠道资源置换，减少品牌的运营成本和渠道成本。二是借助其他行业品牌的主营业务和技术能力，开发联名产品、保鲜运输链、卖场产品体验、庆典活动定制礼盒等，增加茶叶品牌在消费者日常生活场景的出现频率，提高品牌认知度。

（三）企业

1. 树立品牌意识，加大品牌建设投入力度

由于茶叶自身的特点，企业产品之间的同质性比较明显，在客观上使得茶企建立品牌较其他消费品牌来说相对困难，但也正因为同质性较强，茶企就更应该注重品牌建设，树立品牌意识。

消费者普遍缺乏关于茶叶的专业知识，而消费者对高质量产品的需求日益增长，因此茶企着力打造自身品牌，才能使得消费者有机会了解自身良好的产品和服务。

2. 提升产品质量，加大科研创新

茶叶品质是茶叶品牌抽象功效和物质载体的内在承诺和保障。提高茶叶品质，是增强品牌竞争力的必经途径。茶叶品牌要积极实现技术端的升级换代，实现从劳动密集型向技术密集型转变。一是大

胆引入先进技术和先进设备，提高种植、生产、加工、包装等作业环节的机械化水平和食品安全保障，避免因生产品质问题出现消费者投诉而导致品牌声誉严重受损。二是主动与国内外科研机构、高等院校等技术团队建立稳定的研发合作，培育新优品种、研发关联产品并进行检测试验，对取得的研发成果及时申请相关专利以保护知识产权，切实推动中国茶叶“品牌智造”。三是创新改造茶园，打造智慧茶园，随时评测茶树生长状态并施以对应的养护措施，适时淘汰老龄化、低产化、病弱状的茶树，提高每亩产量和收成品质，为品牌竞争力提升打好物质基础。

3. 加强人才队伍建设，提高生产经营管理水平

人才是品牌可持续发展的软实力资源，加强茶叶品牌的人才队伍建设。一是建立人力资源战略规划，根据品牌战略和发展目标进行人力资源战略布局，适时调整组织架构、储备人才、优化人力以适应动态的品牌发展和市场竞争需求，提升人力资源管理水平以增强组织效能。二是加大人才引进，通过政府、行业协会聘请高级技术人员和高层次人才，为提升品牌竞争力积累智力资源，激发品牌创新活力。三是加大人才培养，委托当地院校进行定向专业人才培养，同时建设茶产业实训基地并向茶学及相关涉农学科、经营管理类等专业学生提供免费实习，通过实训让实习生感受品牌文化，进一步留住毕业生为品牌人才队伍输送新鲜血液。四是加大员工培训，建立企业大学，根据人力资源实际情况编制培训计划，针对内部人员举办文化知识培训并进行技能实操培训，打造综合人才队伍。

4. 实施多元化开发

围绕品牌进行多品类开发，可以延伸品牌价值链。一是多元化开发品牌品类，通过精深加工环境深入挖掘茶的有效成分和养生保健、美容养颜等独特功效，并用于开发新型茶叶产品、食用产品、护肤产品、日用产品等副线产品，丰富品牌的消费场景。二是多元化开发产品包装，结合品牌独有的产品特点、文化内涵和历史背景，针对不同消费群体进行不同材质、不同档次、不同主题的包装设计，多角度向消费者传递品牌的具体形象。三是充分拓展茶旅融合。将茶品牌与当地旅游品牌进行充分融合，开发茶叶采摘、加工制作等具有茶旅体验项目的产业示范园，打造集旅游观光、休闲农业于一体的新型全域农旅产业链，有效促进了茶叶旅游、茶馆业、茶包装等业态建设，带动相关产业共同发展。

5. 完善产品价格体系

不同的产品价格可以吸引不同消费水平的客户，低价产品重在销量，高价产品重在溢价，从而提升品牌经济利润、针对品牌现有产品结构，根据相关标准进行产品等级区分，结合自身生产成本、竞争对手价格进行高中低价格设置，确保产品价格体系合理覆盖目标市场群体，加大对外价格竞争优势。

6. 深入挖掘茶产品文化内涵，提升品牌吸引力、竞争力

茶具有深厚的文化内涵，用文化来阐述的品牌更生动形象。深入挖掘具有品牌特色的历史典故、传奇故事等，依托文化媒体制造吸引公众关注的文化热点，丰富品牌文化内涵，扩大公众认知度。同时将特色文化元素深度融合到品牌的包装设计当中，彰显品牌文化的独特性，加深公众对品牌的联想度，加强消费者对品牌的美好印象和深刻认同，进而转化为对品牌的现实消费需求。

（执笔人：陈朔）

2020中国茶叶行业信用体系建设报告

中国茶叶流通协会

诚信是企业必须践行的基本准则，更是企业宝贵的无形资产，能够在经营管理中为企业带来潜在利益。信用良好的企业通过遵守道德规范，建立起友好互信的贸易关系，获得公众认可，提升市场份额，减少宣传成本，推动企业可持续发展。中共中央办公厅、国务院办公厅印发的《建设高标准市场体系行动方案》中提出：建设高标准市场体系是加快完善社会主义市场经济体制的重要内容，对加快构建以国内大循环为主体、国内国际双循环相互促进的新发展格局具有重要意义。

2020年，我国面对突如其来的新冠肺炎疫情、世界经济深度衰退等多重严重冲击，通过集中精力抓好“六稳”“六保”，稳定民生底线与经济基本盘，实现了全年国内生产总值增长2.3%，在全球主要经济体中唯一实现经济正增长。年初疫情的出现和快速蔓延，对我国消费市场冲击巨大，短期消费需求受到较大抑制、市场交易量大幅下滑。但我国消费市场在遭受疫情巨大冲击的同时，也倒逼创新提速，新产品、新服务、新模式加速涌现，形成新的热点，成为我国经济复苏和实现增长的新动力。进入三季度以来，随着复工、复产、复市全面推进，国民经济复苏持续加快，带动消费市场逐步加快复苏，推动线上消费、国货消费、回流消费等新消费热点加速发展。

一、茶叶行业信用建设总体环境分析

2020年，我国茶产业多项重要指标继续攀升，再创历史新高，茶园总面积达到4747万亩，干毛茶产量增至299万吨，总产值2627亿元；内销量增长到220万吨，内销额2889亿元；出口总量35万吨，出口额20亿美元，出口均价持续攀升。在积极抗疫、复工复产的同时，茶行业持续推进高质量建设，茶园结构持续优化，绿色安全稳定向好，质量效益继续提升绿，各类茶叶品牌数量和质量大幅提高。同时，社会范畴的经营模式创新和新消费带动作用也为茶产业带来重要机遇并推动提质扩容。其中，茶叶电商渠道表现亮眼，据推算2020年全国茶叶线上总交易额约280亿元，比增15.23%，直播电商、社交电商的飞速发展带动了新消费势力的崛起。疫情使人们更注重健康，大健康产业的发展也成为茶产业的重大利好因素。因茶叶产品的健康属性得到更多的认知与认同，饮茶人口数量与消费需求量持续增多，预期未来仍将进一步扩大。

社会信用在促进社会资源优化配置中发挥着重要作用，已经成为维系一切市场交换关系和社会关系的必要纽带社会信用体系建设是当前社会发展的重点。《全球营商环境报告（2020）》显示，我国营商环境全球排名升至第31位，这其中社会信用程度是重要的评估指标。2020年中央经济工作会议强调，构建新发展格局，必须构建高水平社会主义市场经济体制；提出要促进公平竞争，保护知识产权。《中共中央关于制定国民经济和社会发展第十四个五年规划和二〇三五远景目标的建议》提出，要建设高标准市场体系，健全市场体系基础制度，坚持平等准入、公正监管、开放有序、诚信守法，形成高效规范、公平竞争的国内统一市场；弘扬诚信文化，推进诚信建设。

同年，多项法律法规出台，从知识产权、评估标准、信贷担保、金融市场、营商环境等多个角度布局指导社会诚信建设。2020年12月，中共中央印发的《法治社会建设实施纲要（2020—2025年）》明确要求，完善诚信建设长效机制，健全覆盖全社会的征信体系，建立完善失信惩戒制度。同时要求，加快推进社会信用体系建设，完善企业社会责任法律制度，健全覆盖全社会的征信体系，建立完善失信惩戒制度，加强行业协会商会诚信建设，推动企业与社会建立良好的互助互信关系，支持社会组织建立社会责任标准体系，引导社会资源向积极履行社会责任的社会组织倾斜。因年内疫情的原因，上半年发布了多项指导政策布局疫情防控、民生保障和复工复产（表1）。

表1　2020年信用相关法律法规汇总

颁发单位	时间	名称
中共中央 国务院	2020年1月2日	关于抓好“三农”领域重点工作确保如期实现全面小康的意见
农业农村部	2020年2月13日	关于落实党中央、国务院2020年农业农村重点工作部署的实施意见
中共中央 国务院	2020年2月19日	关于深化新时代教育督导体制机制改革的意见
国家知识产权局	2020年2月27日	关于大力促进知识产权运用　支持打赢疫情防控阻击战的通知
国家发展改革委 民政部	2020年2月27日	关于积极发挥行业协会商会作用支持民营中小企业复工复产的通知
国务院	2020年2月28日	关于生态环境保护　综合行政执法有关事项的通知
国家发展改革委	2020年2月28日	美丽中国　建设评估指标体系及实施方案
国家发展改革委 中共中央宣传部 教育部 工业和信息化部 公安部 民政部 财政部 人力资源和社会保障部 自然资源部 生态环境部 住房和城乡建设部 交通运输部 农业农村部 商务部 文化和旅游部	2020年2月28日	关于促进消费扩容提质加快形成强大国内市场的实施意见

续表

颁发单位	时间	名称
国家卫健委 中国人民银行 海关总署 税务总局 市场监管总局 广电总局 体育总局 证监会	2020年2月28日	关于促进消费扩容提质　加快形成强大国内市场的实施意见
国务院	2020年2月28日	关于生态环境保护　综合行政执法有关事项的通知
中共中央 国务院	2020年3月9日	关于构建现代环境治理体系的指导意见
财政部	2020年4月24日	关于进一步做好全国农业信贷担保工作的通知
中共中央 国务院	2020年5月11日	关于新时代加快完善社会主义市场经济体制的意见
中共中央 国务院	2020年5月27日	关于新时代推进西部大开发形成新格局的指导意见
国务院	2020年5月31日	关于开展第一次全国自然灾害综合风险普查的通知
中国人民银行 银保监会 财政部 国家发展改革委 工业和信息化部	2020年6月1日	关于加大小微企业信用贷款支持力度的通知
自然资源部	2020年6月2日	关于2020年土地利用计划管理的通知
国家发展改革委 国家能源局	2020年6月10日	电力中长期交易基本规则
国务院	2020年6月17日	关于支持出口产品转内销的实施意见
财政部 税务总局	2020年6月28日	关于资源税有关问题执行口径的公告
国务院	2020年6月29日	关于开展国家脱贫攻坚普查的通知
国务院	2020年6月30日	关于推进医疗保障基金监管制度体系改革的指导意见
中国人民银行 国家发展改革委 证监会	2020年7月6日	关于公司信用类债券违约处置有关事宜的通知
自然资源部	2020年7月9日	自然资源统计工作管理办法
国务院	2020年7月13日	关于促进国家高新技术产业开发区高质量发展的若干意见
银保监会	2020年7月14日	关于印发融资担保公司非现场监管规程的通知
国务院	2020年8月5日	关于进一步做好稳外贸稳外资工作的意见
国家发展改革委 国家开发银行 中国农业发展银行 中国工商银行 中国农业银行 中国建设银行 中国光大银行	2020年8月14日	关于信贷支持县城城镇化补短板强弱项的通知

续表

颁发单位	时间	名称
国家发展改革委	2020年8月21日	关于组织开展行业协会商会经营服务性收费清理规范工作的通知
商务部	2020年8月25日	外商投资企业投诉工作办法
国务院	2020年9月1日	关于深化商事制度改革进一步为企业松绑减负激发企业活力的通知
国务院	2020年9月11日	关于实施金融控股公司准入管理的决定
财政部 国务院国资委 银保监会	2020年9月25日	关于加强会计师事务所执业管理　切实提高审计质量的实施意见
中共中央 国务院	2020年9月27日	关于加快推进媒体深度融合发展的意见
国务院	2020年10月5日	关于进一步提高上市公司质量的意见
人力资源和社会保障部 民政部 财政部 商务部 全国妇联	2020年10月9日	关于实施康养职业技能培训计划的通知
国家发展改革委 教育部 工业和信息化部 财政部 住房和城乡建设部 商务部 文化和旅游部 国家卫健委 应急管理部 中国人民银行 市场监管总局 体育总局 国家医保局 银保监会	2020年10月14日	近期扩内需促消费的工作方案
国家发展改革委	2020年10月23日	关于支持“信易贷”平台向金融机构推荐信用状况良好企业有关工作的通知
国务院	2020年10月25日	关于推进对外贸易创新发展的实施意见
国务院	2020年10月27日	关于全面推行证明事项和涉企经营许可事项告知承诺制的指导意见
中共中央	2020年10月29日	关于制定国民经济和社会发展第十四个五年规划和二〇三五年远景目标的建议
国务院	2020年11月1日	全国深化“放管服”改革优化营商环境电视电话会议重点任务分工方案
市场监管总局	2020年11月5日	关于加强网络直播营销活动监管的指导意见
交通运输部	2020年11月9日	关于加强全国水路运输市场信用信息管理系统运行管理工作的通知
广电总局	2020年11月13日	关于加快推进广播电视媒体深度融合发展的意见
最高人民法院	2020年11月16日	关于加强著作权和与著作权有关的权利保护的意见

续表

颁发单位	时间	名称
农业农村部 科技部 财政部 人力资源和社会保障部 自然资源部 商务部 银保监会	2020年11月19日	关于推进返乡入乡创业园建设 提升农村创业创新水平的意见
国务院	2020年11月30日	关于加快推进快递包装绿色转型的意见
住房和城乡建设部	2020年11月30日	建设工程企业资质管理制度改革方案
文化和旅游部	2020年12月4日	关于进一步优化营商环境推动互联网上网服务行业规范发展的通知
中共中央	2020年12月7日	法治社会建设实施纲要（2020—2025年）
国务院	2020年12月7日	关于进一步完善失信约束制度构建诚信建设长效机制的指导意见
国家发展改革委	2020年12月9日	关于公布2019年度企业债券主承销商和信用评级机构信用评价结果的通知
人力资源和社会保障部	2020年12月16日	关于印发《部本级全面推行证明事项告知承诺制实施方案》的通知
人力资源和社会保障部	2020年12月18日	网络招聘服务管理规定
工业和信息化部	2020年12月21日	工业和信息化部开展证明事项告知承诺制实施方案
财政部 农业农村部 民政部 人力资源和社会保障部 审计署 国务院扶贫办 银保监会	2020年12月25日	关于进一步加强惠民惠农财政补贴资金“一卡通”管理的指导意见
中国人民银行 国家发展改革委 证监会	2020年12月25日	公司信用类债券信息披露管理办法
中国人民银行 银保监会 财政部 发展改革委 工业和信息化部	2020年12月31日	关于继续实施普惠小微贷款延期还本付息和普惠小微信用贷款支持政策通知
国家税务总局	2020年12月31日	全面推行税务证明事项告知承诺制实施方案

二、茶叶行业经营主体信用建设情况

茶叶行业经营主体的信用建设情况分析基于对中国茶叶流通协会2021中国茶业百强企业调查结果的汇总和分析，是在此次企业自愿申报的数据信息基础上，结合2020年度社会与行业信息采集和中国茶业流通协会公开发布的行业数据形成的。茶叶行业经营主体信用评价模型参照中国企业信用评价模型建立，内容包括企业的综合收益、经济效益、流动性和安全性、成长性等各项指标，据此对样本中181个参与调研的茶叶企业综合信用状况、经营实力和发展趋势等进行分析研究。

（一）企业基本情况与分布特征

1．地区分布特征

本次样本涵盖17个茶叶主要生产省区和北京、上海两个重要的销售直辖市；其中，陕西、福建、安徽、云南、河南、湖南、广东等主要产茶省分布较多，97.2%的企业位于茶叶主产省区（图1）。

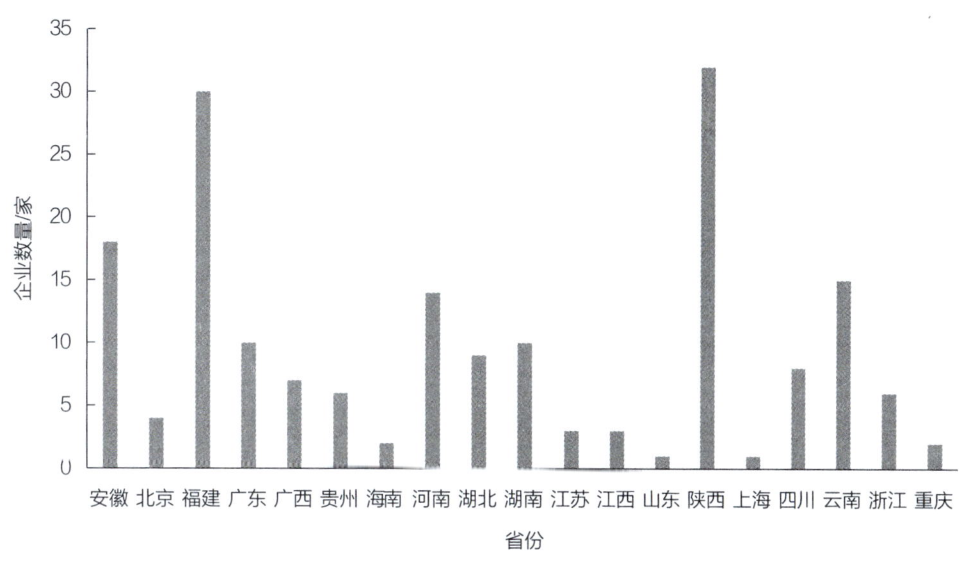

图1 样本企业地区分布情况

数据来源：中国茶叶流通协会

2．企业性质分布

样本共有私营企业156家，合计占样本企业总数的86.2%，国有企业13家，集体所有制企业1家，中外合资（外资）企业3家，其他类8家（图2）。

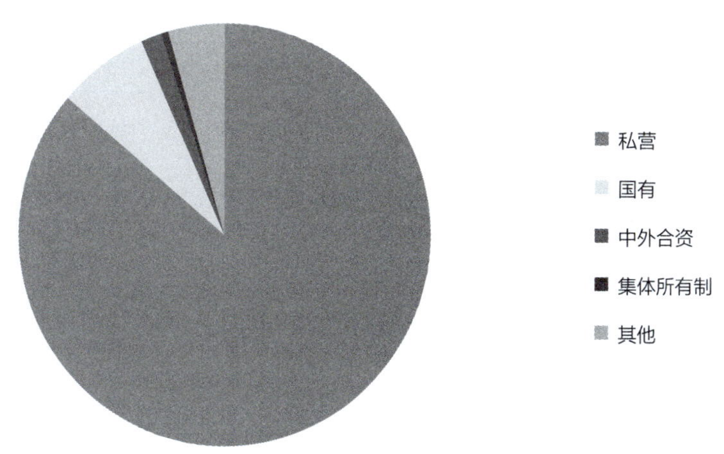

图2 样本企业企业性质分布情况

数据来源：中国茶叶流通协会

3. 龙头企业分布

样本中共有龙头企业177家，其中国家级龙头企业41家，省部级106家，地市级26家，县区级4家（图3）。

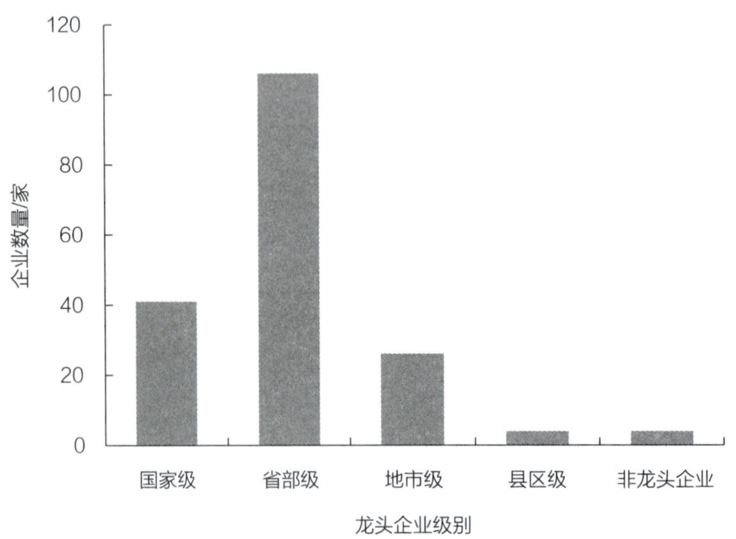

图3 样本各级别龙头企业分布情况

数据来源：中国茶叶流通协会

（二）企业基本经营情况与经济能力

1. 企业总资产

截至2020年末，样本企业资产总量为520.07亿元，4.4%的企业（8家）总资产超过10亿元，其中资产最高的企业2020年末总资产达到29.68亿元；59.7%的企业（108家）2020年末企业总资产在1亿元到10亿元之间，19.3%的企业（35家）2020年末企业总资产在5000万到1亿元之间（图4）。

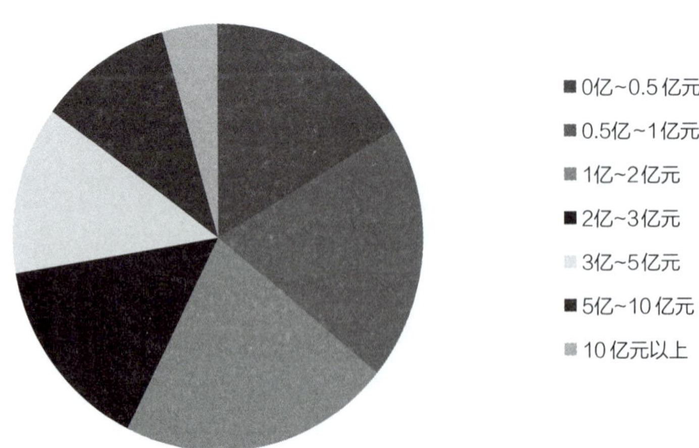

图4 样本企业2020年末总资产分布情况

数据来源：中国茶叶流通协会

2．纳税情况

样本企业中，绝大多数企业（164家，90.6%）纳税形式为一般纳税人，余下17家为小规模纳税人。2020年，样本企业年度纳税总额达18.86亿元。1.6%的企业（3家）2020年纳税额超过1亿元，其中最高的企业2020年纳税额达到2.7亿元；18.2%的企业（33家）2020年纳税额在1000万元到1亿元之间，18.2%的企业（33家）2020年纳税额在500万元到1000万元之间，30.4%的企业（55家）2020年纳税额在100万元到500万元之间（图5）。与往年相比，样本纳税额基本持平或小幅减少，这与2020年因疫情影响国家及地方出台多项减免税费政策关联性较高。

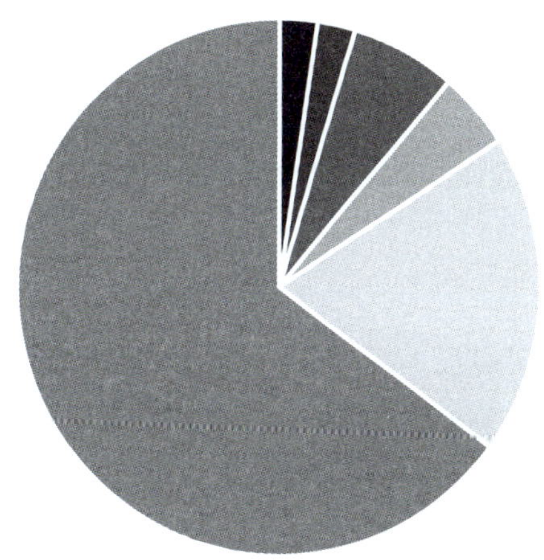

图5　样本企业2020年纳税分布情况

数据来源：中国茶叶流通协会

3．负债水平

数据显示，2019—2020年间，样本负债总额分别为159.5亿元和169.3亿元，逐年上升。数据显示，2020年，超过六成的企业（95家，61.9%）的企业资产负债率在30%以下；仅有28家（15.5%）企业资产负债率超过50%。2019—2020年间，样本中63.0%的企业（114家）资产负债率出现下滑（图6）。根据茶叶行业的经营特点，现大多数茶叶企业为产销型企业，经营范围覆盖几乎全产业链。因此，企业往往持有较高价值的茶园、厂房、直营店等固定资产。同时，因为行业内企业发展的轨迹和经营更加趋向保守，大部分茶叶企业，尤其是传统企业资产负债率偏低。2020年，因为疫情的影响，部分企业尤其是出口企业受到不同程度的影响，前景判断不明，加剧了行业保守经营的风向，导致大部分企业资产负债率下降。

4．劳动力情况

2020年末，样本企业在编人员数量达到59009人，比2019年末增长2339人，企业平均326人。样本中，98家企业（54.1%）在编人员数量增长。其中，占比例最大的是生产人员和销售人员，生产人员有33.7%（19873人）、销售人员有33.5%（19747人）；管理人员和技术人员各为13.9%（8188人）和9.7%（5714人）（图7）。

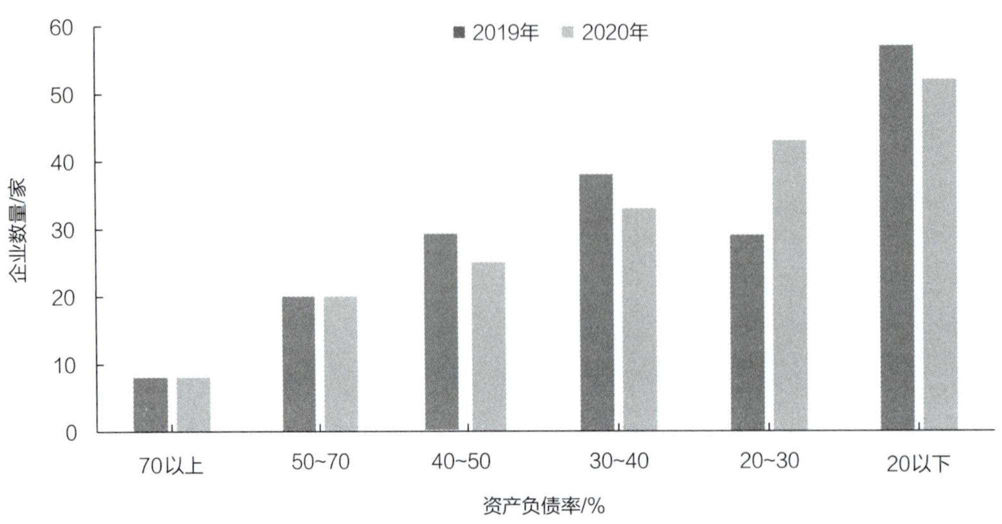

图6 样本企业2019—2020年末资产负债率分布情况

数据来源：中国茶叶流通协会

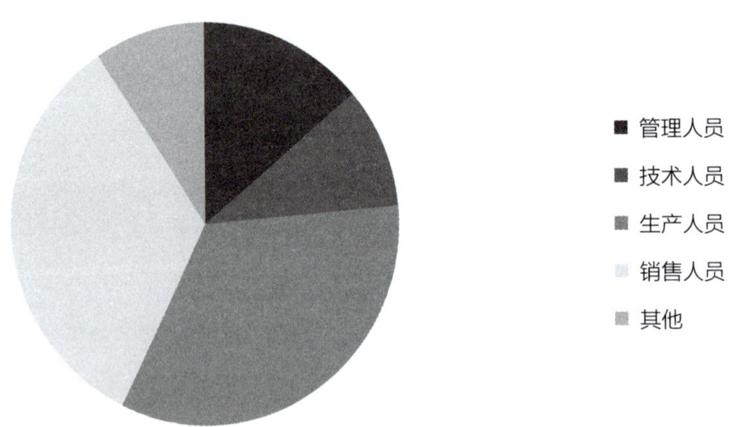

图7 样本企业2020年在编人员分布情况

数据来源：中国茶叶流通协会

（三）企业信用建设情况

1. 总量评价

（1）主营业务收入 2020年，样本主营业务收入总和为572.3亿元。其中，主营业务收入在10亿元以上的企业有10家，占样本数量的5.5%，与2019年持平；5亿~10亿元的企业有22家，占样本数量的12.2%；66.9%的企业（121家）主营业务收入在1亿元以上，与样本在2019年（116家，64.1%）比有小幅增加。

（2）净利润 2020年，样本净利润总和为49.1亿元。其中，净利润在1亿元以上的企业有11家，占样本数量的6.1%，样本比2019年增长3家；5000万元的企业有25家，占样本数量的13.8%；53.0%的企业（96家）净利润在1000万元以上，比2019年（89家，49.2%）有增加；有4家企业净利润为0或负数。

2．经济效益

从收益性指标分析，相较于我国企业整体发展情况，茶叶行业整体营收情况偏好，发展平稳。但茶叶企业在2020年仍遭受到不小的影响，样本中接近半数的企业收利润率下降，行业整体面临较大的下行压力。

（1）**营收利润率** 数据显示（图8），2020年，样本中超过九成的企业资产利润率在20%以下（164家，90.6%），3家企业（1.7%）利润率为负。50.3%（91家）的企业在2020年的营收利润率较2019年有所下降。

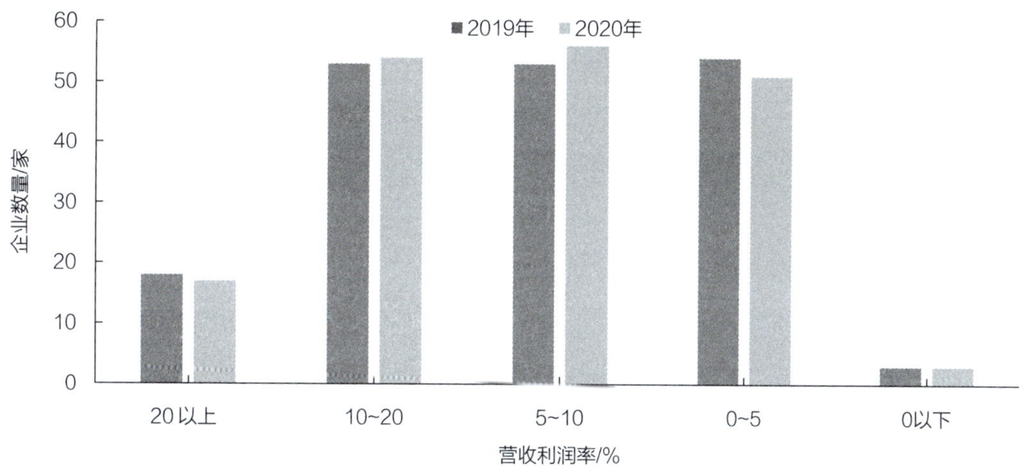

图8 样本企业2019—2020年营收利润率分布情况

数据来源：中国茶叶流通协会

（2）**资产利润率** 数据显示（图9），2020年样本资产利润率主要集中在30%以下（168家，92.8%），其中最高达到93.7%，68.5%的企业（124家）2020年资产利润率超过5%；3家企业利润率为负。

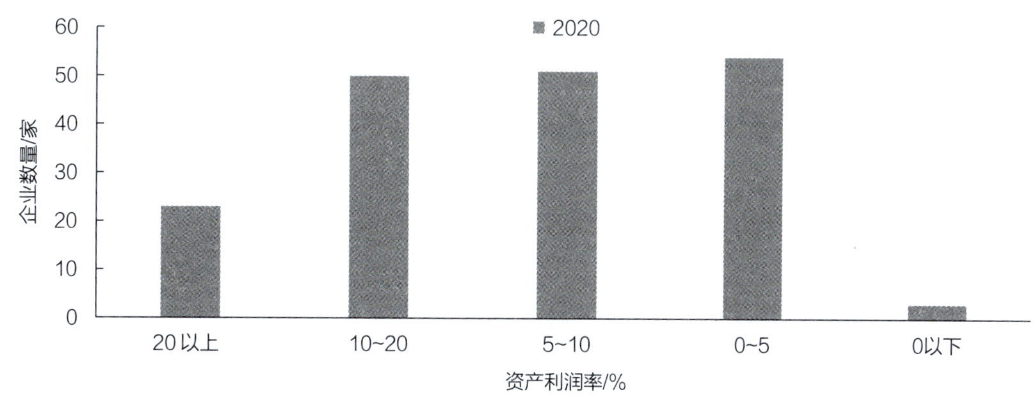

图9 样本企业2020年资产利润率分布情况

数据来源：中国茶叶流通协会

（3）**所有者权益报酬率** 数据显示（图10），2020年样本所有者权益报酬率主要集中在40%以下（163家，90.1%），其中最高达到135.2%，11.0%企业（20家）报酬率在3%以下，2.8%企业（5家）为0或负数。

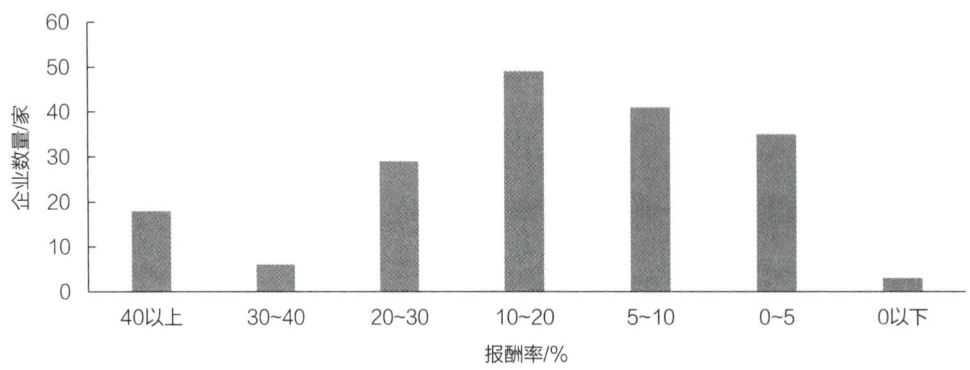

图10 样本企业2020年所有者权益报酬率分布情况

数据来源：中国茶叶流通协会

3．流动性和安全性指标

从企业流动性分析，2020年样本企业的资产周转率呈现放缓态势，同时资产周转率持平或减缓的企业超过六成，企业流通性没有大的改善，尽管运行区间水平并不低，但压力仍存。负债水平上，接近2/3的企业所有者权益比率有上升，理论负债率出现下降，在现有经济环境下企业保守经营趋势明显，资金压力持续增加，但风险安全相对可控。

（1）**资产周转率** 从资产周转率变化分析，2018年样本平均资产周转率为1.15次/年，2020年为1.10次/年，呈现下降趋势。就单一企业而言，2019年样本中有99家企业（54.7%）资产周转率高于1，资产周转率在0.1次/年以下的企业有4家。2020年，样本中有92家企业（50.8%）资产周转率高于1、呈现减少的趋势，资产周转率在0.1次/年以下的企业有3家。对比两年，资产周转率呈现增速趋势的企业有75家，占样本的38.7%（图11）。

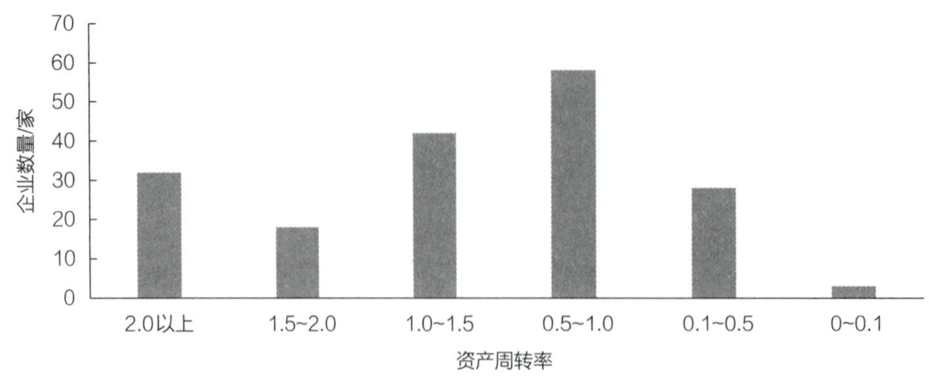

图11 样本企业2020年资产周转率分布情况

数据来源：中国茶叶流通协会

（2）所有者权益比率　所有者权益方面，2019年样本中有26家企业（14.4%）所有者权益比率超过90%，56家企业（30.9%）所有者权益比率高于80%，6家企业不足20%。2020年，样本中有25家企业（13.8%）所有者权益比率超过90%，52家企业（28.7%）所有者权益比率高于80%，5家企业（2.8%）不足20%（图12）。对比两年，所有者权益比率呈现增长趋势的企业有114家，占样本的63.0%。

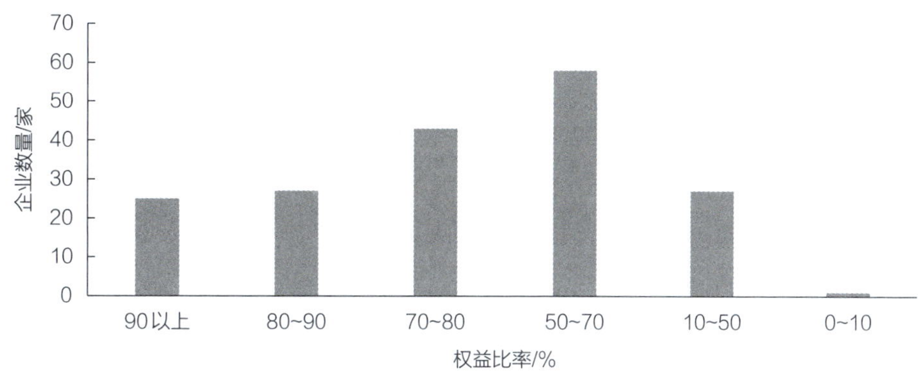

图12　样本企业2020年所有者权益比率分布情况

数据来源：中国茶叶流通协会

（3）资本增值保值率　2020年，样本企业资本保值增值率最高为321.0%，有59家企业（32.6%）资本增值保值率高于120%，145家企业（80.1%）资本增值保值率高于105%，5家企业（2.8%）资本增值保值率低于100%。

4．成长性指标

成长性方面，2020年样本营收增长率与利润增长率两项经营性指标均出现增长，但数值均偏低，说明企业经营中增长动力明显不足。其中，利润增长率涨势较快，表明企业更加注重效益的增长。半数以上企业人均增长率与人均营业呈现增长态势，说明企业更加注重员工素质和劳动效率的提升。从近几年样本数据观测，茶叶企业科研投入比率滞留在较低的水平，企业整体研发投入强度亟待加强。在市场新的增长点不断涌现切承担更多经济拉动作用的背景下，研发力量与企业创新能力密切相关，是制约企业后续盈利能力的重要因素，亟待重视。

（1）营收增长率　2019—2020年，样本主营业务收入总和分别为552.6亿元和572.3亿元，样本主营业务收入总和年增长率为3.6%。其中，13.3%的企业（24家）主营业务收入增长的超过了30%，31.5%的企业（57家）主营业务收入增长超过10%；但同时高达34.3%的企业（62家）企业主营业务收入增长为负，最低达到-48.7%。

（2）利润增长率　2019—2020年，样本利润分别为46.3亿元和49.1亿元，样本利润总和年增长5.9%。其中，有12.7%的企业（23家）利润增长率超过50%；有29.3%的企业（53家）利润增长率超过20%，45.9%的企业（83家）利润增长率超过5%；但也有38.7%的企业（70家）企业利润增长率为负，有14.9%的企业（27家）资产增长率低于30%，最低为-252.1%。

（3）**资产增长率** 从资产增长的角度，2019—2020年，样本总资产分别为481.2亿元和519.9亿元，年增长8.0%。其中，有14.9%的企业（27家）资产增长率超过20%；有37.6%的企业（68家）资产增长率超过10%，53.6%的企业（97家）资产增长率超过5%；16.0%的企业（29家）资产增长为负，最低为-38.8%。

（4）**资本积累率** 2019—2020年，样本股东权益分别为321.9亿元和350.7亿元，年增长9.0%。其中，有11.6%的企业（21家）股东权益增长率超过30%；有44.2%的企业（80家）股东权益增长率超过10%，62.4%的企业（113家）股东权益增长率超过5%；但同时存在16.0%的企业（29家）股东权益增长为负，6家企业（3.3%）不足80%。

（5）**人员增长率** 2019—2020年，样本有在编工作人员56670人和59009人，增长4.1%。其中，有24.9%的企业（45家）人员增长率超过10%；有47.5%的企业（86家）在编人员增长，有23.2%的企业（42家）在编人员数量与上一年持平；29.3%的企业（53家）员工规模有缩减。

（6）**人均营业额** 2019年，样本人均营业额主要集中在50万元至400万元，最高达到3419.9万元；其中，有13.3%的企业（24家）人均营业额超过300万元；有11.0%的企业（20家）人均营业额不足10万元。2020年，样本人均营业额主要集中在50万元至300万元，最高达到4444.4万元；其中，有14.4%的企业（26家）人均营业额超过300万元；有3.9%的企业（7家）人均营业额不足10万元。2019—2020年，55.8%的企业（101家）人均营业额呈现增长态势，38家企业（21.0%）增长超过一成。

（7）**人均利润率** 2019年，样本人均利润率主要集中在2万~40万元/人，最高达到288.0万元/人；其中，有21.0%的企业（38家）人均利润率超过20万元/人；有23.2%的企业（42家）人均利润率不足2万元/人。2020年，样本人均利润率主要集中在2万~30万元/人，最高达到245.4万元/人；其中，有22.1%的企业（40家）人均利润率超过20万元；有15.5%的企业（28家）人均利润率不足10万元/人。2019—2020年，52.5%的企业（95家）呈现增长态势，57家企业（31.5%）增长超过一成。

（8）**科研投入比率** 2019—2020年，样本科技研发投入总额达到8.3亿元，样本总体科研投入比率为1.5%。其中，有68.0%的企业（123家）年科技研发投入高于100万元。样本科研投入比率主要集中在0.2%~5.0%，最高达到51.5%。其中，有11.6%的企业（21家）科研投入比率超过5%；有34.3%的企业（65家）科研投入比率超过1%；有11.6%的企业（21家）科研投入比率不足0.1%。

三、茶叶行业信用发展中的问题与发展建议

面对2020年严峻的经营环境，茶叶企业展现出较好的发展态势，主要经营性和成长性指标均维持了增长态势。但是在社会整体求变、加速创新的进程中，茶叶行业多个传统问题仍然困扰未来发展，如发展不平衡，经营趋于保守资金压力大，科研投入力度不足等。

同时，由于茶行业自身生产特点，更多地呈现出农业产业的特点，行业中小微型企业偏多，部分企业面临经营规模效应小、管理成本高、抗冲击能力弱等问题。受制于营利性、商业性特点等，金融

机构对茶叶企业融资的支持率低，茶企进入资本市场能力弱，给后续转型发展带来难度。近年来，证券市场也屡屡传来茶叶企业折戟的消息。

就政府而言，建议加强茶业全产业链发展中对电商、物流等转型支撑企业的政策引导，鼓励此类企业参与行业发展，加强共性技术平台建设，推动产业链上中下游、大中小企业融通创新，扩大农产品供应链的空间，提升农产品经济效益，以便茶叶企业更好地融入金融市场；在深化放管服、优化营商环境的背景下，将信用承诺制作为一项重要的信用制度进行推广，降低市场主体交易成本，激发市场活力，引导市场主体主动参与信用建设，提升市场主体对信用建设的获得感，主动参与相关工作；加强营商环境的优化，健全现代企业制度，激发各类市场主体活力，促进公平竞争，保护知识产权，营造市场化、法治化、国际化营商环境。

就企业而言，建议加强对信用管理模式的把控，在经营中设立专门的信用管理部门，并加强相对应的财务知识以及金融知识的把握；提高企业信用信息化能力，尤其是信息获取、分析能力，用以指导企业未来发展策略；建风险管理与控制体系，强化各类风险识别，建立预判预警机制和应对预案，有效控制已经存在或可能存在的信用。在茶叶企业未来发展中，宜强化创新主体地位，着力提升创新能力和管理水平，鼓励企业加大研发投入，激发人才创新活力，建立以企业为主体、市场为导向、产学研深度融合的技术创新体系，促进科技成果转化落地。

就行业而言，建议完善行业信用体系，发挥行业协会在政府与市场之间的桥梁纽带作用，建立茶业行业信用标准和规范，搭建符合茶行业发展特征的信用信息平台，改善信息披露的窄路径和不透明性，助推企业融资征信。

新冠肺炎疫情影响广泛深远，全球产业链、供应链均面临重大冲击，企业经营下行压力加大，茶行业也不能幸免。但同时，新模式、大健康也给行业带来新的发展机遇。茶产业内部发展的不平衡问题和面临的深度调整的基本面是长期存在的，高质量发展仍将面临诸多挑战。信用体系建设是茶叶经济体系现代化的重要保障，更是茶产业未来发展的重要推动力。当前，我国已建成世界最大的企业和个人征信系统。在茶产业高质量发展的时代背景下，供需双方的互信关系有助于畅通市场循环从而扩大茶叶消费，是未来茶产业行稳致远的关键。

（执笔人：李佳禾、刘赛）

第二部分

乡村振兴

2020全国重点产茶县发展报告

2020北京市茶叶行业发展报告

2020山西省茶叶行业发展报告

2020江苏省茶叶行业发展报告

2020浙江省茶叶行业发展报告

2020安徽省茶叶行业发展报告

2020福建省茶叶行业发展报告

2020江西省茶叶行业发展报告

2020山东省茶叶行业发展报告

2020河南省茶叶行业发展报告

2020湖北省茶叶行业发展报告

2020湖南省茶叶行业发展报告

2020广东省茶叶行业发展报告

2020广西壮族自治区茶叶行业发展报告

2020海南省茶叶行业发展报告

2020重庆市茶叶行业发展报告

2020四川省茶叶行业发展报告

2020贵州省茶叶行业发展报告

2020云南省茶叶行业发展报告

2020陕西省茶叶行业发展报告

2020全国重点产茶县发展报告

中国茶叶流通协会信息宣传部

2020年，是脱贫攻坚战决胜之年和“十三五”规划收官之年，是“十四五”规划谋篇布局的关键之年，是全面建成小康社会承上启下、承前启后的重要节点。面对新冠疫情的侵袭和国际环境的纷扰，中国政府和人民在以习近平总书记为核心的党中央坚强领导下，疫情防控阻击战取得重大战略成果，统筹推进疫情防控和经济社会发展工作取得积极成效，向全世界展现了中国力量。

脱贫攻坚战的全面胜利是2020年中国经济社会发展的重要亮点。在这场战役中，中国茶产业起到了积极广泛的作用，并为后续对接乡村振兴提供了有力的产业支撑。全国重点产茶县的茶产业工作核心由“全面决胜脱贫攻坚”向“全面助推产业振兴与现代化”转变，工作重点更突出高质量发展、特色集群建设与产业转型升级三个主题，随之而来的是以龙头企业为媒介的产业交流整合、结构调整、效益提升。在此过程中，全国重点产茶县的区域品牌打造、营商服务能力提升，成为县域茶产业发展的关键性因素。

针对上述重点需求和产业发展情况，中国茶叶流通协会特撰写《2020全国重点产茶县发展报告》。本报告以中茶协开展的“2020全国重点产茶县县域经济与发展情况调查工作”中的基本情况、生产加工、生态环境、品牌营销和扶贫情况为数据支撑，多维度、多视角分析展现重点产茶县发展现状，旨在为各产茶县提供转型发展的建设性借鉴与参考。

一、数据分布整理

本年度全国重点产茶县调查综合了重点产茶县样本县域（以下简称样本县域）中茶叶种植、茶叶生产、茶叶加工、品牌建设、融合发展、政策支持等全产业链的内容。汇总显示，各样本县基本情况、资源基础、产业规模等值的差异较大。为科学反映当前全国重点产茶县情况，本报告对全体县域样本进行随机抽选，确保按比例分配各产茶省样本采纳名额，使之切实代表行业整体发展状况并体现产业发展趋势，本报告选取100个产茶县作为本年度全国重点产茶县样本进行分析，共涉及15个主产茶省（自治区），其中安徽9个、福建7个、广东1个、广西3个、贵州11个、河南6个、湖北16个、湖南9个、江苏2个、江西7个、山东2个、陕西3个、四川5个、云南9个、浙江10个。

二、基本情况分析

（一）涉茶劳动力条件

2020年，样本县域覆盖地区人口总数为5310万人，其中农业总人口3669万人，占总人口的69.10%；涉茶人口1508万人，占总人口的28.40%，占农业总人口的41.10%，其中包括农技人员18.11万人（图1）。

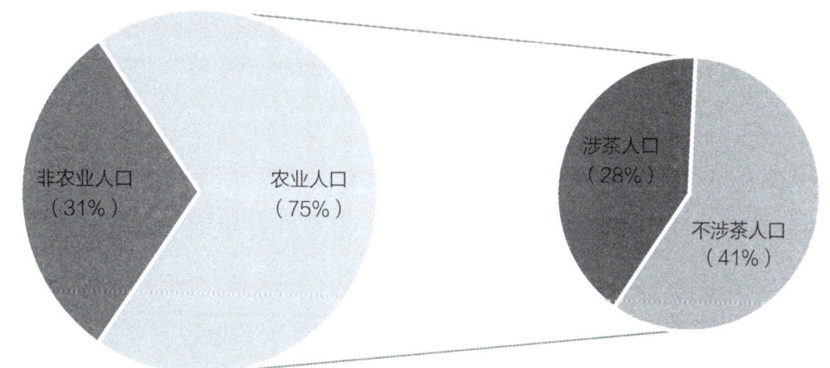

图1　2020年全国重点产茶县样本县域人口组成

（二）茶产业基本情况

2020年，样本县域覆盖地区的茶叶总产量为178.46万吨，占我国茶叶总产量的59.77%。内销量为154.91万吨，占全国70.36%；内销额为1992.45亿元，占全国68.97%。总出口量为32.00万吨，占总出口量91.74%；出口额18.00亿美元，占全国总出口额88.32%。

2020年，样本县域覆盖地区总国内生产总值（GDP）为2.51万亿，人均4.73万元，低于全国平均水平。农业总产值4644.58亿元，茶叶总产值3459.17亿元，茶业税收达到了30.21亿元（备注：因受新冠肺炎疫情影响，有部分减免税，具体参照各地相关文件），其中年茶业税收过亿的产茶县（市、区）共有7个。

三、生产情况分析

（一）生产基础条件

全国重点产茶县样本囊括我国的四大茶区，分别是华南茶区、西南茶区、江南茶区、江北茶区。气候多属于亚热带季风气候，部分为热带季风气候（主要集中于云南、广东、广西、海南、台湾等省区）或温带季风性气候（主要集中于山东、安徽、河南等省）。平均降雨量在800~2000毫升，森林覆盖率主要集中在42%~88%，最冷月气温在0~15℃，平均海拔638米，土壤以酸性或弱酸性的红壤、黄壤为主，适合茶树生长与栽培耕作的需求，具备良好的地理环境条件。

（二）茶叶种植

样本数据显示，截至2020年末，样本县域种植面积为2114.48万亩，同比增长2.49%，占我国茶园面积的44.53%，其中年增长率超过10%的产茶县共计11个，涨幅最大的达到39.53%。据推算，到2021年末全国重点产茶县样本茶叶种植面积将达到2163.64万亩。

调查结果显示，截至2020年末，样本县域茶园可采摘面积为1808.92万亩，茶园投产率占总种植面积的85.55%。其中，26个重点产茶县茶园投产率高于90.00%，福建、湖南、安徽、湖北、浙江、广东、江苏等省的产茶县茶园投产率较高。

在绿色生产发展方面，样本县域茶园的良好农业规范（GAP）认证面积为192.55万亩，占茶叶种植面积的9.11%；无公害认证茶园面积1285.30万亩，占茶叶种植面积的60.79%；有机茶园面积为238.70万亩，占茶叶种植面积的11.29%；绿色食品认证面积432.46万亩，占茶叶种植面积的20.45%；机械化管理茶园面积981.45万亩，占茶叶种植面积46.42%。各项数据表明茶园的整体治理能力有所上升，但由于茶树的多年生特性造成老旧茶园改造较为缓慢。

（三）茶园管理

2020年样本县域中，实施专业化统防统治茶园面积为1064.07万亩，占茶叶种植面积50.32%，贵州、河南、湖南、福建、浙江、云南、湖北等省普及率较高。在茶园自然灾害方面，共发生冻害70次，主要表现为2—3月的倒春寒和高海拔茶园霜冻；发生虫害98次，时间主要集中在4—6月间，发生于江苏、山东、广西、云南、广东五省区，多为小绿叶蝉、茶毛虫等害虫；发生病害62次，时间集中在5—8月份，多为炭疽病、茶饼病等；发生旱灾38次，集中在7—10月份；其他灾害24次，主要为暴雨、冰雹等气候灾害。总体来看，2020年由于新冠疫情导致冬末春初茶园管控不及时，导致本年度茶园成灾率有所提升，但整体成灾率仍未超过2%。至此，全国茶园平均成灾率已连续多年保持在1%~2%，充分表现出随着各地茶叶种植和茶园管理水平的提升，病虫害发生率显著降低，茶叶品质和安全得到有效保障；但仍需注意的是，随着全球气候变化，暴雨、冰雹等为主的极端自然天候灾害的发生频率明显增多，各地应探索行之有效的预防措施（图2、图3）。

（四）生产加工

1．茶叶生产

调查结果显示，截至2020年末，样本县域茶叶产量为178.46万吨，样本县域茶园亩产量达到98.66千克/亩，明显高于71.91千克/亩的全国平均水平。干毛茶总产值为1833.23亿元。

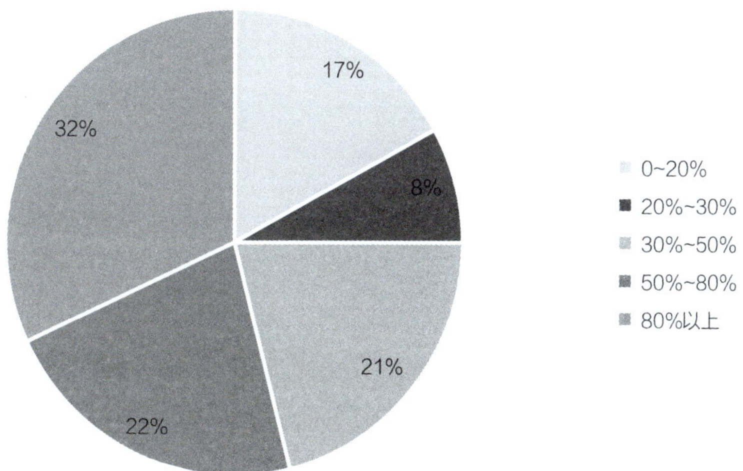

图2　2020年全国重点产茶县样本县域茶园统防统治比例

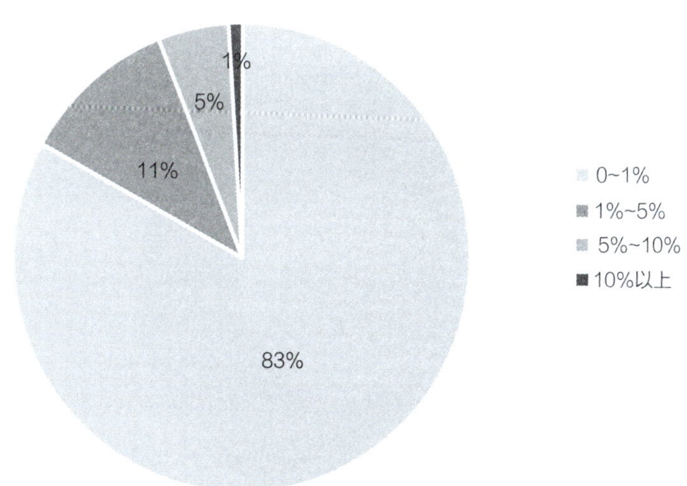

图3　2020年全国重点产茶县样本县域茶园成灾率

2．各茶类生产情况分析

2020年样本县域各茶类生产情况：绿茶93.13万吨，占比52.19%；红茶28.19万吨，占比15.80%；黑茶20.69万吨，占比11.59%；再加工茶12.07万吨，占比6.76%；乌龙茶8.58万吨，占比4.81%；普洱茶8.13万吨，占比4.56%；白茶6.84万吨，占比3.83%；黄茶0.82万吨，占比0.46%（图4）。

全国重点产茶县样本县域干毛茶产值中，绿茶915.07亿元，占比49.92%；红茶323.18亿元，占比17.63%；黑茶230.81亿元，占比12.59%，乌龙茶124.71亿元，占比6.80%；再加工茶106.06亿元，占比5.79%；白茶65.53亿元，占比3.57%；普洱茶58.79亿元，占比3.21%；黄茶9.08亿元，占比0.49%（图5）。

调查结果显示，2020年样本县域绿茶产量占我国绿茶总产量的50.54%，平均单价98.26元/千克。

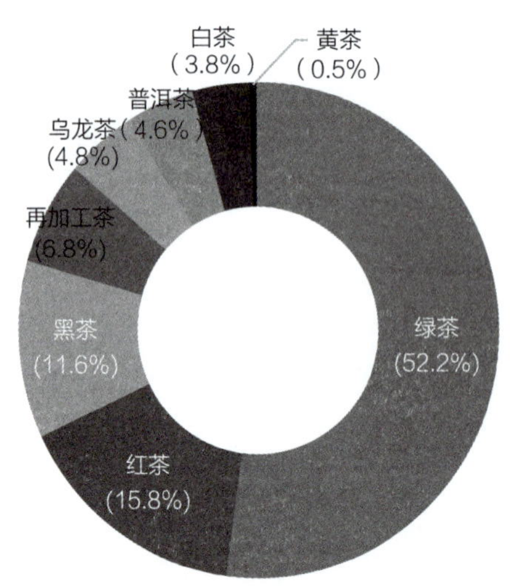

图4 2020年全国重点产茶县样本县域主要茶类产量比例

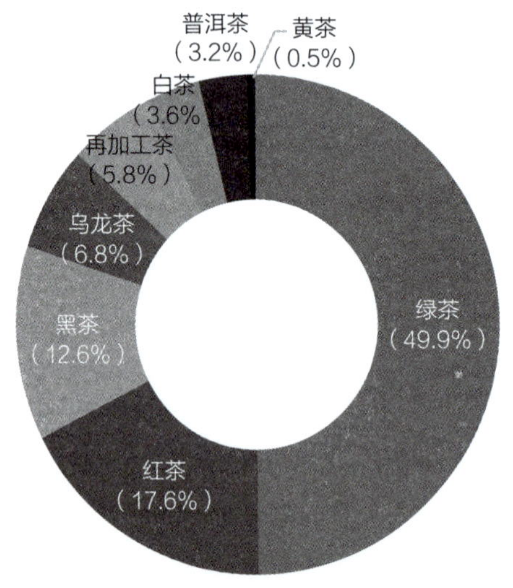

图5 2020年全国重点产茶县样本县域主要茶类产值比例

样本中涉及100个产茶县中95个有生产绿茶，覆盖全部15个产茶省。作为全国重点产茶县茶叶生产中覆盖面最广、产量与产值比重最大的茶类，绿茶将长期稳定在占比50%左右的状态。

2020年样本县域红茶产量占我国红茶总产量的69.73%，平均单价114.64元/千克。样本中涉及的100个产茶县中有94个样本重点产茶县生产红茶，红茶作为重要的出口茶类和适制性最普遍的茶类之一，分布范围越来越广。

2020年样本县域黑茶产量占我国黑茶总产量的55.42%，单价为111.56元/千克。样本中涉及的100个产茶县中有44个生产黑茶，主要集中产于湖南、湖北、陕西三省，安徽、贵州等省份也有恢复性生产。

绿茶、红茶、黑茶是当前全国各重点产茶县生产的主要茶类，以上三个茶类的产量占到样本总产量的79.58%，是我国茶产业发展的绝对主力。值得注意的是，再加工茶保持持续稳定增长，白茶、乌龙茶等茶类近年来受到市场的追捧并多次出现指数级的增长，后起茶区有望依托新兴茶类崛起（图6）。

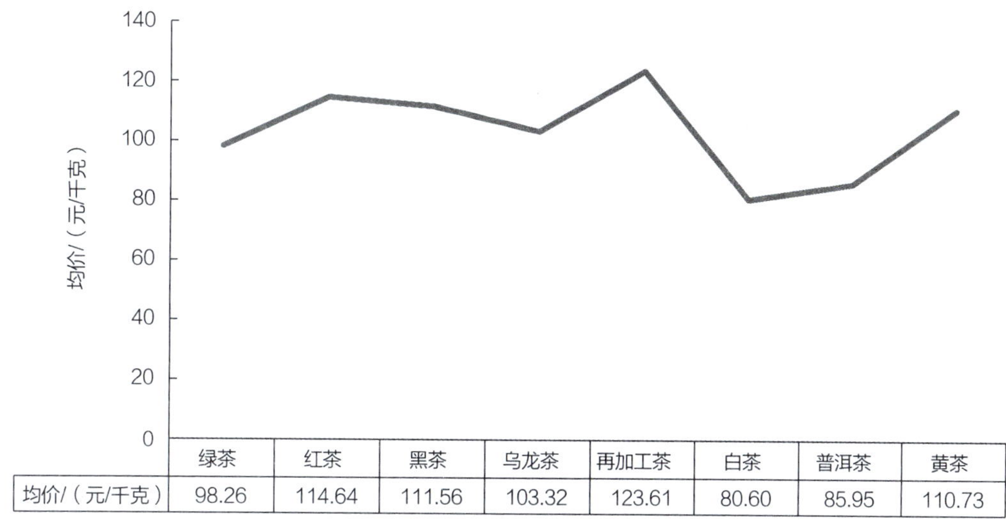

	绿茶	红茶	黑茶	乌龙茶	再加工茶	白茶	普洱茶	黄茶
均价/（元/千克）	98.26	114.64	111.56	103.32	123.61	80.60	85.95	110.73

图6　2020年全国重点产茶县样本县域主要茶类均价情况

3．茶叶采摘机械化

2020年样本数据显示，样本县域年度茶青机采总量为266.75万吨（鲜叶），折合成毛茶可制作62.03万吨左右，仅为样本县域干毛茶产量的34.75%，平均机采率仅为35.51%，大部分茶区的茶青主要依靠人工采摘，对采茶工的依赖程度仍然很高，除部分地形条件或制茶技术不允许的地区外，机械化与现代化程度仍有较大提升空间。

4．加工环节产业现状

生产加工是茶叶生产体系的基础环节，同时也是产业转型升级和产业现代化的主要体现环节。生产加工作为流通的前端，是整个行业效率和发展情况的集中体现，也是县域服务的重点环节。

2020年数据显示，样本县域共有茶叶企业38515家，实现茶叶产量157.78万吨，茶叶企业产值1695.00亿元；规模企业3528家，县均35家，县内茶叶规模企业超过百家的重点产茶县有8个，规模企业实现茶叶产量93.54万吨，占样本茶叶县域企业总产量的59.29%，产值1418.26亿元，占样本茶叶县域企业总产值的83.67%，产业规模化初步形成，但侧面也应当看到，小微企业在行业内数量占有绝对优势，统筹规模企业与小微企业的发展成为政府服务工作的重要命题。

据统计显示，共有ISO认证企业1303家，县均13家，数量占规模企业的36.93%；HACCP认证企业共有723家，县均7家，数量占规模企业的20.49%。其中，实现全程机械化的企业有6831家，机制名优茶产量达到66万吨，占总产量的36.98%。样本县域中，共有茶机生产企业581家，年产茶相关机械设备48.43万台，另有茶叶专用保鲜库房9770座，食品安全检测实验室1907家。茶叶生产的质量安全维护与机械化生产取得了长足的进步。

四、品牌发展

（一）品牌现状

调查结果显示，2020样本县域更加注重品牌营销与品牌保护。在区域公共品牌建设方面，样本县域中共计注册商标46680个，县均466个，同比增长35.27%，注册商标最多的是福建省武夷山市，达到17000个，紧随其后的是云南省勐海县，分别达到6378个和6300个，其中大多数是防御商标。100个样本县域共有证明商标827个，区域公共品牌142个。样本中，共有96个产茶县拥有茶叶区域公共品牌，其中38个样本县拥有两个及两个以上区域公共品牌，共惠及9403个具备使用权力单位。

（二）品牌效应

根据样本数据，2020年因区域品牌效应而产生的产业效益显著。据统计，茶树种苗繁育推广项目因品牌打造产生增值共计11.13亿元，3142家企业由此获益；茶园观光及综合开发项目因品牌打造产生增值共计133.21亿元，4959家企业由此获益；茶叶原料供应输出项目因品牌打造产生增值共计178.19亿元，9245家企业由此获益；制茶技术输出项目因品牌打造产生增值共计40.96亿元，2472家企业由此获益；茶叶初、精制品销售项目因品牌打造产生增值共计818.63亿元，23908家企业由此获益；茶叶深加工领域拓展项目因品牌打造产生增值共计73.55亿元，717家企业由此获益；其他受益项目因品牌打造产生增值共计11.08亿元，1556家企业获益（图7）。

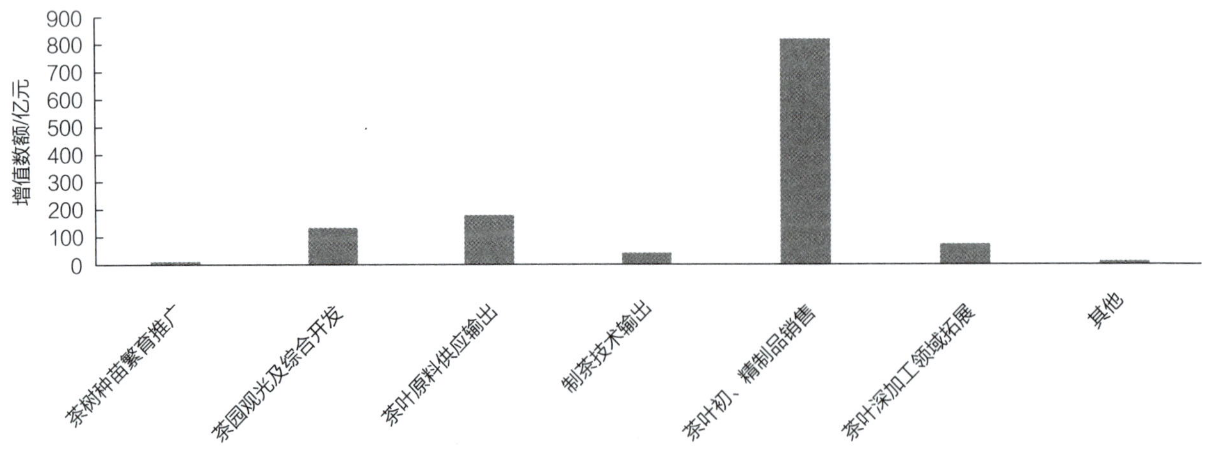

图7 2020年区域品牌效应受益项目增值数额

（三）品牌维护

根据样本数据，样本县域2020年用于品牌培育的费用约6.06亿元，用于品牌维护的费用约3.87亿元，用于品牌宣传的费用5.67亿元。虽然因新冠肺炎疫情原因，各地缩减了品牌支持费用，但依然可以看出各地对当地区域品牌重视较高，关注方向也由初级的品牌培育向品牌打造转移，致力于品牌塑造提升。

截至2020年，样本县域内区域品牌累计获得的世界级荣誉个数为78个，国家级荣誉520个，省厅级荣誉623个，平均每个品牌获得世界级荣誉0.55个、国家级荣誉3.66个、省厅级荣誉4.39个。茶叶区域品牌在国际认可度方面仍有待提高。

五、产业流通环节

2020年样本数据显示，干毛茶农业总产值为1833.23亿元。2020年，样本县域各茶类生产中，85%以上的产茶县茶叶农业产值呈增长趋势，疫情对一产产值的整体影响控制在可接受范围。根据毛茶产值进行测算，我国样本县域茶叶市场占有率（茶叶市场占有率=样本茶叶农业产值/全国茶叶农业总产值）达到69.80%，比例比上年略升。

调查结果显示，在平均单价方面，2020年样本县域干毛茶平均单价为102.72元/千克，明显高于全国均价。在内销方面，样本县域茶叶内销量154.91万吨，内销金额1992.45亿元，内销平均单价128.62元/千克，高于全国平均单价。在出口方面，样本县域总出口量为32.01万吨，出口额18.00亿美元，平均单价5.62美元/千克，略低于全国平均。

（一）传统渠道

调查结果显示，2020年样本县域内茶叶市场共有574家，县均5~6家，实现销售量166.70万吨，实现销售额1417.79亿元*（此销售金额包含大多数干毛茶和部分精制茶销售），部分县区有市场集聚化趋势。茶叶市场仍是各地茶叶最重要的集散地和销售场所，茶叶市场尤其是干毛茶交易市场的规范和管理仍将是各地重点茶区未来一段时期内需持续改善提高的销售渠道，是产业兴农的最直接抓手之一。

调查结果显示，受疫情的影响，2020年样本县域更加注重新销售渠道建设和拓展，尤其是线上渠道的拓展。在电子商务方面，样本县域的电子商务渠道茶叶交易量达到了22.57万吨，占样本总内销量的14.57%，比往年有明显升高；交易额286.27亿元，占总内销额的14.38%，均价126.83元/千克，与平均内销均价持平。电子商务销售成为茶叶销售的日常渠道之一，但由于茶产业电商模式尚处于探索期，仍旧具有很大的增长潜力。

（二）产业延伸

样本县域共有98个县域建设打造了成熟茶旅接待线路，形成成熟茶旅游路线267条，但由于疫情影响，2020年茶旅游收入出现大幅下滑。根据本次抽样调查数据显示，2020年县域茶旅总收入153.49亿元，其中茶叶销售收入29.56亿元，农特产品销售收入25.11亿元，文创用品销售收入23.74亿元，手工艺产品销售收入39.47亿元，其他收入35.61亿元。虽然因疫情导致旅游收入断崖式下滑，但不可否认的是，茶旅融合发展也已经逐步成长为茶区增收的重要途径和手段，也是临近大城市的县域未来发展的重要方向。作为第三产业茶旅游，带动作用极强，不仅提振了产区茶叶消费，而且对茶区基础设施建设的改善有极大的助推。

六、产业扶贫

发展茶产业既可提高茶农收入、振兴经济，又可保护生态环境、发展旅游，还能提升文化内涵、唱响品牌，因此很多贫困地区将茶产业作为农业扶贫的主导产业。2020年，在脱贫攻坚的决战阶段，茶产业更是为几个重点贫困区的脱贫摘帽做出重要贡献。据统计，全国共有337个国家级贫困县以茶产业为脱贫产业，其中有1/3以茶叶为支柱产业；截至2019年9月底，全国尚未脱贫的52个国家级贫困县中尚有26个是茶叶扶贫县，至2020年相关县域已完成脱贫摘帽。

党的十八大以来，党中央、国务院高度重视产业扶贫开发工作。茶产业作为各地实施农业精准扶贫的主导产业之一，在乡村振兴中作用突出、成效显著。截至2020年末，100个样本县域共有产业扶贫项目2024个，县均20个，打造扶贫示范点1990个，茶业脱贫财政专项资金投入36.88亿元*（资金流向分为巩固脱贫成果与产业脱贫两部分，主要资金集中于对接脱贫与乡村振兴），产业脱贫扶助人口数量为112万人，样本县域内扶助人口因茶叶平均收入提升1990元。

2020年是全面建成小康社会实现之年，也是打赢脱贫攻坚战的收官之年。在这一目标任务完成后，确保农民收入长期持续稳定增长、保证脱贫不返贫将成为常态化工作。肩负振兴乡村经济、普惠广大茶农的中国茶产业今后一段时期仍将继续担当产业助农的重任。

七、整体建设情况

2020年全国重点产茶县建设具有一定的承上启下的色彩，立足于衔接脱贫攻坚与产业振兴，关注重点在于茶产业现代化建设，致力于现代茶产业的产业体系、生产体系、经营体系建设，力求将茶产业建设为现代产业、特色产业、创汇产业。本年度重点产茶县在茶叶流通环节呈现以下特点。

（一）产业效能实现提升，生产结构调整优化

茶叶产业在面积、产量、一产产值等方面处于当地农业板块优势地位，产业效能提升明显，特色产业地位明显。地区集聚业态明显，以龙头企业为媒介的县域间合作增多，且形成了部分以出口为导向性的优质产区，茶叶产业也成为创汇产业的代表之一。

（二）产业链条有效延伸，现代要素赋能增多

各地以茶产业为核心或重要组成要素，形成了旅游、文创、电商、深加工等有效产业链条。在产

业建设中，生态赋能、品牌赋能、科技赋能等多种现代要素赋能越发明显，机械化、科技化、信息化、标准化正成为县域茶产业未来发展的关注点。

（三）经营主体逐渐成熟，服务治理有效释放

在2020年县域茶产业的发展中，家庭农场、农民合作社、龙头企业等经营主体已经形成经营网络，组织化、社会化、市场化、专业化程度逐步提升。政府的服务治理能力有效释放，各级政府通过政策调节、资金支持、简化服务等手段，盘活社会资源，提升茶产业综合实力。

八、发展建议

茶产业具有串联一二三产业的优良属性，各县域应通过全面布局茶叶种植、旅游、休闲、加工、贸易、服务等全产业链业态，构建现代化茶产业形态，促进茶业经营主体联动发展，推进农业供给侧结构性改革，推进县域茶品牌建设，实现茶产业转型升级，加快建立现代茶业体系，促进茶产业发展和农业、农民、企业实现共赢。

加快构建现代茶产业的产业体系。聚焦当地茶产业特色，与当地优势资源结合，探索茶产业特色发展道路，使产业优势能够充分反映资源优势。创新茶产业发展战略，着力培育有市场需求、有出口能力、产业链条长、产业互补性强、产品品质高的产业体系。各茶区应坚持差异性、互补性、循环性的原则，尽量避免结构雷同，注意形成区域间产业集群。

加快构建现代茶产业的生产体系。各县域要注意发展与引进龙头企业，以龙头企业为媒介与抓手推进生产体系建设。应加快培育创新体系，加强茶产业技能培训，培育一批茶产业企业家。注重培育构建茶产业服务集群，以协会商会、科研院校、服务公司等为主要平台，全面推进产业标准化和组织化，积极发展生产、供销、信用、电商的综合合作关系。

加快构建现代茶产业的经营体系。要创新“公司+农户”模式，构成龙头企业、家庭农场、茶业专业合作社等有机结合体。要培育新型市场经营体系，提升茶业的内销与出口层次，推进茶产业出口示范区等细化示范区建设。培育信息支撑、茶叶机械和技术服务等服务机构，完善县域综合治理能力，推进茶产业社会化服务体系的专业化发展，提高茶产业社会化服务的综合效益。

凡是过往，皆为序章。“十三五”已成过去式，但在此期间奠定的产业基础将会是茶产业发展的坚定基石。相信重点产茶县一定会在“十四五”期间持续推进产业发展，聚焦助农增收与新农村建设，为全面建成小康社会添砖加瓦。

（执笔人：王智超）

2020北京市茶叶行业发展报告

北京市茶业协会

2020年，是我国脱贫攻坚的决胜和取得抗击疫情斗争重大胜利之年，是北京茶叶行业不平凡的一年。受新冠肺炎疫情影响，北京茶叶消费市场上半年各整个消费市场销低迷；随着疫情的好转，市场消费逐步走向正轨，主要指标向好发展，市场结构调整不断深化，供需关系变化发展，各领域创新增强了市场信心，呈现出平稳发展的态势。总体来说，北京茶叶市场与全国茶叶市场发展同步，可用三个词来概括：“品牌、质量、群体”。

一、北京茶叶市场的基本情况

目前北京茶叶批发市场有天阳、闽龙、弘燕、伴月苑、马连道等大小茶叶市场20余家；仅马连道就有批发市场13家，从而形成了著名的马连道茶叶一条街。据不完全统计，目前北京市茶叶企业大约3000余家，其中在马连道约有2000家，马连道茶叶批发和零售企业占全市茶叶企业的三分之二。马连道茶叶企业的特点：一是个体工商户占据主体，多数茶商规模小：截至2020年底，马连道共有茶商1900家，其中个体工商户有600家，占茶业商户数的比重为31.6%；法人单位1200家，法人企业的分店或销售点100家，两者合计占茶业商户数的比重为68.4%；二是不少产茶省著名茶企落户马连道，如晋丰厚、白沙溪、春伦、中茶、川茶集团、华祥苑、狮牌、曦瓜大红袍、三鹤、绿雪芽、品品香等。2020年上半年，受疫情影响市场萧条，部分茶商选择了关店回家乡发展，店面更换较大。随着疫情的好转，下半年呈现了茶叶销售大幅度的上升的好势头。北京虽不产茶，但作为我国北方的主要茶叶消费都市，茶叶年消费额近35亿元，具有北方市场风向标的作用。自2016年起，北京的茶叶消费量稳步增长并延续至今，同时茶叶消费市场快饮份额不断扩大，对原有茶产业的销售运营模式产生巨大冲击，让茶叶消费市场由原有的销售模式向多元化转型，一个茶产业的“消费新时代”已经向我们走来。

二、各茶类在北京市场的发展情况

茶叶消费市场经过连续几年的热点茶类调整后，已经形成相对稳定的格局，各茶类间虽有消长，但未出现大规模调整。茉莉花茶在保持半壁江山的主体地位占比上升趋势明显；绿茶作为市场消费第二大茶类在疫情中走势平稳，略有提升；第三大茶类的红茶在传统名茶与创新产品携手拉动下，市场份额稳步上升；乌龙茶凤凰单丛茶受到广大消费者的一致好评，岩茶基本平稳；铁观音茶逐渐回暖；

黑茶作为近几年茶叶消费市场的热点茶类，在政府的高度重视下扩张迅速，以安化黑茶、六堡茶为代表的黑茶已跃居成为市场第四大茶类；热点之产品——白茶继续高速发展，大量外来资本涌向白茶消费市场。从消费结构调整来说，各地茶叶消费市场稳定，普遍呈现中档茶、高档茶小幅增量，很多商家反映消费者消费能力有很大提高；大宗茶销售正常，态势平稳。从销售模式来说，2020年受疫情影响，虽门店销售有所下降，但各大企业高度重视电子商务营销手段，使销售额稳中上升，部分企业以百分之二百的上升空间确保了销售增长。

茶旅游等新兴领域随着健康理念的深入人心，越来越引起人们的重视，持续丰富着茶文化，开拓着茶叶消费市场新渠道。

随着消费市场的持续增长，现行消费群体正在由原有的中老年向年轻化转移，新的消费群体逐渐成为生活的重要部分，他们对茶叶品质与茶文化需求不断加大，除对传统的茶叶冲泡，更流行茶叶与其他原料混合成为新口味茶饮；根据不同原料配比的茶饮，正成为新群体喜爱的饮料，以奶茶为代表的新式茶饮成为现今社会的热销产品。作为新兴的茶饮料市场，各企业也争相进军，相继打出零添加、零热量、无糖等时下健康热词推广产品，快饮市场更是在保证饮品质量的同时，通过不断地调整配方，以适应不同年龄消费者口味；通过变换杯身图案，加大个性宣传，增加与广大消费者的黏性，从而使新式茶饮呈现出快速发展的趋势。

三、老字号和品牌连锁店引领北京茶叶市场

随着人们消费水平的提升，消费者的品牌意识不断提升，促使各大品牌消费总量和人均消费数量稳步上升，在茶叶市场总体年销售额中，品牌茶叶市场销售额增加接近两成，达25亿元；非品牌茶叶市场销售额为10亿元，茶叶品牌消费格局更加稳固。当人们品牌意识上升的同时，消费者对茶叶质量的要求作为首要，只要质量有保证，即使价格偏贵，消费者同样愿意考虑采购品饮。消费者在重质量的同时，更加关注品牌知名度，其中张一元、吴裕泰、正兴德、京华、启元等老字号茶企销售稳步上升。北京市茶业协会工作人员随机调查了部分消费者，绝大部分消费者高度注重品牌和产品质量，希望把百姓消费得起的口粮茶作为企业发展的战略；小部分消费者在注重产品价格的前提下，也希望茶企发挥品牌的影响力，强化质量，推出“质价相符”的产品。

疫情让茶叶企业和茶商们认识到，单纯的线下销售时代已经过去，线下与线上相结合将成为茶企营销的新模式。在不同视频平台进行自主直播带货，线上线下的完美结合，促使一些茶企线上销售额成倍的增长。据了解，借助线上直播带货和网店的销售，部分商家增收千万元以上。2020年各老字号企业大力开展网络营销，在开设网上旗舰店的同时，吴裕泰、张一元等知名老字号加大天猫、淘宝、京东等电子商务销售渠道的快速发展力度，取得明显效果；老字号张一元电商渠道2020年销售额突破亿元大关。老字号茶企正兴德前门店在店长的带领下，运用抖音模式，多视角直播宣传茶产品，以企业品牌的宣传来吸引消费者。

四、茉莉花茶在北京茶叶市场的发展情况

茉莉花茶是我国特有的香型茶，是集茶味与花香于一体，茶引花香，花增茶味，相得益彰。每当提起北京人饮茶时，会不经然地会想到茉莉花茶，饮用北京百姓的当家茶——茉莉花茶有着悠久的历史，享誉京城的京华、张一元、吴裕泰多家老字号茶企，都是以茉莉花茶销售为主打产品，其在北京的茶叶市场销售占有率达到70%~80%，近年来，随着人民消费水平的提高，以及北京市茶业协会举办的“体验京味茶文化，共品茉莉花茶香”北京茉莉花茶节等各种宣传推广，使得茉莉花茶的销售持续上升。据统计表明：北京老字号茶企2020年销售花茶约250万千克，比上一年度下降10%，销量虽小幅下降，但销售收入同比上升，销售均价则上升至300~500元区间；各企业创新的明星产品销量直线上升，并带动了相关茶品的销售。在对北京马连道市场的抽样调查中，马连道茉莉花茶销售企业2020年销售花茶约150万千克，与上一年度基本持平，销售均价在120~280元。消费者在选择购买茉莉花茶时可以接受的价格范围，100元以下的占了8%，100~200元占了27%，200元以上的占65%。

张一元、吴裕泰等品牌具有百家专营门店和加盟经销商，遍布全国14个省市，促进了得茉莉花茶的销售；茉莉花茶主产区的一些企业，如福建春伦集团等也在北京设立专柜出售品牌花茶；大型商超渠道的花茶销售主要以京华茶叶等老牌袋装茉莉花茶为主，销售情况稳定。

2020年由于受新冠疫情影响，人工成本和原材料成本上升，大部分厂家对本年度茉莉花茶制作量相对减少，导致很多茉莉花茶销售企业，出现供不应求和断货脱销现象，企业普遍反映，虽有疫情影响，但消费者消费水平有所上升，销售均价比往年有所提高，2019年消费者消费普遍为200~300元居多，2020年则上升至300~500元居多，从而可以看出，消费者的消费观念在逐年改变。

五、消费群体变化

2020年受疫情影响，销售模式由实体向线上转移的同时，消费群体也在逐步向年轻化转移。企业反映原来消费的群体主要是40~70岁的中老年人，而2019年，消费群体中25~40岁的年轻人所占比例越来越高。大多数年轻消费者采购茶叶已不是专门为父母亲朋代购，而是自行品饮，而他们了解茶叶的渠道，除了各大知名企业的广告宣传，还有各培训机构和中小企业开展的各种培训及茶会活动。

综上所述，为了进一步提高北京市茶叶企业适应新时代发展的要求，北京市茶业协会建议各茶企：首先，在进行市场发展中要充分兼顾自身产品与市场建设特性，因茶施策促进消费。一是要有大众意识，注重培养消费者对茶叶知识的了解；二是以民生为本，做良心茶、放心茶及口粮茶；三是茶企必须走品牌化、标准化、科技化发展之路；四是严格执行种茶、制茶、卖茶的各项国家标准要求及道德规范。其次，要以市场引导为前提，通过高品质商品的供给促进消费、提升效益。最后，还要线

上线下相结合，不再拘泥于实体店销售模式；延伸宣传途径，做好茶叶培训及品类品鉴会活动；随着消费群体的年轻化，还要不断改进自身产品的包装形式，向消费者提供更加便捷便利的产品；构建便捷式茶叶消费，实现全渠道融合。

（执笔人：付光丽、马宽磊）

2020山西省茶叶行业发展报告

山西省茶叶学会

历史上山西本地虽然不产茶，但山西商人善于经营，坚持诚信礼义、和衷为贵的茶商之道，曾垄断了一些国内和俄蒙等地方茶叶市场，茶庄是清代至新中国成立前晋商经营时间最长、规模最大的行业。晋商沟通了欧亚的商业道路，也称国际茶叶商道——茶叶之路（另称万里茶路），这是晋商开辟的继我国丝绸之路之后的又一个伟大创举，为我国茶文化的发展与传播起到了积极推动作用，在中国茶叶贸易史上写下了不可磨灭的光辉篇章，晋商茶道也为中国的茶商树立了光辉的典范。传承晋商茶道精神，山西药茶产业正在兴起。

2020年是决胜全面建成小康社会、打赢精准脱贫攻坚战、实现“十三五”规划收官之年。山西的茶业发展速度很快，以省会城市太原为中心，辐射到三晋大地，各地市茶叶经销商、茶文化爱好者不断涌现，茶行、茶馆、茶文化服务业不断增多，有些地级市还成立了茶叶行业协会、药茶产业（联盟）联合会，仅太原就拥有大小茶城16个，茶叶店、茶馆近1500家，已逐步形成了我国茶叶市场较有影响的主销区之一。

2020年，山西省委省政府高度重视山西药茶产业发展，山西药茶影响力不断扩大。目前，以连翘、沙棘、毛建草、桑叶、枣叶、槐米、冻绿叶等为主的山西药茶，已注册品牌92个，上市产品220余种。山西药茶不仅为山西中药材产业发展注入了新活力，更为山西农业高质量转型发展提供了新动能。山西药茶瞄准精深加工，以功能化推进特色农业产业升级，提升特色农产品的市场价值。而“山西药茶”区域公用品牌应运而生，山西开始用品牌覆盖中药材全产业链条，以药食同源产品开发为路径，推进特色农业转型发展，实现特色农产品价值提升。山西药茶兼具茶的味道、药的功效，成为独具山西原创特色的优势品牌。现阶段发展山西药茶与健康消费新时尚高度契合，男女老幼皆宜饮用。为了加快山西药茶的发展，形成集研发、生产、销售为一体的全产业链模式，在山西省委省政府的正确领导下，山西省科协牵头，与山西省茶叶学会、山西省医药与生命科学研究院、山西农业大学、山西师范大学、山西省人民医院等联合，共同建设山西省药茶（代用茶）产业科技创新研发中心，各地市逐步成立地方药茶（代用茶）产业科技创新研发中心。在山西省药茶（代用茶）产业科技创新研发中心成立后，将充分利用自身药材品种多、种类全的优势，逐步在山西省代用茶产业科技创新研发中心通过试验室的培育，将最优质、最有机、最绿色、最健康的药材提供到后期的制茶、产茶中来。通过邀请国内的著名茶学专家来晋并建立专家工作站，共同对药茶进行科研攻关，将药茶的制茶及其衍生品作为重点攻关项目，将药茶成茶的后续工作也囊括进去，形成药茶科研成果，必将“山西药茶”这一共享区域品牌在全国打响，最终走出山西，走向全国，走向世界，并转化、制茶、药茶衍生品、销售的全产业链模式。

近几年来，山西南部一些地区也种植了山东绿茶品种，经过培育已经能够过冬并生产上市。山西种植的茶叶可生产绿茶和红茶两种品种，绿茶特点：完全采用传统制作工艺，无任何添加剂；产品条索紧实，苗峰显露；冲泡时茶叶迅速沉底，泛起沁脾栗香；茶汁白毫悬浮，色泽碧绿透明；口感圆润清新，入喉味醇香远；叶片厚实耐泡，茶底嫩黄均匀。红茶特点：完全采用传统制作工艺，靠自然发酵而成，无任何添加剂；产品条索均整，略显绒毛；冲泡时透出淡淡果香，令人心旷神怡；汤色金黄清澈，滋味柔和甘爽；回味喉韵悠长，数泡口感不减。

新冠肺炎疫情防控关乎每个人的生命健康，需要每个人的共同努力。在山西省委省政府正确领导下，山西省茶叶行业坚决响应党中央号召，坚决贯彻落实党中央国务院的决策部署，为做好新型冠状病毒感染的肺炎疫情防控工作，山西省茶叶行业迅即行动起来，山西省茶叶学会等行业组织向全省茶行业发出了关于新型冠状病毒感染的肺炎疫情防控的倡议书，山西广大茶叶行业职工群众一起行动起来，强化防控意识、落实防范措施，切实保障身体健康与生命安全，倡议各会员及广大茶企、茶商、茶人要把生命安全和身体健康放在工作的首位，积极做好自我防护，积极参与新冠肺炎疫情防控工作中去。

新型冠状肺炎疫情，影响了社会的经济节奏与生活平静。山西茶叶行业在短期内也遭受到了极大的挑战与冲击。山西茶叶市场整体受到了较大影响，整个春茶的山西销售市场营销程序被打乱，配套的茶叶品鉴活动、营销洽谈会、消费者订货单等被迫取消。茶销售企业的经营受阻、经营压力增大。但是山西茶叶消费需求不会被消除，疫情不会消除这个消费需求，相反刺激了消费者的山西茶叶消费量。第一，因疫情原因大量人群被长期滞留在家喝茶，家里的茶叶库存量减少，有一些不会喝茶的消费者也在家喝茶，进一步拉动消费需求。第二，疫情暴露健康危机，消费者喝茶意识正在逐渐转变。这次的疫情让消费者对茶叶功效，对喝茶有利于健康的意识普遍提高，对山西茶叶行业来说，呈现利好趋势。第三，网络、微信、直播、抖音、朋友圈等电商经营平台越来越多，合理利用线上平台资源，进一步推动线上线下融合发展，拓展客源，促进销售。疫情影响对后期会增加茶叶消费量，这是山西茶叶市场的机会，所以要在危机中找到新机会，积极应对市场变化，抓住被压抑着的茶叶市场，共渡难关，迎来茶业的新春天。

2020年山西茶叶市场销售整体情况趋于平稳，各产区、各品种、各品牌的六大茶类都在山西市场呈多样性分布。绿茶、红茶、青茶、白茶、黑茶、茉莉花茶成为山西市场的主要产品，黄茶相比较其他茶种类少，但是2020年黄茶成为山西消费市场上消费者的热门话题。2020年白茶、黑茶、茉莉花茶有较大幅度上升。结合近一段时间的走访调研情况，现将山西茶叶市场的情况分析如下。

一、山西茶叶的消费市场变化

近年来，山西人喝茶也开始讲究茶叶的品种、味道以及品质。从百姓喝茶的类别来看，品种从单一转为多品种，从大宗茶为主转向名优茶、品牌茶为，主消费结构更趋现代化、多元化。

山西人喝绿茶和茉莉花茶的群体一直在山西茶类消费中保持主导地位，喝绿茶和茉莉花茶的人数保持平稳，茉莉花茶这两年销量相对于绿茶略有小幅度上升，喝铁观音的人数减少，铁观音销售量下降。

山西随着人们生活水平的提高和饮食结构的变化，湖南黑茶、湖北青砖、茯砖、康砖等，因其独特性和保健性，也颇受消费者喜爱，对黑茶的需求也在不断扩大。尤其这两年安化黑茶因其独特的品质特征和特有的香味独受追捧；普洱茶则在山西市场上稳占一定的份额。

过去北方地区很少有人懂的白茶和黄茶，所以市场不算太大，只是零散地被少量购买。现在人们认识到白茶对解酒醒酒、清热润肺、平肝益血、消炎解毒、降压减脂、消除疲劳等有益，尤其针对烟酒过度、油腻过多、肝火过旺引起的身体不适、消化功能障碍等具有保健作用。山西省市场白茶受到青睐，消费群体也不断地增加，价格也不断上升。黄茶相比较白茶更少些，但是2020年黄茶成为山西消费市场上消费者的热点，以前山西喝茶人很多都不了解黄茶，在山西临汾等地区实际上已经有多年饮用的大叶茶的历史了，这种粗枝大叶高火香的大叶茶煮着喝，这种大叶茶就是黄大茶，主要是霍山黄大茶，采用一芽四五叶为原料，毛火后渥堆发酵，高火烘干燥，霍山黄大茶作为我国古代至今为数不多的高火茶，独特的加工工艺成就粗枝大叶高火香的独特品质，这种粗枝大叶高火香的大叶茶山西人目前仍是煮着喝，预计近几年会出现消费上升趋势。

无论是绿茶、红茶、青茶、白茶、还是黑茶，高档礼品茶依然有价无市。以常年热销的西湖龙井茶为例，现在的售价为300~1200元/斤，“西湖龙井”这一品牌，过去的售价为8000~10000元/斤，现在有价无市，今年龙井茶、洞庭碧螺春、黄山毛峰、信阳毛尖、六安瓜片、太平猴魁、湄潭翠芽、山东日照等绿茶品种在山西市场均有市场，但龙井茶依然还是山西消费者的首选春茶，今年高端龙井茶的售价为2000~6000元/斤。

茉莉花茶是花茶行业中最主要的茶品种，北方市场历来是茉莉花茶的主要销售市场，也是山西茶叶消费市场中主要茶品种之一。茉莉花茶作为山西市场上茶叶销售的主力军，近年来越来越受到山西广大消费群体的关注，过去山西人总认为喝茶就是喝茉莉花茶，所以茉莉花茶一直是山西市场的宠儿，中低档茉莉花茶销售占到整个绿茶销售总量的50%以上，同比增长5%左右。而茉莉花茶的销售量这两年也超过在往年绿茶销售中的比重，在价格上，过去山西喝茉莉花茶的价格在20~100元/斤，现在喝茉莉花茶的价格在100~600元/斤，高端茉莉花茶的价格在1500~2000元/斤。

山西人喝茉莉花茶的群体一直在山西茶类消费中保持主导地位，2020年山西市场茉莉花茶销量整体表现平稳，喝茉莉花茶的人数保持平稳增加，茉莉花茶这两年销量相对于绿茶略有小幅度上升，相对于其他茶类也略有小幅度上升。

山西人喝茉莉花茶的习惯根深蒂固，存在一定量的刚性需求。调查了解，大部分喝茉莉花茶的人是一些年龄在50~60岁的老茶客，但随着山西人们生活水平的提高和饮食结构的变化，也有部分中青年人群也消费一部分茉莉花茶，大多数是大宗茉莉花茶。

过去山西市场传统的饮茶习惯中，消费者印象的茉莉花茶一般是价格便宜、耐冲泡，代表着低档次的大众消费。这种花茶的消费理念显然制约了花茶这一茶类在山西市场的发展。近年来，随着茉莉花茶的品质逐年上升，花茶品牌的品质也越来越有保障。也促使茉莉花茶销量的稳中有升，茉莉花茶越来越受到山西广大消费群体的关注，茉莉花茶已成为山西市场的宠儿，山西茶民喝茉莉花茶的档次越来越高，也就是说对茉莉花茶叶质量的要求越来越高，具有一定茶知识的人士在购茶时，会对茶叶的等级、新旧等进行审评；平常人士则会选择一些著名品牌的、生产厂家大一些茶叶；一般消费者各有所好，自行选择大宗低档茶叶。茉莉花茶与山西人的生活如此密切相关，山西蕴含着如此广阔的市场。

山西茶商也在不断地采取多品种经营、多种营销模式，争取市场份额不缩水，同时积极扩大市场，争取在新增市场中夺得机会。

二、山西茶叶的消费变化

变化一：茶民越来越多，特别是喝绿茶、白茶、黑茶的人越来越多。说起喝茶，人们印象中北方太原人爱喝花茶（茉莉花茶），但现在除茉莉花茶外，还有绿茶、白茶、黑茶得到了很多山西人的青睐，红茶、青茶、普洱茶等也有很大的群体，今年黄茶的消费群体会逐渐增加。

变化二：茶民喝茶的档次越来越高。这一变化主要表现在消费者对茶叶质量的要求上，具有一定茶知识的人士在购茶时，会对茶叶的等级、新旧等进行审评；平常人士则会选择一些著名品牌的、生产厂家大一些茶叶；一般消费者各有所好，自行选择大宗低档茶叶。茶叶与人的生活如此密切相关，山西蕴含着广阔的市场。

变化三：随着消费水平的不断提高，山西人越来越重视茶叶的保健作用，认为“送茶就是送健康”；认为茶叶包装精美拿得出手；茶叶品位高、有文化内涵、不俗气；同时也是生理心理的现实需求上升为保健需求，呈现出茶饮从单一品种转化为多品种，从陈旧包装转化成新理念包装，从大宗茶为主转向名优茶、品牌茶为主，也就是说，注重茶叶的品牌、包装，对品牌茶的质量、历史文化，美感也越来越挑剔。

三、山西的保健茶（代用茶）不断扩大

山西药茶（代用茶）历史悠久、原料地道、功效显著。山西药茶以山西道地中药材为原料，通过独特的制茶工艺，制作成不同种类的代用茶饮品。目前山西省有着1800余种药材，是全国著名的药材大省，根据市场调查，山西省药茶加工企业达上百家，开发有连翘叶、沙棘叶、桑叶、枣叶、毛建草、槐米等单品茶和黄芪普洱、枸杞菊花等拼配茶产品200余款。无论连翘、钙果、苦荞、冻绿叶、板蓝根，还是酸枣、沙棘等，都是对天然植物的加工和生产。这些茶叶都有着很深的民间基础和广为流传的口碑，个别茶还赋予了浓厚的情结，如老人们就把连翘茶称作“神农茶”“延年茶”“不老茶”“长寿茶”等。连翘叶茶、蒲公英茶清热解毒；党参茶、黄芪茶增强免疫力；沙棘叶茶、桑叶茶

等具有一定的降“三高”作用；酸枣叶茶、红枣叶茶等能够改善睡眠；毛建草茶、山楂叶茶等健胃消食；玫瑰花茶、菊花茶美容养颜等。山西药茶这一山西优势产品，将成为山西药茶省级区域公用品牌。

山西药茶（代用茶）因原材料的不同而具有不同的功效。连翘叶茶、蒲公英茶等具有清热解毒功能；党参茶、黄芪茶等具有增强免疫功能；沙棘叶茶、桑叶茶等具有降“三高”作用；酸枣叶茶、红枣叶茶等具有改善睡眠功能；毛建草茶、山楂叶茶等具有健胃消食功能；玫瑰花茶、菊花茶等具有美容养颜功能。

（1）连翘茶研发成功　连翘茶是将古老的传统与现代的医学以及炒茶工艺的完美结合。而在民间的深厚底蕴，也让连翘茶有了自己的品牌文化。

（2）绿叶钙茶是一种功能茶　研究发现欧李（钙果的俗称，长在中条山上的一种野生植物，果实可食用）叶含有18种氨基酸，并含有多种对人体有益的天然营养成分。绿叶果木纯天然，叶含高钙氨基酸。钙可强身睡香甜，茶疗保健乐延年。

（3）冻绿叶茶产品研发成功　冻绿叶茶含有总黄酮、游离氨基酸、茶多酚，矿物元素主要有铁、锰、锌、氟、硒等。冻绿叶在我国分布于华东、中南、西南及河北、山西、陕西、甘肃等地。资源十分丰富，在吕梁市交口县境内高庙山地区，有百姓祖辈相传在唐武德三年（公元620年）设温泉县，张四姐下凡时常饮古树茶（大叶茶），这种大叶茶就是冻绿叶植物，有“人去留香，仙气常飘，百毒不侵”之说，也有“武将身轻如燕，文士书中飘香”之文人之吟的功效，后在民间百姓流传采摘，饮用至今。民间饮用冻绿叶茶较为简洁，直接采摘，冲泡饮用，据当地人介绍，此茶饮后具有提神聚气，生津止渴，降火败毒，软化血管，可解无名肿毒，疮疽痈疖，疗效甚好。在山西冻绿叶生长分布于吕梁山脉腹地，交口县境内的桃红坡镇、水头镇、温泉乡、石口乡（高庙山、上顶山、王蓁沟、云梦山、莲花掌、神南峪、大九梁、野甘泉）等地。此树种粗壮高大，叶呈椭圆而有尖，五月叶嫩开小白花，秋结籽实，且无病虫害，纯属天然野生，无人工种植，不涉污染。特有的海拔气候，地理环境及温度、湿度和生态氛围，形成其独特的品质特征，但目前对它的开发利用程度很低，仅有民间少量入药。该冻绿叶茶产品，开辟了新的健康领域。

（4）新产品板蓝红茶产品研发成功　板蓝红茶是指在中医药和茶叶理论指导下，对中药材板蓝根鲜叶进行特殊加工炮制后的成品。其独特的炮制加工理论和方法，无不体现着古老中医的精深智慧。随着板蓝红茶炮制理论的不断完善和成熟，它已成为人们日常保健防病治病的重要手段，为中华民族的健康事业发挥着巨大作用。伴随着人们健康理念的深化、中药文化的传播以及中医理论的全球化推广、板蓝红茶行业的市场地位将持续提升，未来成长空间广阔。根据目前板蓝红茶初试产品的口感和保健作用，市场发展空间巨大。该项目的开发不仅能够带动当地中药材的种植。发展地方环保循环经济，改善当地生态环境。而且将辐射到周边地区，这对全县及周边地区的农业产业化结构调整、发展优质高效农业、增加农民收入、减少资源浪费等方面都将产生巨大的促进作用，从长远来看，有助于社会的稳定和农民的脱贫致富。

（5）苦荞茶已经是中国苦荞第一品牌，出口到了韩国和日本。

（6）毛建茶以山西省原平市西北地区特有的野生岩青兰为原料制成。青兰生长在2400多米的高海拔地带，学名毛建草，俗称毛尖，故得名“毛建茶”。据文献记载，毛建草唇形科、青兰属，多年生草本，具香气味，芳草植物，甘苦、平、入肺，胃、脾三经，是为药用、茶代饮品。所制茶品具有香醇、味浓、汤色翠绿、清亮、叶片鲜活完整、不浮水，特耐冲泡等特点；尤以健胃、消食、活血、减肥奇特功效，受到广大消费者的青睐，故而被口口相传、赞誉不绝，成为消费者馈赠亲朋好友的最佳健康礼品。

（7）山西药茶（代用茶）单方茶外形形状多样，汤色符合加工特征，香气较浓郁；袋泡茶花色品种较丰富，香气馥郁，汤色明亮，口感愉悦。山西药茶因原材料的不同，以单方产品而具有不同的功效。现在很多药茶机构研发多方山西药茶产品，在中医药和茶叶理论指导下，对中药材鲜叶与白茶进行特殊加工炮制后的成品，也就是山西的保健茶（非茶之茶）与白茶配伍新产品不断研发，如红枣叶茶、桑叶茶、连翘叶茶、冻绿叶茶、黄芪茶等与白茶配伍的新产品具有清热解毒、增强免疫、降“三高”、改善睡眠、健胃消食等功能，开辟了新的健康领域，具有市场竞争力。

四、山西茶叶市场存在的问题

山西茶叶销售渠道日益增多，茶叶市场的竞争在日趋激烈。相对于传统销售渠道，电子商务平台近年来发展迅猛，微信等电子平台为茶叶销售注入了新的活力。茶叶专卖店、批发市场和连锁超市还是消费者购买茶叶的主要场所，品牌茶和有机茶有望成为茶叶消费的新亮点看。从茶叶产品不断转换来看，从绿茶、铁观音、普洱，到大红袍，现在到福鼎白茶、安化黑茶。从饮茶、买茶的人群特点来看，中老年男性还是主力，40岁以上男性，占买茶人的六七成，中老年女性也在逐渐增加。从整体的特点来看，是小包装、多品种、突出健康观念。但山西茶叶市场也出现了一些问题：

一是无名牌产品。有个别茶商为保证生存不择手段，市场陆续出现了一系列质量问题，人们对茶叶质量出现了前所未有的信任危机，消费者没有“放心茶”购买的地方。现在需要有品牌的茶叶，质量可靠的茶叶。

二是市场混乱、无序竞争、恶性循环。特别是个体、小规模的经营者之间的无序竞争，以次充好、假冒伪劣、盗用品牌现象十分普遍，严重扰乱了茶叶市场正常经营，我们已和政府有关执法部门联系，将制定出台规范市场，打击制售假冒伪劣产品行为的方案和措施，从而为茶叶品牌的发展提供有利的环境。

三是茶城无规划的发展状况，目前太原市就有大小茶城、茶叶一条街、茶文化广场16个，还在无序地发展，今后需要多方面合理地、科学地进行布局。

（执笔人：吴风鸣）

2020江苏省茶叶行业发展报告

江苏省茶叶协会　江苏省茶叶研究所

一、2020年江苏省茶产业发展特点、主要成果

（一）面积稳定，产量减少、产值增加

2020年，江苏省茶园面积为50.32万亩，其中开采面积44.83万亩，无性系茶园面积19.58万亩，茶叶总产量1.0361万吨，产值26.456亿元，产量、产值分别较2019年减少22.64%、增加5.69%。据江苏省茶叶研究所对部分主产县区调研结果显示，苏州市吴中区2020年全年产量358.1吨，较2019年减少7.1%，全年产值3.4695亿元，较2019年增加4.7%；仪征市2020年全年产量520.0吨，较2019年减少1.3%，全年产值1.8304亿元，较2019年增加0.6%；南京高淳区2020年全年产量315吨，较2019年减少13.7%，全年产值0.56亿元，较2019年减少9.7%；无锡滨湖区2020年全年产量75吨，较2019年减少55.1%，全年产值0.33亿元，较2019年增加4.8%。宜兴市2020年全年产量3748吨，较2019年减少41.9%，全年产值4.524亿元，较2019年增加28.3%（表1）。

表1　2020年部分茶叶主产县区春茶和全年茶叶产量和产值

地区		宜兴	滨湖	吴中	仪征	高淳	全省平均
春茶	产量/吨	779.0	60.0	358.1	520.0	256.0	
	较上年增幅/%	-1.5	-37.5	-7.1	-1.3	-29.9	
	产值/亿元	2.575	0.2300	3.4695	1.8304	0.504	
	较上年增幅/%	6.2	-2.1	4.7	0.6	-10.0	
全年	产量/吨	3748	75.0	358.1	520.0	315	10361
	较上年增幅/%	-41.9	-55.1	-7.1	-1.3	-13.7	-22.64
	产值/亿元	4.524	0.33	3.4695	1.8304	0.56	26.456
	较上年增幅/%	28.3	4.8	4.7	0.6	-9.7	5.69

南京市高淳区2019年下半年总降水量比常年偏少，夏、秋季节连续高温干旱，大多数茶叶受干旱影响长势差，部分立地条件差的茶树干旱死亡；冬季虽没有出现持续低温但雨量较少，越冬芽减

少；2020年春茶采摘期平均气温比往年偏高，但前期雨水偏少，造成茶芽生长速度慢；3月28日的一次降温降雪，部分茶园受冻，无性系良种茶芽叶萌发量少，造成高档茶减产，老品种有性系茶园茶芽生长缓慢，开采后茶芽持续萌发力差；清明后4月7日又受到一次霜冻影响，对萌发较迟的老品种茶园产生了一定的冻害，直接造成春茶后期茶叶产量减少。上述几方面原因导致今年春茶总产量比去年减少29.9%。

宜兴市由于受2019年秋季干旱、2020年春季降雪以及新冠肺炎疫情影响国际贸易等多重因素影响，全年茶叶生产量同比减少41.9%。该市在茶叶产业发展中积极实施质量兴茶战略，强化“宜兴红”“阳羡茶”品牌建设与营销推广，在疫情影响的背景下，保障了宜兴名优茶逆势上扬，名优茶销售呈现良好态势，价位上升，全年茶叶总产值4.524亿元，同比增长28.3%。

（二）名优绿茶销售价格持平，大宗绿茶、红茶销售价格上升

2020年，我省干茶总产量1.0361万吨，干茶总产量中，绿茶产量为0.8065万吨，红茶产量2296吨。名优茶、绿茶、红茶销售均价分别为538元/千克、268元/千克、212元/千克，较2019年增加4.47%、25.23%、89.29%；据江苏省宜兴、苏州吴中、仪征、南京高淳、无锡滨湖、锡山区六区县定点调查，名优茶销售均价分别为314元/千克、1368元/千克、348元/千克、200元/千克、255元/千克、323元/千克，较2019年分别持平、增加2.2%、持平、持平、持平、减少0.6%；绿茶销售均价分别为121.7元/千克、1006.3元/千克、348.5元/千克、177.8元/千克、457.1元/千克、236.7元/千克，较2019年分别增加119.3%、12.0%、0.3%、4.6%、143.1%、28.2%。红茶销售均价为120.7元/千克、869元/千克、135.6元/千克、—、200元/千克、174元/千克，较2019年分别增加123.5%、15.6%、持平、—、减少7.0、增加24.3%（表2）。

表2 2020年部分主产县区茶叶价格及增减情况

地区	宜兴	滨湖	吴中	仪征	高淳	锡山	全省平均
名优茶/（元/千克）	314	255	1368	348	200	323	
较上年增幅/%	持平	持平	2.2	持平	持平	-0.6	
绿茶/（元/千克）	121.7	457.1	1006.3	348.5	177.8	236.7	
较上年增幅/%	119.3	143.1	12.0	0.3	4.6	28.2	
红茶/（元/千克）	120.7	200	869	135.6	—	174	
较上年增幅/%	123.5	-7.0	15.6	持平	—	24.3	

（三）生产成本继续上升，产品利润继续下降

江苏是名优茶产区，茶叶采摘主要依靠人工，近年来，劳动力成本逐年上升，茶叶生产利润逐年下降。据调研，2020年，江苏省茶叶采工工价平均为165元/天，较2019年增加3.1%，采工短缺15%；茶叶主产县区中，宜兴市平均工价160元/天，较2019年增加6.7%，采工无短缺；无锡滨湖区平均工价170元/天，较2019年增加3.0%，采工无短缺；苏州吴中区平均195元/天，较2019年增加8.3%，采工短缺67%；无锡锡山区平均工价165元/天，较2019年增加6.5%，采工无短缺；仪征市平均工价120元/天，较2019年增加4.3%，采工短缺20%；南京高淳区平均工价125元/天，较2019年持平，采工短缺20%。在人工成本增加的同时，物质投入成本也是逐年提高，全省多点调研结果显示，农药、肥料、农机具等物质投入成本，今年比去年增长0~10%（表3）。

表3 2020年部分主产县区生产成本情况

地区	平均工价/（元/天）	较上年增加/（元/天）	采工短缺率/%	物质投入增幅/%
宜兴	160	6.7	0	3
滨湖	170	3.0	0	5
吴中	195	8.3	67	10
锡山	165	6.5	0	6
仪征	120	4.3	20	10
高淳	125	持平	20	持平
全省平均	165	3.1	15	5

（四）茶叶批发（交易）市场茶叶交易量、交易额有升有降

2020年，江苏省茶叶批发（交易）市场茶叶交易量、交易额较2019年有升有降，其中扬州市东方国际食品城茶叶市场2020年茶叶交易量为4230吨，较去年减少6.0%，交易额为63320万元，较去年减少6.0%；宜兴市阳羡茶文化街2020年交易量为443吨，较去年增加5.98%，交易额为5024万元，较去年增加5.99%；苏州市茶叶市场2020年交易量为7150吨，较去年增加10.0%，交易额为78000万元，较去年增加9.9%；无锡市朝阳茶叶市场2020年交易量为401吨，较去年增加1.52%，交易额为4442万元，较去年增加1.53%；无锡市红星茶叶批发市场有限公司2020年交易量为165吨，较去年增加1.85%，交易额为3380万元，较去年增加1.50%（表4）。

表4 2020年部分主产县区茶叶批发市场交易量、交易额统计

批发市场	交易量		交易额	
	交易量/吨	较上年增幅/%	交易额/万元	较上年增幅/%
扬州市东方国际食品城茶叶市场	4230	-6.0	63320	-6.0

续表

批发市场	交易量		交易额	
	交易量/吨	较上年增幅/%	交易额/万元	较上年增幅/%
宜兴市阳羡茶文化街	443	5.98	5024	5.99
苏州市茶叶市场	7150	10.0	78000	9.9
无锡市朝阳茶叶市场	401	1.52	4442	1.53
无锡市红星茶叶批发市场有限公司	165	1.85	3380	1.50

二、2020年江苏省茶产业发展主要事件

（一）应对新冠肺炎疫情，通过网上直播等形式，加强品牌宣传，促进茶叶线上销售

4月上旬，由无锡市农业农村局主办，滨湖区农业农村局、滨湖区茶叶产业协会等单位承办的“兴兴向农·无锡农业品牌故事”系列节目“云赏春·享hao茶”——无锡毫茶上新推广活动在无锡红沙湾茶园举行，多位农业部门领导与江苏省茶叶研究所专家一起带领广大网友线上赏春品茶。春日花开景正好，云直播让网友们足不出户欣赏到这片樱花盛放、林果满山、茶花香溢的红沙湾茶园美景。本次无锡毫茶上新推广活动通过短片、图文、直播、卖货等新媒体手段，从采茶、制茶、品茶、卖茶等全方位展示了无锡毫茶的地理标志特点、茶工精神、品牌故事以及与无锡市民的情感勾连，让无锡毫茶品牌走出“深闺”进入广大市民视野。

春茶季，吴中区组织开展多种形式茶叶推介活动，召开碧螺春开采新闻发布会，举行“江苏吴中碧螺春茶果复合系统入选全国重要农业文化遗产”授牌仪式，组织新闻媒体采风行动，并安排“引力波”直播碧螺春茶年度第一锅炒制并赠吴中籍中国好人、援鄂医护人员家属；借助京东、抖音、腾讯等平台开展公益直播助农活动，扩大茶企茶农销售渠道，提升了洞庭山碧螺春区域公用品牌知名度。

5月21日，宜兴市承办了首个国际茶日江苏主场活动，活动现场大力推广宣传“宜兴红”“阳羡茶”。通过推荐参选，宜兴市乾红茶文化休闲体验园和宜兴市兰山茶园入选江苏省种植业“百园荟萃”十大生态茶园，茶洲筑梦和乡村采风两条“田园牧歌”茶旅线路入选江苏省十条茶旅精品路线，宜兴红茶入选江苏省特色农产品优势区，“宜兴红”“阳羡茶”双双入围首届无锡市十大农产品品牌。

（二）“江苏吴中碧螺春茶果复合系统”“雨花茶制作技艺”入选国家级非物质文化遗产名录

2020年1月，农业农村部公布了第五批中国重要农业文化遗产名单（27个），“江苏吴中碧螺春茶果复合系统”入选中国重要农业文化遗产名录。吴中碧螺春茶果间作系统农业文化遗产保护区的区域

范围包括吴中区东山镇和金庭镇两个乡镇23个行政村，2个社区，总面积178.6平方千米。这里是我国茶果生长的适宜地区，当地先民从唐宋便开始探索把碧螺春茶树和当地优势特色果品枇杷、柑橘、杨梅等交错种植，既节约利用了有限的土地，也有效提升了土地产出水平、改善了农民生计，逐步形成了独特的碧螺春茶果间作制度，如今吴中已形成特有的茶果生态系统和重要的茶果种质资源基因库，茶果资源丰富，是碧螺春的原产地。年年岁岁，碧螺飘香。经历史的积淀，茶企、茶农的辛勤耕耘，洞庭山碧螺春茶正以全新的姿态呈现。勤劳的洞庭山先民首创的果茶立体栽培模式得到各级领导的高度重视，“江苏吴中碧螺春茶果复合系统”入选中国重要农业文化遗产，是对吴地茶优质生长环境的充分肯定。

2020年12月，文化和旅游部正式对外公示第五批国家级非物质文化遗产代表性项目名录推荐名单，“雨花茶制作技艺”入选国家级非物质文化遗产名录。南京绿茶生产历史悠久，在陆羽的《茶经》中即有记载，迄今栖霞寺山后还留有“试茶亭”旧迹。至清代，南京种茶范围已扩大到长江南北。新中国成立后，由中山陵园高级工程师俞庸器等人负责南京名优茶研制工作，于1959年春研制成功，并命名为“雨花茶”，以志烈士万古长青。雨花茶在传承我国古代绿茶的炒制工艺基础上，有着自己独特的炒制技术，融入了新的活力，不过制作工序复杂，要求高，难度大。南京已在加大投入力度的同时建立健全管理机构，以使雨花茶能更好地传承发展。2010年雨花茶成为区级非遗，2012年雨花茶制作技艺入列南京市非物质文化遗产名录，2013年9月入列江苏省非物质文化遗产名录。

三、2020年茶产业发展存在问题

（一）茶产业发展空间有限

随着城镇化步伐加快，江苏宜茶区域部分生产茶园被征用开发，宜茶丘陵山区面积有限，茶产业发展空间和规模扩展受限，茶园面积发展停滞并出现萎缩现象，苏茶产量和规模全国占比下降。

（二）茶产业科技投入不足

近年来，以茶树为主要研究对象的各类科技项目远不能与其他园艺作物相比，每年科技投入低于周边浙江、安徽、山东等省。

（三）无性系良种化率低、品种结构与地方产品不配套

良种是产业的基础，我省存在无性系良种化率低、品种结构与地方产品不配套，特色区域产品缺少适制品种支撑；育种手段落后，选育品种滞后于生产需求；引种区试缺少系统性，新发展企业引种存在盲目性等。

（四）茶园管理设施化、机械化不足

新建茶园成园慢，投产见效慢，新发展茶园管理受气候、区域小环境、草害等影响，新茶园建设管理成本逐年增加。老茶园存在施肥习惯不良导致土壤酸化、板结现象严重，茶园管理设施化、机械化普及不足。

（五）夏秋茶资源利用率低，多茶类开发技术支撑不足

江苏企业区域产品以春茶生产为主，夏秋茶资源利用率低，亩产效益不高。近年来红茶产量持续增长，但中小叶种红茶品质特色表现、工艺稳定性缺少技术支撑。多茶类开发技术支撑不足。

（六）技术示范推广力度较低

政府、行业、企业联合及省、市、县、乡技术力量融合力度不够，论坛、培训、观摩针对性不强，技术落户能力薄弱，新品种、新技术、新模式的成果转化效率不高。

（七）茶园面积增长缓慢，茶叶企业规模偏小

近年来，江苏茶园面积增长速度减缓，未来靠扩大面积不能支撑茶业持续发展，茶业发展遇到瓶颈；江苏茶业虽已发展为集种植、加工、销售于一体的全产业链，但规模以小微企业为主，大中型企业凤毛麟角。小微企业的通病就是产品单一、周期短、利用率低、竞争力弱、抗风险差，直接影响到投资者信心，良种、标准、机械装备、基础设施应用与推广跟不上；产业化程度低也导致技术推广、品牌培育与市场拓展不足，市场占有率和覆盖度下降。

（八）品牌多而不强

江苏茶叶品牌如洞庭碧螺春、阳羡雪芽、连云港云雾茶等传统苏茶品牌和新中国成立后开发的南京雨花茶、金坛雀舌、无锡毫茶等品牌价值和效应尚未彰显，区域局限性强，影响力不大。尤其是历史名茶碧螺春，因保护措施不到位，而深受外地仿冒茶冲击。

四、2021年茶产业发展建议

（一）推进茶产业结构调整

以推进适度规模，优化区域布局为重点，着力推进茶园向优势区域集聚，以重点茶叶主产县为主，布局茶产业体系推广示范基地，促进产业技术成果转化和示范推广。

（二）提高良种化率，优化品种结构

在江苏全省部分茶区推广适栽优特茶树新品种，加快老茶园改种换植。通过引种区域试验，筛选出适合江苏推广的无性系良种，加快推进无性系良种替代提高无性良种覆盖率。

（三）发挥产地地理位置优势，推出茶文化精品旅游线路

江苏目前拥有茶园面积50万亩，虽属小产区，但生产精细，精品众多，在全国具有重要影响。建议发挥江苏茶叶基地邻近城市、邻近交通干道、邻近景区的“三邻”优势，以茶园、茶企、茶馆、茶文化“四茶”为载体，以地域特色文化为核心，策划推出“碧螺飘香”（苏州）、“雨花思忆”（南京）、“阳羡贡茶”（无锡）、“白茶漫舞”（常州）、“茶叶福地”（镇江）、“云台帘秀”（连云港）、“绿杨春腾”（扬州）等苏茶文化精品旅游线路。

（四）遵循产品特色、自然和人文三位一体的发展理念，走一、二、三产融合发展之路

江苏茶产业发展要遵循产品特色、自然和人文三位一体的发展理念，要发挥江苏省茶叶资源优势，优化资源配置，以省内名优茶区域公用品牌为背书，走“产品、产业、区域经济”三轮驱动和一、二、三产融合发展之路。

（五）适度规模，提质增效，绿色发展

近年来，江苏省茶产业坚持绿色生态创新发展，以打造区域特色优势产业为目标，加快种植、加工、营销全产业链科技创新，培育壮大茶业龙头企业，打造苏茶知名品牌，拓展营销渠道，综合施策，协同推进茶产业高质量发展。江苏省茶产业已由快速发展期，逐渐步入到“适度规模、提质增效、绿色发展”阶段，以后几年，江苏省茶业应继续保持优质、高效发展之路，实现茶产业的可持续发展。

（执笔人：周静峰）

2020浙江省茶叶行业发展报告

浙江省茶叶产业协会

一、2020年产业发展回顾

2020年春季新冠肺炎疫情来势凶猛，给茶产业带来诸多不利影响。浙江省茶叶行业同心协力，精准施策，最终取得春茶逆势上扬，全年增产增值，出口未见大幅下滑的良好局面。据茶叶业务主管部门统计，全省茶园总面积307.5万亩，同比增长0.49%；茶叶产量19.1万吨，同比增长0.53%；农业产值238.6亿元，同比增长5.81%。其中名优茶产量10.2万吨，同比增长6.25%；农业产值213.4亿元，同比增长8.16%。

（一）茶叶生产平稳有序

2020年春季气候多变，1月份以来气温平均偏高2.8℃，2月初特早熟品种微量开采，比往年提前约1周；2月15—16日受寒潮天气影响，全省气温骤降，日平均气温过程降温幅度9~12℃；15日夜里浙北山区和平原部分地区出现雨夹雪或雪，浙中南地区后半夜到16日上午局部出现雨夹雪或小雪，16日早上天目山及四明山区局部出现1~5cm积雪。受强冷空气和夜间辐射降温共同影响，17—19日气温较低，期间极端最低气温大部地区在0℃以下，使浙江茶区部分茶园出现霜冻，对正值采摘期的特早生茶树影响比较明显，其中丽水地区低温持续时间长范围广，嘉茗一号、平阳特早茶等特早生种茶园不同程度遭受霜冻。2月底至3月初雨水多，影响到早春茶的色泽、香气。3月和4月上旬全省发生多次局地霜冻、降雪和冰雹等极端天气，对已开采和即将开采的茶园造成较大影响，局地受灾损失严重。4月上旬以来气温偏低，茶芽生长缓慢，没有出现采摘洪峰期集中现象，利于茶叶内含物质积累，采摘期延长，增加了青叶产量。夏秋季前期有1个月的“超长梅雨季”，雨量破历史纪录，使夏茶色泽香气受到一定影响，后期持续高温，但多有零星降雨缓解，对生产影响较轻。高温高湿致使病虫害略多于往年，由于及时发现、科学防治，未形成大规模虫情。2月上中旬青叶开市价格普遍降低20%左右；2月底产地交易市场相继开市，价格逐渐止跌；4月青叶大量上市，收青意愿增强，价格略有上涨。据茶产业“杭州指数”发布，浙江茶青价格指数为101%，同比略增。夏秋季茶青价格较为平稳。

（二）国内市场总体稳健

2020年，全国茶叶产量297万吨，同比增长7.1%。国内茶叶销售量逾220万吨，内销市场依然是拉动茶产业发展的主要力量，但产销比下滑，显示动力在弱化。省内产地批发市场在2月上旬至3月上旬相继开市复市，有力地支持了春茶生产，为茶农茶企交易提供了便利。2月24日，松阳浙南茶叶市场复市；2月26日，新昌中国茶市、开化龙顶名茶市场复市；2月29日，淳安千岛湖茶叶市场复市；3月3日，嵊州茶叶城复市；3月4日，杭州转塘茶叶市场复市；3月8日，磐安浙中茶叶市场复市。

全年浙南茶叶市场交易总量8.09万吨，同比增长1.13%；交易总额62.09亿元，同比增长0.53%；其中市场店铺交易量8.01万吨，同比增加167吨；网上商城入驻企业920家，注册会员14998个，实现交易10.57万笔，交易量733吨，交易额9216万元。新昌中国茶市交易总量1.71万吨，同比减少2.59%；交易总额55.14亿元，同比减少1.02%。其中龙井茶交易稳中有进，交易量1.55万吨，同比减少1.01%；交易额48.8亿元，同比增长2.56%；交易均价314.60元/千克，同比增长3.6%。

（三）茶叶出口小幅下降

据中国海关统计，2020年全国茶叶出口量34.88万吨，同比减少1.77万吨，降幅4.84%，这是自2014年以来我国茶叶出口量首次出现下降；出口额20.38亿美元，同比增长0.91%；出口均价5.84美元/千克，同比增长6.04%。

分茶类看，跌多涨少。除普洱茶外，其余茶类的出口量均有不同幅度减少。绿茶出口量29.34万吨，占总出口量的比重84.1%，同比减少3.5%；红茶出口量2.88万吨，占总出口量的比重8.3%，同比减少18.2%；乌龙茶出口量1.69万吨，占总出口量的比重4.9%，同比减少6.6%；花茶出口量6130吨，占总出口量的比重1.8%，同比减少5.5%；普洱茶出口量3545吨，占总出口量的比重1.0%，同比增长27.2%。

分月来看，增减互现。2020年1—2月，受疫情直接影响，国际物流不畅、企业开工延迟、叠加春节假期因素，中国茶叶对外贸易遭受阻滞，出口量仅为3.84万吨，同比减少26.34%；3—4月，国内疫情形势改善，企业全面复工复产，积压订单加速交付，出口形势有所好转，3月份出口量3.37万吨，月环比减少3.24%，同比增长21.88%；4月份出口量3.63万吨，月环比增长7.72%，同比增长18.77%；5月份经过前面两个月的大量出货，积压订单基本完成交付，新增订单不多，出口量3.57万吨，月环比减少1.65%；6月份出口量延续调整走势，为3.17万吨，月环比减少11.20%；7月份出口量2.97万吨，月环比减少6.3%；8月份出口量2.84万吨，月环比减少2.76%；9月份出口量2.91万吨，月环比增长2.46%；10月份出口量2.94万吨，月环比增长1%；11月份出口量3.01万吨，月环比增长2.38%；12月份出口量2.46万吨，月环比减少18.27%。

分省来看，浙江仍位居全国出口量和出口额第一位，但占比小幅下降。位于全国茶叶出口量前六位的省份为：浙江14.62万吨，占比41.90%，继续保持领先；安徽6.64万吨，占比19.04%；湖南3.55万吨，占比10.18%；福建2.20万吨，占比6.30%；湖北1.84万吨，占比5.26%；江西1.44万吨，占比4.14%。出口额前六位的省份是：浙江4.47亿美元，占比21.95%，领先优势微弱；福建4.18亿美元，占比20.50%；安徽2.80亿美元，占比13.74%；湖北2.01亿美元，占比9.87%；云南1.10亿美元，占比5.42%；贵州1.04亿美元，占比5.08%。

（四）茶事活动转战“云端”

2020年5月21日是联合国确定的首个“国际茶日”，为庆祝这一茶界盛事，在农业农村部指导下，浙江在中国茶叶博物馆举办首个“国际茶日”浙江杭州主场活动。活动通过实时全网直播，发布“国际茶日”LOGO、“中国茶产业杭州指数”和“世界茶乡看浙江·浙里游好茶”十大茶旅精品线路，邀请专家分享“茶与世界”“茶科技与发展”“茶与文化”等主题，与国际友人一起投寄“国际茶日”定制明信片，邀请全球朋友共品共享中国好茶。据不完全统计，各级媒体刊发浙江庆祝“国际茶日”等相关报道84篇，包括人民日报头版和中央电视台《新闻联播》《新闻30分》栏目等。全省各地线上线下同步举办名茶品鉴、直播带货、茶艺表演、现场体验与创作等现场或直播活动，全省累计阅读观看近2100万人次。

每年30余场茶事活动是推动浙江茶产业打品牌、拓市场的重要举措。为防控疫情，2020年浙江各地纷纷将茶事活动搬到线上，相继举办中国（国际）茶商大会·松阳香茶网络茶叶节、开化龙顶·云上茶市、温州早茶云上品牌展、安吉白茶博览会、绍兴“云上茶博”等活动，其中茶商大会完成线上交易额600余万元，带动线下销售超2000万元。省农业农村厅组织举办“抖音有好货·县长来直播”龙井茶直播专场活动，杭州西湖、嵊州、新昌等重点产茶县（市、区）领导直播吆喝，各地专家、茶企、茶人纷纷化身主播，抖音、斗鱼、虎牙、优酷、爱奇艺、淘宝成为浙江春茶“新战场”，吸引了广大爱茶网民的关注，助力浙江春茶逆势上扬。业内相关培训需求激增，茶叶直播培训名额供不应求，举办期数屡屡增加。夏秋季疫情防控进入常态化后，线上销售效果出现明显分化。

（五）抗疫助农成效显著

面对疫情来袭，浙江省茶叶主管部门在2月初就发布了《新冠疫情下春茶生产应对措施》，为全国最早提出建议措施的省份之一。各地、各主体密切关注疫情及有关防控措施变化，及时调整生产安排，重点做好采茶工和加工工防疫安全培训，创新采取了茶园分区块错开采摘和分散收青、独立承担加工过程的一个环节等有效措施，提高机采和连续自动化生产线加工等比例，减少茶厂用工数量和人员集聚。浙江省级层面出台支持小微企业渡过难关17条、农产品稳产保供贷款政策性担保等农业普惠政策，全省各地针对春茶生产相继出台专项支持政策，有效保障了春茶生产。如湖州市出台春茶生产4条专项支持政策，首创采茶工新冠隔离险、加快低温保险理赔、开展抗疫支农贷并给予规模基地（采摘30亩以上）一次性补助；温州给予茶业招工、交通、防疫物资等一次性补助，实行金融扶持政策缓解企业资金压力；新昌、安吉出台政策，对用电用气、采制工资、物流费用和市场经营物业费等方面进行补助和优惠；杭州西湖区落实600万元，对茶企收购本地茶叶、茶农安全防护等方面发放补助。

合理调整茶类结构，错开茶类加工时段，有效确保了我省茶叶生产量。浙江省除黑茶外的其他茶类整体增势良好，白茶产值超亿元，同比增长1.3倍；黄茶产值同比增长16.12%；红茶同比增长12.54%；桂花红茶、蜡梅白茶、黄大茶等一批新产品推向市场。精深加工持续较快发展，全省生产企业增至111家，消化原料茶20.6万吨，同比增长10.85%；实现产值43.7亿元，同比增长26.64%。抹茶产量同比增长8.06%，产值同比增长15.06%，而碾茶产量同比减少11.85%。2020年全省茶叶第三产业增加值91.1亿元，同比增长11%。

（六）龙井茶质量提升与品牌保护扎实推进

为保持和传承龙井茶独特的品质特征，实现龙井茶生产经营和市场监管有标可依，省农业农村厅启动了“龙井茶实物标准样研制”工作。由浙江省农业技术推广中心、国家茶叶质检中心、农业农村部茶叶质检中心等主要单位组成的制标小组，依据GB/T 18650—2008《地理标志产品 龙井茶》文字标准和 GB/T 18795—2012《茶叶标准样品制备技术条件》开展实物标准样研制工作，保证样品的代表性、科学性和可靠性。2020年8月，龙井茶国家标准实物样品通过了由浙江省茶叶标准化技术委员会组织的技术审定。该套实物标准样的制定将显著提升龙井茶产品定级、质量判定的可操作性，对龙井茶品牌保护、生产销售规范和产业高质量发展具有重要意义。11月17日，全省龙井茶质量与证明商标使用培训班在杭州举行，全省龙井茶团队专家、龙井茶产区业务干部和龙井茶证明商标准用企业代表出席。以实物标准样为引领，以龙井茶标志标识规范使用为手段，对推动龙井茶高质量发展具有重要作用。2020年，全省龙井茶产量2.45万吨，同比增长1.91%；农业产值52.81亿元，同比增长8.35%。

二、茶产业面临的问题与挑战

（一）经营主体龙头企业不多

据2020年业务部门统计，全省茶叶行业生产经营性企业中，国家级、省级农业龙头企业仅5家和34家，销售额2亿元以上的大型企业仅9家，500万~2亿元的中型企业占18.6%，小微企业占81.1%，表明浙江茶企以小微型为主，大中型不足五分之一，整体实力不够强。

（二）茶园防灾能力尚弱

茶园基础设施相对薄弱，特别是缺少完善的防灾设施，倒春寒、高温干旱已成为影响浙江省名优茶生产的最大制约因素。低温政策性保险随赔付情况呈现明显起伏趋势，2019年春季触赔少、2020年投保费用就下降了四成多。

（三）名优茶采摘破解难

浙江以名优茶为主导，茶叶外形要求高，对采摘劳动力依赖大，采茶工工资每年以10%左右速度递增，名优茶机采技术还跟不上农业现代化步伐，全程“机器换人”一时还难以实现，采茶工短缺因素仍在制约产业发展。

（四）宣传推广力度不够

受疫情影响，从上到下组织到销区进行的线下推广活动减少，线上宣传活动的影响力有限。

三、2021年茶产业发展趋势预测

（一）茶叶生产受疫情影响因素不可忽视

受春运期间疫情防控、人员流动受限的影响，春茶采摘、加工劳动力紧张等将对早春茶生产带来不利因素。

（二）国内需求增长放缓带来销售的不确定性

国内茶叶消费连续多年快速增长，但上涨动能明显放缓，加上市场开放的不确定性叠加影响，国内茶叶销售形势不容乐观，产地与销区实体市场开放的不确定性将影响茶叶内销。

（三）茶叶出口下滑势头仍有惯性

国际社会新冠肺炎疫情加速蔓延对茶叶出口带来的影响尚未结束，我国茶叶出口仍将持续下滑，下滑幅度有待观察。

四、2021年促进浙江茶产业发展的建议

2021年是“十四五”开局之年，切实把握新发展阶段、贯彻新发展理念、构建新发展格局对进一步巩固浙江茶产业优势地位、推进浙江茶产业现代化先行发展具有重大意义。按照乡村振兴战略总体要求，紧紧围绕浙江奋力打造“重要窗口”主题，深入实施新时代浙江“三农”工作“369”行动和2021本质建设年活动，以“高效生态、特色精品”为目标，主攻茶树种质资源、品质品牌、科技人才和链条齐全的优势提升，进一步提高茶产业综合产出率和效益，建议着力推进以下几方面工作。

（一）积极应对疫情，着力保障安全生产

全球新冠肺炎疫情仍在蔓延，节前国内疫情呈多地零星散发性和局部聚集性爆发的交织叠加状态，新冠肺炎疫情防控常态化仍是整个行业需要面对的现实。受疫情防控的影响，人员流动受限，春茶采摘、加工劳动力紧张等因素不可忽视，各地要尽早谋划，因地制宜、精准施策，在落实防疫措施的前提下，做好采茶工和制茶工的组织工作，保证疫情防控和春茶生产两不误。建议茶叶主产地各级政府采取财政税收、金融帮扶、资金补贴等措施，切实扶持茶叶生产经营主体。要密切关注天气状

况，充分利用低温政策性保险的作用，采取积极措施防范化解霜冻风险。

（二）深化“机器换人”，着力提升生产水平

以全程机械化为目标，以耕作、采摘、加工机械化为当前工作重点。耕作方面，在中耕、覆盖、施肥、植保等方面开展研发、中试、示范、推广工作，完善机械种类，推广“无人机”植保。采摘方面，根据茶类特点和技术成熟度，分层次推进，大宗茶和优质茶以技术提升与普及为主；名茶以试验熟化与示范推广为主。加工方面，根据不同茶区和主体的产品特点与要求，研发和应用连续化、自动化、数字化加工生产线，试点数字化工厂。进一步优化茶叶生产加工机械（设施）购机补贴范围，重点支持连续化生产线，引导茶叶加工产业提升。

（三）优化品种结构，着力夯实茶园基础

深化育种科技创新，积极推进育种科研成果转化。推进浙江茶树种质资源库建设，做好地方特色、珍稀品种资源的采集保护与提纯，培育壮大茶树种质繁推一体化企业。以低产低效茶园改造为主要途径实现全省茶树无性系良种比率达到80%左右。优化茶树品种结构，重点是从“以早取胜”向“以质取胜”转变，从单个品种布局向早、中、晚合理搭配转变，适度开发珍稀特色品种，合理保留特色群体品种。深化茶园基础建设，突出标准化、生态化和智慧化，全面增强防灾抗灾能力。推广标准化生产技术，推进绿色生态高质量发展模式。加大对数字化转型支持力度，重点支持5G网络、农业物联网、农业遥感、人工智能、区块链等新型基础设施建设。进一步完善生产档案和质量可追溯制度，推行产品质量标识管理。

（四）重点培育龙井茶，着力做强优势品牌

根据市场现状及需求，绿茶仍占绝对主导地位，浙江要坚定不移地走“绿茶强省”之路。名优茶产业仍是浙江省茶叶保持优势地位的核心产业，要与时俱进地实施新时代品牌化经营战略，做强区域公用品牌和做大龙头企业知名品牌。重点激发“龙井茶”这块浙江名茶金名片的新赋能，重点支持“安吉白茶”“丽水香茶”等强势品牌的做强做大，重点培育浙江抹茶等茶叶精深加工产品新品牌。积极引导茶园流转，推进茶叶专业化分工和组织化协作，促进产业要素向龙头企业（知名品牌）整合集聚，进一步提升龙头企业对产业的带动力。抓住“中国国际茶叶博览会”永久落户杭州的机遇，加大优势品牌推广，扩大产业话语权，提升浙茶品牌在国际国内的整体影响力。

（五）产业协同发展，着力推动三产融合

以全产业链协同发展理念，推进产业与文化、旅游三位一体生产、生活和生态三生融合发展，延长产业链、完善供应链、提升价值链，引导推进茶叶全产业链发展。推进“农头工尾”，支持发展茶叶初制和精深加工园区，重点扶持龙头企业推进精深加工产品产业化。引导提升一批茶主题特色小

镇，建成一批茶庄园、茶博园、茶主题公园，持续推进茶产业与现代物流、电子商务、总部经济与品牌会展融合发展。

（六）多渠道谋推广，着力拓宽国内外市场

要按照中央推动形成以国内大循环为主体、国内国际双循环相互促进的新发展要求，积极谋划推广活动线上线下相结合，要充分利用淘宝、天猫、京东、微信、唯品会、抖音、快手等平台以及自媒体公众号、开通线上直播带货等不同电商模式来拉动更多的大众消费。行业主管部门要重视建立健全网上交易服务和监管平台，鼓励扶持经营模式创新。进一步提升打造网上茶博会、网购春茶节等线上推广活动，鼓励企业参加线上国际茶叶（食品）展会，千方百计稳住茶叶出口贸易，努力拓展国内国际两个市场。

（七）加强人才队伍建设，着力强化科技支撑

健全基层茶叶技术推广体系，依托省、市、县各级茶叶技术创新与推广服务团队，在名优茶机采、连续化加工、茶资源综合利用、茶树良种选育推广、生态高效栽培和数字化智慧化升级等方面开展协同攻关和示范推广。深入推进职业茶农技能培训，鼓励“茶二代”等农创客培育，支持开展师父带徒弟式的精准培养，提高从业人员素质，营造“后继有人”的良好氛围。

（执笔人：刁学刚）

2020安徽省茶叶行业发展报告

安徽省茶叶行业协会

安徽是全国十大茶叶主产省份之一，产茶历史源远流长，在农业农村部发布的《全国茶叶重点区域发展规划》中被列为重点省份。茶产业是安徽省农业农村经济的重要组成部分，全省共有10个市50余个县（市、区）产茶，涉茶从业人员300多万人。发展茶产业对于特色产业延伸、实现乡村振兴具有重大意义。

一、2020年基本发展概况

（一）全年产销形势概况

1．产销稳进

据统计，2020年安徽省茶园面积316.32万亩，干毛茶产量11.3万吨，干毛茶产值146.17亿元，茶产业综合产值达到477.32亿元。茶叶出口量、出口额分别为6万吨、2.4亿美元，分别位列全国第二位和第三位。

2．质量优良

截至2020年底，安徽省已累计建成高标准良种茶园、生态茶园110万亩，实施绿色防控面积160万亩，“三品”认证茶园面积达到255.36万亩，“农产品地理标志”认证达到23个。

3．品牌提升

目前安徽省现有国家级龙头企业3家，省级龙头企业61家，国家级合作社示范社31家，省级合作社示范社90家；县级以上茶叶区域公用品牌50个，中国驰名商标22个。

4．茶旅融合

安徽省多地市建立茶旅融合的特色项目基地。六安市建立六安茶谷生态系统，因地制宜打造一批特色茶谷小镇、茶谷小站和茶谷小院，建设以茶产业为主的休闲农业避暑农庄，支持发展一批星级农家乐和茶事体验项目；宣城市依托茶产区的乡村旅游示范点40多家，其中省级三星级以上休闲农业与乡村旅游示范点8个；黄山市建成茶旅结合观光园19处，黄山毛峰茶叶博物馆、太平猴魁茶文化楼、松萝茶文化博物馆、六安瓜片博物馆、祁红博物馆等多个星级博物馆相继对外开放。

5．收获殊荣

2020年，安徽省茶产业斩获多项荣誉。祁门县荣获“2020年度茶叶品牌建设十强县”称号；黄山市徽州区荣获"'十三五'茶业发展十强县"称号；黄山小罐茶有限公司、谢裕大茶叶股份有限公司、安徽省六安瓜片茶叶股份有限公司荣获"2020年度茶业创新十强企业"称号；安徽省祁门红茶发展有限公司荣获"2020年度茶业社会责任十佳企业"称号。安徽省共有10个县荣获2020中国茶叶百强县称号、13个企业荣获2020中国茶叶百强企业。安徽兰花茶业有限公司荣获"2020年度茶业新锐十强企业"；安徽省舒城县荣获"2020年度茶业生态建设十强县"称号。

（二）全年重点开展工作

1．政府重视茶产业工作

安徽省政府重视茶产业的发展，多次考察调研、召开会议。3月23—27日，省政协主席张昌尔率有关委员、部门负责人和茶叶科技专家，赴福建学习调研茶文化、茶产业、茶科技融合发展情况。6月23日，安徽省副省长张曙光主持召开全省茶产业工作座谈会。会议强调，要深入贯彻落实习近平总书记关于"三农"工作重要论述和"因茶致富，因茶兴业"的重要指示精神，按照省委省政府要求，发挥茶产业兴皖富民作用，推动茶产业高质量发展。6月28日，省政协召开界别协商会，围绕"发展壮大茶产业，助力脱贫攻坚与乡村振兴"建言资政，副省长张曙光和省政协党组副书记、副主席肖超英分别对省茶产业做优做大做强，持续带动农民增收、促进乡村振兴提出建设性意见。

2．助力全面脱贫攻坚

2020年是脱贫攻坚工作的决胜之年，根据《安徽省人民政府办公厅关于做优做大做强茶产业助推脱贫攻坚和农民增收的意见》，在全省范围内宣传贯彻落实中央关于社会组织参与脱贫攻坚的要求，茶行业充分发挥自身优势，主动参与脱贫攻坚工作。徽六、猴坑、汉唐清茗、天方、王光熙松萝、润思、白云春毫、天之红、祥源茶业等多家龙头企业积极参与脱贫攻坚工作，带领周边企业落实扶贫攻坚任务，做出了积极的贡献。2020年，白云春毫、华国茗人等多家会员茶企前往石台横渡镇鸿陵村、金寨县张冲乡官田村等多地，看望贫困户，组织消费扶贫。安徽省茶叶行业协会因在脱贫攻坚中的突出贡献，荣获安徽省社会组织助力脱贫攻坚先进集体称号。

3．集中精力抗击疫情

一是组织动员：2020年初，新冠疫情发生后，全省茶界同仁、行业领头企业响应党中央国务院号召积极行动起来，发扬"一方有难八方支援"的精神，茶企及个人为疫区捐物捐款，为医务人员送温暖。二是发出倡议：发出"关于打赢疫情防控战役、确保春茶产销稳定的倡议书"要求全省茶企遵守有关规定要求，在全面抓好疫情防控保护和保障员工健康安全的前提下，调整工作方式方法，共克时艰，确保春茶生产、购销等工作稳中有序开展。该倡议被省社会组织信息网采纳编进《安徽社会组织众志成城抗疫情十二》中，并被民政部社管局刊发。三是组织捐赠：发出"关于向奋战疫情一线医护人员献爱心的倡议书"，为安徽赴湖北救援医护老乡进行捐款，将所购买的一号方3万多元饮品全部转交给省红十字会基金会，受到了省红基会的肯定和社会各界的好评。四是直播带货：为将徽茶卖出去、防止茶叶滞销，安徽省多个产茶县县长积极参与直播，将各县特产茶向全国民众展示，帮助茶农销售，吸引了数千万消费者关注。

4．承办展会对接产销

2020年以“中国徽茶、迎客天下”为主题，第十三届安徽国际茶博会成功举办，旨在深入贯彻省委省政府关于加快安徽省茶产业发展的决策部署，切实加强茶产业交流合作，进一步弘扬徽茶文化、繁荣徽茶经济、推动徽茶产业发展，更好地发挥茶产业在富民兴皖中的作用。省内外1000余家茶企、1200余家采购商参会，是近年来安徽省茶博会历史上规模最大的一次盛会。省内企业在政府相关部门的积极组织下，前往第四届中国国际茶叶博览会、2020中国厦门国际茶产业（春季）博览会、第十二届中国（北京）国际茶业及茶艺博览会等多地博览会积极推广徽茶及徽茶品牌。

5．成功举办赛事活动

2020年，在5月21日首个“国际茶日”到来之际，为普及徽茶知识、弘扬徽茶文化、倡导科学饮茶，首个“国际茶日”主题直播活动应运而生，“学习强国”学习平台和抖音平台同时直播。5月21日，安徽省茶叶行业协会与安徽省茶文化研究会联合发布《2020安徽茶人宣言》通过今日头条、抖音、学习强国学习平台等正式对外发布，获得了广大网民和茶友的关注和点赞。在第十三届茶博会期间，举办了三大茶业赛事：一是“2020首届安徽评茶员职业技能大赛”；二是评选出“2020首届安徽十大最美茶旅线路”；三是“2020首届长三角名茶评比大赛”。同时2020年全年各地方茶叶行业活动如火如荼，祁门红茶斗茶节、大学生创业大赛等比赛彰显了安徽茶行业的活跃度。

6．举办论坛助推发展

2020年积极开展了多项论坛活动，旨在推广宣传茶文化、提高行业素质标准、研讨行业发展方向，为各界人士提供了优质展示学习平台。一是在茶博会现场举办了“中国绿茶高峰论坛”，重点围绕着国内外茶叶生产与消费分析、对安徽茶产业振兴之路、安徽绿茶市场的优势、绿茶标准化、智能化发展趋势等课题展开研讨；二是长三角一体化茶产业高质量发展研讨会的召开。来自长三角茶产业联盟和中国茶叶学会、中茶股份等全国茶界权威机构的专家学者、茶企代表等汇聚一堂，共谋长三角茶产业高质量发展大计。议题聚焦安徽茶产业全面融入长三角行动建议、长三角联盟茶产业未来发展建议等议题，为安徽省茶产业高质量发展拓宽思路。

7．积极调研参与谋划

为继续加强安徽省茶产业振兴的步伐，有关部门积极组织座谈会及调研活动，推动茶产业高质量发展，积极带动一方经济。茶博会筹备期间，安徽省供销社领导组织带领省茶协有关同志走访六安、黄山、池州、合肥、宣城、安庆、亳州、滁州八个地市，与当地政府部门开展座谈会，详细调研了解当地茶产业情况。10月上旬，在安徽省供销集团有关领导的带领下，安徽省茶协负责人一行赴湖南省茶业集团，湖南益阳茶厂进行实地调研，并与湖南湘茶集团进行深入交流。

二、安徽省茶叶行业存在的不足

2020年，安徽省茶产业面对疫情，稳中求进，在肯定全年成绩的同时，仍需要意识到安徽省茶产业发展与其他产茶大省相比，还存在一些差距和不足。

（一）生产能力不足

茶园基础设施水平低，茶树老化、退化现象严重，良种覆盖面积小，茶园亩均产量低；农残控制达不到要求，品种质量难以保证；茶园管理粗放，夏秋茶机械化采摘率不高，综合效益发挥不够；部分山区茶园出现抛荒问题，造成资源浪费；传统茶企普遍反映生产能力严重不足；部分茶厂条件简陋，卫生条件不达标，容易造成二次污染，影响茶叶品质。

（二）品牌价值不高

尽管安徽省所拥有的茶叶区域品牌和中国驰名商标数量在全国名列前茅，但品牌价值并不高，单价比较低。目前，全省国家级龙头企业3家，省级龙头企业61家。不仅数量少，而且带动力不强，直接制约了茶产业的发展。在全国18个主要产茶省（市）中，我省茶叶种植面积、干毛茶产量、干毛茶产值当前分别排到第7、8、8位。

（三）产业链条不长

茶叶精深加工水平低，产业链条短，产品附加值不高；企业对产业的带动力不足、产业对茶农的带动力不足；茶叶与旅游、休闲、康养融合度低；大型龙头企业和精深研发企业少，茶叶及其衍生产品的开发利用不足，精深产品开发推广有限，研发成果转化新产品滞后，茶叶精深加工水平低，茶产品科技含量低，产品附加值不高；茶企生产加工条件简陋，亟待升级改造。

三、2021年安徽茶叶行业重点工作

2021年是“十四五”开局之年，也是中国共产党建党100周年。面对世界复杂严峻的经济形势，摆在我们面前的是机遇与挑战。安徽省将以发展生态有机茶为重点，以提高茶叶综合生产能力和经济效益为核心，以品牌建设和科技引领为动力，推动茶产业向良种化、生态化、标准化、清洁化、工厂化方向发展，不断提高茶叶产业化水平和市场占有率，贯彻新发展理念，构建发展新格局，推动全省茶产业高质量发展。

（一）做好“十四五”规划，迈出新步伐

要以党的十九届五中全会精神为指引，以《安徽省人民政府办公厅关于推动茶产业振兴的意见》

为引导，在总结经验、分析问题，深入进行专题调研的基础上，省茶协将起草《安徽省茶叶产业“十四五”发展规划》，积极争取主管单位的支持，谋划在省政府信息平台上发布。全省各企业要结合自身实际，制定发展规划，为我省茶产业产值千亿元目标而努力奋斗。在新的一年，要为“十四五”各项工作开好局，迈好步，打下坚实基础。

（二）坚持质量至上，实现绿色增效

一是加快茶园更新换代，巩固六安、黄山、宣城、池州等产茶地区茶园改良的建设力度，推进茶园改良种植、合理茶园品种结构进度；二是加大宣传力度，提高茶农对茶叶质量和农残降解重要性和紧迫性的认识；三是加强茶园现代化管理建设，强化茶叶质量安全，建立质量管理体系，狠抓源头管理，推行清洁化生产；四是实施茶叶绿色高质高效示范创建，加快农药化肥减量行动、有机肥替代化肥的进程；五是高度重视茶叶食品安全与绿色环保包装；六是健全完善追溯管理与市场准入的衔接机制，以责任主体和流向管理为核心，以扫码入市或追溯凭证为市场准入条件，构建从产地到市场到茶杯的智慧化质量安全可追溯体系。

（三）强化徽茶产业标准的规范度

以新标准化法为指导，不断完善茶叶标准体系，做好质检、包装、仓储、运输、检测及经营环节全过程等标准的研究制定；推进与文字标准配套的实物标准样研制工作，依靠相应社团组织，制定各类团体标准，规范产业内的生产经营情况；鼓励各龙头企业、知名企业制定相应的企业标准，提升产品质量规范保障度。

（四）加强茶产业融合拓展新平台

2021年举办首届安徽国际茶旅大会，将推动最美茶旅线路间的合作、互动，带动茶产业和乡村经济发展。支持电商、物流、商贸、金融等企业参与茶叶电子商务发展，大力扶持名优茶跨境电商，培育网络营销、直播带货等新业态。同时2021年全省茶行业在重点茶区引导、打造一批有影响力的生态休闲观光项目，打造独具安徽特色的茶文化养生休闲品牌，吸引更多的人参与茶文化、茶消费活动，掀起徽茶文化宣传高潮。

（五）积极落实建设社会信用体系

为进一步贯彻落实国务院办公厅《关于加快推进社会信用体系建设、构建以信用为基础的新型监管机制的指导意见》《安徽省2020年社会信用体系建设工作要点》，推动信用安徽建设，营造诚信经营的市场氛围，帮助茶叶企业提升知名度和市场竞争力，促进在全省范围内开展茶企信用评级工作，根据评级结果进行排序。

（六）坚持增强徽茶人才队伍培养

一是不断扩大茶学的高等教育培养规模，涉茶专业不断增加，继续扩大科研资金的投入，高校师资队伍的扩建；二是建设安徽省茶叶生产技术培训中心，加强科技人才培养，广泛开展对农技推广人员、龙头企业技术骨干、茶叶生产大户和茶农的培训，提升全省茶叶从业人员的综合技能；三是做好相应的技术学习软硬件设施配套，建立技术人员再学习的机制，增强技术推广服务功能，为企业和茶农提供技术指导、市场信息、技术培训等社会化服务。

（七）加强品牌宣传推广及企业建设

实施区域公用品牌“走出去”战略，以四大名茶为重点，兼顾地方区域公用品牌，国内国际“两个市场”共同发力，支持茶叶主产区加大自身宣传。做好第十四届安徽国际茶产业博览会组织承办工作，茶博会期间计划组织多项高水平活动、赛事。发展一批有意愿、品牌效应的龙头企业，走出安徽，弘扬安徽茶文化，培育壮大新型主体，鼓励有实力的茶叶龙头企业跨区域整合资源，通过兼并、重组、收购、控股等方式组建大型产销集团，实现强强联合、组团发展，形成资源集中、生产集群、营销集约格局，提升市场竞争力和综合影响力。

（执笔人：朱飞鸣、柯绍元、徐小凡）

2020福建省茶叶行业发展报告

福建省种植业技术推广总站 苏峰全国示范性劳模工作室

茶叶是福建省重要的优势特色产业，在农业农村经济发展和乡村振兴中占有举足轻重地位，省委和省政府历来高度重视茶产业发展，始终以“绿色、生态”为主线。2012年福建省颁布实施了全国第一部茶产业地方性法规《福建省促进茶产业发展条例》，制定出台了《关于绿色发展质量兴茶八条措施》等一系列政策文件，坚持绿色发展导向，致力提升品质、打响品牌，着力创新体制机制，全面推进茶产业高质量发展。福建省茶产业规模也随之不断壮大，全省茶叶类农业产业化省级重点龙头企业168家，其中国家级重点龙头企业13家，产业化水平居全国前列。茶农增效增收显著，全省茶叶主产县农村居民人均可支配收入中，茶叶收入占比达40%以上，成为农民增收致富的重要来源。茶产业带动了贸易营销、产品包装、物流运输、餐饮旅游等二、三产业发展，增加了农村劳动力就业创业，成为全省农村经济社会发展的有力支撑和乡村振兴的支柱产业，形成“茶兴人兴百业兴”的良好局面。2020年，福建省茶园面积336万亩，毛茶产量46万吨，毛茶产值250亿元，茶叶全产业链产值超1300亿元。福建茶叶单产、总产、茶树良种覆盖率、毛茶产值、全产业链产值、国家级龙头企业数量、中国驰名商标数量等七项指标均居全国前列。“多彩闽茶”已成为“生态福建、绿色农业”的亮丽名片。

一、开展的重点工作

（一）积极抗击疫情，做好茶业复工复产

正值即将进入全省春茶生产关键期，突如其来的新冠肺炎疫情在一定程度上对福建省茶叶生产带来了冲击。福建省及时印发《关于抓好当前茶叶生产有关工作的通知》，从密切关注市场动态、加大资金扶持力度、强化技术指导服务、推动营销模式创新等方面加强助力，推动茶产业健康持续发展。省农业农村厅组织“三农”专家及国家、省现代茶产业技术体系岗位专家等进行会商，综合研判各方情势，提出《应对疫情谋良策 不误农时促生产——福建省春茶生产应对措施》，指导各地一手抓好疫情防控一手抓好茶叶生产。同时，组织茶叶专家服务团队深入安溪、福鼎、福安、寿宁等茶区，采取“田园公开课”、电视直播、现场指导等方式开展科技服务，确保春茶生产平稳有序。

（二）开展种质保护，扩大良种资源

继续推进福建省优异种质保护，在全省新建10个茶树种质资源保护点（资源圃），每个项目点安排扶持资金20万元，对罗源县七境茶、明溪县枫溪野茶、将乐县龙栖山野生茶、永安市罗坊乡野生茶、安溪县虎邱镇湖坵村茶树种质资源圃、南安市石亭绿茶、武夷山市马枕峰肉桂茶、漳平市闽台乌龙茶品种园、寿宁县寿山早芽、周宁县汤家山菜茶等进行保护，用于完善道路、沟渠、喷滴灌等基础设施以及资源圃整地、设立茶树种质资源标识标牌，开展种质资源生化成分分析及农艺性状、茶类适制性等研究，建立和完善种质资源保护档案、资料等。

（三）重大项目引领，推动产业升级

1．实施武夷岩茶优势特色产业集群项目

安排中央农业生产发展专项资金1亿元，以闽北乌龙茶区为中心，构建特色产业集群，在武夷山市、建瓯市、建阳区、沙县区和泰宁县实施产业集群项目，着力打造“一龙头两重点两带动”（以武夷山市为龙头，建瓯市和建阳区为重点，辐射带动沙县和泰宁县）的空间布局，按照“绿色引领、品牌支撑、龙头带动、三产融合、集聚发展”的总体思路，不断优化一产、深化二产、强化三产，力争到2022年5个实施县的武夷岩茶总产量达4万吨。通过优化一产，即在项目县选择相对集中连片的茶叶基地20个以上，建设绿色高效标准化茶叶生产基地2万多亩；深化二产，即引进茶叶加工、包装连续化生产线，开展标准化加工厂房等设施建设等；强化三产，即开展茶文化展示、产品展销、休闲体验、大数据服务、交易平台、仓储物流建设及品牌宣传推介等；提升公共服务，即强化标准规划、示范培训、茶叶保险、服务平台、区域公共品牌宣传等社会化服务，开展集群科技支持项目及区块链技术应用等；大力提升福建省武夷岩茶产业发展水平，打造中国乌龙茶核心产区和产业集群。

2．实施新型经营主体发展特色农业项目

安排中央农业生产发展资金2400万元在永春县、漳平市、大田县、松溪县、福安市、蕉城区实施该项目。项目围绕支持新型农业经营主体发展特色现代茶业，全产业链发展，补齐产业发展短板；扶持对象为农民合作社、家庭农场、农业企业等各类农业新型经营主体，优先扶持农业产业化联合体和列入“百千”增产增效行动的重点企业；主要用于打造标准化核心示范基地，提升农产品加工能力和促进产业融合发展。

3．开展农产品地理标志保护工程项目

将获得农业农村部登记保护的平和白芽奇兰和寿宁高山茶列为地理标志产品保护品种，各安排300万元项目资金。一是开展地理标志产品标准化生产建设，推动用标企业申报“绿色食品”“有机食品”认证；二是加强品牌宣传推介，组织开展地理标志区域公用品牌宣传，组织举办省级以上宣传平台的产品推介活动，制播区域公用品牌专题片和宣传片；三是组织生产经营主体和带动农户（不少于500人次）开展按标生产培训，建立和完善品牌体验馆、地标产品文化博物馆和产品展示中心等；四

是促进三产融合，各县支持1家有条件的用标企业建设三产融合示范点，树立农产品地理标志三产融合精品品牌；五是强化组织管理运作，积极推动符合条件的生产企业用标，实现企业用标率达到80%以上，地理标志农产品要100%纳入福建省和国家农产品质量安全追溯管理信息平台；六是提升信息化运用水平，所有用标生产企业链接纳入福建省地理标志农产品信息平台，统一开展区域公用品牌宣传。

4．开展茶叶绿色高质高效创建项目

安排500万元中央农业生产发展资金在福鼎市、福安市、漳平市、华安县实施该项目。项目以稳产保供为目标，增加茶叶优质绿色产品供给，每个项目县建设相对连片千亩以上的示范基地，开展茶叶全程绿色标准化生产，辐射带动面积1万亩以上。一是集成绿色高效技术。项目县以1项关键技术为核心，集成1套高质高效、资源节约、生态环保的标准化绿色高效技术模式，建设不使用化学农药示范茶园，集成组装“有机肥+配方肥”、伏季休茶等绿色节本高效技术。二是开展社会化服务。推进社会化服务体系建设，通过集约化育苗供苗、统防统治、机械作业、宣传推介区域公用品牌等，促进增产增效、节本增效、提质增效。三是集成组装绿色高质高效技术模式。围绕种植结构调整，组装配套包括绿色生态环保、资源高效利用、生产效能提升技术模式，鼓励发展间作套种、种养结合、休闲观光等绿色高质高效技术模式。

5．实施省级现代茶业智慧园项目

安排省级资金100万元在福鼎市实施该项目，智慧园建设引入5G、物联网、信息化、大数据、云服务等智慧农业核心技术，以促进企业自动化、信息化，提升企业生产效率和经营效益为目标，将智慧农业核心技术应用于茶叶种植、加工、销售全过程，探索企业高产优质的生产管理模式，提升茶企管理水平和产品质量，起到智慧园推广示范效果，带动数字化技术在茶产业方面的应用，打造“5G+现代农业”智慧茶产业园。智慧园主要围绕以下六点进行建设：一是通过物联网环境监测、设备远程控制、视频监控设备建设实现生产自动化管理；二是通过系统的互联互通推进农事作业及投入品的有效管理和农产品的质量安全追溯；三是通过加工仓储的标准化建设提升管理的智能化水平，帮助企业提质增效；四是通过农产品流通的网络化拓展农产品销售空间；五是通过移动通信网络服务能力，打造“5G+现代农业”白茶产业智慧园；六是通过企业展示中心的建设，塑造企业良好品牌形象、提升企业知名度和认知度、提升品牌价值。

（四）加大市场拓展，扩大闽茶知名度

1．持续开展闽茶中国行活动

“闽茶中国行”活动自2010年开展以来已历经10年，走进了台湾、上海、河南、北京、南京、青岛、成都、西安、新疆、宁夏、澳门、重庆、哈尔滨等全国多个省市区，每一站都以不同主题和形式展现福建茶产业、茶品牌的生机与活力，以及闽茶文化的博大精深，是宣传推广福建茶产业茶文化的一张响亮“名片”。9月份“闽茶中国行”活动在甘肃省兰州市启动，活动以“相约黄河之滨·共

品多彩闽茶”为主题，闽、甘两省有关领导、专家、学者、茶企代表、茶人欢聚一堂，共同开启多彩闽茶的金城之旅。以此次活动为契机，进一步深化了两省茶产业合作和茶文化交流，建立了经贸合作关系。

2．开展闽货华夏行活动

该活动是以“闽货市场开拓”为主题，依托全国知名展会、大型展销活动开展的系列展销活动。活动为降低市场拓展成本，提升福建省茶企业、茶品牌的知名度和影响力起到了积极推动作用。9月，福建省组织近50家茶企参加2020中国国际食品餐饮博览会，展位规模达1500平方米，是本届展会规模最大的省级组团单位，展会期间还举办了“闽菜闽茶湘江行”宣传推介活动。10月，福建省组团参加第24届中国国际有机绿色食品产业博览会暨中国国际高端食材展览会，在展览中心3号馆开展“闽货华夏行·北京站”展销活动，展团有近百个茶叶企业标准展位，展销过程中，吸引了京津冀周边城市的茶叶商会、协会、经销商和茶爱好者等前来参观、洽谈，多家茶企的展销产品被抢购一空。

3．精心组织闽茶参加第三届进博会

11月，福建省代表性品牌茶企组团参加第三届中国国际进口博览会，在“清新福建、多彩闽茶”主题展馆展示了福建名茶的优势和特色，吸引了大量的客商前来参观、品鉴、采购。进博会期间，福建省委副书记、省长王宁，副省长郭宁宁等多位领导莅临闽茶品鉴区参观指导。王宁省长对福建茶企业发展给予充分肯定，同时要求福建茶企精心组织筹划，借助进博会这一平台，更好展示闽茶深厚的文化底蕴和生态福建的独特魅力，吸引国内外宾客关注新福建、投资新福建。

（五）营造文化氛围，扩大闽茶影响

1．举办国际茶日系列活动

第74届联合国大会宣布将每年5月21日设为“国际茶日”，以赞美茶叶的经济、社会和文化价值，促进全球农业的可持续发展。5月19日，首个国际茶日福建省系列活动启动仪式在三明市大田县隆重开幕，活动以“林深水美茶香”主题，以融媒体（电视、网络）直播为主要形式，营造同庆茶日的浓厚氛围。5月21日，首个国际茶日福建省主会场专场活动在福鼎市隆重举行，为全国各地茶友及福鼎市民带来一场丰富的白茶盛宴。首个“国际茶日”期间，福建省各地因地制宜、不拘一格地开展形式多样的茶事活动，营造出茶界同庆茶日的祥和氛围，让国际茶日深入人心、扎根民间。

2．举办“九八”茶博会

9月8日，2020年中国（厦门）国际茶业投资贸易博览会在厦门国际会展中心开展，茶博会以“引领茶业投资，弘扬茶道文化”为宗旨，借助“厦洽会”高端平台，助推茶叶品牌快速发展。本届展会展览规模6000平方米，设326个国际标准展位，以推广本地特色茶产业品牌为目的，共有近200家产地茶企，50家茶农合作社参展，13个重要茶产区政府组团参展，本届展会特设“无我茶展”。展会期间还举办了中国（厦门）茶业高峰论坛，就疫情下茶产业的机遇和挑战展开交流探讨，从茶业组织、茶企角度出发，讨论茶产业在新形式、新思维下的发展及思考。

3. 举办首届海丝国际茶文化论坛

11月，以“海丝茶道万里飘香”为主题的2020年首届海丝国际茶文化论坛在福州开幕，多位茶界专家学者、12个国家在闽外国友人、20多个国家在闽华侨华人和海外茶商代表，以及兄弟省份茶商代表和嘉宾等近200人齐聚榕城，共品香茗，以茶为媒，开启了一场精彩的国际茶文化盛宴。论坛包含开幕式、主旨演讲和“茶农的幸福生活”“茶文化的传承与发展”“茶文化的海外传播”3个分论坛，还配套举办了武夷山茶旅文化品牌福州宣介、“海丝茶韵”文艺演出、茶艺品鉴会等活动。

二、主要经验做法及成效

（一）强化种质资源保护利用

一是强化种业优先。福建素有“茶树品种宝库”之称，茶叶种质资源丰富。省农业农村厅组织实施茶树优异种质资源保护工程，在国内首创采用原地保护、迁地集中保护和基因库保存相结合的方式，保护地方特色茶树种质资源77个，建立茶树种质资源圃5个，其中福建省农科院茶树品种资源圃保存茶树种质资源约3000份，促进了茶树优质资源开发利用，为我省茶产业可持续发展提供有力保障。二是优化品种结构。推广高香型和制优率高、适制性好的茶树新品种，金牡丹、金观音、紫玫瑰等高优品种的种植面积达25万亩，使福建省茶树品种布局与各产区的地理气候、产业基础、加工茶类、市场取向相协调一致，进一步发挥优良品种资源的优势。三是提升良种覆盖率。大力选育推广茶树优良品种，国家省级审（认、鉴）定及登记的茶树品种46个，茶树良种覆盖率达96%。实现了高产、稳产、优质目标，显著提高了经济效益。

（二）筑牢茶产业绿色发展根基

一是开展茶园病虫害绿色防控与专业化统防统治融合示范。在福鼎、福安、寿宁、安溪、华安、漳平、大田、建阳、武夷山、建瓯10个茶叶主产县（市、区），大力引进农作物病虫害专业化统防统治组织，应用高效植保机械，推广以生物防治、生态控制、物理防治、理化诱控为主，辅以高效低毒化学防治等绿色防控措施，推动茶叶病虫综合防治。据统计，2020年全省建立茶园病虫害绿色防控核心示范点48个，面积1.2万亩，建立绿色防控与统防统治融合示范茶园面积22万亩。示范区亩平均用药比农民自防区少用药1~2次，平均综合防效超90%，减轻了茶园病虫害防治的用药量以及农药对害虫天敌的毒害作用，达到控制病虫危害，减少化学农药使用量，减轻农药面源污染，保障茶产品质量安全的目标。通过展示专业化统防统治和不同绿色防控技术处理的防治效果，促进茶园减药增效，形成具有一定规模的示范效应，从而推动全省茶园病虫害绿色防控与统防统治融合示范工作，进一步推进农药零增长减量化行动开展。二是开展有机肥替代化肥试点。安排1000万元中央农业生产发展资金在南平市建阳区开展有机肥替代化肥试点项目。项目以减少化肥投入、增加有机肥用量，提升茶叶品质，推进种养循环，促进农业绿色高质量发展为目标。项目补助对象以种植大户、农民合作社、龙头企业等新型经营主体为主，带动小农户参与，优先扶持发展畜禽粪污收集处理、有机肥积造施用的专业化社会化服务组织。项目以政府购买服务和技术补助为主，兼顾基础性工作与物化补助。通过项目实施，试点县核心示范区化肥用量减少15%以上，有机肥用量提高20%以上，带动试点县整县增施有机肥，化肥施用量减少2%，促进畜禽粪污资源化利用。

（三）标准引领，织牢茶叶质量安全监管网络

福建省高度重视茶叶标准化和茶叶质量安全工作，加强茶叶标准的制修订工作，2020年度福建省有关单位主持或参与制定（修订）并发布《台式乌龙茶》等国家标准3项、《绿茶冲泡与品鉴方法》等地方标准10项、《福鼎白茶　紧压白茶》等团体标准18项，发挥各类标准的引领推动作用。积极推进茶叶质量安全工作，采取系列措施强化茶叶质量安全管控。2020年第二和第四季度，福建省抽检茶叶样品334份，合格率达100%。一是强化省级农资监管信息平台应用。严格茶园投入品监管，推动落实投入品经营诚信档案和购销台账制度。福建省纳入平台监管的农资企业1万多家、农资品种6万多个，累计开展平台线上执法巡查超过7万人次，有力地保障了农资产品质量安全。二是持续加快茶叶产品可追溯体系建设。近年来，福建开始实施食用农产品产地准出和市场准入衔接制度，要求所有进入农产品批发市场、大型商场、连锁超市及主要农贸市场的食用农产品，必须出具追溯凭证，才可以上市销售。将农产品质量安全追溯与农业项目安排、农产品品牌评定等挂钩，实行一票否决会审制度，全省已有4000多家生产主体进入省农产品质量安全追溯监管信息平台，实行源头赋码、标识销售。三是加强农产品地理标志监督管理工作，定期对登记的地理标志农产品的地域范围、标志使用等进行监督检查，加快推进“一品一码”质量安全可追溯体系，大力推广“认标购茶”、大数据溯源二维码信息卡，严厉打击未经授权许可，擅自在茶叶产品及其包装、宣传上使用地理标志证明商标、虚假标注茶叶原料种植地区以及其他假冒伪劣等行为，切实保护消费者权益，维护茶叶品牌形象。

（四）推进茶机科技创新及试验示范

一是支持机具设备科技创新与示范推广。在安溪县、武夷山市、漳平市、大田县等地建立省级茶叶示范推广基地，重点推广茶园多功能管理机等机具，累计组织开展现场观摩和培训活动9场，参训600多人次，运用媒体开展宣传报道12次。在武夷山市组织举办了全省茶叶生产全程机械化现场观摩活动，累计有120多人参加。二是承担农业农村部2020年茶园生产主要环节机械化技术试验示范项目，在武夷山市建立一个300亩的茶园生产机械化技术试验示范基地，总结形成了福建省丘陵山区缓坡茶园生产的机械作业模式。开展有机肥深施机械化技术研究，联合福建农林大学等研发出茶园开沟施肥覆土一体机，具有同步开沟、施肥、覆土、除草的功能，填补了省内空白。三是提升茶叶生产全程机械化水平。近年来，福建省积极开展茶叶新机具、新技术的引进、试验、优化、示范和推广，不断提升茶叶生产全程机械化的水平。据统计，截至2020年底，福建省茶园机械化修剪面积157.5万

亩，年机采量18.3万吨，在茶叶主产区茶树修剪、采收机械作业率达95%以上，初加工机械化率达100%，全省基本实现了茶叶生产管理全程机械化。

（五）提升闽茶品牌影响力及价值

一是加大展会宣传推介力度。围绕“清新福建 多彩闽茶”主题，组织福建茶展团参加国内外各类重要展会，通过优化服务、补贴展位费等，支持茶叶企业参加杭州茶博会、农交会、绿博会等展会，扩大了区域公用品牌和企业品牌知名度。二是开展系列直播带货活动。开展“县长带你买好货”“闽茶行天下网红直播带货”“福茶直播带货季”等系列直播带货活动，实现茶叶产品线上销售额超10亿元，进一步扩大了闽茶线上销售份额和品牌影响力。三是打造多渠道品牌宣传格局。拍摄茶叶专题宣传片，在网络新媒体开辟固定栏目，在高速公路投放广告牌，拓展高铁、地铁等其他更多展示平台，构建全方位、多媒体、高强度的宣传推广格局，打造“福茶”品牌产品美誉度。

（六）促进茶业三产融合协调发展

一是茶庄园建设纳入乡村产业振兴规划。福建省将茶庄园建设纳入福建振兴乡村建设的重要战略部署，制定了《福建省乡村产业振兴专项规划》。茶产业是全省着力打造的10个全产业链产值超千亿的特色产业之一，茶庄园建设作为专项规划重点实施项目，各级政府正全力推进实施，目前全省已建成初具规模、特色明显的茶庄园60多个，茶庄园作为茶产业三产融合发展的重要载体和存在形式，其生产模式的聚集效应已初步形成。二是实施重大项目推进产业融合发展。实施的“武夷岩茶优势特色产业集群”“新型经营主体发展特色农业项目”“地理标志农产品保护工程项目”和“省级现代茶业智慧园项目”等重大项目，建设内容都涉及茶产业的一二三产融合发展、协调发展和高质量发展，是实现茶产业融合发展的重要抓手和保障。三是推动茶产业与旅游产业深度融合。以武夷山茶产业为例，为提升茶产业附加值，茶产业向茶衍生品、茶文旅等方向延伸。先后打造了“印象大红袍”“中华茶博园”“万里茶道起点”等精品茶文化项目，推出了“香江茗苑”“武夷星中华茗苑”“茶言精舍”等观茶景、赏茶礼、品茶味、游茶园的茶旅融合项目，取得了较好地生态效益和经济效益。

（七）深化闽台茶业交流合作

一是促进闽台茶业合作。福建省以台湾农民创业园为平台，强化两岸茶叶交流合作，增进两岸农民情感交流。如漳平台创园先后引进48家台资茶产业企业，该镇已成为台商个体在大陆投资最密集的乡镇、中国大陆最大的台式乌龙茶生产基地，有“大陆阿里山”的美誉。台品樱花茶园被誉为“全国十大赏樱基地”“中国最美樱花胜地”。台创园年用工达2万人，带动农民人均增收1.25万元，为210个贫困户每户增加务工收入8500元，成为当地扶贫产业的先行者。休闲旅游观光产业的发展，拉动了茶叶等销售，促进了当地餐饮、住宿等产业发展。2020年园区共吸引接待游客3.2万人次，旅游收入达6000万元。二是搭建经贸交流平台。11月，第十四届海峡两岸茶业博览会在武夷山市举行，为进一步展示武夷茶魅力，增进海峡两岸茶文化交流，丰富展会文化内涵，组委会特邀台湾茶商业联合会、台湾制茶公会、台湾农会、台湾茶叶协会、台湾茶输出公会五大协会组团参展，举办了闽台（南平）经贸合作对接会、海峡两岸民间斗茶赛等系列茶事活动，让两岸更多的茶企、茶爱好者参与其中，茶博会已成为海峡两岸经贸合作和茶文化交流的重要平台。三是加强社团互动交流。11月，台湾冠军茶王工艺师协会理事长到访海峡两岸茶叶交流协会，双方就后疫情时代茶行业在生产方式、消费趋势、市场流通、营销方法等环节的变革进行了探讨，表示将继续携手同行，积极应对挑战，及时调整思路，增进两岸茶业的研究与拓展，促进两岸茶文化交流向更深层次发展。

（八）提高茶叶人才素质和技能水平

一是举办福建省首届茶叶（红茶）加工工职业技能竞赛。8月底，福建省首届茶叶（红茶）加工工职业技能竞赛在福安市顺利举办，旨在弘扬工匠精神、发掘乡村能工巧匠、助力乡村产业振兴，来自全省9个地市的30名制茶能手在福安市坦洋茶场展开为期3天的茶叶加工技能比拼。通过赛事提升了参赛者的茶叶加工技术水平，并选拔出10位优秀选手参加全国茶叶加工工职业技能总决赛。二是举办全国茶叶加工工职业技能竞赛决赛。10月，2020年全国茶叶加工工（精制）职业技能竞赛决赛在武夷山市举办。来自14个省（区）的60名制茶高手齐聚武夷山，同台竞技。该竞赛是国家一级A类赛事，旨在遴选一批动手能力强、技术本领高、示范带动能力大的制茶能手，树立标杆，促进茶产业高质量发展。经过激烈角逐，福建代表团10位选手全部进入前50名，荣获优秀团体奖；郑国华、陈辉煌分获第二和第四，并获全国技术能手称号。决赛对进一步提高我省和全国红茶加工技术水平起到了积极的促进作用。三是举办全国茶叶质量高级研修班。9月，全国茶业质量安全高级研修班在福鼎市顺利举办，期间，来自中国工程院院士陈宗懋、国家农业农村部农产品质量安全中心副主任寇建平、海峡两岸茶业交流协会会长陈绍军等专家围绕茶叶质量安全展开演讲。全国各地主要产茶区领导、相关部门成员及企业代表等近100人参加此次研修班。研修班的举办进一步提高了茶叶行业专业技术人才的综合素质，提升了茶叶绿色生产的理论和技术水平，加速茶叶行业的转型升级，提高我国茶业高质量发展和健康可持续发展。

（执笔人：于学领、苏峰、张雯婧、王昕）

2020江西省茶叶行业发展报告

江西省茶叶协会

江西茶，香天下；振兴赣茶，江西自信！江西省地形以江南丘陵、山地为主，盆地、谷地广布，水网稠密，全省生态环境优越，降雨量、气候、土壤等自然条件适宜茶树生长种植，是我国著名的产茶大省。

2020年是新中国历史上极不平凡的一年，新冠肺炎疫情突发，是我国成立以来遭遇的传播速度最快、感染范围最广、防控难度最大的突发公共卫生事件，在以习近平同志为核心的党中央坚强领导下，经过全国上下和广大人民群众艰苦卓绝努力并付出牺牲，疫情防控取得重大战略成果。江西省委省政府高度重视茶产业发展，出台了一系列扶持政策，要努力将疫情造成的损失降到最低，扶持江西茶产业的发展。在各级政府、茶行业主管部门、行业协会组织和江西茶人们的共同奋斗、努力下，江西茶产业的综合实力稳步增强，各方面发展均取得了阶段性成效。

一、2020年江西茶产业发展回顾

（一）江西省茶叶生产呈现稳中有增、小幅增长的趋势

江西茶有着悠久的历史和深厚的底蕴，江西省委省政府高度重视全省茶行业的产业现状，出台了多项政策指导和支持全省茶产业的发展。江西是个产茶大省，其中遂川、婺源、浮梁、庐山、修水、都昌、武宁、彭泽、上饶、萍乡、宜春、资溪、靖安、宜丰、于都、兴国、信丰、会昌、龙南、定南、全南、上犹、崇义、南康、宁都、瑞金等全省大部分县市，都是江西重要的产茶区，是江西茶品牌的重要组成部分。

2020年江西省茶园种植面积190万亩，相较于2018年的172万亩与2019年的182万亩，本年度茶园面积增幅较往年回落到4.4%，增速继续保持放缓态势。全年茶叶干毛茶总产量8万吨、一产产值70亿元，较2019年度7.4万吨干毛茶总产量，产量同比增长8.1%，与全国近5年茶叶产量8%的增长率基本持平。

2020年全省春茶采摘工作受到了疫情延迟复工的一定影响，不过总体控制在安全、可控范围内，2月底，江西省少部分茶园陆续开采，在3月上中旬全省进入开采的集中期。新冠疫情对茶叶生产的主要影响，一是春茶茶园管护不能正常，二是人员流动受限使各地出现不同程度的采摘工数量不足。总体来看，受疫情与天气综合影响，部分地区早春茶产量有所减少，特早茶、一芽一叶和单芽采摘的名优春茶尤其是高端产品大幅减产；但随着其后生产秩序正常化，中后期春茶总产量应不低于去年同

期。总体看，江西省除局部地区开采受到部分影响，其余茶区表现均接近正常。

（二）深耕江西传统茶类品牌，创新性探求多元茶品类共同发展

江西茶文化源远流长，其历史追溯，最远甚至可以抵达两千年前的秦汉时期。在唐代陆羽写作《茶经》前后的36年中，他曾多次踏足江西考察名茶甘泉，行迹遍及今天的上饶、鄱阳、余干、弋阳、吉安、九江、南昌等地，留下了很多诗文和佳话，被后世广为传颂。这说明，这一时期，江西茶叶已经闻名于世，广为人知。到了宋代，江西茶更是迎来了一个登峰造极的高度。根据《宋史・食货志》记载，当时全国产茶区共有三十七州六军，属于江西的则有九州四军，分别为江州、饶州、信州、洪州、抚州、筠州、袁州、吉州、虔州以及南康军、临江军、建昌军和南安军，占整个江南茶区的三分之二、全国的三分之一，产茶地几乎覆盖了今天江西大部分县市。北宋一朝，全国岁茶课为1153万千克，其中江西高达342.5万千克，名列第一。南宋时全国产茶总量虽有所下降，但江西仍居全国之首，达到231.5万千克。在全国年产茶量突破50万千克的七个地区中，江西就有两个，一是隆庆府（今南昌），二是江州（今九江），分别为145.9万千克和73万千克，产量之高，令人震惊。明清两代，随着江西茶叶贸易的繁盛，一些新兴商品集散中心开始兴起，成为茶叶贸易的重要枢纽，江西作为中国茶叶贸易的重镇，不论在国内贸易、宫廷进贡还是在税负承担、对外通商中都扮演了极为重要的角色。

发展至今，江西茶叶品牌形成了以绿茶、红茶为主，其他茶类品牌创新性发展的产业格局。江西传统的遂川狗牯脑茶、庐山云雾茶、婺源绿茶、浮梁茶、修水宁红茶、河口红茶、赣南高山茶等茶类老品牌相继完成了产品标准梳理，申请并通过了农产品区域品牌地理标志审定。在全省上下的共同努力和推广中，夯实了基础，得到了大力的发展。当前，在江西茶叶的销售市场中，已基本做到了各家茶店家家都有江西茶、家家都卖江西茶的市场成效。但是，鉴于全国茶产业的激烈竞争现状，江西传统茶品牌的市场销售渠道仍未在全国大范围铺开，市场建设发展还面临着非常严峻的竞争考验。

习近平总书记讲到："绿水青山就是金山银山"。江西有着优秀的生态环境，有着适合优质茶叶生长的自然条件，在江西茶叶的全国销售市场尚未全面建设完善的现实背景下，江西茶面临着本地传统茶类市场需求上的局限性。在创新江西茶叶品类多元化发展的进程中，江西茶产业一直保持着孜孜不倦的探索精神。在白化绿茶流行于全国以前，江西就引种了国内优秀白化绿茶茶树品种，并在江西进行了几十年本地化种植培养，发展至现今，江西的靖安白茶、资溪白茶等白化绿茶品牌已经在产业规模和市场知名度上形成了很好的成效，同时，江西省内在赣州、九江等各地，都有茶园种植白化绿茶品种，江西白化绿茶在全国市场已经具备了一定的规模和市场影响力。在非茶之茶的菊花市场，江西婺源另辟蹊径，将菊花品种优选优种，精细化栽培，创新性的种植和培育出了色香味形俱全的大朵皇菊，具有极佳的健康品饮价值和观赏性，婺源皇菊模式的成功带动了江西乃至全国众多茶企茶农种植婺源皇菊，为茶企茶农创造了很大的经济效益和社会价值。江西茶企们同时也引进了例如福鼎大白茶、福鼎大毫茶等国内优秀的茶树品种进行本地化种植培养，力求研发和开创出经济效益更好、市场反响更佳的创新型产品，让绿水青山变成真正的金山银山。

（三）相信品牌的力量，着重力提质企业品牌稳中发展

江西茶产业的发展，当以品质为魂、品牌为舟，方能大力前行。优秀的产品质量是江西茶品牌发展的重要根基，而深入人心的产品形象、量多面广的销售渠道则是江西茶品牌大力发展的重要道路。

将产品品质始终放在第一位，坚决走绿色发展的产业道路。在全省范围内，大力推行标准化生态茶园建设，大力示范推广茶园土肥优化管理、病虫草害物理和生物防控等绿色有机高效种植模式，以及茶园耕作、除草机械化等作业技术；并且推广有机肥替代，开展茶叶有机肥替代化肥试点，针对有机肥料施用困难、耗时费力等主要瓶颈，因地制宜集成组装“有机肥+机械深施”“有机肥+水肥一体化”“自然生草+绿肥”“秸秆覆盖+配方肥”等类型多样、可复制可推广的技术模式。在江西茶叶生产的源头上做好品质的管理和控制，引导绿色、有机认证茶园开展可追溯的体系建设。在农药化肥管理上，也做到深入的管理和监督，严格管控施药施肥的用法用量，在种植的源头过程中进行监督，也在产品产出抽检结果上进行监督管控，严格把好产品品质关。同时开展各区域品牌的农产品地理标志审定工作，梳理并建立相应的标准，做到产品在健康和品质上的双提升、双保障。

加强品牌建设，大力拓展江西茶品牌的知名度和市场力。分别于2019年、2020年举办了第三届、第四届中国（南昌）国际茶业博览会，展览面积近万平方米，邀约到了几百家企业参展，前来观展、采购的人数达到几万人，向大家展现了江西“四绿一红”等茶叶品牌及赣鄱文化印象。在由中国茶叶流通协会举办的“第十六届中国茶业经济年会”活动中，江西省涉茶获奖单位代表及个人共百余人参加了此次会议；婺源县、遂川县、浮梁县、修水县、铜鼓县、上犹县荣获“2020年度中国茶业百强县”称号。

二、江西茶产业发展的创新思路

2020年是全面建成小康社会和“十三五”规划收官之年，综观全国经济发展态势与江西茶产业现状，我国当前经济下行压力加大，但稳中向好、长期向好的基本趋势没有改变。展望即将迎来的新一年，2020年10月29日中国共产党第十九届中央委员会第五次全体会议通过了中共中央《关于制定国民经济和社会发展第十四个五年规划和二〇三五年远景目标的建议》，“十四五”时期是我国全面建成小康社会、实现第一个百年奋斗目标之后，乘势而上开启全面建设社会主义现代化国家新征程、向第二个百年奋斗目标进军的第一个五年。实现“十四五”规划和二〇三五年远景目标，意义重大，任务艰巨，前景光明，全党全国各族人民必将紧密团结在以习近平同志为核心的党中央周围，同心同德，顽强奋斗，夺取全面建设社会主义现代化国家新胜利！

江西茶有最适合茶叶生长的黄金纬度，有“好山好水出好茶”的独特地貌。茶叶作为一种健康饮品，可以成为一种生活方式，可以承载和呈现独有的文化内涵。但是面对来自于外部的竞争压力依然非常严峻，这是需要深刻认识到的问题，推进茶叶区域品牌建设，推动农业产业化升级，势在必行。

江西茶产业经过多年的推动和培育，消费者的消费能力和消费方式也趋于成熟和理智，逐渐形成注重产品品质、注重品牌口碑的消费意识。我们要辩证看待形势，增强必胜信心，化压力为动力，变危机为良机，众志成城再登高，扬优成势开新局。

（一）既要做好江西茶，更要讲好江西茶，挖掘江西茶更深更广的价值效益

江西茶园面积和干毛茶年产量近几十年来一直保持着稳步小幅增长的趋势，鉴于市场体量和政府政策的有序管理，江西茶长期处在于可控范围内种植生产，基本上不存在为了盲目追求单位内产量而牺牲产品品质的现象，这对于江西茶产业来说是绝佳的先天优势。并且由于江西茶没有盲目的追求扩产增产，故而现存着体量较为丰富的撂荒野生茶树。可以加大生产技术投入，加以科学试验进行理论依据论证，进而挖掘出江西茶更多的价值效益。

茶学是一门专业性的学科，许多院校俱都开设茶学、茶文化、茶艺类的专业课程；应在教育上加大江西茶的教研投入，与各大高校建立多方面合作，培养出更多了解江西茶，能讲好江西茶的专业性社会人才，这对于江西茶的发展有很大意义。

（二）拓宽销路，多方面打造适用于江西茶的市场经营模式

茶叶在最初的产品划分上属于农业产品，但纵观全国的茶叶品牌和销售市场，茶叶更多的被赋予了文化产品、社交产品等不同于常规农产品的产品属性。江西茶企应在企业的品牌认知形象、产品包装形象、产品属性定位等方面做更精细化的挖掘和升级。同时要创新和完善市场销售渠道建设，结合互联网、实体门店、销售代理等多元销售方式，开拓面更广、量更多产品销售渠道，制定正确的品牌发展定位和市场运营办法，创新性地让江西茶走出一条独特、突出的蓬勃发展之路。

（三）推进茶产业新业态建设，促进茶产业一二三产健康融合发展

茶文化内涵丰富，江西有着深厚的茶文化底蕴，茶文化与旅游相互促进、相互交融，有助于形成一二三产融合发展的良好局面。利用“旅游+茶”“生态+茶”，推进茶与旅游、教育、文化、康养等产业深度融合，是将茶叶生态环境、茶生产、自然资源、茶文化内涵等融为一体进行开发。为茶产业经济发展注入新动能，为社会就业增收开辟新渠道，为城乡融合发展增添新途径，以延长产业链、提升价值链、完善利益链为关键，以改革创新为动力，增强江西茶产业经济发展新动能，开辟江西茶产业现代化发展新境界。

（执笔人：黄鑫磊）

2020山东省茶叶行业发展报告

——“一片叶子”成就了南茶北引的硕果

山东省茶文化协会

山东自20世纪50年代起从南方引进茶树试验种植，60年代末70年代初获得试种成功。90年代后尤其2000年以来，逐步进入了面积扩大、产量增长、品质提升、效益增加的发展时期。茶叶生产基本形成了鲁东南沿海、鲁中南山区和胶东半岛三大茶产区，而后省会济南的莱芜、长清和南部山区等县、区的部分村镇也进入了茶叶种植区域。目前的“鲁茶”在国人甚至是世人的眼里，都已开始被称为好茶了。真可谓“一片叶子”成就了齐鲁南茶北引的硕果累累，也促成了2020年山东省茶产业形势发展的良好态势。

一、“南茶北引”营造了2020年全省茶行业的好形势

据相关部门统计，2020年度，山东茶园面积38.35万亩，同比增长1.8%；产量3.01万吨，同比增长2.1%；其中名优茶的产量占67%，年产值达到33亿元；早春茶亩产量在15千克左右，全年单产水平120千克/亩，平均亩产值在8600~13000元。近年，山东各地市以党的十八大和习近平总书记视察山东讲话精神为指导，以市场需求为导向，以科技创新为动力，紧紧围绕增加茶农收入和提升产业发展，强化政策支持，扩大产业规模，加强基础建设，优化产业结构，推进精深加工，围绕山东省下发的《山东省茶产业发展规划（2014—2020）》的任务目标要求，努力实现山东省茶产业跨越式发展。各地市区发展茶叶积极性高涨，茶园面积、采摘面积和茶叶产量均稳步增长。在主产区茶叶产业已成为当地政府促进农业产业结构调整、推动农村经济发展和增加农民收入的重要途径。由于独特的地理环境，山东茶具有“叶片肥厚、耐冲泡、内质好、滋味浓、香气高”等突出特点，“日照绿茶”“崂山绿茶”和“泰山女儿茶”等产品已成为市场知名度较高的地方名茶。“雪青”“日照绿茶”“万里江”“崂池”和“怡明”“圣谷山”等10余个茶叶品牌荣获中国驰名商标；“浮来青”“御青”“灵岩”“五岳独尊”“南湖玉露”“春山”“御海湾”“莱芜老干烘”等20多个茶叶品牌荣获山东省著名商标。“崂山绿茶”“日照绿茶”“泰山绿茶”“诸城绿茶”“长清茶”等20多个茶区通过国家农产品地理标志认证。目前在时称“没有一棵茶树，没有一片茶园，却有了全国最大的茶市场”的济南，现今的莱芜、长清和南部山区所属的三个区域，茶园种植面积接近了3万多亩。尤其是2020年，新兴的保健类茶饮品种植面积发展迅速，生产加工农户也快速发展。如“葛根茶”“桑叶茶”“构树叶茶”“酸枣叶茶”“红薯叶

茶”“元宝枫”等这些非茶之茶，也加入了茶叶种植生产加工大军之列，并已开始在山东地区批量生产加工，入市即受到消费者的欢迎。山东“鲁茶”茶园面积的扩大和产量的提高，带动了茶叶加工业和茶叶行业的综合规模发展。齐鲁大地围绕乡村振兴、产业兴旺，建设中国北茶小镇已悄然兴起。许多地区开发了“南茶北移教育基地”（像莒县的浮来青茶博基地等）、“茶叶科技博览园”（像临沂的蒙山云雾茶科技园等）、“茶旅文化特色小镇”（像泰安的泰山茶旅小镇等）、“绿色观光旅游茶园”（像日照的圣谷山茶观光科技园等）、“茶文化历史博览园”（像临沭的春山茶科技博物馆等）等综合的茶叶经营园区，集生产加工、旅游体验、茶艺文化、红色教育、茶品销售为一体，使这些企业获得双重的良好收益。目前，全省专业茶叶生产、加工企业（包括上述园区）逾万家，年生产加工销售额超过千万的企业数百家。截止2020年底据相关机构统计，山东省茶叶行业在存续运营企业已达到了7.7万多家，位居全国前四。

二、优良环境和区位优势增添发展空间和潜力

山东茶产区位于北纬34°～38°、东经116°～123°，主产优质绿茶，在中国茶区划分上属于典型的江北茶区，是中国纬度最高的茶区。受地理自然环境影响，山东绿茶具有南方高山绿茶的特点——香气高、滋味浓、叶片厚、耐冲泡，深受消费者尤其北方消费者的喜爱。山东绿茶代表产品有日照绿茶、崂山绿茶、沂蒙绿茶、泰山女儿茶、琅琊海青茶、烟台绿茶、长清茶等。由于山东茶独特的品质特征，再加上近几年，各地政府和省、市茶叶协会等部门机构，加强正确的引导，种植企业能自觉执行“不施化肥、不施农药、不施催生剂、不施叶绿素、不喷洒任何化学添加剂”等，既“五不”要求。按照绿色环保的规定建设绿色茶园，开展有机茶园认证，涌现出了像日照圣谷山、长清南湖玉露、灵岩茶以及泰山女儿茶、临沂春山济生春茶厂等一大批优质茶企和知名茶品牌，带动了鲁茶生产加工企业，生产加工健康放心茶，得到了消费者的高度认可。2020年春茶大部分区域是在4月末至5月上旬陆续开采，部分沿海地区到5月中旬开始批量采摘。由于今年有别于去年出现了倒春寒加之疫情人员管理跟不上等影响，茶树发芽率有所降低，产量比往年有所微降。总体上看，“鲁茶”发展仍然具备两方面的显著发展潜力。

（一）消费潜增力高

一是国内市场消费潜力巨大。我国虽然是世界茶叶生产源头和第一大产茶国，但人均年消费茶叶量还不是很高。随着我国城乡居民生活水平的提高，国内茶叶市场尤其是省内需求将有较快增长。2020年继续保持全国茶叶流通销售和本地茶叶产品消费大省的前列，据不完全统计消费量达到4.4万吨，同比增长2.6%。人均年茶叶消费量高达1.3千克；年平均交易额超达120亿元，同比增加4.6%，位居全国排头之列。二是国际市场需求量增加。近几年，像“圣谷山”等众多山东“鲁茶”茶企的代表，在做好国内是市场的同时，也开始在瞄准国际市场，生产适合国际销售品质的名茶，利用各种机会走

入国外的茶叶博览会，宣传“鲁茶”品牌，营造鲁茶国际形象。据相关部门统计，2020年中国茶叶出口量达到了34.88万吨，这大好的出口形势也是给“鲁茶”创造了巨大的国际消费发展空间。

（二）生产潜力大

一是增产空间大。山东茶品质独特、文化内涵丰富、丰产年限长，综合效益高。此外，茶树是多年生常绿植物，具有良好的水土保持、绿化环境、净化大气的功能，属于典型的生态农业。发展茶叶产业符合农业转方式、调结构、稳增长、保增收的要求。二是山东省政府职能部门高度重视茶产业的发展和保护，对茶叶生产加工企业给予规范的管理扶持和保护，已形成了一批市场知名度比较高的茶叶品牌，如“雪青”“日照绿茶”“万里江”“崂池”和“怡明”五个茶叶品牌荣获中国驰名商标；“浮来青”“御青”“灵岩”和“五岳独尊”等16个茶叶品牌获山东省著名商标；日照绿茶、崂山绿茶、泰山绿茶、诸城绿茶、长清茶等12个主产茶叶区通过了国家农产品地理标志认证。目前又有像圣谷山、南湖玉露等一大批企业品牌列入地理标志认证和著名商标保护之列。今年4月21日，岚山区巨峰镇后山北头村举行了一场签约仪式。日照圣谷山茶场有限公司、日照煦禾农业有限公司和巨峰镇后山北头村土地股份专业合作社共同签署了《茶叶安全生产管理购销三方合作合同》，这是岚山区乃至日照市茶产业发展的一种新模式，将对日照乃至全省茶产业的高品质发展带来深远的影响。据了解知悉，山东“鲁茶”种植的主产区日照市，为谋划“十四五”日照茶产业发展，加强日照绿茶品牌建设，推进日照茶产业高质量发展，日照市茶叶协会已召开了茶产业发展规划专题座谈会，围绕“十四五”期间日照市茶产业发展规划目标、发展战略、支撑体系等进行论证讨论，编制形成《日照市茶产业发展规划（2020—2025）》。在其有力的带动下，“鲁茶”发展又增加巨大助推力。三是茶种植生产发展地域空间比较大。山东属于暖温带半湿润季风气候。较适宜茶叶生产。根据有关调研资料和适种区域的茶业发展规划，目前适宜茶树种植面积在百万亩以上，种植发展空间较大，有利于“鲁茶”种植生产的进一步发展。

三、成熟的市场奠定了南茶北销的枢纽地位

济南除曾经有过“没有一颗茶树，却有当时全国最大的茶叶专业市场”的美赞外，也有“山东不是产茶大省，却有星罗棋布的大大小小茶叶市场”的叙说，让国人注目。山东人口超过1亿，自身就是茶叶消费大省，年均茶叶消费达4万吨以上，拥有较为完善的江北最大的茶叶市场体系，包括茶叶批发市场、专营店、直营店和普通茶店等可以说星罗棋布，遍地山东各地市县区。据统计截止到2020年，山东省现有专业茶叶市场70多个，可以说17个地市大大小小的均建有茶叶市场。其中以济南、青岛、潍坊、日照、临沂等地市数量为多（多的地市在10个左右）、规模大、辐射影响力强。尤其是诞生于1996年的全国最早、时称最大的济南茶叶批发市场——“第一茶市”，其市场占地面积6.6万平方米，经营面积达8万多平方米，并建有三座集展览、交易、茶艺茶道表演、茶文化研究、电子商务

交易等多功能于一体的现代化综合大楼和一栋仿古建筑“聚茗阁”（设有茶博馆），另还建有5000余平方米的茶文化中心广场；市场聚集了福建、浙江、台湾、安徽、云南、湖南、广西、广东、山东等十六个主要产茶区的驻场茶商、茶农、茶厂客户逾千多家、经营茶叶及相关产品上万种，同时由于“第一茶市”对济南市区周边的辐射带动，还催生了市区内的老屯、广友、齐鲁、七里堡、黄台等区域，融合形成了“东、中、西”三大片茶叶市场集群。特别是位于济南西部的“第一茶市”驻地的四邻，先后建起了有一定规模的广友茶城、齐鲁茶城、老屯茶城和“四〇一”茶街，形成了超大规模的张庄路茶叶专业批发市场区域段。近期在济南市和槐荫区两级政府的倾力打造和推动下先后修缮拓宽纬十二马路和张庄路，增设城市快速公交，建造试运营了地铁2号线，并在齐鲁茶城和老屯茶城处分别设置地铁出口，在“第一茶市”东经营区预设南北行3号地铁线枢纽出口，为其以“第一茶市”为首的五大市场营造了便利的交通条件，促成了五大市场融合发展，使来自全国的茶叶企业、经销商、消费者云集，人气量增加，茶叶吞吐量增大，交易火爆的良好局面。据统计仅张庄路茶叶一条街茶叶批发企业就聚集了高达3000多家，成为全国最大的茶叶批发市场聚集区域之一，完善发展了济南张庄路茶文化一条街的繁荣景象。2020年度，仅对济南茶文化一条街初步估算统计，年交易额达31亿元，同比增长0.6%，如没突如其来的疫情影响，交易额还会有所更高的增长。在销售方式上由于受疫情影响，山东地区多数茶叶销售商，开始把线上销售作为销售重心，线上估计是往年的两倍以上。新型网络销售电商企业也不断涌现，线上订销交易，线下走货交流，网络平台茶文化互动，已初步形成了一种互补互动模式。

四、文化活动的推广促动了茶事活动全面展开

山东不仅是茶叶消费和南茶北销的大省，也是举办茶事活动推广茶文化活动的重要省份之一。早年中国茶叶流通协会就把济南茶会定位为全国重点支持的展会之一至今。2020年初步统计山东的济南、青岛、潍坊、日照、临沂、泰安、莱阳、威海等十几个地市、区，在各级政府、茶协会的支持、引导和主承办下，举办各种大型专业茶事、茶展及茶文化推广活动20余场次。许多重大茶事活动山东省茶文化协会都是直接参与主办或承办，并给予各地市茶文化博览会全力的支持和帮助。仅济南省会城市，每年就有6家主体单位牵头主办茶展、茶文化博览会活动不少于10场次。最为典型的就是：济南茶叶批发市场与深圳华巨臣会展公司联办的“中国济南第十五届国际茶叶博览会暨第九届茶文化节”、农业农村部主办、厦门凤凰会展公司承办的“中国山东省国际茶博会”、青岛政府主办的茶叶博览会、烟台政府主办的茶博会，还有齐鲁晚报社“天一会”展公司承办“山东茶博会”和广友茶城举办的“济南茶文化节”等茶会活动。最为值得一提的是2020年5月，历时五天的中国（济南）第十四届国际产业博览会暨第八届茶文化节。本届茶博览会由中国茶叶流通协会主办，济南市人民政府重点支持，济南市供销合作社、济南市茶叶行业协会、深圳市华巨臣实业有限公司、济南茶叶批发市场集团有限公司（第一茶市）承办，茶博会的主题为“茗聚泉城，茶香天下”。展会期间，济南市国

际会展中心（槐荫区片区）、济南茶叶批发市场两大会场共设展位3000余个，其中特展800个。参会、参展企业2000余家；参会、参观达20万余人次。青岛、日照、潍坊、临沂、泰安等地市茶展会及茶文化活动也都异彩纷呈，各具特色，成效显著。各个会展现场交易、合同订单及意向交易额都不同程度获得了一定成果，全国各地的党政代表团、农业部门、茶叶行业协会、知名品牌企业以及各地茶经销商汇聚齐鲁参会参展，同时十几个国家和地区的外国友人沓至而来。从省会济南茶博览会到青岛、日照、泰安、潍坊、临沂等地市、县区举办的茶会，从各个展会的场内到场外，都从不同角度对茶文化进行了生动诠释，展现了齐鲁民生风貌，以知识性、趣味性和互动性，引导省市内外的参会者了解茶知识、领略茶文化魅力，感受山东齐鲁国学文化的博大精深。还值得一提的是，2020年10月，第八届中国茶叶博览会在济南国际会展中心举办。茶会由中国优质农产品开发服务协会主办，山东省茶文化协会、山东省果茶技术推广站、济南茶叶集团（第一市场）协办、厦门市凤凰创意会展服务有限公司承办，展览面积达30000平方米，国际标准展位数达1200个，逾500家知名企业参展，设立政府展区、品牌展区、名茶展期、茶叶茶具展区。在相关部门的大力支持下，茶博会汇聚了来自10多个茶叶主产省区的三千多种茶品、百款茶具，有24个优势茶叶产区的政府展团携品牌集体亮相，四海八方宾朋汇聚一堂，可谓一场全国名茶汇聚、茶业同仁聚首的盛会！许许多多有一定国内外和省内外较高知名度专业会展机构、行业部门及协会，纷纷抢滩齐鲁大地，借助省会济南作为北方茶叶集散中心和青岛作为对外开放窗口的区位优势，在山东大中城市举办国家级茶叶博览会，都力求本着“以茶兴业，以茶惠民”的宗旨，汇聚全国各地茶叶区域公用品牌、各地的名优茶于一城，为其提升品牌价值和占据北方市场搭建了广阔的平台，也为观众、采购商了解南北茶业提供了开放的窗口同时将中国茶文化的博大精深远播发扬。

五、“南茶北移精神”仍是当今鲁茶发展的动力

山东省国土面积15.67万平方千米，有17个地级市，140个县市区，其中49个在市区，31个县级市，60个县。山东有9300多万人口。山东茶区目前茶叶种植面积也较广，全省17个地、市中有10个市40个县区都在种植茶叶，基本形成鲁东南沿海、鲁中南山区和胶东半岛三大茶叶产区，在三个主产区的带动下，全省呈现出较明显的增长趋势。预计2021年茶园面积和产量增长1.6%和1.3%左右；茶叶生产成本持续上升，特别是绿茶利润率偏低，倒逼茶叶价格略涨、优质茶产品占比增加。目前山东省各产区人工成本和物资成本均在上升，尤其是产区机械化程度相对较低，人工成本占比大，生产成本上升快。成本上升不断压缩低档茶的利润空间，促使企业提升产品品质，走中、高端化生产发展路子。综合看，2021年山东省茶叶均价预计增长幅度不会很大，高端茶价格继续上扬微涨，低端茶价格持平会有微调下降。由于受天气自然现象和疫情余孽的影响，预计今年茶叶种植面积、可采摘面积和茶品产值与同期持平。就整个山东批发市场交易销售额看，目前随着祖国疫情的有效控制，线下批发交易会有上升的良好走势。

从2021年上半年总体发展看，南茶北移的精神激励仍是鲁茶发展的动力和源泉。“鲁茶”形势将会向着更加规范阳光的方向大步发展。

六、“分散、不平衡”仍为制约茶产业发展的瓶颈

2020年，山东茶叶生产的区域优势和成熟发展，对当地农民脱贫致富和地方经济发展起到了至关重要的作用。山东省茶业发展迅猛，无论种植、生产、加工、流通和消费都有不同幅度的增长，从事茶叶种植生产加工流通领域的人员也有较大的增长。但是目前仍存在地区间和行业内发展不够平衡，企业各自为战，个别地区种植加工企业“散、小、弱”的现象依然存在，生产种植加工标准不统一和单纯追求最大效益化的倾向比较严重。在发展茶品牌，推广电子平台线上线下互动交易等方面后劲不足，这已成为山东茶产业发展的瓶颈。主要表现：一是种植管理茶园方面存在小、乱无序疏于管理的问题；二是在生产加工方面要完善企业和地方标准的严和；三是流通运输方面大有改善，加之地方政府的重视，山东物流向好的方面发展，但是仍存有许多不足之处；四是在包装推广方面还要拿出规范标准，向简而美、得体使用方面发展；五是批发企业间各自为营、较为分散，良莠不齐的问题依然存在，还有待于相关行业部门通力协调解决；六是在引导消费方面要加强规范化普及，利用一切机会做到“六茶共舞”，让老百姓理性合理消费，认识茶是健康饮品，让更多的消费者认识茶、会喝茶。综上，解决好这些问题，将有利于山东省产业向着更高规模和有机、生态方向快速发展。

七、科学引领将是茶业发展的思路方向

面对山东省茶叶产业存在的几个突出问题，山东省茶文化协会积极对接政府职能部门、茶叶院校赢得其支持指导和帮助。深入生产、加工和销售企业一线调研、理清产业经脉，吸纳有关茶学专家和茶老板以及爱茶人士的观点、建议。汇集认为下一步重点把握好三个方面，做好四项工作。要把握好的三个方面：一是在山东省内要重点引导推行茶叶标注化生产、加快茶叶科技示范推广、实施品牌兴茶工程和龙头引领工程；二是全面强化乡村人才支撑，发展壮大山东“鲁茶”特色产业，以期加快茶业提档升级，助力乡村振兴战略的全面实施；三是要力求促进农业增效、农民增收、农村增绿，让茶产业更加活跃起来。要做好的四项工作：一是大力推行茶叶标准化生产，促进茶叶基地由规模化向生态化升级。大力推广“企业+基地+农户”、“合作社+标准+基地+茶农”的运作模式，既解决部分地区“散、小、乱”和无序竞争的问题，又全面促成规模化向生态化的转变。要大力实施茶园户籍化、电子监控可追溯化、质量标准化、产品清洁化的综合管理，全面推广茶园绿色生态防控技术，促进茶园基地由规模化向生态化全面升级。二是加快科技示范推广，提高茶叶生产的科技水平。依托省农业农村厅果茶站、山东农大茶学院、各地市农业职业学院和日照茶科所等高端平台，发挥好各地市县区农技推广部门及技术人员的优势，积极推广茶叶标准化生产、举办专业技术培训班、组织召开现场示范

会和送科技下乡到茶园地头等系列活动，向茶企老板和茶农传授技术，提高茶叶生产的经济效益，调动茶农积极性，促进茶园生态化、管理标准化和茶叶清洁、安全化，让“鲁茶”进一步成为消费者满意的安全放心茶。三是实施品牌兴茶工程，打造国内外知名茶叶品牌。鼓励企业申报“三品一标”认证，踊跃参加国家级、省市级甚至是国际级各类茶叶质量评比、竞赛活动，扩大鲁茶知名品牌群体。政府及各职能部门、行业协会要给予参评企业扶持和奖助，并采取各种措施打击假冒伪劣，要给予优质品牌企业重点保护。如此相信今后，通过不懈的努力，“无公害、绿色、有机”认证和“地理标志保护产品”“山东名牌产品”“山东著名商标”“中国驰名商标”等荣誉称号，将会遍布山东各个茶区、茶园。四是实施龙头引领工程，培育带动产业发展。充分利用“三招三引”政策，鼓励城市工商资本下乡投资茶叶种植生产，辐射带动发展。开展好专业培训教育工作和龙头企业的示范启迪引领作用。

总之，就2020年茶产业的状况，我们仍可以自豪地说：“南茶北引结硕果，鲁茶饮誉省内外”。相信鲁茶特有的老一辈子革命家倡导和践行“南茶北移工程”的硕果和不朽精神，会激励山东鲁茶更加生金添辉、稳步前行！

（执笔人：赵建设）

2020河南省茶叶行业发展报告

河南省茶叶协会

河南省种茶历史悠久，茶文化底蕴深厚，是我国茶叶主产区之一。近年来，茶产业发展明显加快，总体上呈良好发展态势。2020年河南省认真贯彻落实习近平总书记在“国际茶日”及考察河南省光山县的重要指示和讲话精神，根据省茶产业发展规划，围绕年度工作目标，明确工作重点，积极推进茶产业转型升级。在茶叶质量安全、市场开拓、品牌创建、茶叶生产加工、茶园生产管理机械化推广与应用、低产茶园改造、产业链条延伸强化科技培训等方面取得显著成效，并就河南省茶产业今后五年创新发展的重点工作做出了具体规划和安排。

一、2020年工作开展情况

（一）高度重视，强力推进茶产业健康发展

河南省人民政府将茶产业发展作为我省区域特色经济发展的主要内容之一，坚持以市场为导向，以科技为支撑，以土地流转为抓手，以提高资源利用率、土地产出率和劳动生产率为重点，以“做大、做优、做强”和“高端、高质、高效”为目标，全面落实《河南省茶产业发展规划（2011—2020年）》豫政办〔2011〕44号和相关文件精神，并纳入河南省乡村振兴产业发展三年行动计划（2019—2020年）。省财政设立8000万元特色农业发展专项基金，用于特色农业项目贷款贴息和奖补，河南省茶产业一直保持健康持续快速发展态势。2020年，全省茶园面积330万亩，开采面积265万亩，全是夏秋茶，产量达5.9万吨，产值约58.5亿元，产量产值均比上年有较大幅度增长。较好地完成了省政府确定的各项年度目标任务。

（二）多措并举，产业基础进一步夯实

河南省大力推广茶树良种种植，新建标准茶园，改造低产衰老茶园等有效措施，切实加强新老茶园管理，提高新老茶园管理水平，夯实产业基础。一是科技兴茶，大力推广良种良法。大力推广“乌牛早”“安吉白茶”“信阳10号”等无性系茶树优良品种。以良种繁育基地为依托，扦插繁育日本薮北茶苗1060亩，预计出苗15000万株，可以新发展茶基地3800余亩。以河南省科技特派员服务团为抓手，组织技术人员深入各乡镇区和茶场，采取现场指导、印发技术资料等形式，广泛宣传茶园种植管理技术，及时为广大茶农、茶企业提供服务，解决茶叶生产过程中出现的困难和问题，为他们提

供产前、产中、产后服务。一年来，共举办各类培训班25期，培训6000余人（次），印发资料1800份（册）。二是规范管理，促使产业提质增效。河南省对270万亩新老茶采用合理浅耕、除草松土，早施催芽肥，适时修剪，开沟排水防渍害，绿色防控病虫害等措施，提高茶园生态化水平。通过改土、改树、改种等方式，不断加强低产茶园改造，全省共改造低产茶园170多万亩。政府通过以奖代补，促使业主对低产衰老茶园实施更新改造，恢复茶叶长势，增加茶叶产量，提高茶叶品质，增加茶农收入，助推精准扶贫工作。三是机械生产，提升生产管理水平。为加强茶园管理，扩大夏秋茶生产，确保全年茶叶丰产丰收，全力推进茶叶生产机械化。依托2020年有机肥替代化肥项目，统一采购一批微耕机、修剪机、采茶机等茶园管理机械设备，开展茶园机械化管理技术培训，现场演示、详细讲解茶园机械的功能和使用方法，推进示范区茶园机械化建设。四是强化保障，解决产业后顾之忧。持续推进《特色农业保险工作实施方案》的实施，提高了河南省茶产业预防暴雨、洪水、风灾、雹灾、病虫草鼠害等自然灾害的能力。

（三）推陈出新，茶叶生产加工水平突飞猛进

河南省重点茶企从茶叶生产、加工环节发力，加快推动茶叶初制、精制和深加工升级改造，推进茶叶加工生产线提升建设。以信阳文新茶叶公司，河南新林茶业公司等17家重点茶叶精深加工企业为依托，择优确定重点分类建设标准化、规模化、集约化的茶叶加工基地，加快推进茶叶初制、精制和深加工升级改造，如新林抹茶投入生产，速溶茶和抹茶项目综合技术处于国内领先水平，填补了河南省乃至中原地区无此类产品生产的空白。2020年12月公司河南省速溶茶开发工程技术研究中心被认定为省级工程技术中心；华隆公司添购多台色选机进行生产线的更新改造，实施智能化生产，降低了劳动强度，提高了生产效率。

（四）优化结构，茶叶资源利用率大幅提升

坚持春、夏、秋茶并重，高、中、低档搭配，合理调整产品结构。积极引导茶企春季重点做好信阳毛尖等地方名茶的生产，同时注重开发生产市场潜力巨大、普通消费者需求旺盛的中低端茶叶产品；夏秋季则扩大机采机制茶产量，提高茶叶资源利用率。利用夏秋茶加工生产砖茶，年加工量近100万千克，主销蒙藏地区。华隆茶业公司利用夏秋季大叶茶加工生产珍眉绿茶，年销量3000吨，出口到摩洛哥、毛里塔尼亚、马里等国家和地区。草木人公司利用先进的绿茶生产线，年产90万斤中低档茶销往北京、郑州、江浙等地，这些举措有利于提升河南省茶叶产品附加值，大大提高了茶叶利用率。

（五）把牢质量，茶叶品质显著提高

河南省一直将茶叶质量安全作为重要抓手，从源头监管、生态茶园建设、绿色防控、标准化生产等方面全面加强茶叶质量安全工作。

1．着力加强源头监管

在河南省农民专业合作社设立茶园农药专柜，要求农资经营企业把好进货关，确保产品标签合规、质量合格，提供自检报告、农药三证等资料，保障农药产品合法。严格按照国家相关规定科学规范使用农药，印发农药使用手册、安全用药明白卡，大力推广使用高效、低毒、低残留农药和生物制剂农药，从源头上确保茶叶质量安全。

2．着力加强指导服务

省各级茶办、省茶协发挥自身优势，积极为涉茶企业提供更多更好的服务。一是及时提供病虫测报信息，发出病虫预警。引导茶园业主采取茶园养鸡、安装杀虫灯、黄板等物理防治，提倡原则上不施药，全力打造原生态茶园。二是开展科学用药培训。大力推广高效、低毒、无公害生物农药，严格施药安全采摘间隔期制度，严禁使用未在茶树上核准使用登记的药品，保障用药安全。三是督促指导茶企建立完整规范的防治档案，做好专业化防治全程记录。四是提供优质服务。建立了各级茶企交流微信群，开展政策宣传、发布病虫害预测预报、茶叶购销、极端天气等信息，为广大茶农、茶企提供政策咨询和技术服务。

3．着力推进茶叶标准化建设

根据《农业部茶叶标准园创建规范（试行）》要求，在全省范围内开展茶叶标准园创建。对当年新发展标准化茶叶基地3000亩以上的，按照《信阳标准化茶园种植要求》进行栽种、成活率达到90%以上的，每亩一次性奖补100元。对茶叶带面修剪整齐，茶园管理良好，道路配套完善，面积在300亩以上的绿色防控茶园，一次性补助1万~5万元。

4．着力推进生态茶园建设

河南省依托信阳良好的生态环境，坚持“因地制宜，合理布局，相对集中，适度规模”的原则。重点打造出两个核心区，积极推进老茶业公司等多家生态观光茶园的茶树修剪整形、园区道路修建及观光配套设施建设，倾心打造集茶叶采制、旅游观光、休闲体验、品尝购物于一体的高品位生态观光园。

5．着力加强绿色防控体系建设

积极示范推广杀虫灯、色板、性诱捕器等绿色防控技术。2020年，继续加强对茶场的绿色防控点建设，完善杀虫灯、诱虫黄板、性诱捕器的配置，为建立茶叶质量安全溯源体系，提升茶叶质量安全水平奠定基础。

6．着力建立茶叶质量安全溯源体系

2020年，河南草木人生态茶业有限公司与中检集团溯源技术服务有限公司签订协议，利用中检防伪溯源系统，建立茶园物联网大数据平台，智能化管理茶园生产。完整记录产品的原料来源、生产加工、仓储物流和市场销售等详细信息，融合实现产品质量来源可查、去向可追、责任可究的全过程追溯，用科技、智能化、信息化的手段去加强茶叶质量安全风险控制。

（六）参会参评，茶叶品牌效益日渐彰显

第16届中国茶叶经济年会上，河南省茶企获得“2020中国茶业百强县”称号有10家之多、河南新林茶业股份有限公司等茶企入选“2020中国茶叶百强企业”和“2020中国茶业最佳市场运行品牌”。

（七）乘势借力，助推产业扶贫成效显著

省茶协认真研究国家政策导向和资金投向，积极协调金融部门支持茶企发展茶产业。鼓励协助茶企向上争取项目资金，协调退耕还林、土地整理、农业综合开发、农业产业化经营、农业结构调整及扶贫开发等涉农资金向茶产业倾斜。“2020年河南省有机肥替代化肥项目”已完成示范区遴选和有机肥采购，全省共有17家示范企业正在按照项目规范要求，稳步实施。

二、河南省茶产业发展存在的困难和问题

河南省在茶产业发展上虽然取得了一定成绩，但仍存在一些困难和问题：一是组织化程度比较低。信阳市、南阳市等地市茶叶生产多为农户分散种植和小茶厂加工，规模化、专业化、组织化、产业化程度不高，小生产与大市场脱节，抗风险能力较弱，龙头企业引领带动示范作用不强，公司、合作社与生产基地、农户结合不紧密。二是市场营销比较弱。大部分是传统营销手段，经营和交易方式落后，缺乏规模较大、覆盖面广的综合批发市场。三是茶叶品牌意识不强。除少量茶企生产的产品具有一定知名度外，其余品牌茶叶在市场上几乎默默无闻，多数茶场是贴牌生产，作坊经营。四是产业链条弱化。精深加工水平低，产品附加值不高，产业效益比较差，深度加工的茶产品如茶粉等尚处于起步阶段，形成效益有待时日。以上这些问题，严重制约着河南省茶产业持续健康发展。

三、河南省茶产业工作计划及2021年工作计划

针对河南省茶产业面临的形势和存在的问题，下一步和今后一个时期河南省茶产业要进行思路调整、业态调整和产品调整，重点抓好以下几项工作：一是持续巩固茶园管理。大力推广茶叶生产管理机械化，不断实现茶叶采摘、修剪、加工、耕锄、施肥等全过程机械化，降低生产成本，提高生产效率；通过改土、改树、换种等形式，加大低产老茶园改造力度，努力打造高产、优质、高效生态茶园。将茶园建设与红色历史游、绿色生态游进行有机结合，建设一批生态茶叶观光园和景观带，不断提高全县茶园建管水平，促进茶产业可持续健康发展。二是切实注重茶叶质量安全。进一步贯彻落实省政府精神，持续加强茶叶质量安全工作，继续做好茶树病虫害绿色防控，茶叶生产加工清洁化、机械化、自动化，鼓励“三品一标”认证等工作。通过扩大宣传、组织技术培训、加强产品抽检、开展执法检查等形式，强化质量安全意识，加大监管工作力度，不断提高新县茶叶质量安全管理水平。三

是持续延伸茶产业链条。河南省茶协将全面提升17家重点龙头企业（公司）的抹茶生产，重点推出老茶烟，加大紫祥茶业的砖茶生产，全力支持草木人茶业公司新上碾茶、抹茶、炒青茶、信阳毛尖生产线，自动化包装生产线。后续河南省茶协将加大对茶叶公司的技术指导，使其带动夏秋茶生产，扩大河南省茶叶品种，提高茶叶资源利用率，延伸茶叶产业链，提高茶叶附加值。四是继续加强茶叶生态观光园建设。支持和促进一批茶企通过SC认证。深入挖掘茶基地茶文化休闲功能，力争将其打造成集茶叶生产加工、旅游于一体的生态观光茶园，建立淮南茶博物馆，为淮南茶的前世正本清源，为当代淮南茶树碑立传，为后代淮南茶人留下淮南茶的传承与经验。完善一批茶文化园和香山茶场生态观光园内部景点旅游住宿配套设施建设，将茶园建设与红色历史游、绿色生态游进行有机结合，促进可持续发展。五是推进茶叶科技园区建设。相关茶企茶产业园建设项目是信阳市农业科技园区，目前已完成项目规划，正在协调征地。2020年河南草木人生态茶业有限责任公司的国家农业科技园区建设已获批。六是强化茶叶品牌创建。不断提高茶叶生产水平，大力开发名优茶，进一步引导名优茶生产向标准化、清洁化、机械化、可持续化方向发展。积极组织企业参与品牌的宣传推介和创建，打造一批知名品牌，充分发挥品牌的引领、示范和支撑作用，拓宽产品销售渠道，提升市场竞争力，扩大市场占有份额。

2021年具体工作计划：一是依托项目，改善树势，提高茶园土壤肥力，为夏秋茶鲜叶采摘奠定基础。继续依托2019—2021年有机肥替代化肥项目，提高全省茶园土壤肥力，推进茶园管理机械。二是依托院所，提高茶叶生产销售水平。聘请专家来河南开展茶产业科技创新、营销创新、业态创新知识讲座，提升茶叶产量、质量、品牌影响力。三是依托参会办会，让政府鼓励行为变成企业自发行为。通过参会学习新技术、外出观摩考察，切实看到新技术新成果应用到茶产业带来的可观利润，自发结合自身实际，汲取精华，弥补短板和不足，自发管理好茶园，自发引进先进加工生产机械设备。潜移默化中，让政府鼓励行为变成企业自发行为。四是依托全省全域旅游的平台，开拓“茶旅融合”之路。重点打造一批茶文化园，积极探索“茶文化+旅游”模式，套种优质花卉果木，打通循环旅游步道，修建景观池、小瀑布、栈道、石条路等特色景观，建设梯带茶园，将生态旅游和茶园风光、茶文化底蕴相结合，让游客体验从采茶到品茶全过程，初步形成了茶叶种植、生产、文化、旅游为一体的产业链，让大茶区变大景区，塑造“茶旅融合”产业新景观。五是依托高校和科研机构等产学研平台，打造“良种化”基地，按省级茶叶研究机构的标准要求进行管理，为河南省无性系茶苗繁育提供实验基地。

四、河南省茶产业今后五年创新发展的重点工作

2020年河南省为河南茶产业拓宽了销售渠道，增加茶农的收入。能够利用夏秋茶生产信阳等绿茶，让茶走出国门，以实际行动落实我国关于双循环和“一带一路”的具体政策，也为在脱贫攻坚取得胜利，为农民增收，巩固脱贫攻坚成果、助力乡村振兴，小茶叶连接大生产，小茶叶里有大文章，

相信乘上“一带一路”快车的河南茶产业必将香飘世界，为河南省茶产业发展迎来崭新的春天。河南省茶产业今后五年创新发展的重点工作有了一个良好的开端。

按照河南省对茶产业的统一规划和分步实施的要求，综合考虑河南省茶叶生产三大区域的现有基础、资源条件和市场需求情况，重点建设“六大工程、五大体系”。六大工程包括生产基地建设、产业结构调整、龙头企业培育、知名品牌创建、茶文化与茶旅游开发、消费群体培育。五大体系包括科技支撑体系、良种繁育体系、标准化体系、市场流通体系、质量监控与预警体系。

（一）生产基地建设工程

坚持改造老茶园与新建良种茶园相结合，抓好80万亩低产低效茶园改造，建设260万亩新茶园，支持茶园采用无性系茶树良种。鼓励茶叶龙头企业、各类合作组织等通过租赁、股份合作等形式，在茶叶生产加工开发带和辐射带建设标准茶园。支持茶叶生产基地集中连片开发，加快形成以信阳市浉河区、平桥区、罗山县、新县、光山县、潢川县、商城县、固始县等为主的“信阳毛尖”“信阳红”集中茶区，以桐柏县等为主的“桐柏玉叶”、“桐柏红”集中茶区，以信阳市浉河区、商城县、新县、光山县、固始县南部、罗山县南部等为主的有机茶集中茶区，打造一批茶叶专业县（市、区）、乡镇和村。加快无公害、绿色、有机茶园基地建设，支持建设一批万亩示范基地、千亩示范方、百亩示范点，建成2个千吨级边销、出口茶生产基地。强化投产茶园管理，推广生态有机茶园管理新技术，规范栽培技术，推动茶园机采、机修和机耕水平明显提升。

（二）产业结构调整工程

坚持春茶、夏秋茶并重原则，着力开发夏秋茶，到2020年夏秋茶产量比重提高至40%以上。实施高、中、低茶产品协调发展战略，稳步提高高档茶产量，积极提升中低档茶比重，支持企业开展夏秋茶生产示范。加快茶产品深加工步伐，不断提高茶叶的综合利用率，鼓励支持企业开发红茶、乌龙茶、紧压茶、速溶茶、袋泡茶、花草茶及蒸青茶等茶叶新产品。实施新产品开发计划，重点支持五云、文新、卢氏、灵山、桐柏茶种场等茶叶龙头企业开发茶食品、茶日化用品、茶药品、茶保健品、茶饮料、茶多酚等。加快茶叶初制企业改造和优化，支持企业开展清洁化生产示范，力争到2023年全省60%以上的企业实现清洁化生产，到2026年河南省90%以上的企业实现清洁化生产。

（三）龙头企业培育工程

实施龙头企业带动战略，按照扶优扶强原则，支持信阳五云、文新、卢氏、新林、申林、九华山、德茗、淮源等茶企业，采取联合、参股、兼并和租赁等方式，发展成为具有较强竞争力、带动力的龙头企业，推动全省茶产业不断升级。优先扶持以经营名优茶或大宗茶为主、拥有注册商标、建有基地、获得相关茶叶质量或质量体系认证的龙头企业。鼓励引导龙头企业向茶叶生产加工核心带及开发带集中，培育一批上连市场、下连基地的核心龙头企业，发挥规模效益，打造茶产业聚集区。

（四）知名品牌创建工程

按照政府引导、市场运作的原则，大力实施茶叶品牌带动工程，做大做强“信阳毛尖”“信阳红”“桐柏玉叶”等品牌，提升河南省茶叶的影响力。加大对“信阳毛尖”“信阳红”“桐柏玉叶”等公用品牌的保护力度，实行公用茶叶品牌市场准入制，加强知名商标管理。鼓励支持茶叶生产加工企业申报中国知名商标、河南著名商标等，力争打造6~10个国内知名品牌、15~20个省内知名品牌。支持开展茶产业示范县建设，创新机制，强化支持，着力打造3~5个全国茶产业品牌县，探索特色农业引领经济发展的路子。

（五）茶文化与茶旅游开发工程

依托全省丰富的茶文化历史资源和人文资源，整理、开发信阳毛尖茶、洛阳唐茶、开封宋茶、南阳孔明茶、济源卢仝家茶、少林禅茶等传统茶文化，不断提升中原茶文化的影响力。坚持茶文化与旅游资源相结合，在茶叶主产区和文化旅游城市，积极开发“茶之旅”等旅游项目，研究开发茶旅游产品，打造一批融茶文化、民俗文化、禅文化及休闲度假等为一体的旅游线路，鼓励支持建设一批茶文化休闲农庄，引导建设茶博馆、观光茶园和各种档次的茶楼、茶馆等，增强旅游对茶产业的带动作用。充分运用载体，组织开展展示展销、品茶、斗茶等活动，定期举办茶叶博览会、茶文化节、茶产业论坛等活动，支持信阳茶文化节等提升档次和规模。鼓励支持茶企业、合作组织和行业协会等开展茶文化推广宣传活动。

（六）消费群体培育工程

坚持以河南省内消费支撑茶产业发展战略，深入挖掘省内茶产品消费潜力，不断扩大河南省内茶产品消费人群，形成河南省茶叶产销区统一的产业格局。积极实施饮茶文化宣传和氛围营造计划，以城镇消费区的中小城镇居民及低收入群体等为重点，培养广大城镇居民饮茶兴趣和习惯。积极挖掘开发农村潜在的茶叶消费市场，以销售中、低端茶产品为重点，努力提高农村消费区居民的茶消费水平，引导农村居民健康消费、健康休闲，让农民想饮茶、饮得起茶、有地方休闲品茶。广泛开展茶文化教育活动，鼓励开展“茶文化进校园”等活动，通过在中小学及高等院校等开设茶艺、茶知识、茶文化等课程，举行各种形式的茶文化知识活动，推动茶文化知识普及。

（七）完善科技支撑体系

依托全省现有科技机构，整合科研力量，创建省级茶叶科技创新中心，着力研究解决制约茶产业发展的关键技术问题。以现有茶学专业为基础，组建茶学院（系），为全省培养专业技术人才。结合国家茶叶技术产业体系的建立，建设3~5个茶叶重点实验站，鼓励支持有条件的茶企业建立茶叶科技研发中心，承担新技术、新品种及“南茶北移”的试验、示范工作。完善市、县、乡三级茶叶科技服务体系，支持茶叶生产加工核心带的县（市、区）、乡镇配备专业技术人员，加强实用技术的示范推广。把茶叶科技人才引进纳入省辖市、县（市、区）人才引进计划，吸引专业人才到茶叶基地工作。积极开展茶艺师等职业技能鉴定。大力发展远程教育、电化教育，多渠道、多手段对茶农和企业人员开展培训。

（八）完善良种繁育体系

坚持外引与自繁自育相结合的原则，依托现有设施条件好、技术优势明显的生产场、科研教学单位和龙头企业等，完善配套基础设施，改扩建30个面积500亩以上的茶树无性系良种母本园，改扩建35个年产1000万~2000万株的茶树无性系良种繁育圃，建设3~5个“南茶北移”试验、示范点，加大对良种的培育、改良和推广，提高河南省茶树育种水平和良种覆盖率，满足河南省及我国北方茶区用种需求。

（九）完善标准化体系

在地理标志产品信阳毛尖国家标准和桐柏玉叶茶省级地方标准等基础上，按照国家茶叶无公害和有机茶产品的生产标准，建立完善全省茶叶标准化体系，推行茶叶标准化采摘与制作，规范茶叶生产、加工、包装和储藏等，加快推进信阳红茶、桐柏红茶生产工艺标准化，逐步实现我省茶产品标准化。建立和完善茶业标准化推广、检测、评价、信息服务体系。鼓励支持企业开展ISO 9000（质量管理体系）、ISO 14000（环境管理体系）、HACCP（食品安全保证体系）和SC（食品生产许可体系）等认证。

（十）完善市场流通体系

坚持立足本省、拓展中西部和北部省份市场及巩固欧洲、开发非洲和北美洲市场的原则，积极完善市场流通体系。充分发挥郑州等地的市场辐射能力，优化整合市场资源，配套完善基础设施，打造辐射全国的茶叶集散中心。整合南阳、驻马店、信阳等地现有市场资源，打造一批功能齐全、辐射面广的茶叶产地交易集散中心。支持茶叶生产加工核心带的15个县（区）及乡镇建设一批茶叶产地市场。支持提升茶叶储藏保鲜能力等，在茶叶重点产销区改扩建一批储藏能力达50~100吨以上的保鲜库。鼓励龙头企业在销区设立专卖店、直营店，支持农民专业合作社与大中城市超市开展“农超对接”，借助大型连锁商业超市或网络系统，扩大我省茶叶市场的覆盖面。积极采取茶叶连锁经营和网上销售等现代流通方式，大力发展茶叶流通、服务中介组织，培育经纪人队伍，不断促进河南省茶叶销售规模扩大。大力实施市场多元化战略，打造出口品牌，支持建立茶产品出口质量可追溯体系，努力开拓国际市场。

（十一）完善质量监控与预警体系

依托现有的质量检验检测机构，整合和充实检测力量，在郑州、信阳和南阳等地改扩建5个茶叶产品质量安全检验检测机构。支持茶叶生产加工核心带的15个县（区）依托现有机构和条件，设立县级茶叶质量安全及茶树病虫草害防治预测预报站。支持茶园面积达万亩以上的乡镇设立预测预报点，逐步完善茶叶质量安全及茶树病虫草害防治监控与预警体系。建立健全茶叶质量安全监管制度，实行生产、加工、销售等各环节全面质量管理，实现茶叶质量全程可监控、可溯源。强化农药和肥料等投入品管理，建立健全投入品使用登记制度。引导茶叶专业合作社、茶叶龙头企业生产基地建立植保专业队，实行统防统治。

五、意见和建议

（一）重点扶持龙头企业

对省级重点龙头企业在基地建设、鲜叶采购、设备引进和信贷资金方面给予具体的帮助和扶持。

（二）加大机械化采茶补贴力度

对实行机械化采茶企业，给予机械化采茶补贴，扩大全省茶叶机械采茶规模，提升河南省夏秋茶精细化和标准化管理水平。

（执笔人：洪克森）

2020湖北省茶叶行业发展报告

湖北省茶叶协会

2020年是湖北省“十三五”茶叶产业发展规划实施的收官之年，也是今后湖北茶产业发展的关键谋篇之年。在这一年里，湖北茶产业经受住了新冠肺炎疫情冲击和考验，但在党和人民高度关心支持下，湖北茶产业还是度过了疫情难关，在坚持“抓防控、稳生产、保民生、促发展”的战略决策前提下，全面推行茶叶高质量发展新理念，加速推动全省茶产业升级，加快乡村脱贫工作步伐，为布局湖北茶产业“十四五”发展打下了坚实基础，为全面提升湖北茶产业综合实力并跨入我国现代茶业强省行列的远景奋斗目标取得了良好开端。

一、2020年湖北茶产业重点工作回顾

（一）众志成城打好“疫情防控”与“产业发展”双战役

自新冠肺炎疫情在武汉爆发，湖北采取了武汉封城、全省管控、乡村封闭等一系列严控严管措施，这无疑给湖北经济和广大人民生活带来了巨大影响，湖北茶产业难免也要遭受重创，但大家齐心协力，为疫情下的产业自救做了大量工作和努力。2020年1月23日至4月8日，全省都处在高度封闭和严格管控状态，在党和政府的正确领导下，在全产业的共同努力下，疫情得到有效防控，湖北茶产业也得到稳定发展。1月31日湖北省茶叶协会向全省茶行业发出“众志成城、齐心协力战疫情”抗击新冠病毒疫情的《倡议书》，湖北茶界也打响抗击疫情战御，在中国茶叶流通协会的倡议下，全国茶界及社会各界对湖北茶产业给予了高度关注关怀，全省各涉茶单位表现出了强烈的大局观意识，强化落实“防疫情、稳生产、抓春收、惠茶农”的疫情防控与稳经济相结合的工作思路；2月29日，在疫情防控与春茶开园生产关键时期，湖北省茶协及时向上级部门提交了“关于我省尽快落实春茶复工复产的建议”；3月2日湖北省委省政府发布了《省指挥部生活物资保障专班关于将茶叶纳入生活物资保供范围的通知》，茶行业也因此提早获准启动复工复产；3月11日中茶协向全国茶行业和广大茶叶消费者发出了关于“帮扶湖北茶业抗疫扶贫，解决湖北茶‘卖茶难’问题”的《倡议书》；4月2日发布了关于落实中华全国供销合作总社《关于组织开展帮扶销售湖北滞销农产品的通知》，动员全国展开帮扶行动。两级行业组织也即时展开了多项显时效性工作：一是开展湖北省春茶行情调查，建立“湖北春茶产销情况日报动态信息”栏目。二是建立湖北春茶供销信息平台窗口，3月26日建立了“湖北省春茶供货单位（268家）”信息平台窗口；4月13日建立了“湖北省农副产品（茶叶）滞销重点企业（15

家）”企业名录窗口；5月18日建立了“湖北省茶叶出口企业（15家）供货信息”国外平台窗口。三是开启了为湖北贫困山区和重点茶企春茶直播带货和线上线下品牌推广活动，促成了京东物流、中茶公司、湖南湘茶集团、小罐茶公司等国内知名企业参与助销湖北茶帮扶行动。四是动员和倡议各省市骨干茶叶经营单位对接湖北产区进行点对面购货销售，4月5日前有湖南省茶业集团、中茶公司、黑龙江和山东等省的茶叶专业市场签订了近15000吨、金额达17亿元的春茶购销合同。疫情期春茶关键阶段，各类帮扶行动已实现线下渠道购销湖北茶3.4万吨，货值近36亿元。以上等等，为帮助湖北克服疫情期间复工复产难、采茶难、运输难、卖茶难等产业困难问题起到了重要作用，为确保“大疫”面前湖北茶产业稳定做出了巨大贡献。

在春茶生产经营关键阶段，湖北茶产业经受住了新冠疫情影响冲击，2020年湖北省春茶产量14.2万吨、农业产值126.6亿元、实现销售8.9万吨，销售额达到145亿元，各项指标同比2019年虽有一定幅度减少，但湖北春茶生产经营得到了稳定。

（二）有序举办开展茶事专题活动

疫后，全省各茶叶产区相继举办了各类茶事活动，旨在尽快恢复和稳定茶叶生产经营局面，同时也不失时机主办或承办省内外茶事专题活动，做好了“讲好湖北茶”“品好湖北茶”“卖好湖北茶”系列工作活动，如在五峰县举办第三届中国茶旅大会暨湖北宜红茶推介会；举办了“鹤峰茶·世界品”湖北鹤峰第三届茶商大会；在湖北长阳召开了鄂茶疫后重振高质量发展学术研讨会；举办了华巨臣第九届武汉秋季茶博会；召开了2020“一带一路”赤壁青砖茶产业发展大会、第二届“世界茶叶质量安全与美好生活”高峰论坛、中国红茶（利川红）高质量发展研讨会等。

（三）做好多项竞评竞推工作，提升全省行业综合实力

一是落实抓好全国茶行业调查推介工作，2020年恩施市、赤壁市、五峰县等14个传统产茶县、市入围全国重点茶叶县百强，湖北省茶业集团、萧氏茶业集团、湖北采花茶业集团等7家茶企入选2020年度中国茶业百强企业。二是承办组织首届中国宜红工夫红茶质量评选活动，对湖北省及相邻省份红茶产区红茶质量进行一次大检阅，湖北宜红茶类品牌评比成绩优异。三是组织省内优秀茶企参加2020年“华茗杯”全国名优绿茶、名优红茶质量竞评活动，取得了5金10银的好成绩。四是层层选拔，组队参加了在福建省举办的2020年全国茶叶加工职业技能竞赛总决赛，湖北代表团荣获“全国优秀团体奖”总成绩第五、中部六省市第一的好成绩。

（四）一批湖北茶品牌入选中欧地标保护名单

2020年7月20日，欧盟茶叶理事会正式签署了中欧地理标志产品协定，湖北英山云雾茶、宜都宜红茶、宣恩五家台贡茶、赤壁青砖茶、襄阳高香茶、麻城福白菊6个区域茶类公共品牌入选该协定保护范围，进一步提升了湖北茶品牌在欧盟市场的知名度和竞争力。

（五）重启万里茶道，湖北茶收获复兴发展机遇与友谊成果

2020年8月16日至22日，湖北省农业农村厅、湖北省政府政研室、湖北省供销合作总社及赤壁市、宜昌市等机构联合主办了“湖北名优茶，健康内蒙行”活动，组织省内相关茶企抱团拓展内蒙古茶叶市场，并对接俄罗斯和蒙古国茶商，专场推介湖北青砖茶和宜红茶，内销和外销都取得良好市场运营效果。在12月8日为感谢蒙古国在疫情期间“千里送羊”的深情厚谊，湖北省组织了2000份宜红茶和30000份青砖茶回赠蒙古国。

（六）茶叶科技工作成绩显著

2020年湖北茶叶科技力量得以进一步加强，茶科技在湖北省茶叶领域也在更深层次的渗透发酵。一是全省“515”茶叶科技行动项目全面展开，各小分队结合产区实际情况，分别在茶树品种选育、茶园管理、绿色防控、加工和品牌建设等方面都有针对性选题和确定科研方向；二是涌现一批优秀茶叶科技工作者和科技团队，在第五届“中国茶叶学会优秀茶叶科技工作者”和第三届“中国茶叶学会优秀女茶叶科技工作者”评审会上，华中农业大学教授陈玉琼被评为优秀茶叶科技工作者，湖北省茶叶学会宗庆波会长等3人被授予“杰出中华茶人”，华中农业大学黄友谊教授获评“全国科技助力精准扶贫工作先进个人”。三是有2项茶科技成果荣获2020年度省科技进步二等奖。

（七）为茶产业发展出台《湖北省促进茶产业发展条例》

2020年湖北省人大通过了《湖北省促进茶产业发展条例》提案，这对促进湖北茶产业高质量发展和全面推进乡村振兴具有重大作用。

二、2020年湖北茶产业发展状况

（一）生产情况

1．面积稳中有升

2020年湖北省茶叶总面积为537万亩，同比2019年（以下同）的520万亩增长了17万亩，增长率为3.3%，茶园种植面积发展速度出现缓增。全省投产茶园面积为412万亩，同比上年的378万亩增长了34万亩，增长率9%。无性系良种茶园面积287万亩，茶树良种率达53%，同比上年增加1%。

2．产量逐年增加

2020年湖北省茶叶总产量36.1万吨，同比上年增加了0.8万吨，增幅2.3%，其中名优茶产量22.4万吨，按茶叶类别统计：绿茶25.61万吨，黑茶5.59万吨，红茶4.53万吨，青茶0.16万吨，白茶0.12万吨，黄茶0.02万吨。

3．产值增益明显

2020年湖北省茶叶农业产值228亿元，同比上年增加19.5亿元，增幅9%，综合产值近700亿元。其中全省名优茶农业产值132亿元，产值占比达57.9%。全省春茶农业产值126.6亿元，产值占比55.5%。

（二）产业优势逐步体现

1．优势茶叶区域规模显现

湖北省共有71个县、市、区300多个乡镇种植生产茶叶，茶园面积达到10万亩以上的产茶县、市、区已有19个，其中恩施市、鹤峰县、咸丰县、夷陵区茶叶种植面积都已超过或接近30万亩，茶叶产量过万吨的产茶县市有11个，茶叶农业产值过10亿元的产茶县市有9个。2020年被中茶协认定的全国重点产茶县14个，占全国重点产茶县数量的14%，位居全国第一。目前全省累计已有18个县、市、区获评“全国重点产茶县”，另外还有一大批产茶县市和茶叶乡镇被中茶协、农业农村部和其他相关机构授予认定为“中国名茶之乡”“中国青、米砖茶之乡”“中国绿色生态茶叶示范区”“出口茶示范基地”等荣誉称号。全省优势茶产区区域特色明显，已形成鄂东大别山名优绿茶区、鄂西武陵山及宜昌三峡富硒茶和宜红茶茶区、鄂西北秦巴山高香绿茶区、鄂南幕阜山青砖茶茶区这四大优势茶叶主产区。

2．茶类资源丰富、产业结构趋向市场调节合理性

湖北茶叶品类齐全，涵盖了全部六大茶类，绿茶、黑茶、红茶茶类优势突出，宜红茶、珍眉茶、青砖茶、地方名优茶是湖北茶类主导出口产品。湖北茶类产品的丰富不仅表现在六大茶类都有生产，而且在茶类级别上、茶类新产品延伸开发方面都有别于其他产茶省份，各类传统名优茶、名优黑茶、工艺白茶、抹茶、出口乌龙茶和特种茶等产品都有企业在不断开发经营。近五年湖北省茶类产量统计情况见表1。

表1 2016—2020年湖北茶类产量

年份 \ 数量/万吨 \ 茶类	绿茶	红茶	黑茶	青茶	黄茶	白茶	产量合计
2016	21.21	3.12	4.35	0.15	0.17	0.60	29.60
2017	21.58	3.63	5.16	0.22	0.02	0.79	31.40
2018	22.63	3.72	5.37	0.27	0.10	0.89	32.98
2019	24.79	3.64	6.41	0.20	0.03	0.26	35.33
2020	25.61	4.53	5.59	0.16	0.02	0.20	36.11

2020年湖北茶叶产品结构和生产趋势总结：绿茶仍是主导茶类，且每年都有一定幅度上升，占比达71%；黑茶以湖北青砖茶为主，黑茶生产趋于平稳并有小幅下降，占比15.5%；红茶因产区范围逐年扩大，产量稳中有升，占比12.5%；其他茶类被重视并有合理开发，特别是湖北工艺白茶产品，市场内外需求使得产区范围增大，高端内销白茶开发热度高、力度大，出口类白茶生产经营规模稳定。

3．产品质量水平不断提升

在国家市场监管总局发布的关于2020年食品安全监督抽检情况通报中，针对茶叶质量安全所进行的市场抽样监测调查，湖北茶叶及相关制品总体合格率达到100%。在2020年“华茗杯”全国红茶、绿茶产品质量推选评比活动中，湖北省3个绿茶、2个红茶品牌产品获“特别金奖”，10个茶品获“金奖”；在第十届“中绿杯”全国名优绿茶评比活动中，湖北茶产品获特等奖5个，一等奖10个；在湖北五峰举办的“首届中国宜红工夫红茶”质量评选活动中，10个湖北红茶品牌获得“特别金奖”、14个获得“金奖”。另外，曾代表东湖茶叙国礼用茶的湖北“恩施玉露”“利川红”品牌，更受地方主管部门和生产企业的重视，在多次会展活动和专场推介中，其品质风格和质量水平得到了消费者的普遍好评。

4．内外市场并举开拓

作为传统销售根基的渠道市场和各档茶叶专业交易市场，茶叶年度交易量仍相对稳定，其线下交易总量几乎为全省茶叶销售总量的85%，加之近几年茶叶电商业务快速发展，三产融合方面的大范围投入，也激发了湖北茶叶国内市场占有率的快速樊升。在产品市场主导方面，湖北名优茶和春茶仍被国内内销市场看好，大部分夏秋茶产品为省内外企业所利用，作出口茶类较多。2020年全省商品名优茶产量22.4万吨，产值131.7亿元，产量产值占比为65%和57.8%，湖北省春茶产量14.2万吨，春茶产值126.6亿元，产量产值占比为41%和55.5%，部分商品名优茶和春茶价格上涨，发挥出了内销潜力。在茶叶出口外销方面，由于受全球新冠肺炎疫情影响，湖北茶叶出口规模有一定下降（表2），2020年全省茶叶出口1.84万吨，同比上年下降0.36万吨，减幅为15%，茶叶出口货值为2.1亿美元，同比上年下降0.6亿美元，减幅为23%，但出口规模仍位列全国茶叶出口省份前五。目前全省共有48家出口资质茶企，其中有27家展开了对外贸易业务，一带一路沿线国家和地区已成为湖北出口经营企业重点开拓区域。湖北省内出口茶基地备案面积总计已超过200万亩，总体上湖北茶叶出口贸易还是蕴藏潜力、局面稳定。

表2　2016—2020年湖北省茶叶出口情况

年份	出口数量/万吨	出口货值/亿美元	出口单价/（美元/吨）
2016	1.44	1.23	8851.43
2017	1.77	1.44	8134．21
2018	1.65	1.68	10172.07
2019	2.16	2.61	12091.98
2020	1.84	2.01	10975.09

5．三产融合快速发展

2020年，各茶叶产区继续强化三产融合工作。通过加大生态示范茶园与生态旅游茶园的建设夯实了茶叶基地基础，茶叶健康引导扩大和满足了消费增长需求，茶旅专项工作也发挥了对外宣传湖北优质茶资源作用，各类茶旅项目运行加大了湖北茶产业链及消费层次延伸。至2020年湖北已有20多个产茶县市区相继完成了茶旅融合发展建设项目县级规划，部分重点茶企，如省茶业集团的赤壁青砖茶和秭归宜红茶茶旅开发项目、采花茶业集团的茶旅基地、湖北玉皇剑茶叶公司茶旅示范基地、汉家刘氏茶叶公司的生态观光旅游茶园、龙王垭茶业集团观光旅游茶叶基地等都在做进一步规划和扩容建设。目前全省具备生产体验、生态旅游、文化养生等功能的茶园面积达到100万亩，30个单位茶园基地获相关等级评定，其中获“全国最美生态旅游茶园”称号有9个，“最美茶旅之乡”称号有7个，开辟茶旅专线35条；目前已有夷陵区、五峰县、保康县、谷城县、宣恩县被中茶协分别评定为“全国十大茶叶生态旅游示范县”，这都为湖北省今后茶旅开发打下良好基础。

三、存在的主要问题

作为传统的茶叶大省，湖北茶产业整体水平亟待提升。其痛点还是缺乏茶行业大龙头引领，堵点在于产业链完整度缺失，难点主要体现在茶叶品牌实力薄弱，但从全产业链环节分析，主要存在如下困难。

（一）品牌建设力度有待加强

湖北省茶品牌整体实力明显不够强大，湖北茶叶品牌众多，但水平参差不齐，缺少能叫响国内外的知名大品牌，而且经营企业规模普遍偏小，品牌影响力和市场渗透占有力不强，严重存在品牌低质化和同质化现象，特别是在区域公共品牌打造运营方面，普遍存在地方本位保护和企业本位意识倾向，难以形成区域间品牌市场合力，极大削弱湖北茶叶品牌整体实力而丧失对生产与市场驱动。一方面湖北省品牌建设工作力度明显不够，缺乏强力措施和针对性支持手段对重点产区企业进行品牌培育扶持。另外在区域公共品牌建设方面，品牌资源优势作用发挥不尽如人意，部分区域公共品牌商标形同虚设，难以体现和发挥市场价值作用。三是普遍存在重内轻外现象，缺乏让品牌走出省外、迈出国门，参与国际、国内市场舞台的竞争意识。四是传统历史茶品牌资源挖掘利用发挥不够，品牌保护大局观意识薄弱，品牌标准体系建设工作亟待加强。

（二）生产力要素结构性短缺问题

2020年受疫情防控影响，湖北省各产区在春茶生产阶段劳动用工方面较往年有所改善，但在后期各产区企业均不同程度地出现生产劳动力短缺现象，随着全社会城镇化工作推进、区域经济发展落差现状以及行业发展不平衡现状等已加剧了各茶叶产区所面临茶园面积和产能扩大所需劳动力的矛盾关系，农村劳动力数量减少且老龄化现象严重，茶叶生产劳动力短缺问题严重。另外在劳动用工成本、生产成本等要素也存在制约现象，近几年来湖北省茶园管理、茶叶采摘、施肥等用工成本以每年5%~20%的速度上涨，人工工资成本加上生活成本平均达到每人每天200元；此外肥料、农药、能源、包装、运输等茶叶生产资料成本价格也不断攀升，茶叶生产成本高居不下，导致茶叶产品销售成本增大，产业利润空间被进一步挤压。

（三）茶企流动资金不足

由于茶叶生产期间用工量大，鲜叶价格和生产成本高，短期内所需资金流动量大，同时因茶叶特殊农产品特性，种植生产时间长、销售渠道途径多、消费慢等，导致企业销售资金回收慢，另外受融资政策因素影响，湖北省大部分茶叶企业都存在资金紧缺的困难问题。

（四）产品市场体系结构有待完善

目前内销市场是拉动湖北茶叶经济规模增长的主动力源，但传统茶类销售模式缺乏创新改变，相比茶叶经济发达省份，湖北省在茶叶产业金融推动、电商开发、商超餐饮、茶馆融合等方面存在一定差距；在内销热点方面，新式茶饮产品与业态融合开发力度不够。在外销市场环节缺乏自主导入机制效率，过分依靠初级原料产品输出而弱化了湖北出口茶资源潜力。

（五）茶科技推广应用有待加强

茶科技是茶产业第一生产要素，随着全省茶产业不断发展，科技力量推动作用尤为重要，但全省所面临基层科技人才匮乏、从业人员专业技术水平低下，科技技术应用推广力度不够，科技成果转化效率低等现象还普遍存在，导致湖北省茶产业提档升级推进缓慢，不易消除或减缓供给侧与需求侧矛盾加剧的局面，也难改观当前产业管理粗放，产业低成本运行，区域品牌、集群品牌、企业品牌与市场高质量品牌要求的矛盾。

（六）宣传力度不够

与外省相比，鄂茶品牌宣传明显不够，紧缺资金难以登录央视等媒体开展品牌产品广告宣传，茶叶品牌缺乏专业机构合理的运营策划，品牌市场营销团队实力薄弱，省外市场开发不力，在北京、上海及其他省份茶叶专业市场，湖北茶品牌出镜率低等。亟待品牌驱动来构建支撑全省茶产业高质量发展，以传统品牌、区域公用品牌和知名企业品牌来引领鄂茶品牌体系，并不断提升鄂茶品牌市场知名度和占有率。

四、建议与措施

（一）制定茶产业发展目标

依照《中国茶产业十四五发展规划建议（2021—2015）》相关内容精神，客观制定好《湖北茶产业十四五发展规划建议（2021—2015）》目标内容，及时出台围绕规划工作开展所需的相关条例政策，并在全省茶产业工作中，坚持政府引导、公用品牌引领、市场主导、企业主体的发展模式；坚持“走出去、请进来”发展战略；坚持巩固提升绿茶和红茶的优势、培育挖掘青砖茶的潜力、稳妥发展特色茶、积极开发高端深加工茶。大力扶持培育国家级、省级、地市级茶叶龙头企业，鼓励支持组建省级和地方等大型茶叶集团运营体。以茶叶经营主体来唱响湖北茶品牌，充分利用好政策资源把湖北建设成为国内外有重要影响力的茶叶生产、加工、贸易和茶文化中心省份。

（二）全力加强品牌宣传力度

要充分珍惜和尊重湖北悠久茶文化历史，在做好茶文化资源挖掘、宣传工作前提下，加大湖北茶品牌宣传力度：一是积极组织茶企抱团参加国际国内重大茶事活动；二是瞄准目标市场，开展品牌推介活动，抱团出击国内外重点茶叶消费城市；三是开展品牌造势宣传，加大对湖北优质产品品牌广告投入，树立鄂茶品牌新形象，提高鄂茶市场美誉度，让湖北茶品牌名扬全国、香飘世界。

（三）进一步夯实品牌建设产业基础

在茶叶基地建设及生产加工方面要以高质量发展为目标，坚持淘汰、改造和新建并重：一是推进茶叶优势区建设，加强低效茶园改造，加大生态茶园建设力度；二是加快推进全域绿色生产，全面提升鄂茶产品质量安全；三是推进加工全面升级，按照清洁化、标准化、连续化、多元化、差异化的要求，重点推进初制加工厂清洁化改造，兴建一批茶叶精制厂和深加工厂，促进产业升级换代，提高产业附加值；四是建立质量安全监管体系；五是加强标准体系建设，做好各项立标、建标、推标工作；六是严格加强投入品源头管控，建立茶叶可追溯安全体系。

（四）加快三产融合发展

一是打造“茶叶+”系列产业。在我省重点产茶区开展茶旅融合项目建设，打造一批主题公园、特色小镇，融入乡村振兴建设工程；二是大力弘扬湖北茶文化，讲好湖北茶故事，推动运用“万里茶道”申遗成果；弘扬传承青砖茶、恩施玉露、宜红茶等传统技艺文化；丰富鄂茶文化表现形式，加快实现“茶叶产业、文化产业、旅游产业”融合步伐。

（五）强化科技创新与人才培育

一是紧盯当前湖北茶品牌建设的瓶颈问题和技术需求，加速培养高端创新人才，加速推动源头性、引领型、竞争性的重点创新成果产出，为品牌建设提供强有力的科技支撑；二是建立农科教、产学研联动机制，培养造就在省内外知名的行业领军人才；鼓励省内高校及职业院校扩大茶学招生规模，与茶叶主产县、重点茶企联合办学试点对接；加强对茶树栽培、植保、土肥、加工、审评、营销、茶艺等方面的复合型人才培养力度；三是鼓励支持省级以上茶叶重点龙头企业和产业园区建立研发中心和院士专家工作站，着力培养以中、高级职称专业技术人才为主的业务骨干和实用型人才以及专业营销队伍，为湖北茶品牌畅销市场提供坚强的人才保障。

（六）加强政策引导，加大产业扶持

湖北省各级政府要进一步加强对茶产业扶持力度。要把发展茶产业与促进农民增收、乡村振兴、生态保护等多项民生工作广泛结合展开，及时解决茶产业经济发展过程中的困难和问题，维系和引导众多茶企牢固树立可持续性发展经营理念，共同营造好湖北茶产业大环境，通过政策智导，在产业政策制定、产业发展资金、产业风险、环境治理、农业补贴、品牌推介宣传、科技培训、质量安全等产业链环节给予专项支持，扶植培养优秀茶区茶企的可持续性发展信念，全面提高湖北省茶企及从业人员的诚信意识、挑战意识、创新精神与社会责任担当，努力实现从“茶叶大省”向“现代茶业强省”的历史跨越。

（执笔人：孙冰）

2020湖南省茶叶行业发展报告

湖南省茶业协会

在湖南省委省政府的重视和领导下，在省农业农村厅、省供销社和发改委、省财政厅、省工信厅、省商务厅、省科技厅、省扶贫办等省直相关部门的大力支持和各级党委、政府的努力推动下，湖南茶产业继续保持了茶农增收、企业增效、财政增税、产业持续发展的良好局面，在全省脱贫攻坚中做出了积极贡献，得到了各级党委、政府和社会各界充分肯定。茶叶是湖南省巩固脱贫攻坚成果、促进乡村振兴和区域经济发展的主导产业。

一、2020年湘茶概况

2020年对于湖南茶产业来讲，与全国人民一样均是不同寻常的一年，面对突如其来的新冠肺炎疫情、世界经济深度衰退和传统营销方式不畅等的巨大冲击，全省茶人在各级党委政府的领导、支持下，团结协作、勇于担当，攻坚克难、开拓创新，为抗灾捐赠钱、物价值超过2800万元，并在积极抗疫、复工复产、设法收购销售湖南茶叶、保障茶农收入等方面做了诸多工作，助力了精准脱贫，实现了最大限度的减灾降损，促成了湖南茶产业良好的发展态势。至2020年底，全省茶园面积达到313万亩、产量30.8万吨、综合产值966亿元，同比增长11.8%、10%、6.15%，全年出口茶叶接近5万吨、创汇1.7亿美金（含边贸），实现了省委省政府确立的“十三五”末千亿湘茶产业发展目标。

（一）各级政府加大了对茶产业的支持力度

在湘发〔2018〕1号和湘政发〔2018〕3号文件的推动下，各地相继将茶产业列入脱贫攻坚、乡村振兴、产业兴旺的重点产业发展，郴州、自治州、衡阳、株洲等市州，安化、新化、吉首、保靖等县市先后出台了支持茶产业发展的政策文件，加大了茶产业支持力度和投入，层层分解了任务，明确了各自努力方向与既定目标及其扶持举措，为湘茶持续稳定发展、千亿发展目标的实现提供了资金引导和政策保障。2020年湖南省政府及省发改委、省农业农村厅、省工信厅、省扶贫办等部门产业专项资金切块投入2亿多元，引导地方财政扶持资金投入3亿多元，引导城建投、经建投、旅建投及产业园区建设等资金近3亿元投入或参股茶叶企业，同时还通过消费扶贫等形式有3亿多元资金进入茶产业，吸引社会资本5亿多元投入茶产业，总计超过17亿元，缓解了产业发展投入不足问题。

（二）品牌影响力不断提升

2020年，公共品牌的宣传推介持续推进，基础得到了夯实，影响力不断提升，形成了“三湘四水、五彩茶香”多茶类发展格局，并在“安化黑茶”“湖南红茶”“潇湘茶”等省级域公共品牌和“黄金茶”“岳阳黄茶”“桑植白茶”等区域公共品牌的带领下，一大批龙头企业快速成长，品牌产业集群呈展。同时，“郴州福茶”“长沙绿茶”“常德红茶”“邵阳红”“湘西黄金茶”“新化红茶”“永顺霉茶”等区域公共品牌的价值得到了空前的提升。

（三）营销创新成效显著

2020年因为疫情影响，境内外相关节会、展会、展销不少停办，产销直接对接和跨境贸易受到阻碍，传统营销方式遭受巨大冲击。为此，茶行业在坚守传统的宣传、推广、销售基础上上进行大胆的尝试和创新，从户外广告到抖音快手传播、从展会展销到线上茶博会，从现场推销到网红带货、从领导站台到专家院士打call、从工厂发货到视频验收等，新型互联网营销方式在全行业快速发展，进而产生了新型业态的市场供求关系与营销模式，促进了新的消费群体形成和湘茶市场占有率的提升、品牌影响力的持续扩大。

（四）节会活动创新成效显著

2020中华茶祖节、2020湖南省茶叶行业工作会议首次在湘西州吉首市举办，通过精彩纷呈的活动和全媒体宣传方式，扩大节会影响，积极有效地宣传推介了湘西茶黄金茶产业、湖南茶品牌，促进了茶叶销售，鼓舞了湖南茶人斗志，提振了产业信心，促进了湘西的精准脱贫摘帽。在长沙湖南广电会展中心举办的2020湖南茶博会，通过“郴州福茶推介会”等27场茶事茶文化活动、百名网红逛茶博等，形成线上、线下互动，实现了参展参会企业、经销商以及展销量再创新高，刷新了湖南茶博会记录。2020安化黑茶文化节首次走出去在北京举办，全面推介“黑茶文化”和“黑茶之乡”地域特色文化，呈展安化黑茶文化魅力，揭示宣传黑茶保健功能，扩大了安化黑茶的消费人群，促进“安化黑茶”销售，推动了安化黑茶的可持续发展。

（五）脱贫攻坚茶产业贡献突出

安化县15万多贫困人口中有10万人因茶脱贫，全县近40万人从事茶及茶关联产业，安化黑茶产业及其关联产业在全县经济总量中占比21%、茶产业税收占比20%，70%以上的农民在茶叶产业链中就业、获益，农村人口全部实现脱贫；古丈县15万人口，全县种茶20万亩，人均将近1.5万亩，茶农人均年收入近万元；保靖县20213户83315人因种植、生产黄金茶实现脱贫，为此湘西州委、州政府提出在保靖、古丈、吉首、花垣等全州7个宜茶县市建设100万亩茶园，打造九条“黄金茶谷”与黄金茶支柱产业，助力湘西州与全国同步脱贫奔小康等；桂东县清泉镇有589户1644名贫困人口参与种茶，茶叶面积1600余亩，占贫困人口的73%，通过茶产业户均增收6000元以上。

（六）茶业湘军斩获众多荣誉

继2019年刘仲华教授当选中国工程院院士后，施兆鹏、刘仲华、曹文成、周重旺、肖力争、包小村共六人获评“杰出中华茶人”光荣称号。安化、长沙、石门、桃源、吉首等获评“2020年度茶业百强县”；湘茶集团、湘丰茶业、华莱生物、白沙溪茶厂、益阳茶厂等被评为“2020年度茶业百强企业”；安化县被评为“十三五”茶业发展十强县；石门县被评为“2020年度茶业生态建设十强县”；白沙溪茶厂被评为“2020年度茶业创新十强企业”；平江九狮寨被评为“2020年度茶业新锐十强企业”；刘杏益、卢明德、谌小丰、肖益平、姚呈祥、张流梅六人被评为（黑茶类）“中国制茶大师”；永顺县被授予“古莓茶之乡”；永定区被授予“莓茶之乡”。金井茶业获评国家级龙头企业，至此湖南省已有六家国家级茶业龙头企业，并且长沙县金井一个镇2家国家级龙头企业全国独有。

二、2021年湘茶发展方向

2021年是中国共产党百年华诞，也是十四五开局之年，更是全面开启建设现代化新征程的第一年。湖南茶人要站在“两个大局”的高度，立足自身实际、发挥优势特色、找准努力方向，谋划新一年工作。

（一）抢抓机遇，创新发展

高质量发展是“十四五”乃至更长时期我国经济社会发展主题，是湘茶发展的根本战略。要紧紧抓住国家全面乡村振兴、农业现代化建设和“一带一路”倡议及“健康中国”战略机遇，贯彻湖南省委省政府“农业农村优先发展”“三高四新”决策部署，紧紧抓住“十四五”开局时机，及时调整产业发展理念，强化指导、完善服务，依托宏观政策利好，创新发展方式，强化科技支撑与人才培养，推动茶叶生产、产品、市场及营销等的转型，促进茶叶基地、品质、品牌、升级、服务升级，走高质量创新发展之路，致力构建核心竞争力、不断增强湖南茶叶产业的综合实力。

（二）凝心聚力，铸造品牌

坚持“政府引导、市场主导、协会平台、企业主体”原则，围绕优势特色、品种品质、区域特点、品牌内涵，在重点打造“湖南红茶”“安化黑茶”公共品牌的同时，进一步推动“潇湘绿茶”“岳阳黄茶”“桑植白茶”等公共区域品牌建设，构建“三湘四水、五彩茶香”多茶类发展格局；同时，支持“郴州福茶”“长沙绿茶”“南岳云雾”“黄金茶”“茶祖红”等有一定基础、市场覆盖度、品牌知名度、文化底蕴并获地标保护的市域公共品牌建设及优势市县、企业品牌的发展。

（三）科学施策，夯实基础

坚持适区适种、适制适品、适度适规的原则，立足资源禀赋，发挥品种优势，完善基础设施，提高管护水平，促进产量和品质提升：一是改造、提升现有茶园标准化、设施化、示范化水平；二是选育、推广适制绿、红、黑、黄、白茶的优势良种；三是建设绿茶、红茶、黑茶、黄茶、白茶等适制茶园核心基地；四是规划建设以长沙为样板的都市茶旅休闲产业带，以炎陵、茶陵为主的茶祖文化茶旅线路，以新化、吉首、石门、沅陵、常宁、宜章、新宁、江华等为重点的生态观光茶园建设。

（四）扶持龙头，壮大产业

坚持"扶优、扶大、扶强"，继续培育壮大一批起点高、规模大、带动力强的龙头企业，同时注重培育一批新的茶业经营主体和茶叶出口企业；以国家级、省级龙头企业为重点，建设20个现代化茶叶加工示范企业及绿茶、黑茶、红茶、黄茶、白茶、花茶等精深加工生产线，培育扶持1~2家龙头企业上市。推进以核心龙头企业带动、企业集聚的省、市、县茶叶产业园区建设，分类打造400亿元潇湘绿茶、300亿元安化黑茶、300亿元湖南红茶、100亿元岳阳黄茶、50亿桑植白茶产业集群。支持优势龙头企业推进茶旅一体项目。

（五）依靠科技，提升产业

依托湖南农大、省茶叶研究所、市州茶叶研究所等，强化适应湖南省产业发展的特色种质资源选育、山区茶园机械化管理及采摘、特定品质加工技术、精深开发及其清洁化、标准化、自动化与智能化设备等关键技术研究及成果转化运用，支持营销和管理的创新与推广，支持龙头企业工程技术中心建设，支持重点龙头企业和科研院所合作、转化科研成果，不断提升茶叶科技含量、附加值与产业综合效益。加大茶叶生产、营销、管理、文化等培训，为产业发展提供人才支撑。

（六）创新营销，拓展市场

继续办好每年一届的"中华茶祖节""湖南茶博会"湖南茶叶乡村振兴"三十""茶祖神农杯"名优茶评选等；支持省市县举办茶文化节、茶叶博览会，组织茶企参加相应的全国茶叶展示展销、推介会等活动；加大品牌宣推、提升品牌形象、积极拓展市场、扩大湘茶消费人群；支持"五彩湘茶"进机关、进学校、进酒店、进茶楼、进社区的活动开展，支持公共场所便饮茶机与饮茶新方式的推广、扩大公共消费市场；创新实体店经营，发展茶叶电子商务、直销、配送、邮购、微营销、网红、斗音等新型营销业态；扩大品牌茶出口，积极开拓"一带一路"国际市场。

（七）文化引领，三产融合

要继续挖掘、整理与弘扬以茶祖文化为代表的湖湘茶文化及其与地方民俗文化；传承潇湘绿茶、湖南红茶、安化黑茶、岳阳黄茶等的传统技艺，开展制茶技能大赛；支持建设一批湖湘茶文化特色的茶博园、茶博馆和休闲观光园、特色茶叶镇村、茶文化精品旅游线路，支持各地举办茶文化节、采茶节、茶祭祀、斗茶赛、茶艺师赛等节会活动，推动茶文化与茶产业、休闲观光、特色旅游、民俗风情、健康疗养等三产深度融合，促进全省茶产业持续健康快速发展。

（执笔人：王准）

2020广东省茶叶行业发展报告

广东省茶业行业协会

广东历来是我国重要的产茶省和重要的对外港口，最大的消费市场，茶叶生产历史悠久，茶文化底蕴深厚，六大茶类均有，茶业经济繁荣兴旺。当前，广东正充分发挥资源和市场优势，全面推进乡村振兴战略的实施，重点推进做优茶品质、唱响茶品牌、拓展茶市场、弘扬茶文化、共享茶红利等五方面的工作。以研发新技术，打造新品牌，激发新活力，创造新成果，助推广东茶产业实现高质量发展。

一、广东省茶业基本情况

（一）茶叶生产规模及产量稳步增长

2020年全省茶叶生产规模持续增长，但增速有所减缓。茶园面积约为116.7万亩，同比增长7.7%，增幅下降6.1个百分点。受2019年秋冬季干旱天气影响，茶树发芽受阻，再加上2020年春茶采摘期间新冠肺炎疫情导致采茶工短缺，春茶有所减产，但是夏、秋茶丰收，茶叶年产量约为11.9万吨，同比增长7.5%；亩均产量103千克/亩，全国排名第二。

（二）茶类结构呈现小幅调整

2020年广东省绿茶产量4.8万吨，乌龙茶产量5.1万吨，同比分别增长6.7%和4.1%，红茶在英德红茶的带动红茶产量大幅提升产量为1.3万吨，同比增长37.1%，其他茶类约为0.7万吨。绿茶和乌龙茶占比分别由40.4%、44.1%下降至39.8%和42.4%，红茶占比由8.8%提升至11.1%。

（三）产业优势区集中发展

目前广东茶叶生产主要分布在粤东和粤北，具体集中在梅州市、潮州市、清远市、河源市、揭阳市、韶关市、惠州市、肇庆市、云浮市和湛江市。2019年这十个市的茶园面积占全省的90.40%，产量占比92.99%。其中粤东产区种植规模占比66.86%，主要生产以客家炒绿和单丛茶为主的特色绿茶和乌龙茶；粤北地区种植规模占比17.53%，主要生产以英德红茶为主的特色红茶。

（四）茶叶价格稳中略涨，线上销售规模不断扩大

据广东省农业信息监测体系数据显示：

1．红茶、乌龙茶价格稳定，绿茶价格略涨

2020年广东省规模化茶叶基地干茶销售均价为336.9元/千克，同比增2.5%。红茶和乌龙茶销售均价分别为336.66元/千克和313.57元/千克，同比分别增长1.65%和1.77%，绿茶销售均价增长幅度相对较大，销售均价为350.87元/千克，涨幅为4.13%。

2．大宗茶占主流

2020年规模化基地茶叶的销售以500元/千克以下的大宗茶为主。其中红茶价格在200元/千克以下的占比最高为39.76%；绿茶和乌龙茶在200~500元/千克价格段的占比最高，分别为38.52%和45.23%。三大茶类价格在500元/千克以下的占比均超过60%（图1）。

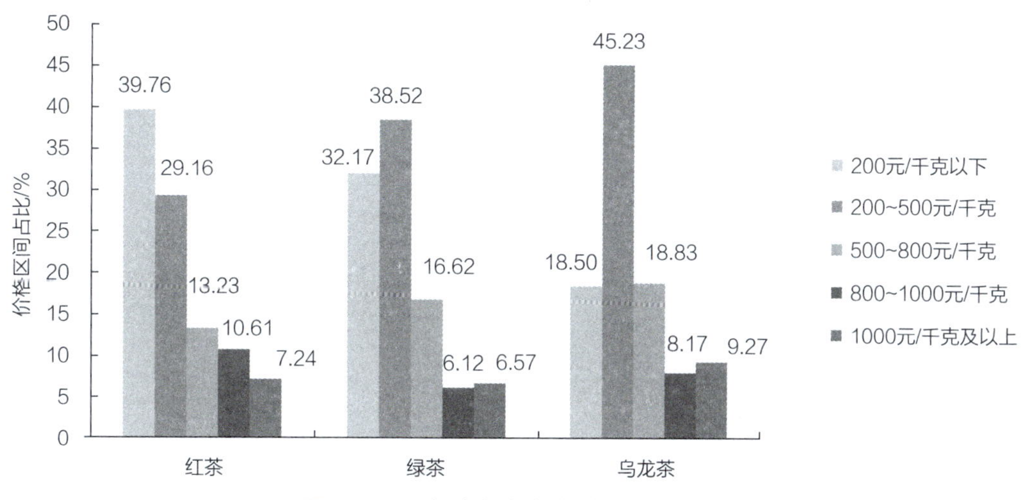

图1　2020年广东省大宗茶销售价格占比

3．电商销售规模不断扩大，但仍以实体渠道为主

2020年广东区域公用品牌茶叶电商销售量预计为2.12万吨，同比增长89%。据省农业信息监测体系数据，规模化基地线上销售占比为9%，但茶叶销售渠道仍以自营专卖店、单位团购和代理商为主，三大渠道占比分别为36%、21%和20%；由于受新冠肺炎疫情的影响，批发市场销售占比和出口占比仅为7%和0.05%（图2）。

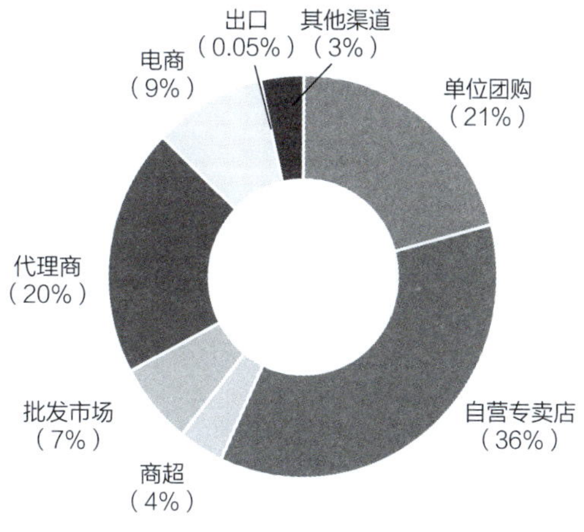

图2　2020年广东省茶叶销售渠道占比

（五）生产成本增加，效益略有降低

1. 茶叶生产成本持续上升，人工成本占比增加

2020年规模化基地茶叶生产成本为8742.65元/亩，同比增长8.02%，其中人工投入3963.92元/亩，同比增长13.16%，占比增加3个百分点，机械投入1635.75元/亩，同比增长6.82%（图3）。肥料、土地和其他项投入基本保持稳定。

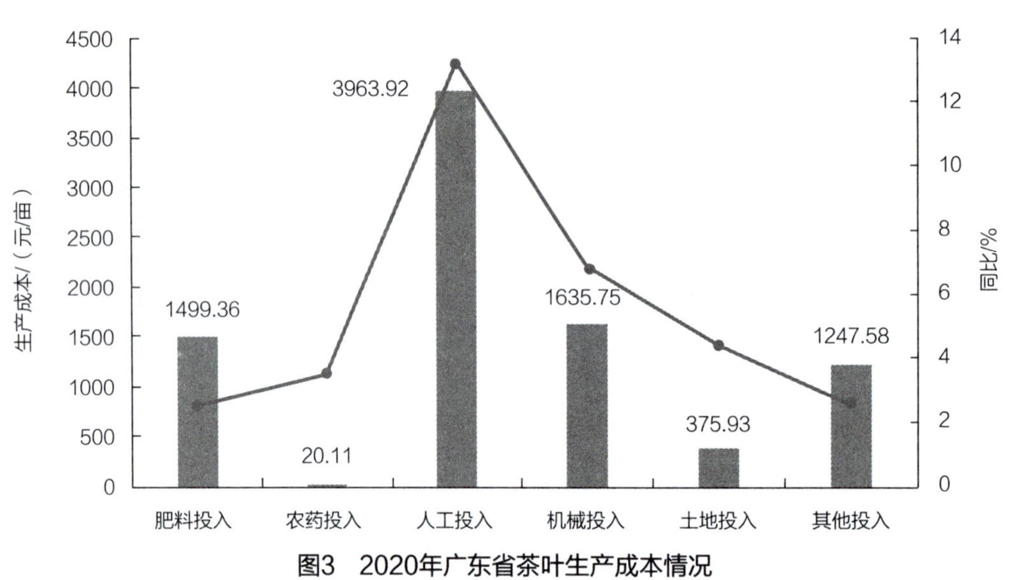

图3 2020年广东省茶叶生产成本情况

2. 茶叶亩均效益略有降低

2020年广东省规模化基地茶叶亩均产值为1.25万元/亩，同比增长4.93%，亩均效益为0.37万元/亩，同比降低1.63%，利润率由47.06%下降至42.86%。

（六）2020年广东茶叶进出情况口（据广州海关数据显示）

茶叶出口量为6569.9吨，金额5.5亿元，主要是绿茶、红茶、乌龙茶、普洱茶和花茶。

进口茶叶量为5142.4吨，金额1.5亿元，主要是绿茶、红茶、乌龙茶、普洱茶和花茶。其中红茶的进口量为3578吨，占总进口量约为69.6%。

（七）新理念引领广东茶业新高潮

在生产目标方面：广东茶叶产业发展从注重总量增长，向更加注重茶类总量平衡、结构优化和优质安全并重转变；组织方式上，从分散农户的小生产，逐步向企业为主的规模化生产经营转变。

在经营理念方面：从注重经营产品，向更加注重经营品牌和品牌文化、企业文化转变。这次疫情防控，促使大家的消费观念在一定程度上发生了改变。企业更加注重产品差异化管理，以“健康、生

态、安全”等新的思路迎接茶叶消费者的需求。

在产业功能方面：从单一的食品饮用功能为主，向食品、保健、文化、旅游等多功能的一二三产业融合发展转变，其中具特色的茶旅是集农业、休闲、文化、旅游为一体的综合性农业发展模式，以地方特色茶产业为依托结合地方红色旅游项目，发挥农村环境优美的比较优势，充分与餐饮业、旅游业、休闲娱乐业等产业融合发展，多途径带动地区经济增长，提高农民收入，既发扬了中国传统茶文化，又带动当地乡村发展。在促进乡村振兴、脱贫攻坚等方面发挥了重要作用。

在交易方式方面：从现实的“有形”市场，逐步向“互联网+茶叶”的“无形”市场拓展。这些发展趋势，标志着广东茶叶产业进入新的发展时期，真正到了从传统生产向现代化发展跨越的新阶段。

二、2021年行情预测

由于2020年冬季气温偏高，越冬虫源死亡率低，随着气温回升，农作物病虫害逐渐进入高发期，各地要做好病虫害监测防治工作。同时做好春茶结束后茶树修剪和追肥等田间管理工作，做好春茶采摘工作及产销信息采集、共享与发布，建议进行错峰采摘，鼓励小户帮大户进行互助采摘，保障生产有序进行。预计广东省春茶采摘工作一直持续到四月末，茶叶生产量环比增加2%，销售量增长5%，价格将保持稳定。

目前广东省红茶规模仍在扩张，绿茶和乌龙茶较为稳定，预计2021年全省茶园面积和产量均增长6%左右，其中红茶产量增长20%、绿茶增长6%，乌龙茶增长4%。全省茶叶生产成本将持续上升，倒逼茶叶价格略涨、优质茶产品占比增加。2021年全省茶叶均价预计增长3%左右，乌龙茶价格保持稳定，红茶价格预计增长2%左右，绿茶价格预计增长6%。

三、众志成城抗疫情，凝心聚力促发展

2020年疫情肆虐，茶行业各界人士迅速行动，挺身而出，茶产区政府、涉茶机构、合作社、企业团结一心，在疫情下有序地复工复产。在做好疫情防控工作的同时，政府相继推出系列举措助力茶产业疫情后发展。

（1）加大了对茶产区的支持，抱团取暖走出去，以多种形式（如联合相关涉茶机构科技助力产区生产、抱团亮相知名茶叶博览会助力茶企茶农疫情后产销等）助力疫情后茶产业恢复。

（2）支持产业园建设推动乡村振兴发展，形成了粤东优质乌龙茶产区、粤北英红九号特色红茶产区、粤东北客家地区三大优势生产区域，大力打造广东茶叶品牌，全面提升茶园生产效率和产业综合效益。同时鼓励企业开展质量认证（如国家绿色、有机或SC、ISO9000、GAP等认证）。

（3）为企业以直播等形式带货，宣传了品牌、吸引了茶粉、收获了订单，也为当地品牌宣传探索了新路径。

（4）减租减负。广东各地方根据实际情况推动出台减免物业租金、阶段性缓缴或适当返还社会保险费、延期缴纳税款等财政支持政策。此外，还加大信贷支持力度，对到期还款困难的，可以放宽还款期限或者续贷，适当下调贷款利率。除了建立对相关企业的信贷、汇兑等金融服务“绿色通道”，还组织银行业金融机构针对性采取延期还贷、展期续贷、降低利率、减免逾期利息等措施。中信银行、招商银行、民生银行等多家银行也已实施下调贷款利率、减免手续费等系列措施。

（5）为充分发挥行业协会及党组织在疫情防控中的引领作用。广东省茶业行业协会向各会员单位及涉茶行业各企业发布了《广东省茶业行业协会抗击冠状病毒疫情倡议书》《新型冠状病毒感染的肺炎防控知识手册》《关于广东省茶业行业协会职业技能鉴定考试暂停公告》及《广东省茶业行业协会关于协助广东省人民政府开展企业复工复产情况调查的通知》；组织广东近200家茶企及单位加入国家首批“保质量、保价格、保供应”“三保”行动；利用微信官网、网站、电话等方式，了解情况、发出倡议、宣传防控知识等；大力宣传本行业和会员企业在疫情防控、复工复产、捐款捐物等方面发生的典型事迹23篇。

三月初，根据农业农村部《关于加快复工复产抓好春茶产销的紧急通知》精神，广东省茶业行业协会与广州益武国际展览有限公司一行赴广东各大茶产区进行调研。先后走访了清远英德；韶关仁化、乐昌；潮州凤凰、饶平；梅州；河源；湛江、茂名等地。通过与当地政府、农业农村局、茶叶协会及龙头企业开展调研座谈、实地走访当地龙头茶企等方式，了解在新冠疫情形势下产区复工复产及春茶生产、销售的情况。积极与当地政府沟通情况，增强茶企复工复产信心，助力茶企茶农疫情后产销。

四、发展建议

（一）巩固基础、优化品牌特色茶品

一是要巩固优化茶园环境，优化各经营企业茶品品质，继续巩固及拓展茶叶市场。基于广东粤东地区乌龙茶、客家炒绿和粤北地区红茶类的传统特色，在工艺上传承的基础上，优化和巩固精细制作的技术，优化特色茶品企业及茶品推荐宣传。二是要充分发挥政府、行业机构和专业展览公司的优势，发挥茶博会的作用，加大宣传力度和服务功能，向全国以及海外辐射，努力为企业打造茶品牌，拓展茶叶市场商机。

（二）推动茶产业机械化发展，降本提质

随着茶园种植规模的不断扩大，单靠人工作业式的茶叶采摘及茶园管理，已经不能满足茶叶生产的需求，茶园机械化生产是茶产业发展必然趋势。一是政府要推进茶叶机械购置补贴政策实施，加快淘汰老旧机械设备，推进农机绿色发展。二是要推进茶叶机械设备技术引进推广，建设茶叶生产机械

化示范基地，推广生产机械化技术和模式。组织开展茶叶机械化推广宣传和培训等活动，提升企业经营者及茶农其茶叶机械化生产意识。另一方面，政府相关部门应聘请专业的人员，到现场培训和指导茶农掌握机械化生产操作技术，提高茶农的理论知识和实践能力。工作的重点为建立一支专业化的队伍，以点带面，加快全省茶叶机械化进程，推动茶叶质量标准化生产。

（三）加强消费引导、扩大市场规模

广东省作为全国茶叶消费大省，每年总消费量超过25万吨，消费需求空间巨大。此次新冠肺炎疫情阻击战正在促使茶叶进行一场“新型消费革命”，茶叶消费呈现消费人群年轻化、消费品类多元化的趋势。加大引导科学饮茶的消费意识，破除越早越好、手工比机械茶好等消费观念；同时继续强化大家对茶叶健康功能的认可程度。在产品销售方面，政府应加大对线上产品销售的扶持力度，加大对提高各个茶类品质研究与推广力度等；同时企业应调整生产策略，市场细分化、明确产品定位，高、中、低茶产品协调发展，满足用户个性化需求，从而扩大市场规模。

（四）加强茶叶标准体系与质量安全体系建设

广东省应逐渐完善特色茶叶产品标准体系，推动国家与各省茶叶标准相结合，逐步建立具有全国影响力的茶叶质量标准检验平台，完善茶叶科学定级标准依据，健全茶叶质量安全监管制度，鼓励茶企完善和建设产品条形码或二维码标识，实现茶叶质量全程可监控、可溯源。强化农药和肥料等投入品管理，健全投入品使用登记制度。引导茶叶专业合作社、茶叶龙头企业生产基地建立植保专业队，实行统防统治。

五、2020年广东茶行业十大新闻

（一）习近平总书记赴广东考察

10月，习近平总书记赴广东考察，期间考察了潮州市广济桥、广济楼、牌坊街，察看文物修复保护、非遗文化传承、文旅资源开发等情况，在与围观群众交流时说：“潮州话和闽南话是通的，都是一样爱喝工夫茶，我在福建那些年，喝茶是以工夫茶为主!”

（二）防疫抗疫，广东省茶业行业协会携手广州益武展览有限公司下产区调研及指导复工复产

2020年疫情肆虐，春茶的生产与销售经历了严峻的考验。自新型冠状病毒感染的肺炎疫情发生以来，茶行业各界人士迅速行动，挺身而出，支援疫情前线，采购应急物资，赠送爱心茶叶给一线抗疫人员。茶产区政府、涉茶机构、合作社、企业团结一心，在疫情下有序地复工复产。在此背景下，广

东省茶业行业协会携手广州益武展览有限公司于3—4月期间下产区（清远英德、韶关仁化、乐昌、潮州凤凰、饶平、梅州、河源、湛江、茂名等地）调研，助力产区茶企茶农防疫复工，做好产销对接。

（三）国家主席习近平向“国际茶日”致信热烈祝贺。首届国际茶日暨第十二届全民饮茶日广东区域活动成功举办

2020年5月21日上午由中国茶叶学会倡议、广东省茶叶学会、广东省茶业行业协会主办，广州益武国际展览有限公司和广州国茶荟文化策划有限公司承办的2020年首届国际茶日暨第十二届全民饮茶日广东区域活动在国茶荟正式启动。今年主承办方展示了一场不一样的线上主会场活动。此项活动得到各地市的响应，并且在全省铺开，对宣传茶为国饮，全民饮茶起到了积极的作用。

（四）广东省第一届职业技能大赛——广东省‘问山杯’茶艺技师职业技能竞赛圆满落幕

春华秋实筑新梦；茗艺增辉显匠心。广东省第一届职业技能大赛——广东省‘问山杯’茶艺技师职业技能竞赛，在主办单位广东省人力资源和社会保障厅、承办单位广东省茶业行业协会，以及冠名、特别协办等单位的共同努力下，在参赛选手尽展技艺奋力拼搏下，经过激烈竞技角逐，已于 8月9—13日在广州中洲中心国茶荟举行了总决赛。9月10日上午在珠海国际会展中心“2020中国（珠海）国际茶业博览会”现场举办了隆重的颁奖典礼暨金奖选手汇报表演。

（五）百位“杰出中华茶人”名单颁布

在中华茶人联谊会成立30周年之际，中华茶人联谊会联合中国国际茶文化研究会、海峡两岸茶业交流协会共同主办“杰出中华茶人”推选活动，并与相关社团、院校和研究机构、茶界权威人士等共同成立活动推选委员会，通过公开、公正、严谨的评审程序，面向全球推选出在茶业各领域做出突出贡献的“杰出中华茶人”100位。广东省华南农业大学教授王登良、广东茶叶进出口有限公司董事长穆有为、广东省茶业行业协会专职副会长张黎明获得此项殊荣。

（六）广东茶企茶人荣获广东省年度最高荣誉表彰

2020年广东省劳动模范、先进工作者和先进集体表彰大会12月在广州隆重举行。广东省委省政府发布了关于表彰广东省劳动模范、先进工作者和先进集体的决定。广东鸿雁茶业有限公司茶艺师及茶叶销售、茶艺队创新工作室领衔人张扬娣荣获广东省劳动模范称号，乐昌市沿溪山茶场有限公司、德高信茶业控股有限公司科技创新中心荣获广东省先进集体称号。

（七）广东在“第十六届中国茶业经济年会”上荣获多项茶界殊荣

11月18—20日，由中华全国供销合作总社指导，中国茶叶流通协会、云南省农业农村厅、云南省

供销合作社、西双版纳傣族自治州人民政府主办，勐海县人民政府、西双版纳傣族自治州农业农村局承办，云南省茶叶流通协会等全国各省级茶行业组织协办的“第十六届中国茶业经济年会”在云南省西双版纳州勐海县盛大举办。在本次年会上。广东获多项荣誉：

广东省茶业行业协会，荣获中国茶叶流通协会行业复工复产优秀单位。

英德市，荣获2020年度茶业品牌建设十强县。

英德市、大埔县、紫金县，荣获2020年度茶业百强县。

广东茶叶进出口有限公司、广东省大埔县西岩茶叶集团有限公司、广东凯达茶业股份有限公司、英德八百秀才茶业有限公司、江门丽宫国际食品股份有限公司5家茶企，荣获2020年度茶业百强企业。

广东茶叶进出口有限公司，荣获2020年度茶业社会责任十佳企业。

广东茗皇茶业有限公司，荣获2020年度茶业新锐十强企称号。

（八）“创新中国茶2020·年度论坛”在广州成功举办

2020年11月25日，由广东省茶文化促进会、广州茶文化促进会、广州益武国际展览有限公司主办，中国茶业商学院全程支持，澜沧古茶、CHALI茶里品牌赞助合作的“创新中国茶2020·年度论坛”在广州举行。本次年度论坛以“打破边界，重新定义中国茶”为主题，聚焦产业前沿，助力茶产业的转型升级。论坛现场，跨界学者、业内专家、行业领袖等超过千人参加，一同深入讨论茶产业的创新之路。本次论坛开设了线上直播，得到行业内外高度关注。

（九）全国两大国际茶展：中国（广州）国际茶业博览会、中国（深圳）国际茶产业博览会成功举办

在新冠疫情防控仍然十分严峻的形势下，11月和12月全国具有影响力的两大国际茶展——中国（广州）国际茶业博览会、中国（深圳）国际茶产业博览会成功举办。现场人气不减，上千家品牌企业参展。展品包括茶叶、茶具、茶家具、茶服、茶食品及各类茶周边产品等，涵盖茶行业全产业链。有效助力了茶产业复苏和发展。

（十）广东省重点农业龙头企业（51家茶企业榜上有名）

2020年12月28日，广东省农业农村厅公布了省重点农业龙头企业名单。其中，51家茶叶企业榜上有名，分布于粤东西北各产茶地市，分别为韶关4家、河源6家、梅州19家、汕尾2家、江门3家、湛江3家、清远9家、潮州4家、云浮1家。

（执笔人：张黎明、吴斯楷）

2020广西壮族自治区茶叶行业发展报告

广西茶业协会

2020年，围绕实施乡村振兴战略部署，坚持市场导向，克服新冠疫情影响，广西全区茶叶行政管理部门及时采取有力措施，推动复工复产，保障茶园开采和生产，茶馆、茶店、茶叶市场开业。以“改进品种、提升质量、创建品牌”为核心，以布局优化、品质提升、产业融合为重点，以标准茶园、良繁体系、全产业链开发为抓手，重点提高茶园质量效益，引进先进加工设备，改进加工工艺，提升品牌价值。大力培育茶叶新型经营主体，打造产业集群，加快拓展市场，全面提升桂茶品牌知名度和影响力。

一、广西茶叶发展概况

（一）面积、产量齐头并进

广西共有14个市48个县有茶叶（包括代用茶）生产，2020年全区茶叶主产面积138.23万亩，同比增长3.84万亩，增幅2.86%，全区干毛茶总产量约8.83万吨，同比增长0.55万吨，增幅6.64%，产值78.93亿元，同比增长6.97亿元，增幅9.69%，全区名优茶总产量18930.56吨，产值20.96亿元，六堡茶产量20286.65吨，产值28.29亿元。茶叶生产种类包括绿茶、红茶、乌龙茶、六堡茶、白茶5类。2020年，全区茶产业综合产值约260亿元，茶园面积和茶叶产量均进入全国排名前十。

广西茶叶主要集中生产区为百色市、柳州市、贺州市、梧州市、钦州市，共计生产面积约106.27万亩，占全区生产面积的76.88%。其中，百色市茶叶生产面积约33.91万亩，干毛茶总产量约13135.14吨，产值8.49亿元，名优茶总产量1093.52吨，产值3.18亿元，茶叶生产种类主要为绿茶、红茶、白茶3类；柳州市茶叶生产面积约23.84万亩，干毛茶总产量约16618.7吨，产值18.83亿元，名优茶总产量3186吨，产值5.54亿元，茶叶生产种类主要为绿茶、红茶2类；贺州市茶叶生产面积约28.54万亩，干毛茶总产量约16037.95吨，产值14.41亿元，名优茶总产量7220吨，产值13.87亿元，茶叶生产种类主要为绿茶、红茶、黑茶（六堡茶）3类；梧州市茶叶生产面积约11.44万亩，六堡茶总产量约19150.4吨，产值27.8亿元；钦州市茶叶生产面积约8.54万亩，干毛茶总产量约14291.5吨，产值8.09亿元，名优茶总产量1060吨，产值2.57亿元。

（二）市场交易持续好转

广西生产茶叶历史悠久，品质较高，销售主要以本区市场为主，大的企业在市区拥有直销店，品牌对销售的带动效应不明显，市场营销的观念和手段落后，尤其是2019年受疫情影响，产品滞销严重。为解决茶叶销售难题，2020年各市县政府持续引导企业加强现代市场营销理念，引进专业营销人才，推行新的营销手段，如新媒体、电子商务、物流配送等。今年全区实行“走出去，引进来”策略，组织各级茶企、茶商参加“第十七届中国—东盟博览会”“广西春茶展销会暨广西茶叶（春季）交易会”等行业活动，让广大消费者认知广西茶，拓宽销售市场，提高广西茶叶品牌知名度。

春茶市场产销平稳，早春茶交易活跃。针对2019年因新冠肺炎疫情影响，春茶产销流通不畅，众多茶企不同程度地面临资金链紧张的问题，2020年初，茶叶主产区当地政府出台多项促进春茶生产流通的奖励扶持政策，通过多渠道融资、贷款贴息及产销奖励等办法，全力保障春茶市场产销平稳。截至4月末，广西早春茶开采比浙江、福建、湖北等茶区提前10~20天，三江县、昭平县等地早春茶交易活跃，2—3月茶青交易量排名全国前5位。

2020年，广西名优茶价格一般在280～6000元/千克；春茶均价200元/千克以上；夏茶均价40元/千克以上；秋茶均价80元/千克以上；极品名优茶1万元/千克，最低价40元/千克。

（三）“桂茶”区域特色优势不断增强

“桂茶”区域特色优势逐年增强，已形成了“茉莉花茶”“六堡茶”一花一茶的特色茶叶产业带，和“广西绿茶”“广西红茶”优势产区。横县、昭平县、苍梧县、三江县入选2020年中国茶业百强县。

2020年，广西六堡茶适制面积92.2万亩，产量5.2万吨，综合产值超120亿元，六堡茶品牌价值26.4亿元，直接带动3万多贫困户每年人均增收1000元以上；2020年，横县全年茉莉花（茶）产业综合产值约125亿元，“横县茉莉花茶”“横县茉莉花”综合品牌价值达206.85亿元，成为广西最具价值的农产品品牌。

（四）茶产业在脱贫攻坚工作中发挥重要作用

广西80%以上的茶园分布在贫困地区，茶产业已成为贫困农民脱贫致富的支柱产业，全区106个扶贫开发任务县中有66个县将茶叶作为脱贫攻坚的主要产业，茶叶种植面积超90万亩，产量超6万吨。直接带动21万人脱贫增收，年人均增收3000元。如昭平县2020年茶园面积24.2万亩，产量1.65万吨，产值17亿元，茶产业覆盖全县10个乡镇113个行政村，惠及贫困人口2.5万人，农民茶叶人均收入可达3200元；三江县2020年茶园面积20万亩，产量1.55万吨，产值16.8亿元，茶产业覆盖全县98个贫困村，21467户贫困户，农民茶叶人均收入可达4000元。

二、广西茶叶发展主要措施

（一）加强组织领导，强化政策保障

一是茶产业属于广西明确优先发展的“10+3”优势农业产业之一，近年来自治区通过本级农业生产发展专项资金、乡村振兴补助资金等安排支持全区茶产业发展。二是自治区农业农村厅及相关厅局积极落实《广西壮族自治区人民政府办公厅关于促进广西茶产业高质量发展的若干意见》（桂政办发〔2019〕117号）文件精神，将茶产业作为重点产业列入《广西乡村振兴战略规划（2018—2022年）《广西农产品加工业提升发展规划（2018—2022年）》等规划和政策文件中。三是农业农村部、自治区农业农村厅、自治区发改委等部门安排1.35亿元项目资金大力推动标准化茶园建设、加工水平优化提升、品牌营销、科技水平提高等各项工作，打造出了一批茶叶品牌体系，推动了广西茶产业发展。四是成立了自治区农业农村厅茶产业高质量发展办公室，负责组织协调全区茶产业推进工作，研究制定全区茶业发展规划、计划及重大政策，及时协调解决茶产业发展的重大问题，统筹推进广西茶产业各项工作发展。五是积极开展疫情防控和复工复产工作。2020年2月8日、3月24日自治区农业农村厅分别印发了《关于做好疫情防控期间广西茶产业复工复产的指导意见》《自治区农业农村厅关于2020年推进全区茶产业高质量发展的通知》（桂农厅发〔2020〕51号），面对特殊时期，为了解决广西茶行业复工复产与疫情防控、用工问题以及茶业和广大茶农该如何应对的矛盾，提出指导意见。在2月27日农业农村部《农业情况交流》期刊上，广西推进农业龙头企业复工复产工作获得经验交流；3月6日，人民网专门报道广西农业农村部门护航农业企业复工复产；3月12日，广西复工复产做法在《中国县域经济报》第二版头条刊登。

（二）加强资金扶持力度

一是农业农村部、自治区农业农村厅、自治区发改委等部门2020年安排1.35亿元项目资金（其中2020年茶叶全产业链开发项目资金3000万）。大力推动标准化茶园建设、加工水平优化提升、品牌营销、科技水平提高等各项工作，打造出了一批品牌体系，推动了广西茶产业发展。二是支持符合条件的茶叶企业、合作社等新型农业经营主体就贷款期间内发生、属于所申报项目的贷款利息申请贴息补助，支持茶业企业申报产业化联合体、农产品加工等各类资金项目。三是支持企业复工复产稳增长，2月出台《深入推进“复工贷”促进广西经济平稳发展十条措施》，通过“到期延、存量续、总量增”等措施，力保全区企业复工复产平稳有序推进。将苍梧六堡茶业有限公司、广西补益堂药业有限公司等一批茶企纳入“复工贷”重点支持工业企业名单，引导金融机构加大对茶企的资金支持。

（三）加强科技支撑，提高产业水平

一是广西各级部门组织广西茶叶科学研究所等科研机构开展适制六堡茶、绿茶、红茶的茶树品种选育，选育一批具有自主知识产权的广西本土优良茶树品种，并做好育成良种的扩繁基地建设。二是鼓励和支持茶农、茶企按照现代化标准茶园新种或改种适制六堡茶的优良茶树品种，加速茶园品种结构调整，提高茶园良种覆盖率及无性系茶园比例，逐步解决茶树品种混杂、品质低下问题。三是依托广西农科院、广西茶科所和自治区内外科研院校，组织开展六堡茶加工工艺、产品研发、保健作用机理、鉴定分析等方面研究，实现茶叶“全价利用”，促进产业科技升级和多元化延伸。四是加强茶叶人才及团队的构建。鼓励茶产业人才载体单位有针对性地选送茶产业人才到国内外高等院校、科研院所和企业进行培训或者举办相关的学术会议，邀请国内外相关领域、学科的知名专家进行学术交流等。五是引导高校、科研院所、企业申报建设六堡茶产业科技创新平台，努力提升六堡茶的科技含量。目前建设有广西六堡茶加工工程技术研究中心、广西速溶六堡茶工程技术研究中心等6个茶叶工程技术研究中心，有广西茶叶良种培育中心3个。六是支持茶企进行技术改造。将梧州市天誉茶业有限公司六堡茶冻干茶粉产业化、广西茉莉芬芳茶业股份有限公司茉莉花茶自动化加工生产线建设、广西甙元植物制品有限公司年产15吨的甜茶苷生产线建设等一批项目纳入“千企技改”工程项目予以推进，建立自治区、市、县三级共同协调推进“千企技改”工程机制，加强协调调度，建立统筹扶持机制，按季度开展“千企技改”工程推进情况专项调研，深入企业及项目现场，协调处理存在的困难及问题，推动工业企业加快技术改造，并安排自治区工业和信息化发展专项资金，对符合条件的茶企予以资金支持。

（四）积极扩宽茶叶营销渠道，品牌建设初见成效

一是鼓励支持茶企参加国内外的茶叶展销会，如杭州国际茶叶博览会、全区茶产业现场会等。组织广西重点茶企业赴英国、东南亚国家或境外、自治区外等地举办以六堡茶及其他名优茶为重点的品牌展示及行销活动。二是鼓励加快六堡茶重要农业文化遗产申报的相关工作。2020年1月19日农业农村部公布了第五批中国农业重要文化遗产，广西横县茉莉花复合栽培系统榜上有名。三是举办了2020年六堡茶斗茶大赛、2020年广西（桂林）茶产业展销会茶叶评比活动、第三届全国农业行业职业技能大赛广西选拔赛暨2020年广西茶叶加工工（精制）职业技能竞赛、2020年广西茶艺职业技能竞赛暨第一届全国技能大赛茶艺项目广西选拔赛、评茶员技能大赛等大型赛事，营造浓厚的茶文化氛围。开展了“全民饮茶日”“六堡茶文化旅游节”“广西人喝广西茶”等活动，大力发展广西茶叶电商，巩固加强直销、代理、连锁、加盟等营销形式。四是茶叶品牌建设成效逐步显现。持续推进茶叶地理标志产品保护，六堡茶、凌云白毫茶、南山白毛茶、桂平西山茶、覃塘毛尖茶、昭平银杉茶、开山白毛茶、金秀红茶、桂林桂花茶、龙脊茶、平乐石崖茶等地方茶产品获得国家地理标志产品保护。形成了一批有一定影响力的品牌，如梧州六堡茶、横县茉莉花茶、凌云白毫茶、三江春、昭平红、桂林毛尖、南山白毛茶、桂平西山茶、覃塘毛尖、桂花茶等。

三、产业发展存在的主要问题及原因分析

（一）产业规模整体偏小，基础薄弱

广西与贵州、云南、湖北、四川、福建等茶产区相比，面积和产量差距较大，但由于发展茶园投入大、成本高，企业投入积极性不高，茶园面积扩大缓慢，原料短缺与不稳定的瓶颈严重制约着广西茶产业的快速发展，要打造茶产业强省，现有的种植规模还有待提高。同时广西茶园多为农户零星分散种植，茶叶生产以家庭经营为主，生产机械化程度较低，采用生态有机技术以及标准化要求进行栽培管理的标准化茶园面积占比低，部分品种优良率低，产量不高，监管体系不全，质量安全隐患仍然存在，导致茶叶原料质量不稳定。

（二）缺乏专门茶叶管理机构和专业技术人员

科研人员缺乏，茶产业科研工作包括茶树育种、栽培技术研究、病虫害防控、加工工艺更新和新产品开发、功能性研究等各方面，涉及范围极广，当前广西茶叶科研人员偏少，导致科研成果少，大部分茶叶加工企业的一线技术工人文化水平不高，未接受过系统的专业培训，导致产品质量不稳定、产品创新能力不足，生产水平难以提高；专业营销人员缺乏，特别是缺乏现代营销（比如电商）的人才；专业管理人员缺乏，当地农技部门的技术人员大都是兼管其他经济作物产业的技术人员，茶叶专业的技术人员极少，茶叶生产的技术指导主要依靠省、市涉茶科研院所的技术人员，远远不能满足茶产业发展的需要。

（三）对良种推广、良种繁育工作重视不够，优质茶叶原料供给不足

广西对茶树良种推广、良种繁育工作重视不足，上规模的茶苗良种繁育基地较少，良种茶苗缺乏，多数茶园只能种植一般常规茶树苗木品种。但这些品种茶叶原料未能满足我区品牌茶叶生产的需求，如贵港市的7个名牌茶叶生产企业，年产量都在150~300吨，产品中只有30%的茶叶达到名茶质量标准，优质茶叶原料却严重不足。如对西山茶原生种的选种育苗工作重视不够，茶苗缺乏，西山茶原生种种植面积扩展慢，西山茶原生种种植面积2400多亩，年产量仅有12吨，优质茶叶原料远远不能满足企业加工需要，制约了“桂平西山茶”品牌的推广。

（四）产业研发水平低，缺乏科技支撑

目前，专业从事茶叶内在品质特性、品种选育等的科研机构、企业较少，对传统茶叶产品的品质提升、新型茶产品的研发、开发还属于低层次上，开发的新产品只有冰茶、袋泡茶，且产量较少，小打小闹，没有上规模的生产。

四、下一步促进茶叶提质增效发展的主要措施

（一）制定十四五茶产业发展规划

夯实顶层设计，制定产业发展目标，落实相关政策措施。自治区农业农村厅制定《广西“十四五”茶产业高质量发展专项规划（2021—2025）》，将茶产业发展作为乡村振兴重要内容，带动农村、农民发展茶产业。培育茶业龙头企业与引进大型企业相结合，促进产业化程度提高，促进广西茶产业高质量发展。加强产业各环节培训，着力补短板，逐步夯实产业发展基础。

（二）加强人才队伍建设，完善茶叶品牌发展的机构

加大培养、引进茶叶专业技术人才，充实现有茶叶产业技术队伍；在茶叶主产区举办多期茶叶生产技术培训班，对当地农业技术骨干进行培训，提高广西茶叶从业人员的技术水平；组织茶叶行业专家完善行业主管协会，促进行业的协调发展。

（三）实行标准化生产，优化品种结构

坚持标准化生产，是创建精品名牌的基础，是提高产品市场竞争力的关键。所有的茶园都严格按照无公害茶叶生产技术标准和国家绿色茶叶、有机茶叶生产技术标准进行组织生产，高质量、高标准地做好新茶园创建和现有茶园的改造建设，对品种、苗木、园址的选择到开垦、栽植、肥水管理、病虫害防治及采摘、加工、储运、销售等各环节，都要进行严格的监控检测，狠抓茶青生产的质量，保证所有产品均达到无公害茶、绿色食品茶、有机茶标准。在各茶主产区成立茶苗良种繁育基地，做好茶树品种结构调整和优化，既要适当扩种适合加工中档茶品种，又要积极引进推广能制作高档茶的良种和地方特色品种，重点发展早春茶和六堡茶。

（四）提高茶叶产品加工水平，延长产业链

注重制茶工艺与设备的改进与更新，引进先进制茶技术及茶叶加工设备，提高茶叶产品的制作水平。既要生产传统的茶叶产品，生产不同茶类、不同档次茶叶，又要加强研究茶叶的综合开发利用和深度开发，做好产品品种结构调整和优化，研制加工速溶茶、茶饮料和茶多酚等茶叶提取物产品。

（五）做大优势茶区规模，打造“广西茶”公共品牌体系

进一步优化产业区域布局，做大六堡茶、茉莉花茶优势茶区和红茶、绿茶重点茶区的规模，因地制宜发展桂花茶、金花茶及其他茶类。对广西茶叶现有品牌进行整合、提升，筛选一批区域品牌形成“广西茶”品牌框架体系及品牌效应，努力打造“广西早春茶”“广西六堡茶”“广西花茶”“广西富硒

茶”等广西茶公共品牌，构建“公共品牌+核心区域品牌+企业产品品牌”三位一体的品牌体系。

（六）进一步做好产品推介宣传活动，扩大“广西茶”品牌影响力

一是培育本地茶叶加工龙头企业，完善“产+加+销”环节，推动企业技术创新、改良生产工艺、推进产加销、农工贸一体化发展，提高产品加工处理能力；二是积极组织茶企参加国际、国内大型茶博会、茶叶展销会，组织优秀企业、知名产品到国内其他省区以及东南亚、欧美等地进行产品及文化展示。联系供销商，建立稳定的销售体系；三是2021年拟继续举办三江早春茶开采节、六堡茶斗茶大赛、5·21国际茶日活动、广西茶产业展销会、第四届全国农业行业职业技能大赛广西选拔赛、广西茶叶加工工（精制）职业技能竞赛、广西茶艺职业技能竞赛、评茶员技能大赛等国内外大型茶事活动，拓宽销售市场，提高广西茶叶品牌知名度。

（执笔人：韦克英、韦静峰）

2020海南省茶叶行业发展报告

海南省茶叶学会　海南省茶业协会

一、2020年海南茶产业概况

2020年面对突如其来的新冠疫情，海南茶产业在各级政府领导、重视和支持下，经全省茶人共同努力，海南茶产业规模稳固发展，茶园管理科技投入明显增加，宣传力度加强，品牌知名度和价值不断提升，茶专业人才队伍不断发展壮大，茶文化氛围日趋浓厚。据统计2020年全省茶园种植面积33000亩，比2019年增加近2000亩，其中，开采面积24000亩，比2019年增加了4000亩，茶叶总产量680吨，受到疫情和气候影响，比2019年减少了10%，茶叶产值约1.67亿元，与2019年基本持平。海南农业龙头企业海南省农垦五指山茶业集团2020年茶叶总产值7880万元，比2019年减少6%。

二、2020年海南茶茶业发展成果

（一）同心战疫，共克时艰

2020年新冠疫情伊始，海南茶界积极行动，发布了《抗击新型冠状病毒疫情倡议书》，号召全体会员企业及茶人要加强防疫措施，战斗在疫情防控第一线。积极响应中国茶叶流通协会《关于配合国家市场监督管理总局做好“保质量、保价格、保供应”工作通知》文件号召，海南省40多家茶企向社会做出行动承诺，加入“三保”行动，加大市场供应和保持价格稳定，海南省茶叶学会获得了“行业复工复产优秀单位”称号，同时，号召广大会员及茶界人士为抗击疫情献爱心捐款捐物，受到了海南省科协表彰，获得“抗击疫情献爱心优秀组织奖”。

（二）寻求对策，应对危机

为降低疫情对产业造成影响，各茶企积极采取有效措施，改变产品结构，通过线上线下等多种措施，扩展销售渠道。海南省农垦五指山茶业集团为降低一季度因疫情造成销售严重下滑的局面，积极调整产品结构以拉动产值的增长，扩大名优茶的生产，2020年名优茶产量比2019年增加一倍，产值同步增加，同时亮出了营销组合拳，一是积极引导经销商开展线上销售，帮助实体经销商建立线上网店34家，增加销售新渠道。二是推广抖音直播带货创新营销渠道，“白马骏红岁月红”在消费扶贫“春风大行动”抖音直播活动中备货的6117件产品被热情的网友一抢而空，销售额超73万元。三是持续推进线下“百城千店”战略，目前累计开业店数达128家。四是充分发挥“扶贫集市”平台及利好政策，带动公司茶叶推广和销售。五是积极试点“旅游+茶”融合销售模式，在白沙、南海茶园开展自驾游、亲子游、茶园采风等“旅游+茶”体验活动，截至2020年接待游客人次已突破5万。

（三）加大科技投入，打造生态智慧茶园

为了解决茶园病虫害及采茶工短缺等问题对茶产业带来的不利影响，加大投入建立起生态智慧茶园。2020年五指山市依托中国农业科学院茶叶研究所陈宗懋院士团队的技术指导，联合中国热带农业科学院环境植物保护研究所科技人员完成了对五指山茶区病虫天敌种类、主要病虫害发生规律、茶园病虫害防治药剂筛选及应用、茶蚕性诱捕效果试验、应激性防治任务的调查研究。同时，对天敌友好型LED杀虫灯、茶树害虫数字化粘虫板、茶树害虫信息素诱捕技术及高效低水溶性药剂防治技术进行研究和推广。海南省农垦五指山茶业集团通过手机APP360度监控茶园，在传统的茶园管理中融入现代化技术。在白马岭基地试点推广电动采茶机，经过多次机采试验，制作干毛茶23千克，精制出库16千克，精制率69.6%，为后期制订机采制度及机采茶叶加工提供基础数据。

（四）提供产能，建设茶产业融合示范区

2020年五指山引进国内先进茶区管理技术和加大资金投入，新增加了年产100吨干毛茶制茶设备和相应的茶园管理科技改造及开垦种植新茶园。

海南省农垦五指山茶业集团投入310万元完成了金江分公司生产车间技术改造，新增加一条自动化、清洁茶叶生产线，进一步提高企业的生产能力和品质控制管理。

海南省农垦五指山茶业集团积极建设“海垦茶业生态科技园”项目，打造集茶叶智能化加工、创新产品研发、文创工业旅游于一体的海南茶产业融合示范区。该项目位于琼中县“海南湾岭热带农产品综合物流园区”内，占地60亩、总投资估算1.89亿元，于2020年9月13日正式动工，预计今年年底试产投入使用。正式投产后可实现年产成品茶1000吨，其中红茶600吨、绿茶400吨，可安置农业种植茶农约200人、生产工人60余人。

（五）加大茶叶知识技能培养，为茶产业发展提供人才支撑

2020年全省近5000人通过社会培训机构、学校和社会团体，以政府主办、校企联合等多种形式组织开展茶业专业人才的培训工作。开展多场次、覆盖人群广的职业培训班（讲座），将茶知识的传授延伸省内乡镇基层中，提升了广大群众的茶叶专业水平。邀请国内专家来海南进行茶园管理、生产加工、品牌营销等培训（讲座），有效提升茶叶从事人员知识水平和营销思路。2020年在海口市、琼中县、三亚市、五指山市、文昌市、白沙县及保亭等市县开展了以“新时代、新技能、新梦想”为主题的茶业行业技能大赛，竞赛职业（工种）包括茶艺师、评茶员、茶叶加工。通过以赛促学、以赛促训、以赛促评、以赛促建形式发掘一批具有高水平的茶业技能人才。组织海南选手参加第一届全国技

能大赛茶艺师项目比赛获得全国第八名的优秀成绩。

（六）积极开展茶文化活动，提高海南茶产业知名度

2020年5月21日为首个“国际茶日”，在全省范围内举办了首届国际茶日暨第十二届全民饮茶日活动，海口作为主会场联合三亚、白沙、琼海、五指山等分会场近50家茶企、茶馆、学校参加了线上云茶会活动，并积极同步连线直播，通过镜头向广大群众分享、展示本次精彩的茶会内容，展示海南省茶企风采和宣传海南茶文化。

举办并参加“首届南红瓯茶事空间大赛”“谷雨茶会”“云南茶山行”分享茶会，“草木行”制茶茶旅，“全国科普日”和“7·15世界青年技能日活动”等活动。

海南省主要产茶地白沙县成立了白沙县茶业协会，举办了春茶开采节暨白沙采茶能手大赛。

海南省农垦白沙茶业公司通过了有机食品认证，被海南省人民政府授予白沙绿茶栽培标准化产业园“省级现代农业产业园”，获得我国“最美绿色食品企业”称号。海南省农垦白马岭茶业公司被列为“海南省农业标准化—琼中茶叶生产标准化示范区”，入选海南首批健康企业建设试点单位，海南省农垦五指山茶业集团在2020年第十六届中国茶业经济年会中再次蝉联中国茶业百强企业，白沙茶业公司被评为2020年度茶业新锐十强企业。白沙绿茶、白马骏红、金鼎牌红茶、南海绿茶、天然、妙自然、尚南堂、薄纱牌、海岛红等茶叶品牌多次在国家级茶叶评比中获得金奖或银奖等奖项。

三、海南茶产业现存问题

（一）茶树品种资源研究缓慢

作为中国唯一热带茶区，北纬18°良好生态条件，有着丰富的茶树品种资源，目前海南只有一个在1984年被国家认定的良种“华茶16号（GSCT16）”，海南特质化品质茶树资源没有得到充分发掘和利用。

（二）新品研究有待加强

茶叶衍生品、深加工产品的研发需要投入大量人力、物力、财力、技术和设备，由于产品研发周期长、投入大、成果转化慢等因素制约，海南茶产品目前仍停留在初级常规产品的生产阶段，对于精、深加工产品（速溶茶、茶叶提取物、茶食品、茶日用品）开发涉及甚少，产品价值内涵难以提高，制约着产业发展。

（三）采茶工短缺，生产成本上涨

海南种植茶园分布呈零星散状分布，茶园间不成连片而且种植海拔高、坡度大，极大程度制约集约化管理，使用机械采茶难于操作，基本依靠人工采摘，采茶工短缺和劳动力成本高等问题日渐突

显，同时，茶叶鲜叶因来不及采摘而老化或弃采，影响了产品的质量和产量。

（四）渠道不畅，销售受阻

海南茶叶市场每年需求量达6000吨，省内茶叶产量不足千吨，在供需量上来说本应供不应求，由于海南茶叶知名度小，产品宣传力度不够、渠道不畅，茶叶成本高等原因造成了海南茶叶缺乏竞争力和销量不大。目前没有较大规模的茶叶销售市场、集散地或批发市场等，茶叶主要依托零售门店进行销售，很难向省外扩展，茶企常有货源积压情况。

四、海南茶产业发展建议

（一）利用自然环境优势扩大冬茶生产

海南地处热带地区年平均气温高，冬季气温变化不大，常年适合茶树生长，每年冬季国内其他省内茶树处于休眠状态时，海南茶叶生长茂盛，为了满足消费者对新茶的喜爱，海南应充分利用季节优势，大力发展、扩大冬茶产量，加大冬茶供给，打响“冬茶只有海南有”口号。

（二）发掘资源优势提供特质化产品

海南独特的地理位置，茶树品种资源丰富，品质独特，当代茶圣吴觉农先生对海南红茶品质有着高度赞誉“色如琥珀，香若芝兰，味同醇醪”，加大对海南茶树品种资源利用，开展海南古茶树、野生茶树、地方品种等珍贵资源调查收集、鉴定、评价、选育工作，培养出具有海南特质化产品，提高海南茶产业经济效益，同时建立保护海南茶树核心品种资源库。

（三）因地制宜融合发展

根据海南茶园不成片、零星分布而且大多数集中在国家深林保护区内的现状，重新规划设计，打造一批“小而全、小而精、小而美”的生态茶园，与旅游休闲、康养、人文融为一体，因地制宜，创新产业模式，促力乡村振兴。

（四）开发新产品延伸茶产业链

在原有红茶、绿茶基础上，研究开发黄茶、白茶、速溶茶及衍生茶产品，利用海南丰富热带水果资源优势，结合研发最具有海南特色的水果茶、调饮茶等。加强与科研院校科研力量的合作，发挥南海工匠、劳模工作室等带头作用，在医药、食品、日化、保健等方面茶叶深加工产品研发，进一步延伸产业链。

（五）抓住机遇促进茶产业新发展

海南自由贸易港建设对外开放程度越来越大，茶叶的消费群体结构不断变化和壮大，茶文化交流将越来越广泛，为海南茶叶积极参与国际贸易活动提供了空间和途径，积极利用海南自由贸易港有利政策，开展茶叶仓储、茶叶出口及转口贸易，积极开展跨境电商业务，同时加强海南茶叶品牌、茶文化的宣传和推广，创新销路，进一步拓宽国外市场，让海南茶叶成为国际化商品。

（执笔人：陈世登）

2020重庆市茶叶行业发展报告

重庆市茶叶商会

重庆是我国茶树生长最适宜地区，是茶树原产地之一和农业农村部规划的“长江上中游特色和出口绿茶重点区域”。全市现有35个区县（自治县）生产茶叶。同时，作为西部地区唯一的直辖市——重庆，是西南地区茶叶消费的中心与集散地。近年来，重庆市委市政府高度重视茶产业发展，渝茶产业得到进一步发展，重庆茶园基地规模不断扩大、山地茶园的品质优势显示出强劲的市场渗透力，渝茶企业、产品品牌价值也不断提升，渝茶文化与渝茶科技等方面也取得了长足的进步。未来“十四五”期间，渝茶产业将致力推动重庆茶业全产业链绿色发展，全面提升茶产业经济、生态与文化价值，全面推动三产融合的现代农业发展之路，渝茶产业将在不断优化中稳步发展，进入一个更具前景的新阶段。

一、重庆茶产业2020年发展现状

（一）茶叶种植业发展基本情况

1．茶叶生产发展现状

据农业部门调查统计：重庆茶叶种植规模呈现稳步增长态势，产业规模逐步扩大，截止到2020年末，茶园总面积达98.2万亩，其中投产面积达66.9万亩。茶叶总产量达到43265.5吨，其中绿茶产量37700吨、红茶4895.6吨、其他茶（沱茶等）661.9吨。茶叶总产值达到37.5亿元，其中绿茶产值33.3亿元、红茶产值3.2亿元、其他茶（沱茶等）产值1亿元。南川区、永川区、秀山县面积突破10万亩。目前，全市茶叶企业、合作社、家庭农场303家，其中龙头企业150家（国家级2家、市级34家、区县级114家），已取得SC生产认证的168家。

2．茶产业发展布局

结合我市地理生态、功能区布局及全市农业现代化建设，茶叶产区布局不断调整，形成的渝西、渝东南、渝东北三大优势茶产业带基础上，进一步优化区域布局，突出优势和特色，重点抓好“352”布局，即永川、秀山、南川3个综合示范区，荣昌、万州、巴南、江津、酉阳5个重点区县。第一，以永川为核心，江津、荣昌为重点，辐射带动合川、铜梁、北碚等区县。大力发展早市针形名优绿茶，推动江津富硒茶、荣昌红碎茶的发展，打造全国针形名茶主产区、红碎茶出口重要基地。第二，以秀山、南川为核心，酉阳、巴南为重点，辐射带动万盛、武隆、黔江等区县。大力发展地方特色优质绿茶、红茶和黑茶，重点发展南川大树茶。第三，以万州为核心，辐射带动城口、涪陵、开县、云阳、巫溪等区县，大力开发无公害、生态有机绿茶、红茶，围绕三峡库区生态安全，建立高标准生态旅游茶园。目前，永川、南川、荣昌三个区县被列入农业农村部全国茶叶优势区域发展规划、农业农村部首批全国标准园创建示范基地。永川区、南川区、秀山县分别被授予“西部茶城”“中国名茶之乡”全国“区域特色美丽茶乡”称号。

3．茶叶种植管理

（1）推进茶叶高标准生态茶园建设 重庆具有得天独厚的自然生态资源，依据三峡库区生态优势，大力推进生态茶园建设，加快发展绿色、有机茶。围绕三峡库区生态安全，以永川区、秀山县、南川为重点，实施农业部茶叶绿色高质高效创建，建设万亩生态茶园示范基地，辐射带动全市茶产业绿色高质量发展。首先，以万州区为重点，建立高标准生态旅游茶园，大力开发无公害、生态有机绿茶、红茶。在南川区北部生态农业园区，开展农业部绿色高质高效创建。其次，在重庆市巴南区二圣茶场、永川区永荣茶厂、秀山钟灵茶叶公司、万州聚缘川秀茶叶公司建立茶叶生态栽培技术示范点，实施茶园有机肥替代化肥，推广茶叶绿色高产栽培技术，茶叶产品清洁化、标准化生产技术。第三，以“有机+出口”夏秋茶产销模式为突破口，万州区重庆玖凤旅游开发有限公司绿茶获得欧盟、美国有机认证，出口欧美市场，成为重庆首家获得欧盟、美国有机认证的茶叶出口企业。据2020年统计，重庆市无公害认证茶叶基地有73个，茶园面积16.7万亩；绿色食品认证茶叶基地有82个，茶园面积9.1万亩；有机产品认证茶叶基地有26个，茶园面积2.8万亩。

（2）开展新品种新技术的引进、试验、示范 在品种优化方面，引进中黄1号、中黄2号、黄金芽、黄金茶、安吉白茶等茶树新品种，分别在永川、南川、秀山、万州、开州等地建立新茶园，丰富茶树种类，扩大茶园规模。引进茶园翻耕管理机、微耕松土机、修边机、吸虫机、采茶机等山地茶园轻简化机械管理装备，在永川进行示范应用，制定《重庆茶园机械化生产技术指导意见》，加强农机、农艺相融合，提高了茶园管护效率。引进茶叶配方肥、脲甲醛缓释肥、天敌友好型粘虫色板、幼龄茶园覆膜栽培等新技术，在全市开展试验、示范、推广工作。

（3）推广茶叶绿色生产技术 在永川、巴南、南川、秀山、万州等茶区，按照市农技总站制定的《现代生态茶园生产技术规程》地方标准，建立生态茶园示范点，加快茶叶绿色生产模式及配套技术推广，推动全市茶叶生态建设工作。主要推广四种生态茶园建设模式：茶–林复合型、茶–果复合型、茶–草（肥）复合型、茶–（林）–菌复合型。大力推广茶树病虫草害绿色防控、有机肥替代化肥、茶园蓄梢留养、幼龄茶园防草布覆盖栽培等绿色生产技术。集成了“重庆渝西名优绿茶产区化肥减施增效技术模式”“重庆三峡库区优质绿茶产区化肥减施增效技术模式”，集成了靶标害虫为“茶小绿叶蝉”的“茶园化学农药减施增效技术模式”，减少化肥施用量25%~29%，化学农药减量50%~100%以上。对老茶园实施“三推两减”（推进茶树更新、推进土壤改良、推进机械化生产，减化肥、减农药）的改造技术。

（4）加强技术培训指导，强化技术交流 加大茶叶企业与重庆市茶研所、西南大学、市农技总站等一批国家和市级的茶叶科研、教学及推广单位合作平台搭建，配合市科技特派员协会、市农广校、茶叶产业技术体系，成立茶叶乡村振兴工作组。在全市重点茶区开展茶叶专业技术现场示范与培训，助力产业振兴，指导永川、南川、巴南、万州、秀山等区县积极开展“茶叶绿色生产模式及配套技术”“现代生态茶园生产技术”“山地茶园的机械化管理及装备”等一系列茶叶科技培训。

（二）茶叶加工业基本现状

1．初精加工

随着国内茶叶市场竞争力的日趋激烈，茶叶企业、茶叶从业人员对茶叶科技促进产业发展的重要性认识进一步提高，在重庆市茶产业发展政策的指导下，重庆茶区各生产企业将进一步推行清洁化、连续化、标准化茶叶加工技术，提升改造茶叶初制、精制加工厂房及装备，推进茶叶现代加工进程。

（1）改造厂房及设施装备条件 进一步提升茶叶小规模农户分散经营的传统粗放式经营管理模式，将环境差、面积小、建设落后的加工厂房为对象，扩建或改建标准化厂房，实现加工环境清洁化。鼓励龙头企业引进先进适用的机械设备，培养茶叶加工专业技术人才，带动和引领渝茶加工水平再上新台阶。

（2）提升茶叶加工技术水平 重庆茶区，以针形名优绿茶为主，开展针形绿茶品质提升及加工关键技术集成与推广，重点推广连续自动化加工关键工艺、品质设计与智能化拼配等技术，改进生产工艺，提升茶叶质量标准水平。其次，优化推广工夫红茶加工技术，规范鲜叶要求、加工技术工艺、加工设备配置，提高工夫红茶的品质。实施荣昌区红碎茶加工清洁化改造和工艺提档升级，提升红碎茶加工技术水平。第三，开展“重庆沱茶陈醇化技术”研究，制定《重庆沱茶加工技术规程》，进一步规范重庆沱茶原料、厂房、设备、加工工艺等规范化，严格控制加工各个关键环节，不断提升重庆沱茶标准化生产加工水平。

（3）建立全面的质量管理体系 加快茶叶标准制定，完善茶叶标准体系框架，制定茶叶产品和生产技术标准。先后完成《重庆沱茶生产技术规程》的编写、评审和报批工作工作；制定《秀山毛尖产品标准》《秀山毛尖名优茶加工技术规程》《秀山毛尖生产技术规程》；以龙头企业为重点，做好茶叶安全生产溯源体系建设工作，加强自身对污染物和农药残留自检等方面能力建设，实现企业自检自控，提高茶企整体质量控制水平。

2．深加工

为进一步拓展茶叶生产加工链条，市级茶叶科研单位与高校进行强强联合，共同对茶食品（茶糕点、茶糖果、茶饮料等）、日化等茶叶深加工技术进行研发，重点加强了多种花茶工艺的产品研究与开发，不仅符合重庆市场的消费特性，扩宽了产品需求，还有效提升茶叶综合效益，推动茶产业新经济增长点。

3．加工技术创新

茶叶产、学、研、推等部门加大对工夫红茶加工重大关键技术攻关，提升工夫红茶加工技术水平。成立重庆古茶树研究院，围绕南川古树茶的鲜叶采摘、鲜叶萎凋和红茶发酵关键环节，开展系统研究，试验优化萎凋和发酵时间，设计制作相关机具装置，改进茶叶生产工艺和加工技术攻关，研发出适合南川古茶树制作的工夫红茶制作工艺，形成“古树茶工夫红茶加工技术”。

在绿茶方面，进一步突破了针形绿茶加工关键技术，研究形成“蒸汽–热风–微波三级组合杀青、自动精准程控揉捻与理条、连续自动烘炒定形焙香”等为核心的针形绿茶加工关键技术，提出“蒸汽杀青保绿、热风脱水促香、微波补杀增匀，精准揉捻成形，分段理条塑形，烘炒结合定型、提香和增味”加工技术理论体系，改善了针形绿茶的品质，实现了针形绿茶连续机械化、标准化生产。采用该工艺技术加工的针形绿茶，条索完整，色泽翠绿油润，汤色鲜嫩清亮，香气浓郁持久，滋味醇和鲜爽，叶底匀整明亮。名优茶产品合格率达到99.9%，揉捻精准率达到99.8%，成品茶制得率提升2.5个百分点。

（三）茶叶销售市场发展现状

1．在市场推广领域

茶叶企业加大与重庆市茶叶商会、重庆市茶叶学会等行业协会的合作，紧密围绕“重庆沱茶”“永川秀芽”“南川大树茶”“秀山毛尖”“三峡天丛”等区域公共品牌开展宣传与推广工作，同时，重庆市茶叶商会积极组织重庆云岭茶业科技有限责任公司、重庆长城茶业有限责任公司、重庆（茶业）集团有限公司、重庆西农茶叶有限公司、重庆苗品记茶业有限公司、重庆市渝川茶业有限公司、重庆市永川区永荣茶厂、重庆一品堂茶业有限责任公司等重庆茶业行业的龙头企业、优秀茶企参与品牌宣传与渝茶推广活动，全面提升重庆茶业的市场知名度，推动渝茶品牌建设和市场拓展。

2．线下销售主要情况

重庆地区茶叶专业流通公司主要有长城茶业、苗品记、云岭、重茶集团、渝川茶业、永荣茶叶等公司约30家，以自加工茶和经销茶叶为主，年销售额在3000万元以上的企业有7家。主要集中在重百、新世纪、永辉等大型国有商场、大型超市、专业零售店、综合性副食商场和零售店等。重庆辖区的茶叶专业市场主要有重庆茶叶专业批发市场、重庆九村国际茶都等大型茶叶专业市场以及盘溪农产品批发市场等。

3．积极鼓励与支持重庆茶企开展线上运营

创建重庆茶叶线上展示展销平台“渝农汇”，突出渝茶文化特色，建设质量追溯体系、强化电商质量监管，创新网络营销方式，活跃网络营销氛围。另外，也涌现出一批优秀的渝茶电商平台，主要有德轩龙茶叶、重茶集团、重庆云岭茶叶、重庆玉琳茶业、西农茶叶等公司。

4．消费总体状况

茶叶销售的总体形势较好，消费量持续扩大，销售价格稳中有升，中档名优茶400~600元/千克，成为春茶市场的主流，消费较为理性。成茶价格：独芽干茶价格为800~4000元/千克，独芽干茶最高价格达30000元/千克，一芽一、二叶干茶价格300~1000元/千克，大宗绿茶20~120元/千克。其次，从

品类方面看，重庆区域茶叶消费以名优绿茶、沱茶和普洱茶、花茶、红茶等为主，其中60%为名优绿茶、25%为沱茶和普洱茶、15%为花茶、10%为乌龙茶和红茶等特种茶系列。从总体来看，茶叶消费结构将由低、中、高向中、高、低转变；花茶减少，绿茶、红茶增长，工夫红茶基数低但上升较快，乌龙茶增速减缓。

5. 在国际贸易方面

重庆茶叶在国际贸易中每年出口绿茶400吨左右。其他主要是对巴基斯坦和俄罗斯出口低档次红碎茶。据不完全统计荣昌区常年出口红茶4800吨左右，实现创汇450万美元左右。

（四）渝茶产业创新发展

1. 茶旅游

在茶旅游资源开发方面，各产茶区县引导和开展生态茶园、景观茶园观光游，进行以茶园为载体的茶文化展示和体验，包括品尝以茶为特色的美味佳肴，体验采茶、制茶、品茶等一系列的茶文化、茶知识。如重庆巴南定心茶园观光游、重庆永川的茶山竹海游、东线长江三峡库区生态游、南川金佛山古茶树祭拜游，此外，大足、梁平、万盛等城边的休闲生态茶园体验游，既推动旅游生态观光茶园发展，又可开发旅游产品，促进茶产业与休闲、旅游相互结合，做到一、二、三产业高度融合共同发展。永川区、南川区、秀山区分别被授予“西部茶城”“中国名茶之乡”“区域特色美丽茶乡”称号。

2. 茶产业培训

重庆作为近年来发展较快的大都市，茶叶市场驱动茶产业培训市场的发展，一方面，涌现出大量优秀的茶艺培训与传播机构：重庆白鹭原茶艺馆、谈天说地清茶馆、重庆信睦文化传媒有限公司、重庆井杨子茶艺发展有限公司、荟茗茶艺培训中心等，为从事茶业人员进行上岗培训，对传承和推广博大精深的巴渝茶文化，为重庆茶业会展业的持续健康发展奠定了很好的基础。此外，重庆市茶叶商会紧密围绕食品流通规范，定期开展茶叶流通安全培训与预包装茶叶标签标识管理的培训，为渝茶企业在食品安全与流通管理方面提供实用性技术指导。

3. 积极组织茶技能大赛

为进一步推动渝茶产业建设，培养更多的茶产业专业技术人员，2020年期间，重庆市茶叶商会联合相关单位联合成功承办了“巴渝工匠杯”茶艺师、评茶员、茶叶加工工三大茶叶技能大赛。

（五）茶品牌、文化、创新发展现状

重庆现有茶叶区域公用品牌主要有“永川秀芽”“金佛玉翠”“南川大树茶”“三峡天丛”“秀山毛尖”“云阳相思茶”以及从新恢复的“重庆沱茶”等。这些茶叶品牌以区域茶产业为主导，通过科技创新发展模式，壮大产业规模；整合项目资金，增强发展动力；加强科技支撑，提高产品质量；建立完善市场，规范交易行为来做强做大。同时，区域品牌便于统一形象，统一发展，集中资源打造重庆知名品牌，全面实施品牌化建设。永川、南川、秀山、万州等地开展采茶节、斗茶大赛、手工制茶比

赛等多种形式的具区域特色、形式多样的茶文化旅游活动，加大茶叶品牌宣传力度，扩大渝茶产业国内外影响，提高重庆茶叶的知名度、市场竞争力和市场占有率，共筑渝茶产业品牌特色，推动品牌建设和市场拓展。

加强重庆市茶叶商会、学会等单位的组织协调作用，举办好“中国（重庆）国际茶产业博览会”“中国·重庆（永川）国际茶文化旅游节”等大型茶事活动，传承和推广巴渝茶文化，共同打造重庆“茶的故乡”这一绿色品牌，促进重庆茶馆茶楼及茶文化服务企业的快速发展。

在茶叶科技教育方面，以科研院所、大专院校、推广部门为主，组建专家服务团队，定期到茶区、企业开展科技服务，积极培养茶叶各种技能人才，助力人才振兴。在重点产茶区县配备茶叶科技服务人员，增强技术推广服务功能。支持建设区域性茶叶科技特派员团队，为企业和茶农提供技术指导、市场信息、技术培训等社会化服务。建立茶叶科技服务网络体系，促进茶叶科技服务到农户、到车间、到企业，逐步落实科技兴茶战略。

（六）充分发挥行业协会职能，积极推动渝茶产业创新发展

重庆市茶叶商会、茶叶学会、国际茶文化研究会等茶行业协会是经重庆市民政局批准成立的具有法人资格的社团组织，是政府与会员单位的重要链接纽带。协会本着“依托会员，服务会员”的宗旨，以“振兴渝茶”为目标，在渝茶产业流通服务等方面实实在在的开展各项工作，推动重庆市茶业产业可持续发展。其主要工作如下。

重庆市“巴渝工匠杯”茶叶技能大赛：2020年，重庆市茶叶商户联合重庆市供销合作总社、重庆市经贸中等专业学校成功承办了重庆市人民政府主办的“巴渝工匠”杯重庆市第二届“永川秀芽”职业技能竞赛暨国家级茶叶加工工、评茶员、茶艺职业技能竞赛选拔赛。赛事以“技高行天下，能强走世界，茶香飘万里，艺韵传千秋”为主题，组织动员了全市供销社、茶叶协会、茶叶企业和职业院校职工、师生广泛参与，成为重庆茶行业岗位练兵和技能大赛舞台，引起供销行业和社会各界的广泛关注，对传承和弘扬中国传统茶文化，推动重庆茶叶品牌建设和产业发展发挥了积极作用。

重庆市茶叶商会紧密围绕茶叶加工工、茶艺师、评茶员的职业技能素质要求开展了多期职业技能培训，并围绕茶叶食品安全开展了多期关于《茶叶流通与安全》的实战运营培训，并长期在线为会员单位提供茶叶流通安全、茶产业技术指导、茶叶产业化项目等咨询工作。

展会展销方面：2020年，受全国疫情影响，积极配合会展主办单位开展茶叶展会展销活动，组织会员单位积极参与了华巨臣重庆秋季茶博会、2020第十八届中国国际农产品交易会（重庆国际博览中心），并积极支持了万州、大足等地区域性与茶叶相关的展会展销活动，并积极组织与贵州、四川等地的行业交流活动。

《重庆茶叶》杂志编辑工作持续推进，当年发行期刊4期，不仅对会员单位提供了稳定的宣传窗口，而且帮扶了不少企业完成了文化宣传与产品推广工作。

为表彰行业先进，2020年，重庆市茶叶商会开展了重庆茶业综合实力十强企业及优秀企业，以及

重庆市茶叶商会“双优”诚信茶业商铺的评选与表彰活动，更好地促进重庆市茶叶知名品牌的培育、保护和管理，进一步提高茶叶企业在产品质量、服务质量以及企业品牌市场竞争力的经营意识。

二、重庆茶叶发展存在的主要问题

一是农村劳动力缺乏，采茶人员不足，采茶成本上涨，茶园下树率低，由于采茶工紧缺，无法及时按标准采摘，对春茶产量及品质有一定影响，其次，茶区普遍存在夏秋茶利用率不高，部分茶园存在弃采现象，造成茶园效益不能充分发挥。

二是重庆茶园大部分是山地茶园，茶园管理标准化程度不高，茶园机械化管理程度不够，科技示范推广需进一步加强。

三是茶叶经营主体以小规模农户分散经营为主，通常采用传统粗放式经营管理模式，与茶园科学管护还有一定的距离，茶叶经营主体规模小、导致无法建立标准化生产，同时，各地的茶产业存在品牌知名度不高、缺乏市级大品牌对产业的带动。

四是茶叶产业链条过短，茶园收益主要集中在种植与加工，茶资源深加工领域涉足较少，导致附加值低。科研院校等创新主体研发的科技成果真正落实到产业第一线和价值转化的比例偏低。

三、渝茶产业下一步工作思考

（一）加强茶园管理，保质增效，打造山地茶园特色

“十四五”期间，重庆茶叶种植规模继续呈现稳步增长态势，产业规模稳步扩大。重庆将进一步加强茶叶新品种新技术的引进、试验、示范工作，加快推进建设山地生态茶园，加快茶叶绿色生产模式及配套技术推广，大力推广茶树病虫草害绿色防控、有机肥替代化肥等技术。加强农机、农艺相融合，提高了茶园管护效率，引导经营主体创建渝茶山地茶园示范基地与高效管理模式

（二）以渝茶产品为核心，加快质量标准化建设，推动加工技术提档升级

加快茶叶传统加工升级改造，以清洁化、连续化、标准化为发展方向，提升改造茶叶初制、精制加工厂房及装备，推进茶叶现代加工进程。以针形名优绿茶为主，开展针形绿茶品质提升及加工关键技术集成与推广，重点推广连续自动化加工关键工艺、品质设计与智能化拼配等技术，改进生产工艺，提升茶叶质量标准水平。围绕南川古树茶，加大对工夫红茶加工重大关键技术攻关，提升工夫红茶加工技术水平。开展“重庆沱茶陈醇化技术”研究，不断提升重庆沱茶标准化生产加工水平，加快恢复振兴重庆沱茶。同时，加强技术培训指导，强化技术交流，推动全市茶叶绿色高质高效发展。

（三）积极推动消费升级，培养全国优秀茶品牌

茶叶销售的总体形势继续保持良好发展态势，消费总量持续扩大，销售价格稳中有升，消费较为理性。消费茶叶以名优绿茶、沱茶和普洱茶、花茶、红茶等为主，地产工夫红茶、重庆沱茶随着加工技术工艺的提高，消费总量将得到稳步增长。进一步推动永川秀芽、重庆沱茶、三峡天丛、南川大树茶、秀山毛尖等区域品牌建设，并积极推动以苗品记苗小茶为代表的新型茶饮料在全市普及推广。

（四）积极推进茶旅融合发展的新模式

认真贯彻国家三产融合的发展思路，结合重庆茶区的具体情况，努力实现一、二、三产业联动，推动渝茶文化与旅游业融合发展。随着国内疫情得到有效控制，积极引导茶企开展各种形式的茶事活动，推动一批集生态观光、制茶体验、休闲娱乐、茶园科普、品茶购物等多种功能于一体，将渝茶产业由种植生产转向生活休闲，提高茶产业的经济效益、社会效益与生态效益。

（五）加强科技创新与产品开发

通过引入茶叶大数据、人工智能、物联网等新技术，加快重庆智慧茶园创建、加快渝茶加工技术与装备的智能化、标准化进程，实现茶叶的精细化、规模化，推动“渝茶制造”向“渝茶智造”的模式转化。其次是以市场需求为导向，以消费者需求为核心，开发适销对路的产品。第三，茶是世界公认的健康饮品，加强茶与大健康产业的融合，从茶叶的功能性成分的研究为基础，提高茶叶的综合利用价值，为新产品开发打好基础。

（六）重视茶叶专业人才的培养

未来，重庆市茶叶商会不仅要进一步做好重庆茶叶行业各种技能大赛的组织、实施工作，更好通过各种渠道和方式，以商会为平台，积极培训和培养各种茶叶相关的技术人才、管理人才、市场营销人才、渝茶文化推广人才等，尤其要重点实施跨行业人才整合计划，切实解决制约渝茶产业快速发展的人才瓶颈问题。

总之，国家茶产业十四五发展规划已经出台，重庆一定会抓住新一轮茶产业大好机遇，以市场为导向，以效益为中心，依靠茶叶科技，合理布局，充分发挥重庆茶业产业优势，优化产业结构，加快品牌培育，精耕渝茶市场，适销对路，抓住重点，持续稳步提高渝茶产业的整体形象与综合效益，推动渝茶产业向特色、优质、高效和可持续的方向发展。

（执笔人：贺鼎、汪毅　统稿人：司辉清）

2020四川省茶叶行业发展报告

四川省茶叶流通协会

茶叶是世界上三大传统饮品之一，被世界卫生组织和中国预防医学组织列为全世界六大天然保健饮料之首，是四川的主要特产和传统出口创汇产品，也是四川省特色优势产业和农民增收的骨干支柱产业。

一、四川茶叶发展的现状

四川是茶树原产地之一，也是人类饮茶、种茶、制茶的发源地，是我国主要产茶省份之一。四川茶叶历来以数量大、品种多、分布广、品质好、声誉高而著称，自古就有“蜀土茶称圣”的美誉。据史料记载，早在唐朝时期，川茶产量就位居全国之首。

到2020年，全省共有130个县产茶，占全省183个县的71.04%，其中乐山、宜宾、雅安、成都为主产区，形成了川西名优绿茶、川南优质早茶、川东北富硒茶三大优势产业带，其面积、产量、产值均占全省总面积的90%。全省优势产茶县32个，茶叶面积20万亩以上的大县18个，产业集中度达80%以上。全省茶园面积为586.0万亩，比上年增加11.0万亩，增长了1.91%，其中良种面积达476.4万亩，比上年增加6万亩，增长了1.28%，良种茶园面积占总面积的81.3%；茶叶产量34.4万吨，比上年增加3.1万吨，增长了9.90%，其中名优茶产量21.5万吨，比上年增加2.6万吨，增长了13.76%，名优茶产量占总产量的62.50%，大宗茶产量12.4万吨，比上年增加0.64万吨，增长了5.4%；茶园面积居全国第3位，茶叶产量居全国第5位，分别占全国的12.34%和11.52%，茶叶综合总产值为900.0亿元，比上年增长100.0亿元，增长了12.50%，其中，毛茶产值303.8亿元，比上年增加24.92亿元，增长了8.93%，茶叶总产值居全国第3位。百万元以上的加工企业达1750余家，规模以上茶叶企业614家，其中，销售收入500万元以上的有377家、产值千万元以上157家、500.0万元以上的有80家，逾亿元的企业有23家，市级以上龙头企业147家、省级重点龙头企业95家，省级示范合作社77家，国家级龙头企业8家，中国驰名商标16个，中国地理保护标志28个，中国名牌农产品企业5家，四川省著名商标68个，四川省名牌产品42个，有5家企业获得GAP认证，40多家企业600多吨产品获有机产品认证。建成了川西、川南、川东北三大优势茶叶产业带。500万茶农实现人均茶叶收入达5000元以上。

值得一提的是，近20年来，全省良种茶园面积和名优茶产量呈快速增长势头，其发展速度和增幅居全国各产茶省市之首，茶叶企业不断发展壮大，优势龙头企业集群已渐显现，其企业的规模、形象、加工设备及技术水平堪称全国一流，四川已成为我国西南地区乃至全国的茶叶优势产区和茶叶生产标准化、清洁化、机械化、集约化的重点示范区。

二、2021年四川茶业发展趋势分析

（一）茶园面积将适度增加，其茶园良种化程度进一步提高

茶叶产业被省委省政府列为全省第一大优势特色产业，特别是2014年2月底，省政府出台了《关于加快川茶产业转型升级，建设四川茶业强省意见》的1号文件，2014年底相关厅局相应出台了5个具体实施方案，2019年2月和6月，分别印发了《精制川茶产业培育方案（2019—2022）》和《2019年精制川茶产业工作要点》，从而推动了各级政府对茶产业的高度重视，加之茶叶比较效益高，省市县各级政府及茶农一直十分重视该产业的发展，各产区发展新茶园的积极性空前高涨，因此，面积的增加已成必然趋势。2021年底将突破595万亩。

（二）茶叶产量有所减产，预计将减产20%

由于2021年早春高温，导致春茶来得快、结束得早，加之新冠肺炎疫情影响，采摘工劳力十分紧张，应采未采，造成我省春茶产量大面积减产，今年春茶将减产20%左右，全年将减产30%左右。

（三）政府及企业更加重视品牌的宣传运作和打造

近5年来，省委省政府高度重视茶叶品牌的培养和打造，尤其2014年后，省委员主要领导对川茶品牌的打造多次提出意见，并多次做出批示，省发改委、省农委、省农业农村厅等主管省厅部门多次召开会议研究川茶品牌打造的思路和方案，目前，已制定出品牌打造的规划和具体措施，并成立了四川省茶叶品牌促进会，四川将重点打造“天府龙芽”大区域品牌，同时，打造“峨眉山茶”“蒙顶山茶”两大区域品牌和“竹叶青”“峨眉雪芽”等企业品牌，相关市县政府紧密配合省委省政府的决策，倾力打造各自区域品牌。此外，由于企业负责人的观念改变，大中型茶叶企业更加重视企业品牌的运作和打造。

（四）茶叶产品的安全卫生质量将进一步提高

随着政府对食品安全监督监控的进一步升级和市场对食品安全的要求，茶农及茶叶生产企业更加重视茶叶病虫害的绿色和有机防控技术的应用及产品安全，因此，茶叶产品的卫生安全质量将进一步提高，农残超标率将进一步下降。

（五）更加重视茶叶新品种、新技术、新成果、新模式的应用推广

随着茶叶从业人员对科技促进产业发展重要性认识的进一步提高，全省茶产业将更加重视茶叶新品种、新技术、新成果及新模式的应用推广，以达到产业和企业转型升级、提质增效的目标。

（六）企业更加重视产品终端市场的开拓

在目前大环境下，茶叶市场竞争十分激烈，尤其是高端茶叶市场难以拓展，在这种形式下，谁拥有了市场谁就拥有生存和发展权，并立于不败之地，因此，经营企业更加重视自身产品终端市场的开辟。

（七）政府更加重视对茶叶产业的投入，特别是对基地建设、技术改造、新产品开发、品牌宣传运作等项目资金的投入将大幅度增加

由于各级政府更加清楚地认识到：对茶产业必要的投入将促进产业的发展和素质的提高，加之，党的十八大提出的改变农业经济增长方式和促进农民增收等一系列政策措施，将加快创新驱动引领农业高质量发展作为2021年经济工作和“三农”工作的重中之重，势必促使各级政府加大对农业科技及优势产业发展的投入。

三、川茶发展主要做法及经验

（一）领导高位推进，推动产业发展

省委省政府高度重视川茶产业发展，彭清华书记、尹力省长等领导先后对茶产业发展做出重要批示8次，尹力省长还专门对第九届四川国际茶业博览会发来贺信。召开会议两次，其中史哈常委出席了在宜宾市召开的全省精制川茶产业培育（现场）推进会议，并作重要讲话，联系省领导祝春秀副主席主持召开了精制川茶产业机制暨川茶产业第一次推进会议，研究部署茶业发展工作，相继印发了《关于新型冠状病毒感染肺炎疫情防控特殊时期切实抓好稳定茶产业发展的指导意见》（川农函〔2020〕84号）、《关于深化银政担合作支持茶产业发展的意见》、《关于〈统筹推进精制川茶产业发展的指导意见〉的项目管理办法》（川农函〔2020〕335号）、《关于开展茶园“两个替代”绿色生产技术推广应用的通知》、《关于印发<川茶产业振兴工作推进方案>的通知》（川农领〔2020〕12号）6个重要文件。精制川茶培育机制成员单位整合资金约3亿元用于茶产业基地建设、主体培育、市场拓展、品牌打造、科技支撑等。乐山、宜宾、雅安等茶叶主产市地方政府出台了一系列支持茶产业发展的政策措施，如宜5条、乐4条、雅12条等，持续推动本区域茶产业发展。

（二）推进基地建设，促进绿色融合

充分发挥30个茶叶优势县比较优势，坚持“两带两区”发展原则，推动产业集聚、生产集约、企业集群发展。改善和提升了茶园基础设施条件，实现路网、水网等五网互通，巩固和提升13个省级现代茶叶产业园区、4个茶产业强镇的建设。加快低产低效老茶园更新改造，全面应用机械化采摘、修剪、

耕作等机器换人和茶园绿色防控、"两个替代"（主要病虫害生物防治替代化学防治、有机肥替代化肥）绿色生产技术，建立健全茶叶标准化体系，推广套种经济林木或种养循环发展模式，推行肥水一体、物联网等智慧茶园建设，建立健全茶叶质量追溯体系。全省无性系良种茶园面积达477.2万亩，全程绿色防控面积达136万亩，机采茶园面积192.3万亩，分别占总面积的81.3%、23.2%和32.8%，有机茶园面积6.15万亩，茶园质量安全水平稳步提高，抽检合格率达到99.0%，出口茶产品检测无一不合格，茶园质量安全水平稳步提高。持续推进茶旅融合，打造茶旅游精品线路，四川省4条线路入围全球首个"国际茶日"生态观光茶旅线路，占全国的10%，泸州市纳溪区、犍为县、峨眉山市和雅安市名山区被农业农村部评为全国生态观光县，占全国的10%，西部第一。

（三）培优壮大龙头，提升产业竞争力

充分发挥主体引领作用，坚持以"十大茶企"为核心带动、联动产业发展，培育一批龙头企业，壮大一批高成长企业，发展一批中小企业，分层分类开展企业梯度培育。创新经营机制和模式，建立"龙头企业+专合社+家庭农场"利益联结机制，组建茶产业联合体，积极推进茶叶专业合作社和家庭农场的建设。省级以上龙头企业达95家，新增省级龙头企业17家，其中，国家级龙头企业达8家，农业农村部2020年度监测国家重点龙头企业，合格茶叶企业6家；省级以上茶叶专业合作示范社达89家，培育茶业产业化联合体14家、专新特精重点茶企20家、高成长性茶企7家、小巨人茶企1家。开展四川省精制川茶自动化清洁化示范企业认定工作，首批认定20家示范企业，积极打造一批精制茶加工标准化、自动化清洁化标杆企业，带动全省精制川茶加工能力提升。实施"小升规"企业培育工程，大力促进小微企业转型升级为规模以上企业，推动小微企业上规模、规范化发展。

（四）强化技术支撑，提高科技水平

邀请陈宗懋、刘仲华院士团队多次来川，相继前往雅安、乐山、宜宾等茶叶主产市调研指导茶产业；宜宾市组建了宜宾市茶产业研究院，聘请刘仲华院士为首任院长；积极与中茶所、西南大学、湖南农大等省外科研单位及大专院校加强技术合作。2020年支持科技项目32项、经费1950万元，编制了《四川省川茶产业技术攻关路线图》，育成了川沐318、川茶8号新品种，开发了白茶三花1951、云顶绿扁形茶、金花藏茶等新产品，完成"长江红"高端红茶研制并成功上市销售。创新平台建设取得新发展，推动建设一批川茶领域创新平台，支持川农大、省农科院和宜宾学院联合申报创建茶树种质资源发掘与创新利用四川省重点实验室，已通过现场考察；支持中测院等7家单位实施"川茶营养健康评价体系研究与示范"重大项目1项、经费600万元，深入挖掘"天府龙芽""三山一早"等主推品牌营养健康价值。以农业农村部重大技术协同推广、四川茶叶创新团队、科技扶贫万里行等为抓手，建立产、学、研、企的链条式协同推广模式，针对基层农技员、种植大户、经营主体在不同生产季节、不同生产环节开展先进实用技术培训245次，省级达8次。针对茶产业管理、技术及营销等瓶颈问题，全面提高茶产业人才整体素质，促进精制川茶高质量发展，在宜宾学院举办了共两批四期2020年

四川省茶产业系统培训，邀请了湖南农业大学刘仲华院士及西南大学、安徽农业大学、华南农业大学等全国知名专家授课，涵盖生产、加工、品牌、营销、茶文化、产业融合等全链条，培训人数达600余人，一次性组织这样大规模培训，在川茶产业发展史上从未有过。为培育精益求精“四川工匠”精神，在宜宾市翠屏区举办了全国茶叶加工工（精制）职业技能竞赛四川选拔赛，选出四名选手代表四川参加全国大比武，四名选手均获奖，其中两名代表进入全国前20名，获得农业农村部授予的“全国农业技术能手”称号，四川代表队获得了“优秀团体奖”。

（五）强化品牌宣传，扩大市场营销

充分发挥品牌体系三级联动作用，坚持以“天府龙芽”省级区域公用品牌为引领的原则，积极推进“峨眉山茶”“蒙顶山茶”“米仓山茶”和“宜宾早茶”4个市级区域公用品牌协同发展、企业品牌与公用品牌融合发展。在央视《新闻1+1》以及省内机场港口等积极宣传“天府龙芽”公共品牌；在上海举行了四川“天府龙芽·品质川茶”上海营销推广中心揭牌暨宣传品鉴活动周，标志着川茶正式接入上海市场，开启了登陆华东地区的首站，促进川茶“借海出川”，走进上海，开拓华东，走向世界，助力川茶品牌化迈向新征程；组织全省280余人、70多家企业参加了第27届上海国际茶文化旅游博览会，举办了“四川天府龙芽·品质川茶推介暨给消费者一杯好茶”专场推介活动，推动川茶产业转型升级、抱团发展。科学研判疫情影响，成功举办了以“千亿茶产业·创新大发展”为主题的第九届四川国际茶业博览会，充分展示了水酒茶、成渝经济圈、线下线上融合发展，首次集中将川茶、川水、川酒进行融合展示，设立了茶酒融合展区和好水展区，首次同步举办“线上线下茶博会”，打造线上线下双线会展平台模式，上线展商超过800家，上线观众超过137万人次，提升了川茶产业在国内外的影响力和知名度，彭清华书记对展会成果高度评价，批示“川茶川酒川水融合，大有可为”。按照农业农村部《关于做好首个国际茶日有关工作的通知》的要求，对新冠肺炎疫情期间各茶区对茶产业进行宣传的视频短片、标志性活动的宣传报道进行收集，通过对比推选出最具有代表性的宣传片报送农业农村部，旺苍县和万源市参与了“5·21国际茶日”“云上茶日”县长直播带货活动。2020年1—10月，川茶出口数量、货值逆势增长分别达到150.0%、70.6%。

四、四川茶叶发展存在的主要问题

（一）茶叶产品结构不合理，企业品牌意识差，缺乏大企业大品牌

主要表现在：①中低档茶产量过大（占40%以上），而品质好的高档茶和适销对路的特种茶产量还不大（占50%左右）；②品牌意识差，不太重视茶叶产品的宣传、包装和灵活多样的促销手段，不善于培育茶叶品牌，企业往往只重视一般产品的销售活动，其历年的茶叶产品多是以散茶形式低价卖给省外商贩（省外客商经过包装后又重新进入我省市场），而缺乏自己的品牌和包装，故商品的市场

竞争力弱、市场占有率低、价值不高，经济效益差。

（二）茶叶精深加工滞后，茶叶利用率低，其附加值不高

四川茶叶精深加工及综合利用十分落后，才刚刚起步，茶叶的综合利用价值仅为40%左右，尚有60%的原料被浪费掉。这些浪费掉的原料完全可以通过精深加工提取茶多酚、儿茶素、茶氨酸、茶色素、茶多糖、茶皂素等生化产品。经试验研究和生产实践证明，10~15千克低档茶或加工副产物通过进一步深加工可提取1千克茶多酚，卖价达300元左右，比原始初产品单价提高了3.17~5.25倍。保守估计，全省茶叶产值就可达到190亿元。精深加工产品在扣除原料及加工成本后，其利润率可达40%~60%。

（三）茶产业规模大，但经济效益不高

以四川省茶叶产业基地的效益与福建安溪县的茶叶产业基地效益对比为例。四川省现有茶园面积586万亩，年茶叶产量34.4万吨，毛茶产值303.8亿元。茶园年平均亩产值5184.3元/亩，比上年增加332.13元/亩，投产茶园亩产值达6305.08元/亩，仅相当于浙江的74.8%，福建安溪县茶园平均亩产值高达15000.0元/亩。由此可见，尽管四川省茶叶基地面积大、规模大，但茶叶经济效益不高，全省茶叶总产值与福建安溪一个县的产值相当。

（四）产品市场竞争力差，出口量下降，国外市场有待拓展

多年来四川一直是我国茶叶出口的主要省份。1986年自营出口茶叶（包括重庆市）1.13万吨，创汇1275万美元，其中出口红茶1.05万吨，出口绿茶213吨、普洱茶452吨、乌龙茶50吨、花茶50吨、沱茶54吨。加上当年调供省外的5076吨出口量达1.64万吨，约占全国茶叶出口量的9.6%，占当年全省茶叶产量的30%。但是，进入二十世纪九十年代以来，四川省茶叶出口直线下滑，到2001年，全省（不包括重庆市）自营出口茶叶只有316吨，创汇42万美元，仅占当年全国茶叶出口量的0.1%，占全省茶叶生产量的比重也很小（内销为主）。2016年全省茶叶出口量9015吨，排名全国第16位。2018年全省茶叶直接出口量1670吨，排名全国第13位（15个出口省）。2020年全省茶叶出口3279吨，销售额548.2万美元，同比去年分别增长150%、70.6%，虽有较大增加，但总量仍较少。四川省出口的茶叶品种，也主要是绿茶、红茶和少量的特种茶（花茶、黑茶）。

（五）茶文化宣传和茶文化活动重视不够，附加于茶叶产品的文化价值不高

目前，四川省茶叶企业在重视企业的产品文化方面还做得很不够，如产品的设计、命名、包装等缺乏文化特色，太一般，也不善于产品的宣传和运用各种营销手段，尤其不重视参与国内外大型产品展销及茶文化活动。

另外，一些全省性的大型茶文化活动如茶道、茶艺表演，茶与经济、文化、艺术、宗教、礼仪及

与人体健康等方面的研讨宣传活动、茶文化知识的宣传及茶艺培训活动在四川省也较少开展，人们的茶文化消费观念及意识较为淡薄，这在很大程度上影响和制约了四川省茶叶产品的经营销售和茶叶经济的发展。

究其原因，主要是四川省茶叶生产仍处于封闭半封闭的小农生产状态，茶农和企业往往只重产，不重销，更不重宣传。茶叶经营主要采取守株待兔，坐地等客上门，卖出的产品多是初级产品或原料，且自我感觉良好。这种小农经营方式极不符合当前市场经济发展的要求，这也是导致四川省茶叶企业经营效益差的重要原因。

五、四川茶产业发展思路及措施

（一）树立“以质取胜”的观念，狠抓产品质量

当前，我国尤其是世界正在由产量型向品质型转移。企业轻质必然失去市场，失去顾客，失去竞争；相反，将占有市场，赢得顾客，拥有竞争，这已成为不以人们的意志为转移的客观事实。从国内市场销售趋势看，名优茶供不应求，高中档茶紧俏，卖价高。相反，低档茶销售下降。

因此，应真正在质量上下功夫，树立“以质取胜”的观念。为此，建议企业要积极实行全面质量管理：一是制定茶叶产品标准，使企业生产的各种产品从产地、生态条件、原料质量、加工工艺、产品质量、卫生状况、贮藏条件等都要制定出严格的标准，以标准规范茶叶采制工艺和产品质量，结束以前那种企业无标生产的状况，真正树立以质量求生存、求发展，向质量要效益的观念；二是结合开展名优茶评比活动，加强质量监督和管理，对生产、经营名优茶的企业、商家进行经常性的产品质量抽查和监督，对发现的问题，如质量名不副实，以次充好，以陈充新，以假冒真，掺杂使假以及商标侵权等行为予以坚决制止和惩罚，做到奖优惩劣、打假扶真，从而规范茶叶市场，营造创名牌、出名牌、奖名牌产品的良好市场环境。

（二）大力开发茶叶特色产品

通过科技创新，进一步改进和完善我省名优茶加工工艺技术，开发生产优质特色的名优茶产品，尤其要采取独特的工艺技术，研发高香型、高鲜型、花香型等风格独特，并具有较强市场竞争力的名特优产品，大力提高川茶的科技含量和市场竞争力，满足广大消费者的不同需求。

（三）开展茶叶精深加工，大力开发高附加值的茶叶精深加工产品，延伸产业链

目前，四川省茶叶的综合利用价值也仅为40%左右，尚有60%的原料被浪费掉。尤其很多地方夏秋茶不采，这些浪费掉的原料完全可以通过精深加工提取茶多酚、儿茶素、茶氨酸、茶色素、茶多糖、茶皂素等生化产品。

茶叶精深加工和综合利用是一个正在兴起的新产业，不但拥有巨大的增值潜力，也拥有巨大的市场潜力。其产品用途广、市场需求量大，广泛用于食品、医药、化工、保健、饮料、建筑等诸多行业，其增值空间较大，有数倍甚至十倍以上的增值空间。

（四）实施名牌精品战略，狠抓品牌建设，培育知名大品牌、大企业

当前，全国茶叶市场总的说来不景气，属买方市场，其市场竞争十分激烈。任何一个产品要想在市场竞争中取胜，必须打好质量这张牌，实施名牌精品战略，努力实现产品优质化品牌化。品牌是企业的形象，更是企业的无形资产。

因此，企业要在市场竞争中求生存、求发展，必须实施名牌战略，狠抓品牌建设。

一是企业要增强商标意识，努力创立和培育商标，并依法使用和保护商标。同时，要改进包装，强化宣传，努力提高产品的市场占有率和潜在的附加值；二是以优势产品为龙头，规划名优茶生产基地，要以联合的方式或组建企业集团，统一经营、统一发展名优茶。即按茶类品种统一质量、统一包装、统一品牌、统一宣传、统一销售，并集中推出2~4个在国内外知名度高、市场影响大、产品覆盖面宽、经济效益显著的名牌产品，以增强我省名优茶的整体形象和整体实力，从而改变我省目前无知名大企业、知名大名牌或有之甚少的局面；三是在名牌产品的培育和发展过程中，有关部门（财政、税务、金融等）应给予积极鼓励的扶持政策。

（五）积极疏通国内外茶叶销售渠道，努力提高四川省茶叶产品在国内外市场的竞争力和占有率

拓展国际国内茶叶市场，必须坚持以市场为导向、以质量为重点、以卫生安全为核心、以企业为主体，充分发挥绿茶优势，积极出口。企业要积极研究市场、开拓市场、不断创新，生产适销对路的产品。

从四川省茶叶出口大起大落的历史经验教训来看，首先要提高企业出口的积极性，一方面要致力于茶叶生产企业的主体队伍的不断扩大，培植龙头企业；另一方面要加强人才的培训，还要让茶叶企业懂得为什么要出口，如何搞出口。要加快培养一批既懂外贸业务，而且会外语，又熟悉国际贸易法规，熟悉茶产品国际贸易质量、卫生和环保标准的复合型外贸人才；按比较优势原则，优化资源配置，发展有市场竞争力的产品。

我国绿茶在国际市场上具有明显的优势，绿茶出口量占世界绿茶出口总量的85%。近十年，国际市场上绿茶需求量明显增长。要充分利用国际上关于饮绿茶更有益于健康的研究成果，引导和促进绿茶消费，开拓绿茶消费新市场，重点是欧美市场，扩大我国绿茶出口。

（六）依靠科技进步，振兴川茶经济，努力提高四川省茶叶综合品质和效益

“科学技术是第一生产力”是实现农业两个根本性转变和可持续发展的重要保证。茶叶作为技术

性较强的产业和商品，其发展和增长方式主要靠科技，四川是一个科技大省，茶叶方面拥有大批的科技人才和大量的科技成果，各级政府和相关部门应加快这些科技成果的转化应用和示范推广。

政府应加大科技创新和成果转化的经费投入，充分利用好这些先进成熟的技术、成果和优势，同时还要积极应用推广茶树无土栽培技术，生物农药、生物肥料的应用技术，茶园平衡配方施肥技术，高效低耗生态茶园建设技术，茶园机采、机剪技术、大蓬覆盖、遮阳网应用技术，机制名优茶技术，茶叶冷藏保鲜技术，茶叶功能性生化成分提取技术，茶饮料、茶食品、茶药品、茶用品等茶叶综合利用及开发技术，红外、远红外及微波干燥技术，茶叶电子商务技术等高新技术，充分发挥科技第一生产力的作用，使四川茶叶得到更快更大的发展。

（七）加强人才培养

各级政府应加大力度，通过各种渠道和方式积极培训和培养技术人才、管理人才、市场营销和策划人才，尤其要重点培养市场营销和策划人才，切实解决制约四川省茶产业快速发展的人才瓶颈问题。

总之，四川茶叶资源的综合利用与茶叶经济的发展一定要以市场为导向，以效益为中心，依靠科技，合理布局，发挥特色，优化结构，优质高产，适销对路，突出重点，持续稳步发展，提高茶叶整体素质和综合效益。在茶叶产品结构的调整上，要坚持适度发展面积、提高单产、着重提高产品质量和综合效益的原则，不要在数量上做文章，要突出优质，提高产品的附加值和经济效益。此外，还要因地制宜，因市场需求而调整，决不能搞一窝蜂、一边倒，使全省茶叶向着优质、高效和可持续的方向发展。

（执笔人：王云）

2020贵州省茶叶行业发展报告

贵州省绿茶品牌发展促进会

2020年在贵州省农村产业革命茶产业发展领导小组的领导下，根据省农业农村厅党组安排，全省认真落实产业“八要素”，紧扣“五步工作法”，推进“六个转变”，茶产业高质量发展。截至2020年底，预计全省茶园700万亩以上（其中投产619万亩）；全年茶叶产量43.6万吨、产值503.8亿元，同比分别增长8.7%、11.7%；全省带动涉茶人数340.3万人，其中带动贫困人口14.82万人，涉茶农户年人均收入10347.5元，其中涉茶贫困户人均年收入7026.9元。全省5726家企业中，从事茶园管护，加工等技能型人才10万人以上。

一、加强组织领导，强力推动全省茶产业高质量发展

省委省政府主要领导高度重视茶产业发展，3月24日省委省政府主要领导专题研究茶产业工作，全年对茶产业做出12次重要批示。成立由贵州省人大常委会党组副书记、副主任慕德贵同志任组长、贵州省人大财经委和省农业农村厅分管领导任副组长、17个省直有关单位分管领导为成员的省农村产业革命茶产业发展领导小组，下设办公室在省农业农村厅，组建茶叶专班，抽调人员集中办公。制定《贵州省农村产业革命2020年茶产业实施方案》，明确全年目标任务。坚持“守正创新、正本清源、确立地位”的战略思路，聚焦黔系列茶树种苗、绿色防控、茶叶专用肥等促进茶园提质增效，聚焦技术培训、电商培训、茶产品出口及退税、“三北”市场推介、“贵州绿茶”门头标识规范及使用、林权证办理及抵押融资、茶文旅深度融合等专题逐项研究促进产业稳步发展。全年组织召开了省农村产业革命茶产业发展领导小组会议7次、协调会议4次、专题会议14次，省茶产业领导小组主要领导赴各市（州）开展茶产业调研23次，赴北京、河南、广东等7省开展茶产业调研及贵州茶推介8次。

特别在今年受新冠肺炎疫情影响的特殊情况下，全省茶产业一手抓疫情防控，一手抓复工复产。省茶产业领导小组领导调研疫情防控情况，科学研判，非常之年，采取非常之思路和举措主动出击，率先在全国开展贵州春季斗茶大赛系列活动，举办第12届贵州茶产业博览会，督促春茶采摘，指导各地有序复工复产，推动中央以及省级出台各类应对疫情优惠政策的落实，努力实现逆势而上，取得了积极成效。省农业生产发展及省农村产业革命茶产业发展专项资金投入茶产业1.53亿元。

二、明确重点，多措并举加快推进全省茶产业提质增效转型升级

（一）推进高效优质茶园建设

以规模化和集中化为核心发展，进一步推进茶园向主产县、核心乡镇、专业村集聚，现有茶园面积在30万亩以上的县3个、20万~30万亩县7个、10万~20万亩县19个、万亩以上的乡镇231个、万亩以上的村76个。以高标准茶园建设为抓手，优化茶园种植结构，加强茶园社会化管护服务，加快推进优质高产高效茶园建设，全年建设高效茶园78万亩，改种换植和新建优良品种茶园31.7万亩。6月9日在湄潭县召开全省茶产业发展大会，观摩学习交流茶叶绿色防控、科学施肥、茶树品种选育工作，研究部署全省茶产业下一步工作，促进茶产业提质增效。重点推进黔茶系列品种推广和茶叶专用肥工作，印发《茶叶专用肥推广工作方案》《黔茶系列茶树品种推广实施方案》，开展《贵州茶园施肥技术规程》编制。黔茶系列品种方面，已建成黔茶系列茶树品种母本园670亩并进行留穗扦插，推广面积2650亩；茶叶专用肥方面，全年推广优质茶叶专用肥216.7万亩，重点推进开磷集团等茶叶专用肥的推广应用。开展茶园管护社会化服务面积106.2万亩；推动品牌企业、企业集团、出口企业到茶叶主产县的核心乡镇、规模茶场建设出口、品牌专属、有机茶、特色茶、茶资源综合开发利用等专用基地120万亩；茶园种（养）、茶旅一体化、林木产业等深度融合，建成产业融合茶园93.4万亩；建设欧标茶园63万亩。

（二）优化产品结构，提高初精深加工生产水平

截至2020年底，全省注册茶叶企业（含合作社）5726家，其中国家级龙头企业9家，省级以上龙头企业225家，市级龙头企业318家；现有初制加工企业3443家，其中，大中型初制加工企业1181家；精制加工企业320家，依托企业集团新建改建茶叶精制加工中心36个。通过SC认证企业753家，通过ISO 9001、ISO 2000、HACCP等质量体系认证216家，获得对外贸易经营资格110家。督促各市（州）、茶叶主产市县、核心乡镇等进行茶叶加工机械设备更新、生产车间环境整治和改造，全面推行全程清洁化不落地生产、机械化加工，全省现有清洁化生产线1515条，今年新增106条。优化以一芽一、二叶等为主的茶产品结构调整，提高茶叶加工水平，提升茶叶品质，进一步提高贵州省茶产业核心竞争力。全省茶叶总产量43.6万吨，其中春茶15.9吨、夏秋茶27.7吨，分别占比36.5%、63.5%；绿茶、红茶、黑茶和其他茶类产量分别为33.55万吨、8.09万吨、1.51万吨、0.45万吨，分别占比76.95%、18.55%、3.46%、1.04%。

今年4月以来，指导雷山县7家茶企雷山银球茶传统工艺、生产车间、厂容厂貌、园区风貌的升级。支持企业大力开发茶叶精深加工工艺和产品，贵茶（集团）开发了抹茶面条、抹茶生巧、多款抹茶调饮配方、多款抹茶烘焙配方、抹茶薄荷提神醒脑咀嚼片、抹茶营养补充咀嚼片等多款产品，深受市场消费者喜爱；经典公司推出经典“811”花果茶系列和“红绿印象”桂花红茶、玫瑰红茶等产品，进一步助推贵州省茶产业一二三产业融合发展。全年全省茶产业综合产值763.8亿元。

（三）坚持标准引领，狠抓茶叶质量安全

坚持以标准引领全产业链发展，制定标准16项（省级地方标准2项，市级地方标准4项，团体标准10项），修订标准21项，形成贵州茶产业标准体系。推动按标生产、对标检验。鼓励茶产业经营主体入驻国家农产品质量安全追溯管理信息平台，提升茶产品质量安全追溯管理水平。截至目前全省共有绿色食品茶叶企业45家，99个产品；全省从事茶叶类产品生产机构162家，获得有机产品认证证书259张，基地面积16万亩；农业农村部农产品地理标志认证11个。重点打造“贵州绿茶”省级公用品牌和“三绿一红”区域公用品牌，加大品牌授权使用力度，开展茶叶标准宣贯768期21015人次。“贵州绿茶”品牌授权使用企业达277家，在兰州、青岛、潍坊、泰安、长春等“三北”市场举办了10场“贵州绿茶”经销商座谈会、推介会、品鉴会，吸引了全国各地约600名茶商；在贵阳、余庆、凤冈、水城、晴隆等地举办了10场“贵州绿茶”加工技术培训，培训指导了500余人。

按照“四个最严”要求，坚持“生态为根、农艺为本、应急为辅”的绿色防控理念，坚守贵州茶叶质量安全，全面禁止水溶性农药和除草剂，参照欧盟、日本及摩洛哥等的标准，把贵州茶园禁用农药种类在全国62种的基础上提高到了128种，针对茶叶出口基地，还提出了28种出口茶园慎用农药名单。全省大力推广茶园病虫害绿色防控技术，印制《贵州省茶园病虫害绿色防控集成技术示范实施方案》，组建茶园病虫害绿色防控专家技术团队，在43个茶叶主产县推广科学高效、环境友好、操作简便的绿色防控技术，推进茶园绿色防控全面全域落地。在思南县召开2次全省茶园病虫害绿色防控片区培训会议，培训绿色防控技术，为“干净黔茶·全球共享”奠定更加坚实的基础。在茶叶质量安全监管、处罚和问责方面，完善茶叶重点乡镇和重点龙头企业建立的茶叶投入品专营店和专柜制度，进一步推进茶叶质量安全可追溯体系建设。在茶叶生产的重点季节，通过明察暗访、接受群众举报等多种方式，常态化组织开展以查处催芽素、除草剂和违禁农药为重点的茶叶质量安全专项检查，督促各地开展质量安全风险排查。对违法违规行为从严处罚，今年共查处了普定县等31起使用除草剂的违法违规行为。目前，全省推广以草治草面积24.7万亩；建“林—灌—草”立体生态系统示范点138个，推广面积52.37万亩；开展病虫害统防统治251万亩；实施茶叶绿色防控示范面积192万亩。

（四）强化技术支撑和培训服务，完善产业服务体系

通过现场或远程方式，组织专家开展茶园管理、茶青采摘、茶叶加工、出口营销及电子商务等技术指导服务培训，开展茶产业发展研究、茶产业市场营销研究、特色茶品种资源及产业化示范关键技术研究、夏秋茶提质增效及产业化示范研究等研究课题。全省累计开展技术服务和培训1791次，培训117301人次。3月以“省级主会场+9个市州分会场”的形式召开全省茶叶电子商务第一次培训会，全年共组织省内外经销商开展茶叶电商培训会5期。4月组织省级22位专家组成的技术服务团队赴凤冈、余庆、织金等20个县（区）开展茶产业提质增效培训，培训茶农、茶叶种植大户和企业技术人员1000人左右。7月在贵阳市开展“多彩贵州·水润茶香”培训，全省近百家水企、茶企、茶叶经销网点等

200余人参加。7月组织省级专家深入9个市州17个茶叶主产县36个核心乡镇41家企业及合作社，调研并指导茶园绿色防控、黔茶系列茶树品种繁育、夏秋茶生产等情况。组建了省市县茶产业专家技术服务团队，编制《贵州茶产业冬春结构优化和茶园管理技术指导意见》。通过举办双手采茶比赛、制茶技能大赛、斗茶赛等活动，“以赛促学、以赛促练、以点促面”，提升茶农采茶技术和茶叶加工技术水平。举办省级采茶技能竞赛，涉及全省9个市（州）44个产茶县共计1896名选手参加；举办第三届全国农业行业职业技能大赛——茶叶加工工（精制）职业技能竞赛贵州省初赛，全省各市（州）31名选手参赛，并在赛后专门组织开展培训对选手红茶加工薄弱环节进行专项提升。

（五）全媒矩阵联动，促进贵州茶叶知名度提升

组织各类新闻媒体资源，积极开展媒体融合创新传播，以省、市主要新闻单位、网站、新媒体为基础，联动中央媒体和省外媒体，构建贵州茶产业宣传基础媒体矩阵；打造新闻与政务联动，省、市、县三级联动的贵州茶产业宣传多媒体矩阵；大力推介贵州“生态茶、干净茶”“贵州冲泡”等。

抢抓春茶上市等关键时间节点，2020年中央及省内外主要媒体宣传报道茶产业共计3900余篇，其中中央主要媒体刊发50余篇重点报道，《贵州新闻联播》报道40条，《新闻延长线》报道9条，《天眼新闻》报道1971条，《贵州日报》报道518篇，《多彩贵州网》419篇，《动静贵州》报道121篇，《人大论坛》报道114篇，《贵州茶香》报道454篇，《黔茶资讯》报道145篇，中新社报道43篇。多彩贵州网、众望新闻客户端，聚集全媒体平台优势，开设茶叶频道进行全方位融媒体形式的茶产业报道，策划推出了《黔茶进行时》《黔茶十年》《干净贵州茶》《双手采茶》等系列专题，特别策划融媒体电子杂志《干净贵州茶》《复盘黔茶这一年》。协调推进《黔茶密码》纪录片在央视、凤凰卫视“凤凰专区”，省外对口帮扶城市、茶叶主销区，省内各市州电视台等媒体播出，同时，海外版于7月11—13日在*Discovery*东南亚频道播出；威宁、纳雍、沿河、晴隆、紫云、水城、七星关、正安、石阡等县区开展“直播带货”线上活动，与网红搭档增加线上流量，利用短视频平台开展直播带货，推销当地茶产品。4月开展了以“贵州绿茶·秀甲天下”“喝干净贵州茶·做健康中国人”为主题的春季斗茶赛系列活动，包括启动仪式、大众品茗、采茶技能竞赛、“我有贵州半亩茶”、直播带货等线上推广活动；在网上打造“永不落幕的茶博会”。积极响应农业农村部组织举办的首个国际饮茶日活动，参加线上直播分享“贵州冲泡”，举办“贵州绿茶”网络直播、大众品茗等活动。举办中华人民共和国第一届职业技能大赛“贵州绿茶杯”贵州省茶艺技能选拔赛、全省春季斗茶赛、全省秋季斗茶赛。

（六）聚集目标市场，提升贵州茶市场占有率

全省茶产业克服疫情带来的不利影响，重点发展东北、西北、华北等少产茶、非茶产的“三北”市场，聚焦国内一线茶叶消费市场，巩固提升省内市场，兼顾出口市场，坚持“走出去”和“请进来”，组织茶叶主产县、茶叶企业抱团出击、线上与线下联动，打出生产销售系列“组合拳”。建立健全销售机制，推进省外目标市场贵州茶经销商行业组织建设，在北京成立北京多彩黔茶产业促进中

心；编制《贵州绿茶门头制作规范指导》，支持贵州茶经销门店统一标识和门头，在省外揭牌落地“贵州绿茶”品牌店28家。浙黔军地携手推进东西部协作扶贫，省农业农村厅与浙茶集团签订了《携手推进茶产业发展战略合作框架协议》，按照“军地搭台、企业唱戏、群众受益”模式，促进合作框架协议落地，促进浙黔两地茶企产销学研交流对接，助力贵州按时全面高质量打赢脱贫攻坚战。

围绕“订单为王、开拓市场、务实求效、防疫为要”的总体要求，以销售为目的，订单为目标，拓展销售渠道和方式，组织举办省级茶产业相关活动16次，取得了积极成效，进一步提升贵州茶在省外目标市场的知名度和市场占有率。在西北、东北、华北地区（“三北”市场）开展“干净黔茶·全球共享”为主题的贵州茶产业推介活动，以推介会、经销商座谈会、“干净黔茶”分享会、品茗展销等为基础，分别以演讲、讲解、品茗巡展、揭牌致辞等多种方式开展；三地98家贵州茶叶企业品茗展示共吸引超过4万名市民、经销商现场品茗、采购贵州茶，现场销售茶叶267万元，达成意向合作及销售协议49个，签约金额17.5173亿元。三地推介活动共邀请了北京、上海、浙江、山东、安徽、吉林、黑龙江、辽宁、甘肃、香港等地近600名茶行业组织负责人、投资商、经销商代表参加。组织茶企赴上海、西安、甘肃、山东、哈尔滨等地举办了凤冈锌硒茶推介活动，组织茶叶企业赴上海、西安、沈阳、兰州、太原、西宁等地推介湄潭翠芽、遵义红。组织茶企参加各类展销活动，参加第十二届北京茶博会、重庆农产品交易会、甘肃省甘南州“香巴拉”旅游艺术节。省外共建立销售点14125个，其中旗舰店、形象店、专卖店2187个，店中店2283个，专柜2796个，进入大型连锁超市沃尔玛、盒马鲜生，省级红华、勇惠等便利店、乌江鱼等连锁餐饮店4141个。2020年省外销售茶叶数量20.92万吨，金额208.95亿元。贵阳海关数据，1—10月贵州茶叶出口2639.01吨，货值60526.71万元，同比增长61.84%和163.86%，贵州抹茶等深加工茶产品实现首次出口。

巩固提升省内市场。创新办会方式，以“干净黔茶、全球共享”为主题，采用“1+N”模式举办第十二届贵州茶产业博览会。各市（州）组成的16支招商小分队分别前往国内主要目标市场邀商招商，邀请到来自20余个省（区）采购商代表团近1600名茶叶采购商、经销商参会，其中山东省经销商包3架客机、青岛市代表团包1架客机、广东省经销商包2节高铁车厢、四川经销商全程租用10余辆旅游大巴车队组团参会等，活动期间共举办产销对接100余次，现场累计销售金额370.8万元；签订订单665个，数量1.46万吨，金额26.99亿元；签订合作协议项目25个，涉及金额24.4亿元。举办浙黔军地携手助推茶产业发展对接大会，来自浙江27家企业与省内57家企业共商合作，现场签约项目8个，签约金额2.2亿元。组织茶企参加第十届贵州酒博会、秋冬季农产品订货暨2021年农产品产销对接会等活动。全省共建立销售点12151个，其中旗舰店、形象店、专卖店1550个，店中店2929个，专柜2059个，进入商超系统2653个。加快推动贵州茶叶进景区进酒店工作，已完成茶叶进127家4A级以上景区和72家4星级以上酒店全覆盖的目标，正分批推动茶叶进282家3A级景区和106家3星级酒店，鼓励各景区利用自身品牌开发系列茶叶商品，将茶叶纳入贵州农产品系列旅游商品宣传手册。推动77对高速公路服务区开设茶叶专柜，售卖茶叶及茶产品近713种，鼓励在机场、高铁站、主要交通干道旅客集散点等重点区域设立贵州茶叶产品专区、专店或专柜，积极打造茶叶销售新平台。

同时引导支持茶叶企业入驻淘宝、天猫、京东及省内各个电商平台，现有线上销售店1028个，2020年新增159个，其中旗舰店72个。据各电商云平台统计，截至10月，通过淘宝、天猫、京东等主流电商平台销量茶叶241.23万件，销售额1.21亿元。

（七）开展茶文化活动

4月16日发布省级地方标准《贵州茶叶冲泡品饮指南》，让更多人轻松学会泡茶。5月下旬开展为期5天的2020年贵阳春茶节暨首个"国际茶日"系列活动，举办了“茶与信仰”主题讲座、“贵州绿茶杯”全民冲泡体验赛、“茶香书韵”读书会、“寻找老茶客・品味贵州茶”等活动，吸引了38家省内茶企现场品茗、专场推介、展示展销，让数万名市民、茶友和游客朋友体验地地道道的贵州好茶。6月在省人大干部培训中心一楼大厅举办2020年上半年贵州茶产业脱贫攻坚成果展，展示展销20多家“贵州绿茶”授权使用企业80多种产品。组织了8期“黔茶大讲堂”公益课程，网络直播普及贵州茶知识、茶文化，累计收看达1万余人次。

三、创新利益联结机制，助力脱贫攻坚

全省各地将茶产业作为实现脱贫致富的有力抓手，茶产业已成为惠民、富民的优势产业。各地通过不断强化龙头企业、企业和新型经营主体的引领作用，积极探索出以“龙头企业+合作社+农户”“龙头企业+农户”“龙头企业+村集体经济组织+农户”“合作社+农户”等为基本构架的多种创新利益联结模式，走出一条产业扶贫的持续发展道路。全省涉茶人数340.3万人，其中带动涉茶贫困人口14.82万人；涉茶农户年人均收入10347.45元，带动农户增收2937.63元/人，其中涉茶贫困户人均年收入7026.9元，带动贫困人口增收2483.2元/人。

四、2021年工作计划

深入贯彻落实省委省政府有关部署，坚持“守正创新、正本清源、确立地位”的战略思路，依托高海拔、低纬度、多云雾、污染的生态地理条件，绿色生态干净的产业基础，推动全产业链转型升级，久久为功，力争成为全国乃至全球最大高品质绿茶生产基地和出口基地，巩固茶产业在脱贫攻坚中的成果，持续发挥好茶产业在全省实施乡村振兴战略中的重要作用。

（一）促进茶园基地提质增效

整合中央、省直有关部门、地方政府等资源，加强茶园基础设施建设；通过改种换植的方式优化基地品种结构，进一步加大“黔茶系列”等优良茶树品种的面积；推广贵州省磷化集团生产的茶叶专用肥，提高茶园基地土壤肥效；开展茶园管护技术指导和培训，通过实地指导茶园管护，培训茶园管

护、病虫害防控、科学施肥等技术，提升茶园管护人员能力；培育茶园管护社会化服务组织，进一步推动实现茶园集中统一管理，提高茶园管护效果。

（二）加快茶叶加工水平提升

科学规划茶叶加工布局，在现有基础上，规范茶叶初制加工、提升茶叶精制加工，提高茶叶生产企业集中度，加快推进茶叶加工转型升级和专业化分工；依托茶产业专家团队的资源、技术，加强茶叶初精制加工技术的培训，加大对茶叶地方标准的宣贯及培训，提高茶叶加工水平；引导茶叶企业积极开展产品开发创新，加强与科研院校合作交流，提高茶叶新产品研发能力，促进科技成果转化为实用技能，实现多茶类产品生产加工，丰富产品结构。

（三）筑牢茶叶质量安全防线

强化茶园环境监测管理，建立环境监测系统，提高贵州茶园生态环境保护；积极开展茶园绿色防控集成技术的推广，办好全省43个茶叶主产县的茶园绿色防控田间农民学校，加大宣传和引导科学合理施用农药化肥；加强农药肥料投入品监管，建立投入品施用台账，防止禁用农药进入茶园；实施茶园清园行动，及时清理茶园中的农药瓶、农药袋、生活垃圾等，确保茶园环境良好；开展茶叶质量安全专项执法检查，严查禁用农药施用情况，发现一起、查处一起，夯实茶叶源头干净；加大茶叶清洁化生产线建设，开展茶叶加工清洁化检查，实现茶青及在制品全程不落地，确保茶叶清洁化加工。

（四）持续加强茶产业宣传推介力度

继续加强茶产业宣传推介力度，重点在春茶上市、贵州茶博会、国庆假期等重要时间节点，聚焦“贵州绿茶”等重点品牌，创造话题引爆点，线上线下全面宣传贵州重点茶叶品牌，提升贵州茶知名度，塑造贵州茶品牌形象。举办好贵州茶博会、都匀茶人会、梵净山抹茶大会、茶艺大赛、斗茶赛、茶文化“六进”等茶事活动。将加大茶产业与文化旅游深度融合，进一步扩大贵州茶知名度的广度和深度，充分展示贵州品质优良的茶叶产品、丰富多彩的茶文化，提升贵州茶品牌影响力及传播力。

（五）推进茶叶市场开发拓展

积极开拓省外市场，省、市、县多层级赴省外目标市场开展丰富多样的茶产业推介活动，尤其要持续深耕好“三北”等市场；加快国内目标市场贵州茶经销商行业组织建设，鼓励省内茶叶企业整合资源抱团利用现有茶叶主流渠道展示推销贵州茶产品，建立专卖店、专柜等多形式拓宽销售渠道；积极对接国外市场，鼓励有基础、有条件的茶叶经营主体申请对外贸易经营资格及自营出口，借助省商务厅、省文化与旅游厅等单位的国外推介活动及联合利华、太古、星巴克等国际茶叶供应商、零售商资源，开拓国外茶叶市场，吸引出口茶叶企业到我省建立出口基地和茶叶加工中心；发挥贵州茶品质和安全优势，以绿宝石、抹茶等产品为主，拓展欧盟、美国、日本市场；用好中国最大原料基地的规模优势，以珠茶、眉茶等产品为主，争夺传统的中东、非洲茶叶市场；抢抓“一带一路”政策机遇，开拓以俄罗斯为主的新兴市场；运用跨境电商平台，抢占终端市场。积极连接线上市场，引导支持茶叶企业入驻淘宝、天猫、京东等电商平台，以“旗舰店”“专卖店”“特色店”等搭建线上销售渠道，扩大茶叶销售辐射范围。

（执笔人：雷睿勇、杨力）

2020云南省茶叶行业发展报告

云南省茶叶流通协会

2020年是“十三五”规划的收官之年，在云南省委、省政府的正确领导下，在中国茶叶流通协会、省级有关部门、各位专家指导下，云南省茶叶流通协会坚持办会宗旨与各会员单位一道共同面对新冠肺炎疫情，共同度过了特殊艰难的一年。按照习近平总书记因茶致富、因茶兴业，把茶叶这个产业做好的要求，坚定不移地落实省政府《关于推进云茶产业绿色发展的意见》《云茶产业三年行动计划》文件要求，为云茶产业提质增效、转型升级、绿色发展、实现千亿产业目标，稳面积、抓质量、强标准、重品牌、扩市场、促流通，动员会员认真做好防疫工作，积极参与支援武汉抗疫，全体会员奋发努力、共克时艰，在产品市场受影响的情况下，取得了可喜成绩，实现了千亿产业目标，为推动云南省茶产业再上新台阶做出应有贡献。

一、2020年云南茶产业基本情况

（一）2020年茶区气象条件

2019年第四季度云南主产茶区气候总体特点为“干热少雨”。主产茶区平均气温18.4℃，与历年同期相比偏高0.4℃，属正常稍偏高年；平均累积降水244.4mm，与历年同期相比偏少131.7mm，偏少35%。2020年开春后持续高温干旱，2020年2月下旬或3月上中旬主产茶区气温即稳定通过18℃，较常年同期提前20~30天；平均累积降水36.7mm，较历年同期偏少近5成（66.2mm）。总体而言，主要产茶区春茶生产季高温少雨干燥的特点突出，茶园（林）空气湿度低，温高雨少，降水明显不足，茶区气温稳定通过18℃的时间较常年同期明显提前，少数茶树由于长时间缺水而枯死，春茶采收、上市时间比常年提前。

（二）全省茶园面积稳中有增、茶叶产量持续增长、产品结构渐趋合理

2020年，全省茶园面积719.3万亩，比2019年增43.3万亩，增幅6.4%（图1）。“十三五”期间全省茶园面积年均增长3.6%，与2015年相比茶园面积增加117.3万亩。全省干毛茶产量为46.6万吨，比上年增加3.5万吨，增幅8.1%（图2）。比2015年增加10.6万吨，2015—2020年年均增长5.1%。全省成品茶35.7万吨，精制率达到76.7%，较2015年增长3.1%，年均增幅3.7%（图3）。普洱茶产量16.2万吨，占45.4%；红茶8.8万吨，占24.6%；绿茶10.1万吨，占28.3%；其他茶类0.6万吨，占1.7%；产品结构渐趋合理。

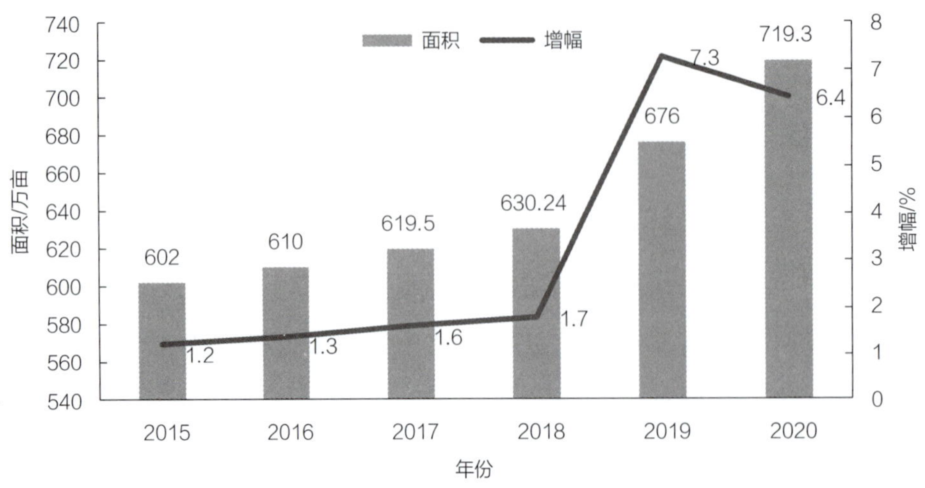

图1 2015—2020年云南省茶园总面积

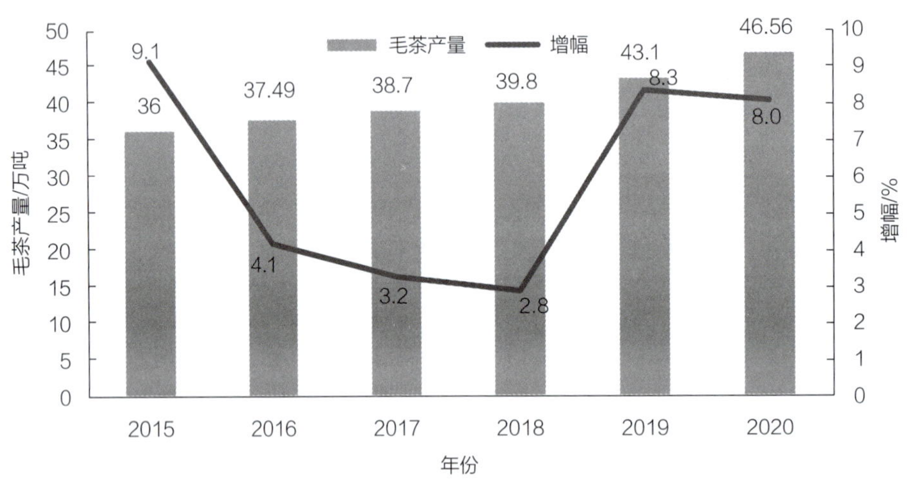

图2 2015—2020年云南省毛茶产量

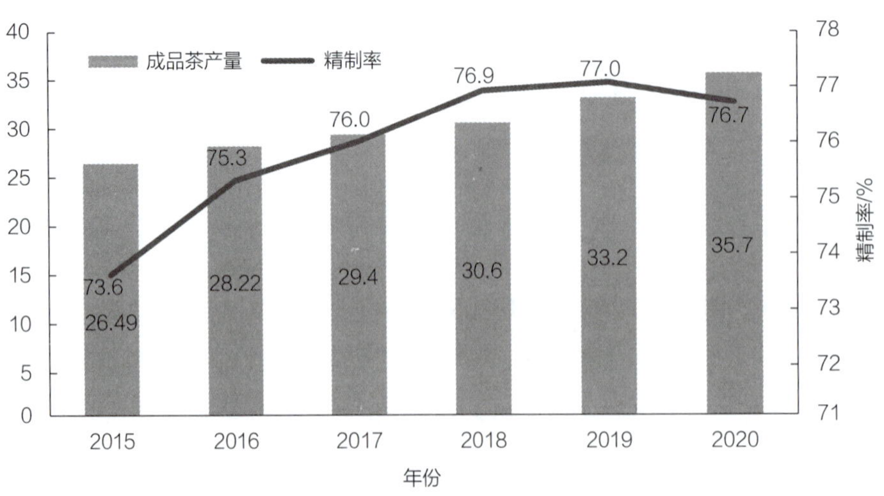

图3 2015—2020年云南省成品茶产量及精制率

（三）茶叶价格稳中有升、出口价略增、茶农收入逐年增长、总产值突破千亿

2020年，全省茶叶综合产值突破千亿元大关（图4），达1001.4亿元，比2019年增加65.4亿元，增幅7%。“十三五”期间年均增幅达到10%。2015—2020年间，茶叶农业产值从114.7亿元增长到185.4亿元，增加70.7亿元，增幅达61.6%，年均增幅为10.1%；加工产值从230.4亿元增长到371.8亿元，增141.4亿元，增幅61.4%，年均增幅10%，三产产值从277.9亿元增长到444.2亿元，增加166.3亿元，增幅59.8%，年均增幅为9.8%。茶产业一二三产业产值占比分别为一产占18.5%、二产占37.1%、三产占44.4%，产值比为1：2：2.4（图5）。

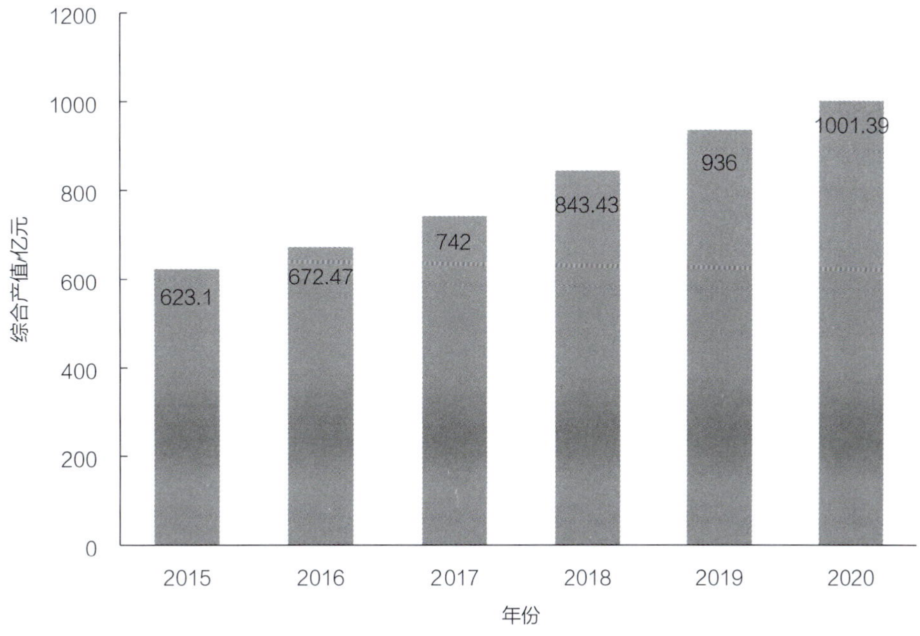

图4　2015—2020年云南省茶叶综合产值

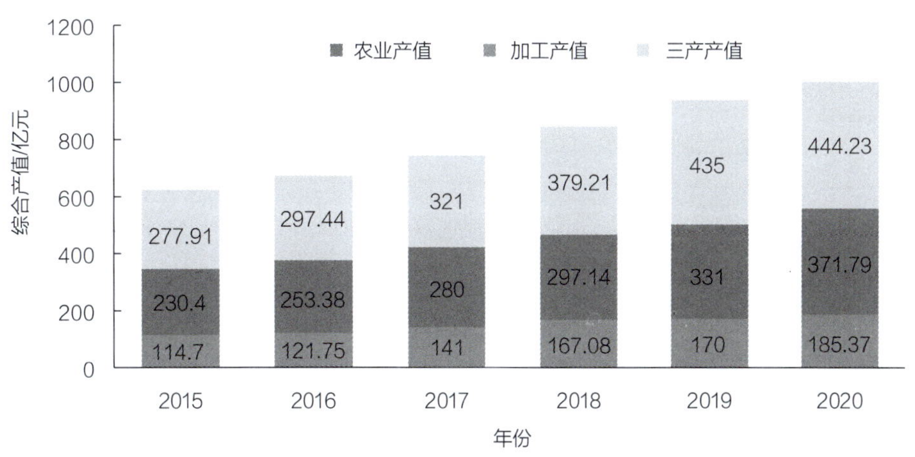

图5　2015—2020年云南省茶产业结构

成品茶价格增幅稳定，毛茶价格波动大，普洱茶单价有所增加，红茶价格较为稳定。2020年，毛茶单价39.9元/千克，同比增长0.9%，“十三五”期间毛茶年均增幅4.6%，但增幅从16%到14.6%，价格波动较大。成品茶单价104.1元/千克，同比增长4.4%，年均增幅3.7%，“十三五”期间增幅在2.2%~5.9%，较为稳定（图6）。

2020年，普洱茶平均单价139元/千克，比2019年增长4.3%，红茶平均单价61.5元/千克，比2019年增长4.9%，绿茶平均单价84元/千克，比2019年增长3.7%。“十三五”期间，普洱茶、绿茶价格年均增幅分别为4.7%、5.1%，均呈稳步增长，红茶年均增长仅0.4%（图7、图8）。

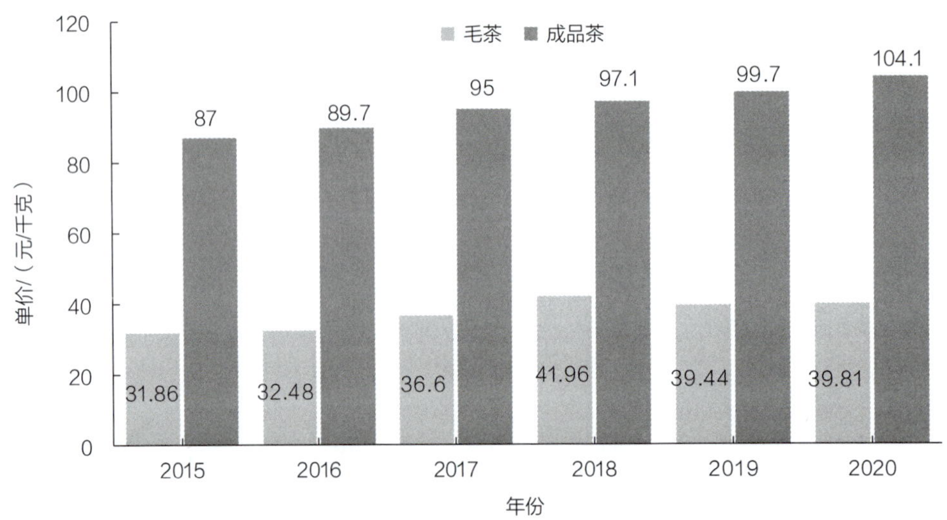

图6 2015—2020年云南毛茶、成品茶单价

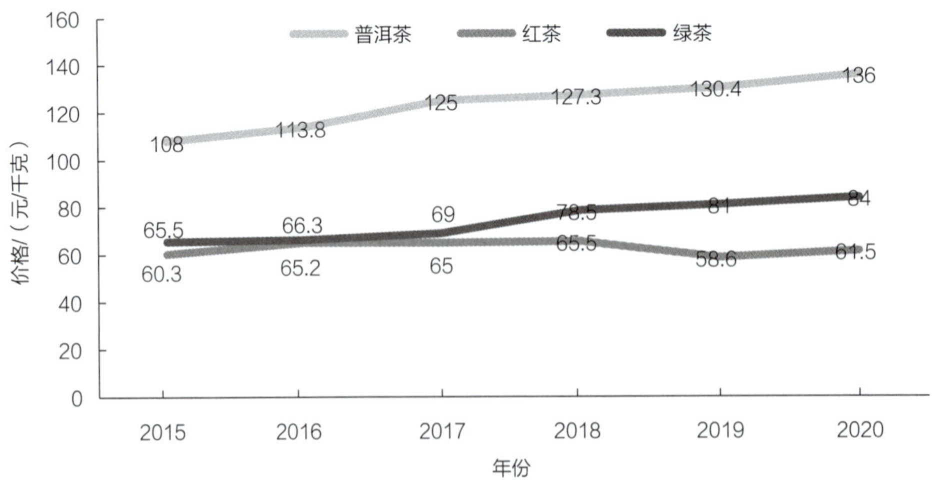

图7 云南省2015—2020年分茶类成品茶价格走势

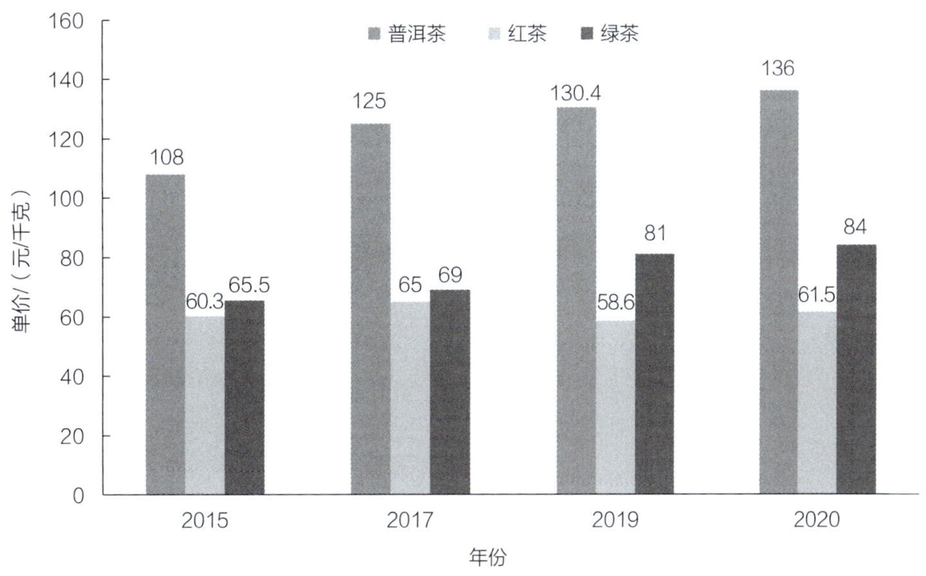

图8　云南省主要成品茶分茶类单价

茶叶作为精准扶贫的重要产业之一，在云南脱贫攻坚战中发挥了重要作用，全省茶产业涉及茶农600多万人，“十三五”期间，茶农来自茶产业人均收入年均增长率达9.2%（图9），2020年人均茶产业收入达4050元，人均比上年增收218元，增幅5.7%。比2015年增加1450元，增幅达56%，茶产业为精准脱贫做出了积极贡献。

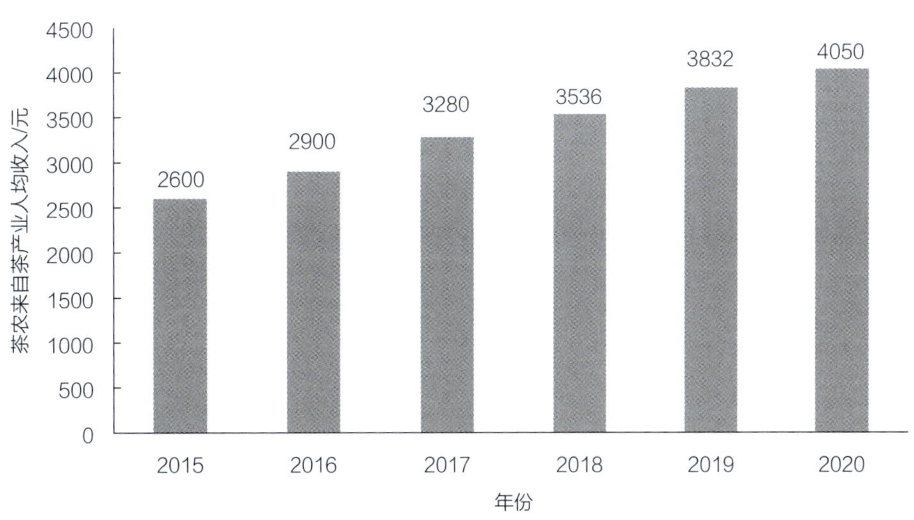

图9　2015—2020年云南茶农来自茶产业收入

（四）绿色有机茶园建设、茶叶初制所规范化建设卓有成效、产业加工能力提升

2020年全省绿色茶园、有机茶园认证面积增加，有机茶园认证面积81.8万亩，比上年增加10.8万亩，增幅15.1%。认证有机产品1014个，比上年增加307个，增幅43.4%。认证有机产品产量8.4万吨，

比上年增加0.5万吨，增幅6.4%。绿色茶园认证面积45.4万亩，比上年增加1.4万亩，增幅3.4%。认证绿色食品504个，比上年增加77个，有机认证面积及产品全国居前，获农产品地理标志6个，产量7.8万吨，占全省茶叶总产的17.1%（图10）。

茶叶初制所提升改造及规范化建设达标验收工作进展顺利，2020年共普查建档初制所6548家，验收登记2099家，初制加工规范化、标准化水平明显提高。

2020年认定了345个茶产业基地为"绿色食品牌"产业基地，总面积为158.5万亩。为绿色、有机茶产品生产奠定了较好基础。

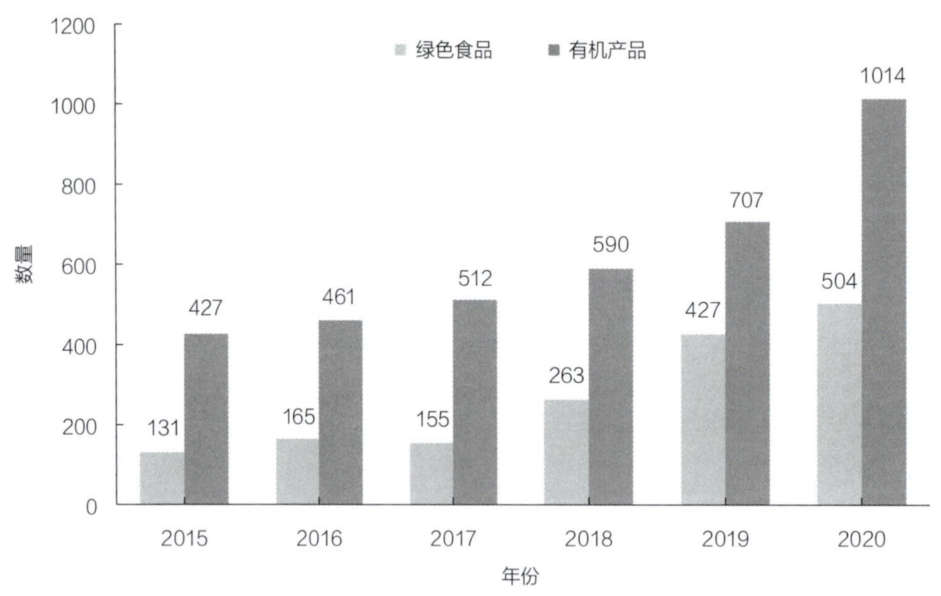

图10　2015—2020年绿色食品及有机产品数和组织数

（五）认真推进云南茶叶评价检测溯源、助力茶产品质量安全和流通

云南茶叶评价检测溯源中心认真落实《云南省人民政府办公厅关于印发云南省茶产业发展行动文案的通知》（云政发［2017］120号）、《云南省人民政府关于推动云茶产业绿色发展的意见》（云政发［2018］63号）关于"鼓励支持建设云南茶叶评价检测溯源中心，服务企业，服务市场，构建政府监管、行业自律、企业追溯、消费者可查询的全省茶叶质量安全可追湖体系，提高云茶质量安全的公信力"及加大云茶产地、加工、流通、销售全过程产品质量安全可追溯体系建设，推进"云茶标识"推广与应用，实行产品源头赋码、标识销售，产品有检测、过程可追溯，提高消费者对云茶产品的信赖度的文件精神，在云南省茶叶流通协会和云南省认证认可协会的大力推动下，以构建云茶质量安全溯源体系、提高云茶质量安全"公信力"为宗旨，已为"十大名茶"为主的40余家茶企近1000款产品提供了质量保荐溯源服务；并启动了"年份普洱茶"和"晒青茶"质量保荐溯源；与政府和科研院校合作，起草并发布《晒青茶（大叶种）》《凤庆红茶》《茶叶质量安全追溯平台建设标准》《普洱茶质量

安全追溯实施标准》等多项标准；帮助10余家茶企建立ISO 9001质量管理体系、HACCP危害分析与关键控制点体系标准化管理；帮助临沧市双江自治县、凤庆县13个村9个合作社7家茶企近6万亩茶园通过有机产品认证。中心在为茶企提供茶叶产品质量保荐溯源的同时，帮助企业从基地管理、原料控制、初加工、精加工、贮存、库存管理、经销商管理、防伪防窜货管理等全链条引入标准化的管理，特别是影响质量关键过程建立标准化管理方案，提升了企业整体质量控制水平，和建立质量管理长效机制。通过中心质量保荐溯源产品在市场上品牌认可度高，消费者信赖度高，每年产品市场销售价格都有10%~30%的涨幅，特别是一些主打产品销售业绩上涨20%~40%，为规范云南茶产业发展、促进云茶流通做出了积极贡献。

二、认真履行职责、助力产业发展

2020年，在中国茶叶流通协会及省级有关部门支持下，云南省茶叶流通协会（以下简称协会）坚持“提供服务、反映诉求、规范行为、促进流通”办会宗旨，认真履行职责，全体会员和理事团结协作，坚持党的领导，按照省委省政府部署，坚持疫情防控、恢复生产两不误，认真做好各项服务工作，助力云南省茶产业发展，发挥了积极作用。

（一）坚持党建引领，把握正确方向

2020年，协会全面贯彻新时代新部署，坚持把学习贯彻党的十九大精神作为首要政治任务，深化党建强会。坚持政治引领协会工作，积极参与省民政厅党组织活动。在履行党建责任工作机制、创新工作方式方法等方面进了行积极探索。提升了协会引领力、凝聚力、组织力。把握协会工作特点，团结凝聚会员，激发会员主人翁精神，在做好品质，提升品牌上下功夫，为云茶扩展消费区域，扩大消费群体，促进云茶产品有序流通做出积极贡献。

（二）齐心协力抗疫，防控生产两不误

2020年伊始，一场突如其来的新冠肺炎疫情从武汉开始向全国蔓延。按照省委省政府部署，协会全体会员认真做好防疫抗疫。1月30日协会第一时间向会员单位发出《关于抗击新型肺炎疫情的倡议书》，提出要把疫情防控工作作为最紧迫、最重要的政治任务，全力以赴、严防死守，以最强力量、最严措施坚决打赢疫情防控硬仗。各会员单位高度重视，认真做好防控工作。茶企按照要求，建章立制，落实防控措施，杜绝了疫情传播，云南茶界无一感染者，为全国全省防控大局做出了贡献。协会急茶企、茶人所急，及时向全省茶企茶人征询意见，了解疫情防控中诉求。针对春茶生产中的主要问题和困难及时向省委省政府及主管部门上报《应对疫情，云南春茶生产中应加以重视的几个问题》，对云南省春茶生产提出对策建议，得到有关领导和部门高度重视。协会创会会长亲自与勐海茶农电话了解情况并协调解决他们的困难。协会实施值班制度，保证工作正常开展，开通企业微信，建立远程

会议平台，及时部署有关工作。开展了《抗疫情，做好茶培训》，组织知名专家，就春茶茶园管理、采摘技术、初制加工等，向全省进行远程培训，确保春茶生产正常进行。协会党支部带头向疫情灾区捐款，云南省茶人茶企积极响应，全省共有19家企业捐款1599.59万元，捐茶叶折合人民币230.49万元，40万只口罩，医疗防护服1000件，医疗护目镜1000个，康乐及雄达茶城减免房租1000余万元。

开展线上宣传和培训，鼓励云南省茶企提振信心。春茶采摘期间，新冠疫情和干旱对春茶生产影响严重，协会开展了“抗疫情·做好茶”宣传，发出《早春茶生产调查表》，派出协会常务副会长、茶叶专家前往产茶区，先后深入双江自治县各乡镇调研，助力茶农和茶叶初制，做好初制生产。蹲点临翔区邦东乡，对茶园长势和初制加工进行指导。充分掌握茶区春茶生产形势和省春季气象走势的基础上，提出一要加快采摘速度，减少树体蒸腾耗水，尽量避免干旱对春茶品质的不利影响；二要尽快组织茶园蒲草覆盖，减少地面蒸发失水，延长春茶采摘周期；三要在初制加工中适当缩短鲜叶摊晾时间，杜绝隔夜加工和揉捻叶夜间堆闷，减轻内含物质降解转化程度；四要在日光干燥时，尽量薄摊匀摊，加快干燥速度等春茶生产建议，对全省春茶生产发挥了指导作用。

为认真完成省领导关于编撰《云南普洱茶名山名茶录》的指示要求，协会组织人员制订了《云南普洱茶名山名茶录》编撰方案、和撰写模块。陈舜副省长、农业农村厅领导多次到协会指导编撰工作，协会分别到州市县调研、指导编写、联系出版社，确保了《云南普洱茶名山名茶录》编撰工作的顺利进行。

（三）借力国际茶日，助推产业发展

协会抓住庆祝首个“国际茶日”契机，将“国际茶日”活动与“全民饮茶月”结合，围绕当前云南省茶产业生产实际，精心策划实施系列活动。先后组织进行了“2020云南一山一味春茶品评推荐会”、“茶和世界·共品共享”的“首个国际茶日的启动仪式”、80、90后茶企CEO畅谈“互联网时代下的品牌运营”、会员及会员粉丝、全国茶叶爱好者通过链接进入“直播间”，参与交流互动，活动在线2万多人，政协第九届浙江省委员会主席、中国国际茶文化研究会周国富会长，著名茶叶专家、中国工程院院士刘仲华发表了视频讲话，充分肯定云南省茶叶流通协会工作，对云南茶产业发展寄予厚望。人民日报海外版、云南日报等主流媒体进行了报道。此期间还举办了妇女节茶会、春茶品评会、“快乐饮茶、健康生活”茶会。参与了省农业农村厅在昆明康乐茶文化城举办了云南最大规模的“云南春茶线上采”“云茶荟”春茶线上为时7天的各项活动，云南茶叶评价检测溯源中心在主会场设宣传中心的工作和服务职能。协会各专委会主任在昆明举办了研究茶馆业业态、提升茶馆业服务能力茶会及青年爱茶梦想茶会、“国际茶日茗友茶会”、石生古树茶品鉴茶会、主办云南省茶界联合庆祝首个“5.21国际茶日”座谈会、邀请援鄂医疗队代表、举办“春暖花开时、热茶敬天使”茶会、向援鄂医疗队员表示崇高的敬意。

协会从春茶生产、茶叶营销、开辟线上销售、恢复茶馆业等高度，为云南省茶企出主意、想办法、建通道。协会还开通抖音公众号，组织网红在网络上推销云茶，倡导“云茶北上”，助力开拓北方市场；先后在北京、贵阳设立云茶文化传播中心，在多地举办了云茶品牌推介会。各项活动有声有色，增强了协会的凝聚力和影响力，提振了会员们云茶产业发展的信心。

（四）着力职业培训，做实技能提升

协会立足于云茶产业长远发展，认真学习和落实国务院办公厅关于印发《职业技能提升行动方案（2019—2021）》要求，结合云茶产业实际，经云南省人力资源和社会保障厅、云南省职业技能鉴定中心等单位审核批准成立了云茶职业技能培训学校。学校承接并及时开展共三大类26个类别的培训，计划用两年时间，举办1500多期培训，拟培训3万人次，此举必将对云南省茶产业发展产生重要基础性作用。

（五）围绕中心工作，服务一县一业

双江自治县是云南省“一县一业”茶产业示范县，协会与云南茶叶评价检测溯源中心在双江建立了工作站。为双江自治县地方产业发展中心规划、设计、实施培训方案；组织省内茶行业专家、教授编写教材，并深入四乡三镇两农场32个自然村，系统、全面培训了双江自治县茶产业管理行政领导、各乡镇村负责人、茶企技术骨干、茶农、茶企员工近5000人。

组织省茶产业体系岗位专家，把课堂搬进茶园、搬进车间，理论结合实操教学。无论是教师配备还是课程设置，包括教学方式设置，都从适合参训学员需要出发。通过线上培训，扩大辐射面，1.76万人观看。从后台数据可以看出，此次可反复观看的直播覆盖了包括云南、广东、陕西、上海、浙江、湖北、山东、江苏、北京、河南等10个省份，以供学员反复学习。同时还制作了双江自治县茶产业教学片（10篇）和协会和湖南卫视联合录制的“普洱茶大讲堂”（13篇），经剪辑后推送到双江自治县的有关平台，让更多的人受益。

（六）扎实做好服务，经济年会胜利召开

协助办好第十三届中国茶叶经济年会，是今年协会重点工作，协会主动向省农业农村厅汇报，认真参与相关筹备，多次派员同西双版纳州、勐海县政府会议接待、考察现场、食宿安排、合力协助签到、资料发放、接待等服务工作。

11月18日经济年会如期召开。全国二十一个省市（自治区、直辖市）的十余个地级市及六十余个重点产茶县，三百余家大中型龙头企业，各省茶业社团，协会会员单位及百余家内外媒体计1600多人参加本次盛典活动。中华全国供销合作总社主任亲临西双版纳调研并出席开幕式，宣布年会开幕。会议表彰了2020中国茶业品牌十强县、十三五茶产业发展十强县、2020茶产业社会责任十佳企业。对中国制茶大师授牌。参会代表考察了勐海县大益、陈升号、雨林、勐昌号等重点茶企。云南省有勐海县、凤庆县、昌宁县、临翔区、云县、永德县、景东彝族自治县、景谷傣族彝族自治县、镇康县获“2020年度茶业百强县名单”；勐海县获“‘十三五’茶业发展十强县”；双江拉祜族佤族布朗族傣族

自治县获“2020年度茶业品牌建设十强县”；昌宁县获“2020年度茶业生态建设十强县”；普洱澜沧古茶股份有限公司、昆明七彩云南庆丰祥茶业股份有限公司、云南六大茶山茶业股份有限公司、勐海雨林古茶坊茶叶有限责任公司、双江勐库茶叶有限责任公司、腾冲高黎贡山生态茶业有限责任公司、勐海陈升茶业有限公司、云南下关沱茶（集团）股份茶业有限公司、云南中茶茶业有限公司、云南农垦集团勐海八角亭茶业有限公司共10家企业获“2020年度茶业百强企业名单”；云南白药天颐茶品有限公司、勐海陈升茶业有限公司共两家企业入围“2020年度茶业创新十强企业”；云南下关沱茶（集团）股份茶业有限公司、勐海雨林古茶坊茶叶有限责任公司两家企业获“2020年度茶业社会责任十佳企业”；云南中吉号茶业有限公司获“2020年度茶业新锐十强企业”。

2020年是云南省茶业生产较为艰难的一年。一年来，协会坚持办会宗旨，以饱满的工作热情，团结协作、奋发拼搏，竭诚为会员服务，精心组织各项活动，在人少、事多、任务重的情况下，取得了较好成绩，受到广大会员和社会各界的好评。

三、云茶产业发展中几个问题的思考

在云南省委省政府正确领导下，经过全省上下共同努力，云茶产业取得了显著成效，为实现“十四五”再翻一番的目标，云茶产业发展中还应高度重视处理好以下几个问题。

（一）必须处理好产业主体与产业特色的关系

云南茶产业经过多年发展已具有坚实的产业规模基础。2020年全省茶叶种植面积已达720万亩，干茶产量已达46万多吨。这个产业基础由几百万亩现代茶园及几十万亩古树名山茶园所构成。古树、名山、小产区茶是云茶产业独具的特色，是历史遗存的宝贵资源，我们应该将其做到极致。现代茶园则是新中国成立后几十年全省人民共同奋斗的成果，是云南茶产业的主体，我们应该将其做到极好。主体极好，特色极致，产业才能实现极强。这应该形成云南茶产业从业人员及各级领导机关的共识，并以此基本认识来指导宣传组织好云茶产业生产。但是很长一段时期以来，由于部分云茶爱好者对古树、名山、小产区茶产品的追捧，导致了认为云南茶只有古树、名山茶是好茶，现代茶园产品都不是好茶的错误认识，甚至出现有的企业产品都是古树、名山产品的混乱局面。导致现代茶园、生态茶园、绿色茶园、有机茶园夏季放弃采摘，产品难销。有的茶农在现代茶园中挖除一部分茶树，将留下的茶树放养，让现代茶园成为不管理、少管理的放荒茶园，如此下去全省茶园面积和产量将受到影响。这与农业现代化的方向相悖，必然会造成茶产业主体难于做大做强。必须明确古树名山茶是云南特有，协会应把其做到极致，让高消费群体买到真正的古树名山茶。但是更要把生态茶园、绿色茶园、有机茶园做好，让喜欢云茶的人都能喝到好茶、喝到生态茶、绿色茶、有机茶、放心茶，这是云茶产业发展中必须加以重视的问题。

（二）必须处理好现代茶园茶产品与古树茶产品的关系

生态、绿色、有机茶园建设是云南优良的自然生态环境优势所决定的基础。至2020年全省有机茶园认证面积已达到80余万亩，认证有机产品1000多个，认证有机产量8万余吨；绿色茶园认证面积45.4万亩，认证绿色食品500多个，产量近8万吨。但是全省毛茶平均价每千克仅39.8元，普洱茶平均价每千克仅139元，滇红仅61.5元，绿茶平均价仅136元。这与生态、绿色、有机茶产品生产付出差距甚远，达标优质茶产品未能得到应有的价格，这与宣传推广缺位有着密切联系。特别是传统拼配技术与有机、生态结合使产品品质得到更好发挥，但这些高品质产品市场仍冷清，值得引起高度重视。古树名山茶有其特有特点，物以稀为贵，但其数量有限而成为高价位茶品，因数量少，价位高，不可能满足全部饮茶人需求。生态、绿色、有机茶叶是高品质的饮品。就世界各产茶国的实际而言，各国包括中国的产茶省份都是以现代茶园为主，世界各国的茶产品都是以现代茶园的鲜叶加工而成，共同注重的是必须达到食品安全的指标要求，必须加大宣传推广力度。

（三）必须处理好国内市场与国际市场的关系

我国正在构建双循环发展格局，其战略基点是扩大内需，这对茶产业而言指导意义尤为重要，特别是云茶产业国内市场发展还有广阔空间，扩大消费区域，东北、华北、华中市场潜力很大，扩大消费群体空间广阔。通过推广引导，增加人均消费量也有巨大空间。促进消费要更多地依托国内市场，市场布局上应加大力度开辟国内市场。同时要下大力气恢复、巩固、扩大国际市场，将云茶流通消费加速融入国际市场。特别要重视绿色、有机茶产品出口，茶类上要突出红茶出口优势，加快推进普洱茶出口，促进云茶市场以内为主、内外互促，构建云茶发展新格局。

（四）必须处理好茶文化与茶产业融合发展的关系

6500万年前的板块碰撞形成了强大的水流切割山地横断山脉，构成三江并流的世界景观和生物多样性的富集区域，云南成为茶树的起源地。各民族利用茶有着漫长而悠久的历史，丰富多彩的民族茶文化及各民族世代利用茶的传统工艺，构成了云南特有的普洱茶、滇红、滇绿优质茶产品，云南茶区有着悠久灿烂的古滇文化、雄伟壮丽的高原风貌，丰富多样的民族风情，绚丽迷人的边境风光，还有四季如春的宜人气候，极富哲理的民族茶文化，加之韵味悠长的普洱茶香、滋味浓厚的滇红味道，郁郁葱葱、青烟绿雾的原始森林，永远都是人类梦寐以求的康养胜地。云南有条件做好做优“茶+文化+旅游+茶游学+康养”大文章，发掘民族、民俗、民食、民风，以茶山多元文化体系将茶区建设成集观光、休闲、体验、养生为一体的产业融合发展胜地，前景十分广阔。

（五）必须处理好品饮与收藏的关系

普洱茶是茶叶中的瑰宝，其不可复制的得天独厚的生态环境和世代传承的传统加工工艺，代表了人类摄食的最佳标准，原生态的生态环境，精彩的加工工艺，令人陶醉的后天滋味，成为人类饮品中的佳品。其经过岁月陈化，回甘生津绵延不绝。普洱茶不仅仅是一种健康饮品，其陈化生香的特性也是极好的收藏品。在茶产业产能已呈过剩走势的今天，品饮得到健康应是人们的首选。专业的收藏得岁月的洗礼，再投放市场应是少数专业人士的责任。云南700多万亩生长在丰富的生物多样性环境下、阳光充足、雨量充沛的红土地中的自第四季冰川以来躲过了数次地球灾难的大叶种茶。既可满足人们的品饮也可以满足人们的收藏，喝了的终究是现实的、自己的，收藏的也会获得以外的惊喜和收获。

2021年，是我国开启全面建设社会主义现代化国家新征程，向第二个百年奋斗目标进军的关键之年，也是实施“十四五”规划的开启之年。协会将以习近平新时代中国特色社会主义思想为指导，认真贯彻落实总书记“把茶文化、茶科技、茶产业这篇文章做好”等一系列重要指示精神，认真结合社会组织工作实际，学习好、落实好中共中央国务院及省委省政府相关要求，更好地服务于党委政府、服务社会、服务云茶产业、服务茶农、茶企和消费者，为“十四五”期间云茶产业再翻番做出积极贡献。

（执笔人：谭中贵、陈勋儒）

2020陕西省茶叶行业发展报告

陕西省茶业协会

2020年，陕西省认真学习贯彻习总书记来陕视察安康平利县茶产业的指示精神，按照省委省政府的工作部署，把陕西茶产业做成继陕西苹果产业后又一重大产业。在陕西省供销合作总社、省农业农村厅和省级有关部门的具体领导下，在中国茶叶流通协会的大力支持下，以陕西茶行业的突出地域优势为切入点和突破点，以区域品牌建设为重点，以销售网络建设为关键，以种植基地管理为基础，以生产加工为根本，大力发展茶产业、茶文化、茶科技，形成了前所未有的良好局面和发展势头。到目前，茶产业已经成为陕南三市22个县区，农民脱贫致富、乡村振兴的支柱产业和朝阳产业。

2020年，陕西省茶产业以“抗疫情、保生产、强品牌、促销售”的方针为指引，各级茶产业管理和技术部门及行业协会，采取多种措施、全方位的积极应对新冠肺炎疫情造成的影响，促进复工复产，加大宣传销售力度，加快夏秋茶开发利用。全年全省茶园面积稳步增长，茶叶加工质量不断提高，公共品牌推广成效显著，综合效益进一步增强。陕茶在全国的知名度和市场占有率不断提升。

一、2020年茶产业发展主要成效

（一）面积产量稳步增长

今年陕西省茶园面积稳步增长，截止2020年底，全省茶园总面积293.4万亩，茶叶总产量11.3万吨，农业产值达183.4亿元，分别较去年同期增长3.96%、5.86%和11.43%；干毛茶产量11.31万吨，产值183.4亿元；名优茶产量3.2万吨，产值93.8亿元；绿茶产量10.3万吨，产值162.8亿元；红茶产量0.5万吨，产值14.7亿元；黑茶产量0.5万吨，产值16.3亿元。

（二）新型经营主体不断壮大

目前，陕西省有茶叶企业1110个，国家和省级龙头企业47个，茶叶加工厂1275个，茶叶专业合作社693个。各级政府坚持扶优扶强扶大，不断壮大新型经营主体，发展新型经营主体，按照“一村一企一园”“一镇一品”的建园模式，大力推行“龙头企业+合作社+农户（贫困户+基地）”的茶产业发展模式，推动茶产业向纵深发展。

（三）产业带动脱贫成效显著

陕西省产茶县区大多数为贫困地区，和连片深度贫困区，2020年省农业农村厅在特色产业项目中，安排了3670万元用于茶产业发展，省发改委、财政厅、省供销合作总社也安排了茶叶电子销售网络平台的专项资金。汉中、安康、商洛市等农业部门也出台了相关配套扶持政策。截止2020年底，茶产业助力陕南茶区贫困县实现了脱贫。仅汉中市有20万户贫困户、60万贫困人口因茶而脱贫，9万户、30万人因茶走上了致富路，为脱贫致富做出了巨大贡献。

（四）多措并举，全力保障茶农增收

年初，为应对疫情影响，加快复工复产，全省各级出台了相应的扶持优惠政策。加大网络培训和宣传促进销售，金融机构推出“特色产业贷”“富硒茶叶贷”等贴息产品，气象部门利用掌中宝等及时预报极端天气，保险公司推出“茶园冻害险”等各种扶持政策。各茶企积极对接北京、天津、甘肃、青海等地客商，促进陕茶销售。年中，各级各部门和行业协会积极组织茶企参加线上线下茶博会、农民丰收节和农高会等茶事活动，并在活动中，展位费和搭建费给予减免等。年末，经过前期调研、征询，配合省农业农村厅组织相关单位研讨制定了“陕西省茶产业十四五规划”，为全省茶产业发展指明方向。

（五）推行标准生产，确保茶叶质量安全

强化宣传培训、组织省、市、县三级科技服务团队，通过“技术团队＋科技人员＋示范基地＋田间学校”推广模式，指导茶叶企业建设基地不用化肥农药，绿色示范茶园，着力提升生产经营主体绿色发展理念和绿色生产技术水平。协助各级农业部门持续推进化肥农药使用零增长、有机肥替代化肥行动，严禁高毒、高残留违禁农药、除草剂在茶园中使用。南郑、西乡、宁强、镇巴、紫阳、商南等产茶大县（区）积极在茶园安装太阳能杀虫灯、布置粘虫板，全力推动茶园绿色防控技术开展。目前，陕西省有机认证茶园面积超过34.1万亩，绿色食品认证茶园面积超过23.03万亩。以丰产茶园培育为主，做好新建茶园、低产茶园的改造和管理，示范推广茶园全程机械化技术。加快茶厂优化改造，修建茶园主道、步道，建立茶园滴灌、喷灌、水肥一体化设施，大力发展“茶—果—药”“茶—苗木”“茶—禽”等立体生态种养殖模式。完善配套设施，规范茶叶标准化加工。

（六）延长茶叶产业链条，提高茶产业综合效益

一是促进一二三产业融合，大力发展“生产+旅游观光”模式的生态观光养生茶园、以茶为主题的特色小镇建设等。汉中市建成了城固山花茶舍、宁强千山玉皇观、青木川瞿家大院、镇巴观云山等20多个茶叶休闲、观光体验点；安康市打造了“游女娲故里、品平利绿茶、赏美丽乡村”的特色旅游线，紫阳县建设了焕古硒茶小镇、蒿坪康养小镇、镇坪牛头店茶旅融合小镇等茶旅融合景点；商洛市

建设了商南富水万亩茶海等茶旅融合线；西安完成了茯茶小镇二期工程。

二是推广立体生态模式。在茶园套种经济林木，在茶园梯壁种植菊花、三叶草，在新建幼龄茶园套种豆类、玉米、黄菊，在茶园养殖土鸡、鹅、非洲雁等动物，促进了茶园综合效益的提高。

（七）做好销售服务，积极拓展市场，开展各种行之有效的宣传推介活动，促进产业不断发展壮大

一是积极开展培训工作：利用农业生产技术服务云直播平台，开展茶叶生产加工技术远程培训；根据茶叶生产不同时期，协调组织省级茶叶技术体系和市县茶叶技术人员，开展各类技术指导、技术难点研讨等服务；邀请全国知名专家，开展全省茶叶高质量发展培训班，开拓思路，提高生产技术能力。据不完全统计，全省全年各级各类培训达到110多场次，受训人数达15000多人次。

二是以陕西农产品“三年百市”品牌营销行动为契机，积极组织企业参加第27届中国杨凌农业高新科技成果博览会、第十三届安徽国际茶产业博览会、2020北京国际茶叶展、马连道国际茶文化节等十余场活动，拓展陕茶市场，提升陕茶在全国的知名度。

三是积极配合组织茶叶企业参加省政府、省农业农村厅和农业农村部在安康市平利县举办的首届“国际茶日”系列宣传活动、省农业农村厅举办的“网上茶博会”和“第三届丝路陕茶文化推广周”、各市、县开展“市、县、局长”直播带货等，茶叶龙头企业和多数合作社都建立了网上销售平台，促进陕茶营销体系多元化发展和电子销售平台的建设。

四是组织开展各种茶艺技能比赛、大赛10余场，有力推进了陕西茶文化发展。

五是陕西省茶业协会还在各有关单位的支持下，在中茶协的指导下，在全省茶行业中开展了“十佳”活动的推选工作，推选出在生产、流通、加工、品牌建设、茶文化传播中的100个“十佳”单位和个人，树立典型，弘扬正气，学有目标、赶有榜样的行业新风，深受全省茶业界的赞誉和好评。

六是通过拍摄宣传片、文艺表演、茶艺比赛、专家论坛、技术培训、新闻发布、签约销售等各种行之有效的方式方法，全面的、多渠道的、深层次的宣传推介陕茶和陕西茶文化。

（八）生产设施升级换代，清洁化、标准化、智能化迈上新的步伐

据不完全统计，一年里，我省先后有68家茶叶企业不同程度地更换茶叶生产设备和机械设备。其中咸阳泾渭茯茶有限公司投资9.8957亿元，占地200亩，总建筑面积13.8万平方米，建设中国清洁化、标准化、数字化的茶叶智慧工厂标杆园区。实现生产体系的标准化、自动化、清洁化，科研实力等都方面将达到国内领先水平。2021年底将投产，每年可加工生产茯砖茶1万吨，茶饮料8万吨，速溶茶3千吨，年物流配送量可达10万吨。未来，以泾渭茶博园为中心，咸阳周边会形成一个茶叶科技、生产、文化和物流的产业集群，这必定推动陕西茯茶产业的标准化进程，带动茯茶产业集群的发展，奠定陕茶在中国茶产业的突出地位。

（九）圆满承办了第十四届中国西安国际茶业博览会

2020年中国西安国际茶业博览会由陕西省供销合作总社、陕西省农业农村厅主办，陕西省茶业协会和西安苍山华博会展有限公司承办。中国西安国际茶业博览会是西北地区乃至全国茶行业有着巨大影响力的专业性展会，也是在疫情后、西安会展中心乔迁新址之后，陕西省第一个大型茶叶展会。租用面积达3万平方米，国内700多家茶叶企业参展。展会期间隆重举办了2019年度陕西省茶行业“十佳”颁奖典礼、2020年陕西省茶艺大赛等茶事活动，获得茶行业内外的一致好评。

二、陕茶发展存在的问题

（一）新冠肺炎疫情的影响

一是影响春茶生产和茶园管护。因疫情人员流动受限，春茶开采期间，人员不能聚集，虽然留守人员使采茶工总体数量增加了，但一些核心茶区仍存在着季节性采茶工缺乏的情况。

二是影响茶叶加工厂建设和优化改造。因疫情防控措施要求，茶叶加工厂建设和改造的机械，无法正常按时运用、安装。

三是影响春茶宣传销售。春茶上市之际，各种现场推介会、展销会取消，直购客商明显减少，实体店面资金回笼缓慢，虽然线上营销发力抵消了部分产品销售问题，但仍不能完全替代线下实体销售方式和渠道作用，个别茶企销量下滑较大。

四是今冬明春疫情有可能再次发生，对茶园管护和明年春茶生产有可能带来一定的困难和影响。

（二）茶园管理和销售等问题

一是茶园规范化管理程度低，机械设备比较落后，大部分茶园仍是手工采摘，茶叶采摘费工费时、劳动力价格高，导致投入大、生产成本高，市场竞争力弱。

二是品牌宣传方式单一、市场拓展不足。部分茶企负责人接受新事物慢，营销人员不足，手段落后，在新媒体时代的产品宣传、推广方式方法上应对能力不足，龙头企业的示范带动作用不强。

三是全省茯茶产业下滑较快。茯茶销售主要为店面品饮直销，上半年受疫情影响很大，店面、车间停工时间较长，下半年经多方努力，销售回暖依然缓慢。

（三）政策资金扶持力度减弱

由于受脱贫攻坚资金项目整合的因素影响，一些县区政策支持力度显著减弱，特别是对各级龙头企业的支持力度下降，部分地区对公用品牌整合、管理意识不强，许多中小茶企只利用公共品牌销售茶叶，质量监管和宣传推广不到位。

（四）陕茶的品牌知名度低，市场占有率低，销售率低，特别是在西安市场陕茶的占有率不足60%，在全国各地的知名度和销售率和我省现有的规模、品质极为不相称

影响产业的发展壮大和效益的发挥，同时茶叶深加工、附属产品的开发创新缓慢，难以进一步提高效益。

（五）陕茶的品种引进、栽培模式存在着各种问题

在陕南茶区一些县区和乡镇存在着盲目引进南方各地的高产、早产品种，忽视了以紫阳群体种为代表的陕西省传统优良品种和“陕茶一号”为代表的新一代优良品种的栽培和推广，致使新栽茶苗死亡率高，成活率低，影响了效益和农民发展的积极性。

三、陕西茶产业发展的建议

（一）加强示范引领，建设标准生态茶园

按照“品种优良化、建设标准化、发展园区化、设施配套化”的思路，加强良种繁育、标准茶园建设。一是协助各级政府和主管部门在汉中、安康、商洛市各建设5个100亩左右、年产1000万株以上的无性系种苗繁育基地，以陕茶1号、龙井长叶等陕西省茶区适生，优质、高效无性系品种为主；二是创建省级高标准茶叶示范园20个，每个标准园核心区面积不低于300亩，无性系良种应用率在95%以上。同时，加大对低质低效老旧茶园的改造，提升茶园单位面积产出和效益。

（二）完善标准体系，切实提高茶叶品质

坚持“做优绿茶，做强茯茶、做靓红茶”的方针，提高绿茶效益，稳步扩大红茶、白茶等茶类生产，提高夏秋茶的综合利用和开发，引进和推广新型茶品，满足多层次消费需求。以黑毛茶、红茶等产品为主，促进经营主体，开展清洁化、标准化生产，健全质量安全追溯体系。协调各地市县和茶叶企业制定地方标准和行业标准，组织各市开展陕茶质量品质评价，以省级绿茶、红茶等茶类制作竞赛活动，提高从业人员制茶技能，提升陕西茶叶产品质量。

（三）开展科技创新，提升单位茶园效益

以“强技术、抓示范、带队伍”为指引，针对陕西省茶产业发展瓶颈问题，在技术引进、产品创新和标准制订等方面，组织行业和联合各市技术单位协调有关院校和技术体系、茶企，选择2~3个技术难点，开展攻关突破，提高茶的附加值和深加工，形成技术集成规模效益，同时，开展茶业全产业

链深度融合，助力乡村振。开展新技术培训，培养相关人员的科技技能。

（四）完善标准体系，制定出陕西省各地茶叶栽植品种目录和指导意见

协助西北农林科技大学园艺学院和安康茶叶研究所及各市县（区）都要在充分调查研究的基础上，制定出符合陕西省各县（区）和乡镇土壤、气候、种植习惯等因素的茶树栽种品种目录及指导意见，坚决反对盲目引进高产、早采品种，提高成活率，避免损失，确保农民种植的积极性。

（五）做强龙头企业，发挥行业组织的作用

重点支持龙头企业的发展壮大、强化全产业链的发展，加快新产品的研发，引导茯茶企业采购使用陕南本地原料，发展“互联网+茶叶”，强化网上销售。同时，依托龙头企业，突出公共品牌，发展联合体。积极探索龙头企业与中小企业、合作社、种植大户、茶农之间的利益联结机制。培育茶产业，进一步充分发挥各级各类茶叶协会、商会、学会的桥梁纽带作用，切实做好行业自律、发挥在品牌培育、销售网络建设中的不可替代的作用。

（六）走茶旅融合之路，延伸产业链

乡村振兴是产业脱贫的升华和延伸，只有做到乡村振兴才能是农村美、农业强、农民富，走茶旅融合之路是陕南茶叶主产区必经之路。通过加强茶园基础设施建设，生产加工基地建设、品牌营销建设，把茶产业和旅游业紧密融合一体，延伸产业链，增加附加值，切实提高农民收入。

（七）采用各种行之有效的方式，提高陕茶在市场上的占有率

要加强省内茶叶企业间的合作，形成以合力建设区域公共品牌，促进全社会对陕西茶叶品牌的认知、认可，扩大和占领省内消费市场，逐步辐射西北和华北地区。在春茶生产和销售的关键时刻，组织媒体、茶企等，讲好陕茶故事、宣传陕茶文化，利用各类展销平台，宣传公共区域品牌和企业自有品牌，形成合力，提高消费者认可度。积极引导企业参加省内外茶叶展销活动，创新营销运营模式，开展省内外合作，拓宽陕茶营销市场。

一是着力办好中国西安国际茶业博览会，使其成为全国著名的茶业盛会。充分利用这一平台，组织省内产茶市、县（区）的茶企、合作社大力参与，省农业农村厅、省供销合作总社、省商务厅、省扶贫办要搭建陕茶品牌展示区、陕茶电商流通展示区、陕茶扶贫产品展示区，全方位、多渠道展示宣传推介陕茶。建议省级财政列支专项，用于西安茶博会、杨凌农高会等大型展会的展示宣传推介费用。首先，千方百计地提高陕茶在西安及陕西的占有率和知名度。

二是组织省内优秀茶企，积极参加国内外各种茶业博览会、展会、推介会等活动，全方位、多渠道的宣传推介陕茶。建议省级有关部门及各产茶市、县（区）的主管部门，积极组织辖区的茶企，合作社大力参与中国国际茶业博览会及深圳、广州、北京等国内外著名的茶业博览会、推介会，展示陕

茶、推介陕茶，提高陕茶在国内外的知名度和影响力。

三是鼓励优秀茶叶企业建立直销店、直营店和连锁店，健全“互联网+茶叶”的销售模式，开展线上和线下销售，拓展销售渠道，创新销售模式，鼓励和引导区域公用品牌，企业品牌开展推广活动，提升品牌价值。建议省供销合作总社和省财政厅、省商务厅等有关部门制定出互联网农产品销售，特别是茶叶销售的有关指导意见和扶持政策。

四是充分发挥各级协会的桥梁纽带作用，开展各种优秀、先进茶叶企业和个人推选评定工作。发挥典型的示范引领作用，正能量作用，树立“诚信、创新、服务”的行业意识，使全行业学有榜样，赶有目标。

2020年，陕西省茶产业取得了长足的发展，已经成为陕南人民脱贫致富、乡村振兴的支柱产业。陕西茯茶也已成为丝绸之路上一张靓丽的名片。虽然茶产业、茶文化、茶科技取得了长足的发展，但是与陕西美丽乡村建设、与陕西人民的要求还有一定的差距。我们坚信在新的一年里，将认真贯彻习总书记来陕视察安康平利县茶产业的指示精神，全方位多渠道的大力发展陕西茶产业、茶文化、茶科技。使之成为乡村振兴的朝阳产业，为健康中国行动、一带一路建设做出更大的贡献。

（执笔人：穆世超）

第三部分

内贸流通

2020中国茶业连锁经营发展报告

2020中国茶叶电商发展报告

2020中国新式茶饮市场发展报告

2020中国茶业连锁经营发展报告

——以八马茶业为例

八马茶业股份有限公司

2021年，对于中国的茶饮行业来说是大事件很多的一年，包括八马茶业在内的茶企为登陆A股资本市场进行努力，也有新式茶饮企业已经在香港市场上市，可谓是百家争鸣。这对于茶饮行业来说是非常好的事情，只有当不同类型的茶饮企业进入这个行业，我们才能把整个行业做大，有更好的发展。

还有一个值得关注的特点是，在电商大行其道、商业模式不断被重构的今天，无论是新式茶饮企业，还是中式茶叶店都在不断地增加线下门店的开店力度。因此，线下门店在茶行业零售中的作用就更加突显。

一、原叶茶始终保持稳定增长

先说中式茶叶店的产品——原叶茶。有一种说法是原叶茶显老态，我认为这样的看法是不正确的。

开门七件事，柴米油盐酱醋茶，茶在中国人的生活里一直不可或缺。古语有种说法，“一日无茶则滞，三日无茶则病”，这就可以看出茶在中国人日常生活中的作用和地位。同样是在古代，中国茶叶早就在全世界名声在外，甚至成为中国展现在世界上的一张名片。

在中国古代，人们所听说过的顶级茶饮大多是过去的皇室贡茶，按照现代的经营理念来说就是奢侈品的“运营思路”：通过某些特殊位置、特殊茶树、特殊工艺、特殊炒茶师傅人为制造稀缺性，让茶叶成为奇货可居的奢侈品。再加上古代中国皇家的特殊地位，更让顶级茶饮显得神秘且高不可攀。

遗憾的是，拥有数千年历史的中国原叶茶延续至今，能够驰名全国乃至世界的知名品类，如“安溪铁观音”“洞庭碧螺春”“黄山毛峰”“祁门红茶”“西湖龙井”都是区域公用品牌而不是产品品牌。因为产品品牌缺失，就导致了原叶茶市场的混乱。与中餐烹制中的“少许”“适量”近似，茶叶的品鉴也很难把握到非常准确的度，价格和质量之间的关系非常微妙，消费者想要买好茶，不知道从哪里入手；花大价钱买来的茶却又不能保证一定是好茶。

八马茶业正是看到了这个痛点，从铁观音出发，创立了现象级的“赛珍珠”品牌，通过将生产工艺标准化，将炒茶的师傅具象化，将茶叶的价格恒定，让品质与价格关系相对稳定，从而实现原叶茶的工业化。

市场上的好茶很多，愿意付出较高价格购买好茶的人也很多，但产品标准化和工业化程度不高的时候，对“好茶”的界定就很难。所以，通过标准化的手段将不容易定价的茶进行规范，让好茶有价格，这样才能有利于茶行业的健康发展。在过去的20多年里，八马就一直致力于将茶业标准化、规范化。

在将茶进行划分以后，我们可以发现，购买几千元至上万元一斤茶叶的消费者还是少数，而中国产量巨大的原叶茶市场还需要口粮茶作为支撑。口粮茶的特点决定其没有绝对的独特性和稀缺性，加之产量大，确实会出现一些同质化竞争的现象。

正是看到了这种情况，八马在赛珍珠取得成功之后不断拓展自己的品类。八马茶业拓展上述品类的目的就在于要将更多标准化，消费者放心的茶纳入到自己的体系中来，用更优的标准来协助中国茶行业的发展。

中国茶业流通协会发布的《2019年中国茶业产销形势发展报告》显示，2019年中国茶业国内已销售额达202.56万吨，比增11.50万吨，增幅为6.02%。其中，绿茶内销量121.42万吨，占总销量的60.0%；黑茶31.86万吨，占比15.6%；红茶22.60万吨，占比11.2%；乌龙茶21.63万吨，占比10.7%；白茶4.22万吨，占比2.1%；黄茶0.83万吨，占比0.4%。

原叶茶市场最靠近茶叶种植的上游，有些分析中甚至将原叶茶市场归入种植和农业市场，这种归类思维极大地限制了原叶茶市场的想象力。茶业市场依然是稳定增长的行业，因此制定清晰的标准是原叶茶市场亟待解决的问题。八马茶业在这方面一直没有停下自己的努力。

二、茶行业发展趋向品牌化和规模化

我国是茶叶消费大国，目前我国茶叶人均消费量虽高于世界平均水平，但部分地区仍有待提高。随着经济社会的发展和人民生活水平的提高，对健康、天然的茶叶产品的消费需求量也在逐步提高。因此，我国茶叶市场仍有较广阔的发展空间，未来仍将保持稳定增长。

目前，我国茶企数量多而分散，整体规模较小，达到一定规模并拥有种植、加工、销售全产业链的品牌企业较少。随着国内消费水平提高，消费者对茶叶品质日益重视，众多消费者已经由购买非品牌茶叶逐步转向购买品牌茶叶。根据欧睿信息咨询有限公司（Euromonitor International）的数据，近十年来品牌茶叶的平均消费增速领先于非品牌茶叶，品牌茶叶的市场份额不断攀升，头部茶企发展有利。目前，中国茶行业的集中度还相对较低，随着头部茶企品牌建设的不断完善，通过市场竞争实现优胜劣汰，未来茶行业的市场集中度有望进一步提升。

八马茶业作为一家知名的全茶类全国连锁品牌企业，主要从事茶及相关产品的研发设计、标准输出及品牌零售业务，产品覆盖乌龙茶、黑茶、红茶、绿茶、白茶、黄茶、再加工茶等全品类茶叶以及茶具、茶食品等相关产品。公司以“让天下人享受茶的健康与快乐”为使命，秉承“责任、突破、卓越、共荣”的企业价值观，致力于为消费者提供高品质的产品和优质的服务体验。

八马茶业在以品牌化为前提之下，公司主要经营模式如下：采购模式方面，公司根据全年销售计划、新产品推出计划、产品销售结构等制订采购计划，主要的采购物料包括毛净、茶叶半成品、定制成品茶、茶具、茶食品以及包装辅料等。

生产模式方面，公司报告期内主要涉及的生产流程为精制加工，并根据公司参与精制流程的不同，可分为自主生产与自主分装两种。自主生产模式下，公司参与主要精制程序，并在拼配、烘焙等核心环节发挥自身技术优势；自主分装模式下，公司仅参与部分末段精制程序，主要为拣杂、装箱等。

销售模式方面，公司主要分为直营与加盟两种，其中直营模式又分为线下直营和网络销售两种。线下直营主要指公司通过直营店的方式向顾客销售产品，包括独立门店及联营门店等形式；网络销售主要包括线上自营零售及电商平台入仓两种方式。加盟模式是指公司与加盟商签订《商业特许经营合同》，授权加盟商在规定的地点或区域，按照统一的业务和管理制度开设加盟店。加盟商拥有对加盟店的所有权和收益权，独立核算，自负盈亏。

八马茶业成立了创新事业部，专门致力于创新产品及相关事务的研究及开发，包括子品牌“掌门茶”及“小马茶趣”等，围绕茶文化不断推出创新性产品。公司以茶叶及茶具产品为基础开发了茶食品、茶饮料、现制现售的新式茶饮等创新性产品，且均已实现了对外销售。除产品创新外，公司还成立了深圳市罗湖区八马茶业培训学校，对公司内外展开茶艺师、评茶员的职业资格培训，并开设其他有关茶艺、茶文化的课程，以茶为载体推动中华文化的宣传普及。此外，公司建立了“创富学院”线上学习平台，以线上培训的方式，突破时间与空间的限制，开创茶行业渠道标准化培训体系，提升培训覆盖率，快速增强从业人员素质。

截至目前，八马茶业围绕自主创新初步构建起了茶叶、茶具、茶食品、茶饮料、新式茶饮以及科研教育、人才培养、技能培训等系统化的茶生态体系。

“文化自信”也是品牌化的一大特征，茶文化作为中国传统文化中极具代表性的一种，在年轻消费群体中的接受度不断提升。公司积极尝试将茶与传统精粹文化IP相互碰撞，以敦煌壁画的飞天仙女、九色鹿、三耳兔、翼马、明月、藻井等元素为灵感来源，携手跨行业头部品牌共同推出了《国家宝藏》联名款产品——六福临门，以及《知否 知否 应是绿肥红瘦》官方联名定制款建盏、周大福联名款产品——鹿与茶鲸等产品，向年轻消费群体传播中华优秀传统文化。

三、八马茶业在传统茶行业中的新探索

八马茶业在传统茶行业的发展中，已经走在全国同行的前列。截止到2020年底，八马茶业已经拥有超过2000家门店，获得了欧睿认证“中国茶叶连锁店第一品牌”“中国茶叶连锁专门店第一品牌”双认证。

在八马茶业成立之初，公司以研发、生产及销售安溪铁观音茶叶为主。经过多年的探索、创新及转型发展，公司已建立起了自有渠道及品牌，逐渐侧重于产品的研发设计及标准输出，产品覆盖乌龙茶、黑茶、红茶、绿茶、白茶、黄茶、再加工茶等全品类茶叶以及茶具、茶食品等相关产品。概括起

来可以分为四个发展阶段：

一是初创和探索阶段（1997—2007年）：公司设立之初，即以研发、生产及销售安溪铁观音茶叶为主，主要通过开设直营独立门店的方式对外零售，同时尝试联营模式。

二是起步发展阶段（2008—2014年）：2008年，公司推出传统浓香型铁观音——赛珍珠，成为铁观音茶叶的知名品牌，并开始推行加盟模式，初步实现了跨区域经营。之后，公司于2011年左右开始尝试电商业务，并不断学习改进。在这一发展阶段，公司的主营业务产品仍以铁观音茶叶为主，但从销售方面来看，开始呈现出全渠道销售的雏形，同时公司也从事部分出口业务。

三是转型阶段（2015—2017年）：2015年，公司适应市场需求及消费者偏好的发展，开启了全品类茶叶转型战略，主营业务产品由以铁观音为主转向为全品类茶叶。在这一转型阶段，公司开始积极探索布局中国各大名茶产区，逐步形成了铁观音及部分岩茶为公司自主生产，小部分茶叶产品为公司自主分装，其他大部分茶叶产品以及茶具、茶食品等均由合格供应商依据公司的定制要求及质量标准进行生产并供应，并通过公司“直营+加盟”“线上+线下”的全渠道销售体系统一对外进行销售。

四是全面发展阶段（2018年至今）：2018年以来，公司基本完成了全品类茶叶的战略转型，并进入了一个可快速复制及扩张的新发展阶段。线下直营方面，公司的直营店数量持续增长，并在广东及福建两省做出了较好的示范效应；网络销售方面，公司的电商团队及运营方式逐渐成熟，并不断通过平台拓宽、组织优化、精细运营、产品更新等手段实现了网络销售的快速增长；线下加盟方面，基于公司对加盟商的持续服务及培训指导，加盟业务得以加速发展，未来加盟渠道将进一步深化并下沉。

八马茶业的使命是“让天下人享受茶的健康与快乐”，因此积极布局中国各大名茶产区，甄选优质名茶，坚持贯彻跨区域、跨品类的平台化发展战略。铁观音及部分岩茶为公司自主生产，小部分茶叶产品为公司自主分装，其他大部分茶叶产品以及茶具、茶食品等均由合格供应商依据公司的定制要求及质量标准进行生产并供应。在探索、确立并贯彻执行公司整体发展战略的过程当中，公司将传统的茶叶生产、产品零售与新技术、新业态、新模式进行了深度融合和探索。

第一，与新技术的深度融合。八马茶业在继承和发扬历代相传的拼配、烘焙等独特制茶技艺基础上，注重科技创新，引入了现代化的生产及管理体系，将新技术与传统的茶叶生产进行了深度融合。同时，公司还先后与中国农业科学院茶叶研究所、福建省农业科学院茶叶研究所、福建省农业科学院、集美大学以及福建农林大学安溪茶学院等高校及科研机构开展产学研合作，建立先进的技术标准，培养优秀的技术人才，为公司提高核心竞争力提供技术支撑。

八马联合子公司作为起草单位之一参与了多项国家标准及地方标准的起草和制定工作。其中，由公司及深圳市标准技术研究院等单位领衔起草的深圳市地方标准DB4403/T 88—2020《茶叶包装贮运技术规范》于2020年10月1日起正式实施。该标准对于深圳市涉茶企业科学保管和储运茶叶、保障茶叶质量安全、推进深圳市茶叶行业的高质量发展等方面均将产生积极影响。公司建有普洱茶标准化仓储设施，通过配备一系列智能监控和温湿度智能调节设备，打造符合公司茶叶储存要求的智能化仓储环境，增强了公司的产品运输与仓储管理能力，保证了产品的品质及稳定性。

截至目前，公司已经获得了以“浓香型铁观音的生产方法”“浓香铁观音的烘焙方法”为代表的5项发明专利及其他10项实用新型及外观设计专利。公司坚持技术创新及研发，不断致力于推动茶行业深层次的发展。目前公司正在开展“基于茶叶酚氨比为依据的创新型铁观音拼配技术研究”“基于化学成分含量变化的陈香型铁观音贮存工艺技术研究”以及“基于化学成分变化的浓香型铁观音烘焙技术研究”等研发项目。

未来公司将基于自身业务及主要产品与新技术进一步进行深度融合和探索。

第二，与新业态的深度融合。公司运用自身的渠道及品牌优势，面向众多成品茶、茶具及茶食品供应商及加盟商输出八马产品及服务标准，积极整合上游茶厂资源，同时通过“直营+加盟”“线上+线下”的全渠道销售体系统一对外销售产品。公司探索、确立并贯彻执行高品质、跨区域、跨品类的平台化发展新业态，致力于为全中国广大消费者提供丰富、健康、正宗、优质的全品类好茶及相关产品。

此外，公司设立了“数字零售支持办公室”和“信息中心”，自上而下推动数字化变革，通过搭建自有大数据体系，实现内部和终端的协同运作目标。公司利用现有信息化系统以及各类创新方式，打通线上、线下销售渠道，构建大数据体系，记录与公司发生交易、互动的顾客行为、消费者决策路径以及会员信息等内容，从而进行精准分析，实现线上、线下的融合及高效的数字化运营体系。数字化体系的构建，对于公司未来成功研发新品、实现精准营销、建立共享仓库就近配送、私域社区运营、新开店面选址等均具有重要的战略意义。

第三，与新模式的深度融合。在消费升级和技术升级的驱动下，公司全面发展多样性、多内容、多维度和多触点的新零售模式。公司以消费者为核心，以提升效率、降低成本为目的，以技术创新为驱动，线上线下相融合，开展要素革新，不断适应和满足消费者多样化和个性化的消费需求。

在品牌营销方面，公司通过对市场数据的分析，更清晰地了解目标市场的细分特征和消费者的需求偏好，实现更具针对性的产品研发，为消费者提供个性化的产品和服务，增强其品牌忠诚度。此外公司通过社交媒体、直播平台、流量私域等线上推广方式，能够增强需求转化的效果。

在供应链协同方面，公司利用自身品牌优势以及在终端掌握的大数据资源，在供应链系统中充当消费者的“代言人”。公司通过向供应商输出产品标准，为其提供精准的需求信息，刺激供应链向需求导向的个性化和定制化方向重构，以提升产业链的协同效应，降低自身和供应商的运营成本。

在销售网络方面，公司在不断巩固传统线下直营及加盟销售渠道的基础上，运用在主流电商平台开设自营店铺、电商平台入仓等形式进行网络销售，不断完善“线上+线下”的全渠道网络建设。通过“直营+加盟”“线上+线下”的全渠道销售体系，公司建立与消费者紧密连接的通道，最大程度覆盖消费群体的主要生活场景，满足消费者即买即得的消费需求。

未来，公司将进一步巩固及发展新零售业务，回归到满足消费者需求的价值起点。

八马茶业在以门店为矩阵，不断提高消费者体验的同时，也在不断加强上游产业链的扶持和整合力度，广西百色西林红茶走出深山密林就是一个典型的例子。广西百色拥有在茶叶培育和种植方面得天独厚的自然条件，但因地处山区，交通不便，茶农做好的茶叶经常卖不出去，当地多数茶农长期挣扎在贫困线上。

了解到百色的地理和人文环境后，八马茶业主动上门对接，成立了西林红茶精准扶贫惠农项目组，指导当地茶农按照八马茶业的产品标准，在原料开发、包装设计、产品上市和营销推广等方面进行改进，从而让西林红茶搭上八马茶业的销售网络。

这种企业成长与履行社会责任协调发展的帮扶模式，在广西百色取得了成功，八马茶业因此被授予了“2020年粤桂扶贫协作先进民营企业”称号。

铁观音安溪原产地和岩茶武夷山原产地“2020年茶企纳税第一”两份证明，同样是推动企业成长和履行社会责任协调发展的成功实践。在铁观音安溪原产地，八马茶业已经连续八年纳税第一，而在岩茶武夷山原地产，招商首年即实现了纳税第一。

在八马茶业的理念中，既要服务好终端消费者，也要通过自己的能力不断整合上游产业链，为广大消费者找到最优的产品，最大程度上发挥出自己的社会责任和价值！

四、门店网络优势和突出作用

八马茶业自成立以来，一直重视探索适合自身业务模式的销售渠道，目前已经确立了“直营+加盟”和“线下+线上”的双轮驱动模式。截至2020年底，公司拥有直营店366家，加盟店超过1700家，销售网络已经覆盖了全国各省份的主要大中型城市。

在线下渠道方面，公司采取直营与加盟相结合的方式，通过统一的门店运营、价格、服务管理体系，能够更好对接终端客户，快速了解和反映客户需求，提升客户忠诚度。

除传统的线下渠道外，公司结合互联网行业的快速发展趋势，成立了专门的电商团队，积极与京东、天猫、唯品会拼多多等电商平台开展合作，发展线上与线下相融合的新零售模式。报告期内，公司的网络销售收入占主营业务收入的比例分别为17.77%、16.08%及19.45%，在其销售体系中已经占据重要地位。

尽管目前线上渠道的销售额已经占据了一定比重，但是鉴于茶行业的特殊属性和实际体验，未来在很长一段时间内，线下门店渠道依然会占据公司销售的主导。原因如下。

第一，满足茶叶市场快速增长的需求，提高公司市场份额。茶叶是一种天然的健康饮品，在我国具有悠久的消费历史。随着人们生活水平的提高，对健康的日益重视，饮茶作为一种有利于身体健康、可提高生活品质的习惯，逐渐成为健康生活方式的潮流。因此，我国茶叶市场需求不断增长，规模不断扩大，根据中国茶叶流通协会统计数据，我国茶叶内销总量从2010年的98.81万吨快速增长至2019年的202.56万吨，年复合增长率约为8.30%。

近年来，伴随着茶叶市场需求的快速增长，八马的营销网络体系也一直在不断建设和完善当中。为了更好地满足茶叶市场的快速增长，进一步提升公司的市场份额，公司必须继续加大营销网络体系建设，在确保产品品质的同时，为广大茶叶消费者提供更大的消费便利和更好的消费体验。

第二，完善公司营销网络布局，提升品牌形象的需要。作为茶类企业的主要销售渠道，营销网络体系的建设直接关系到企业的产品销售能力，是商品流通类企业发展的重中之重。直营模式一直以来都是公司整体营销网络体系当中的重要一环，开设直营店能够通过有效的人员培训，对店铺形象和服务标准进行统一管理，确保产品品质和消费者的服务感受，树立良好的品牌形象。

第三，公司产品线丰富，全方位展现公司实力。强大的门店销售网络充分利用了公司一直以来在技术工艺、品质控制、品牌管理等方面的成果，向成品茶、茶具及茶食品供应商输出标准进行定制采购，同时集中资源聚焦全渠道的渗透与拓展，有利于提高公司产品的市场影响力，稳定公司的业绩发展。

经过多年的快速发展，公司已形成了基本覆盖全国主要市场的营销网络体系，涵盖了临街专卖、商超、购物中心、机场等多种形态的业务场景。截至2020年12月31日，八马茶业已经拥有直营店面366家，但仍需从广度和深度两个方面不断拓展和延伸。

未来，随着公司的发展，还将会继续以“直营+加盟”的形式，不断扩大市场终端规模，进一步为消费者提供购买茶类产品的便利条件，更好地满足市场对茶类产品的需求，并向社会展示规范的八马茶业连锁品牌形象，增强公司影响力。通过店铺的增加，扩大直营网络，改善消费者的消费体验，提升消费者对八马茶业品牌的认知度和忠诚度。因为八马茶业始终致力于茶及相关产品的研发设计、标准输出及品牌零售业务，所以在可预见的一段时间内公司经营模式不会发生重大变化。

通过门店销售网络，八马茶业可以第一时间直接接触到消费者，我们从消费者的习惯中，了解到茶叶消费的特点。通过一线营业员的反馈，我们清晰地形成了属于八马茶业的消费者画像，再以消费者画像进行反哺，指导产品线的研发和布局，最终和消费者形成了双向互动！

八马茶业对门店网络的重视也在实际经营中带来了回报。截止2020年底，八马茶业全国门店已经超过2000家，是国际权威第三方认证机构确认的“中国茶叶连锁第一品牌”。

（执笔人：吴清标）

2020中国茶叶电商发展报告

2020年茶叶电商规模280亿：马太效应趋显，底层价值网迭代。

据国家统计局数据：新冠肺炎疫情冲击之下，我国2020全年GDP达1015986亿元，首次突破100万亿元，并成为主要经济体中唯一正增长的国家。2020全年社会消费品零售总额391981亿元，同比上年下降3.9%。按经营单位所在地分，城镇消费品零售额339119亿元，同比上年下降4.0%；乡村消费品零售额52862亿元，同比上年下降3.2%。

2020年全国网上零售额117601亿元，同比上年增长10.9%。其中，实物商品网上零售额97590亿元，占社会消费品零售总额的比重为24.9%，同比上年增长14.8%。在实物商品的网上零售额中，吃类、穿类和用类商品分别增长30.6%、5.8%和16.2%。综合来看，疫情防控下的中国消费市场规模整体有所下滑，但线上因为便利性、无接触等适合疫情防控工作优点而推动全国网上零售额同比增长比例约15%。

值得注意的是，尽管有新冠肺炎疫情冲击，但茶叶市场长期向好的趋势——“国盛茶兴”没有变。2020年茶叶电商市场如何变化？2020年茶叶电商市场规模279.8亿：量价齐升，马太效应趋显，底层价值网迭代。

一、2020年茶叶电商销售数据

注：本文数据源自作者使用第三方数据分析平台推算，仅供参考。阿里系电商平台包括淘宝、天猫商城、天猫国际和全球购。传统茶类，包括绿茶、白茶、黄茶、乌龙茶、红茶、黑茶和普洱茶；代茶类，包括代用/花草茶、组合型花茶、再加工茶、花果果粒茶。

（一）2020年阿里系电商平台传统茶分茶类销售额

2020年，阿里系电商平台各茶类销售额累计为128.46亿元。其中红茶29.61亿，占比23.05%；普洱茶28.50亿，占比22.19%；绿茶26.86亿，占比20.91%；乌龙茶26.63亿，占比20.73%；白茶13.98亿，占比10.88%；黑茶2.60亿，占比2.02%；黄茶0.28亿，占比0.22%（图1）。

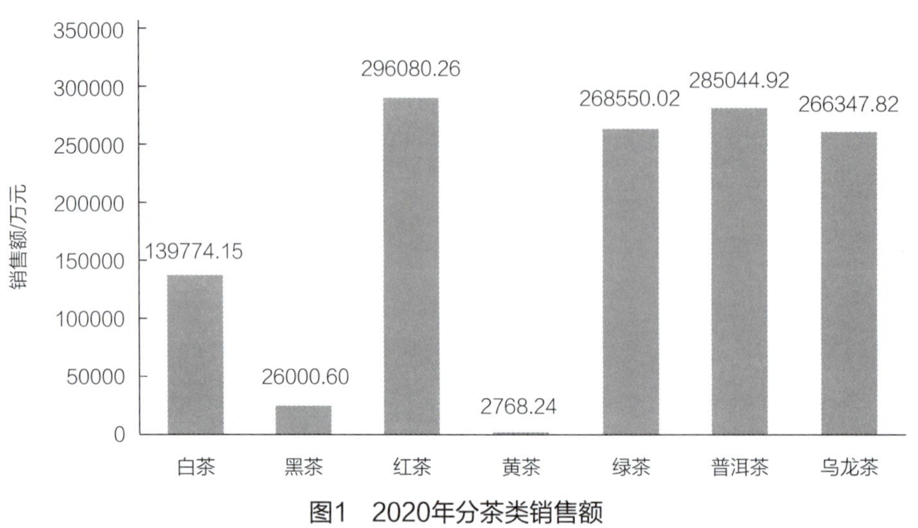

图1　2020年分茶类销售额

（二）阿里系电商平台传统茶分茶类销售量

2020年，阿里系电商平台各茶类销售量累计为105045650件。其中红茶27675338，占比26.35%；绿茶25978809，占比24.73%；普洱22244606，占比21.18%；乌龙茶22199251，占比21.13%；白茶4712378，占比4.49%；黑茶1958208，占比1.86%；黄茶277060，占比0.26%（图2）。

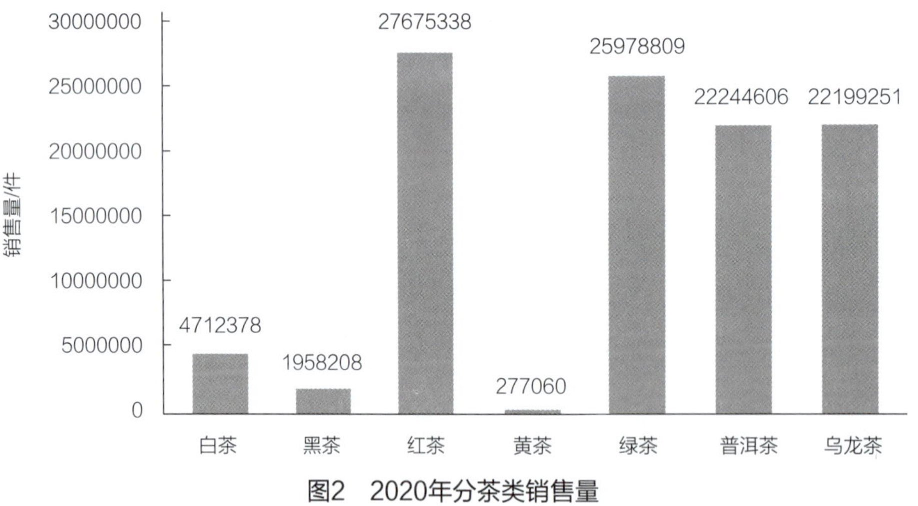

图2　2020年分茶类销售量

（三）阿里系电商平台传统茶分茶类销售均价

2020年，阿里系电商平台传统茶每件销售均价为122.29元。其中白茶每件均价296.61元、黑茶每件均价132.78元、普洱茶每件均价128.14元、乌龙茶每件均价119.98元、红茶每件均价106.98元、绿茶每件均价103.37元、黄茶每件均价99.91元（图3）。

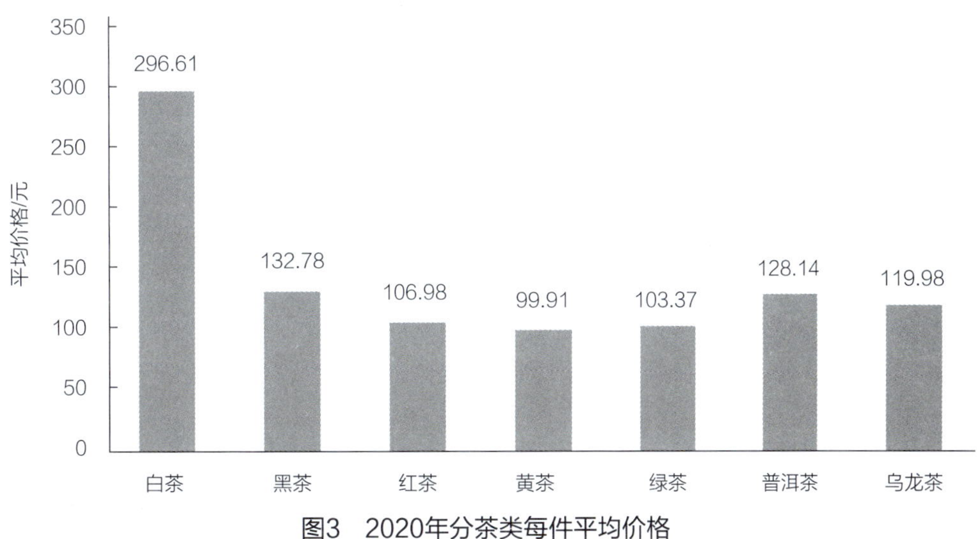

图3　2020年分茶类每件平均价格

（四）阿里系电商平台每月传统茶销售额

具体数据见图4。

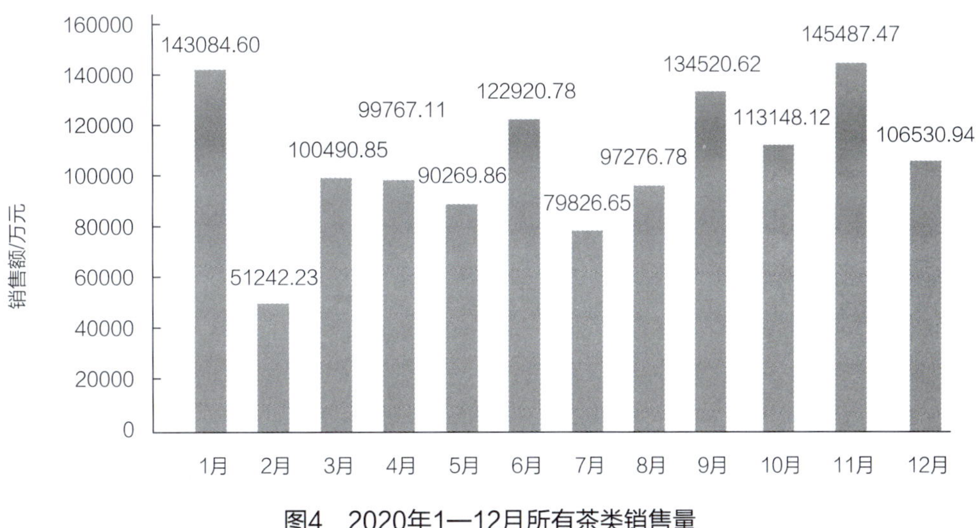

图4　2020年1—12月所有茶类销售量

（五）阿里系电商平台代茶类销售额

2020年，阿里系电商平台代茶类销售额累计为50.29亿元。其中代用/花草茶39.13亿元，占比77.81%；组合型花茶6.46亿元，占比12.84%；再加工茶3.80亿元，占比7.55%；花果果粒茶0.90亿元，占比1.80%（图5）。

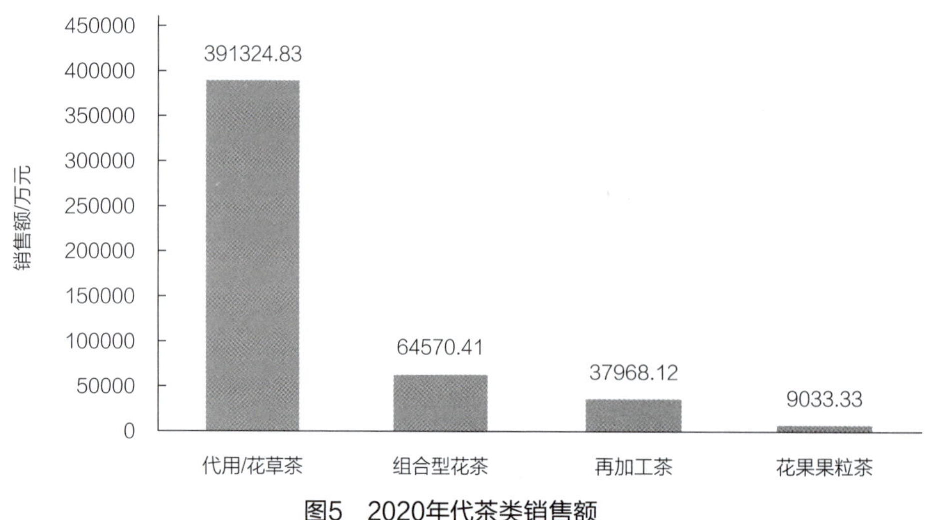

图5　2020年代茶类销售额

（六）阿里系电商平台代茶类销售量

2020年阿里系电商平台代茶类销售量累计为127911480件。其中代用/花草茶100806653，占比78.81%；组合型花茶19100328，占比14.93%；再加工茶5328686，占比4.17%；花果果粒茶2675813，占比2.09%（图6）。

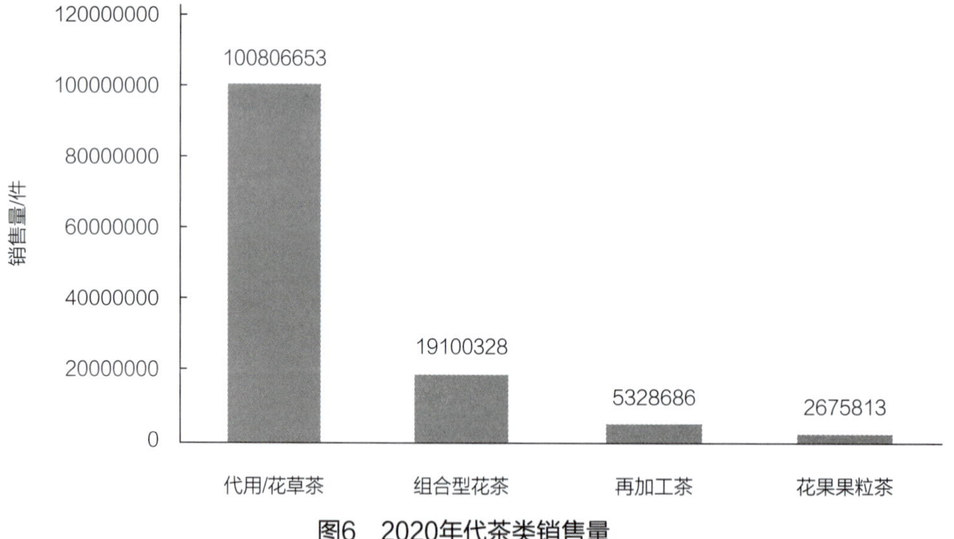

图6　2020年代茶类销售量

（七）阿里系电商平台代茶类销售均价

2020年代茶类总体每件平均销售价格为39.32元。再加工茶每件均价71.25元、代用/花草茶每件均价38.82元、组合型花茶每件均价33.81元、花果果粒茶每件均价33.76元（图7）。

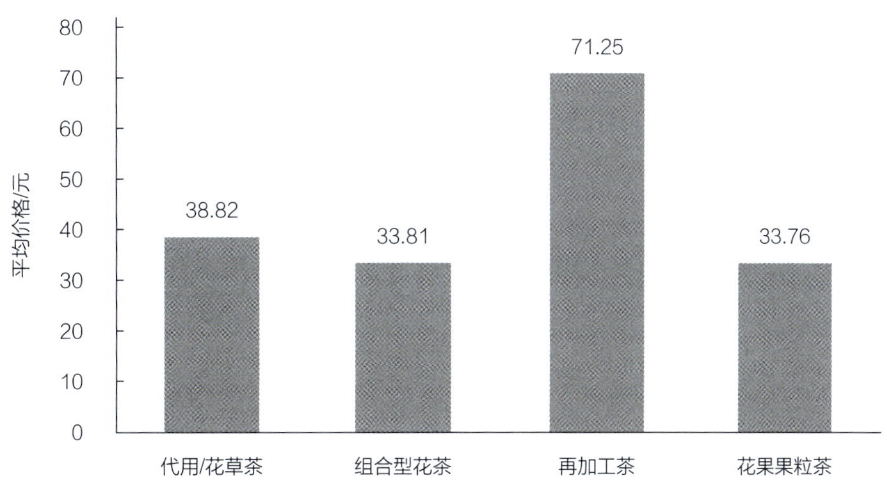

图7 2020年代茶类每件平均价格

（八）阿里系电商平台每月代茶类销售额

具体数据见图8。

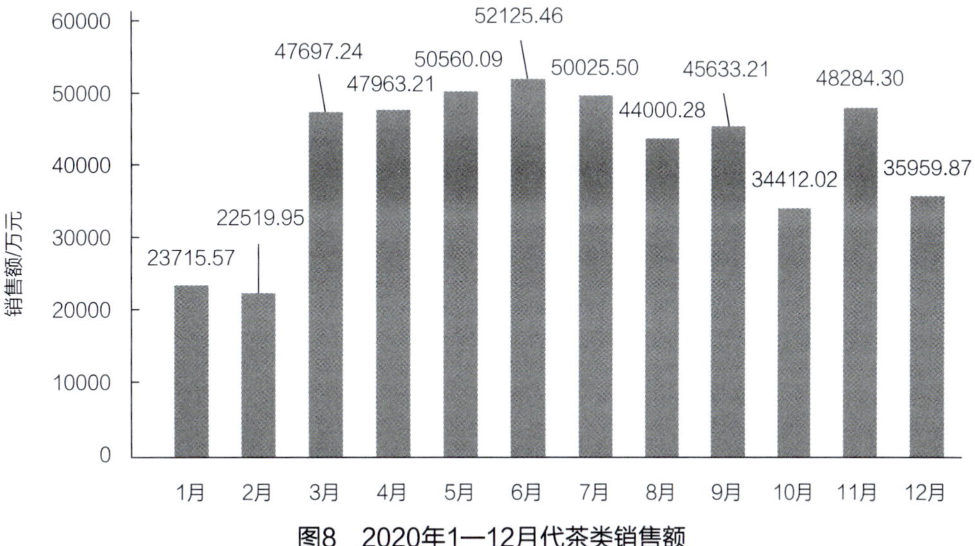

图8 2020年1—12月代茶类销售额

（九）2020年“双11”天猫、淘宝茶叶销售前十

前十位数据见表1。

表1　2020年“双11”天猫、淘宝茶叶销售前十

排名	店铺名	交易金额/元	访客人数	搜索人数	支付人数	客单价/元
1	大益茶叶旗舰店	197300899	1036771	310685	92714	2128.06
2	澜沧古茶叶旗舰店	50735308	148456	18377	10309	4921.46
3	中茶旗舰店	28094997	257032	64027	19487	1441.73
4	ChaLi旗舰店	24703192	692382	96196	94033	262.71
5	馥益堂旗舰店	23859659	128802	20995	9646	2473.53
6	小茶婆婆	20432970	81269	5243	12544	1628.90
7	八马旗舰店	19262768	1084415	167777	92423	208.42
8	晒白金旗舰店	17403118	35284	6125	3717	4682.03
9	艺福堂茗茶旗舰店	15533478	1652546	270112	247378	62.79
10	小罐茶旗舰店	15433279	576573	87207	39807	387.70

（十）2014—2020年“双11”天猫、淘宝茶叶销售前十

在阿里系电商平台，2020年传统原叶茶128.46亿元（不含直播卖茶），整体预估142.73亿元（直播贡献茶叶交易额占1/10换算），代茶类50.29亿元（因为代茶类有4个品类，按1/2换算为贡献的茶叶销售25.15亿元），因此阿里系电商平台合计约167.88亿元。所有线上电商平台按阿里系电商平台占全网茶叶销售额6成来折算，2020茶叶电商为279.80亿元（表2）。

表2　2014—2020年“双11”天猫、淘宝茶叶销售前十

排名	2020年	2019年	2018年	2017年	2016年	2015年	2014年
1	大益	大益	大益	大益	大益	大益	艺福堂
2	澜沧古茶	修正韵芝	小罐茶	雨林	石雨益昌号	艺福堂	思普
3	中茶	中茶	修正	小罐茶	艺福堂	八马	八马
4	ChaLi	小罐茶	雨林	艺福堂	八马	茶马世家	中闵弘泰
5	馥益堂	辛有志生活馆	艺福堂	宫明	天福茗茶	天福茗茶	大益
6	小茶婆婆	八马	宫明	八马	茶马世家	龙润	天福茗茶
7	八马	小茶婆婆	八马	茶马世家	宇川	卢正浩	彩程
8	晒白金	艺福堂	天福茗茶	天福茗茶	卢正浩	中闵弘泰	谢裕太
9	艺福堂	天福茗茶	新益号	竹叶青	竹叶青	彩程	书呆子
10	小罐茶	张一元	元正正山堂	卢正浩	元正正山堂	醉然香	卢正浩

注：数据采集日期为11月1—11日。

二、茶叶电商趋势和案例（从4P出发）

疫情防控措施影响居民工作和生活半径，影响居民就业和收入，推动大众茶叶品饮、收藏消费理念和行为改变，加速茶叶电商市场规模扩大。

在茶行业整体品牌化和集中化趋势之下，茶叶电商市场马太效应更甚：电商卖家动销区域集中（2020年福建约50%）和品牌市场份额集中（艺福堂单店破1亿，提前2月！）。下面从营销4P理论关注的产品、渠道、定价和促销来展望茶业电商未来。

（一）茶产品创新和融合

1．产品趋势

（1）处于产业转折点，有资源和技术优势的传统茶叶企业话语权明显提升。

（2）大单品占据用户心智，多个品牌借助优势品类让其电商业务破圈。

（3）因为用户群广和性价比高，商家将代茶类产品与茶叶混业经营。

（4）拼装类产品成为商家爆款产品，具多样体验、决策成本低等优势。

（5）投资收藏茶市场火，产品发售、流通变现体系渗透进电商。

（6）传统茶企跨界冻干茶粉、茶饮料、茶酒、抹茶等，发力“茶+”产品线。

（7）门店现制饮品企业玩转原叶茶，线下门店和线上电商同步发力。

（8）品牌概念、场景、包装设计正在成为营销关键要素，新营销玩法渗透进茶叶品牌。

2．产品案例

（1）供应链　卢正浩，可做八马、小罐茶供应商，也可做自己品牌。

（2）大单品　亿元单品，竹叶青绿茶，张一元茉莉花茶。

（3）代茶类　艺福堂花草茶、代用茶，吴裕泰茉莉花茶（再加工茶）。

（4）拼装类　小罐茶主力产品（金罐、银罐、彩罐）都在拼装。

（5）金融茶　大益（“天猫小黑盒”抽签发售，2020双11超200万人参与）。

（6）茶+类　正山堂红茶粉，八马茶饮料，小罐茶·大红袍味士忌，贵茶·抹茶。

（7）新营销　从山国饮艺到山国工夫茶；天福“我看见的中国茶”微博话题阅读量达到2.5亿次；奈雪、喜茶在茶饮之外，开始发力茶叶。

（二）茶叶电商渠道多、变化快

1．渠道趋势

（1）从传统电商（淘宝、天猫、京东），到社交电商（拼多多、云集、微店），再到内容电商（小红书、抖音、快手）。电商平台都在尝试将电商和社交、内容深度融合。

（2）各电商渠道曝光机制有差异、变化快，对应策略规划、运营落地和迭代升级策略需要不断进行资源配称。舆情和电商运营关联，舆情管理以明星代言（小部分有）+企业自媒体+头部媒体（社会新闻、财经大号等）+行业媒体+自媒体+用户口碑内容等组成。

（3）规模企业都在积极落地全渠道业务数字化、数字化经营，并将用户沉淀为可实时触达和业务转化的私域流量，助力自身业务发展。

2．渠道案例

（1）艺福堂已连续7年达成“亿元单店”成绩，且2020年较2019年提前2个月达成。在销售渠道上，艺福堂电商、内容和社交融合运营已做出初步成效。2020年4月，艺福堂参与策划“抖音有好货县长来直播”龙井茶专场活动，专场直播销售额超480万元。“双11”，以小红书、B站、微博等为主要阵地，进行了广泛的种草传播，“双11”期间曝光量突破千万次。

（2）大益选择多渠道发力打造品牌形象。东莞篮球队+中国人民大学茶道哲学基金+大益书院+大益博士后科研工作站+大益茶道院+CCTV等国家级影响媒体+大益APP+大益自媒体矩阵+大益私域社群运营+内容种草等。

（3）总裁走进直播间亲自吆喝，如八马王文礼，华祥苑肖文华，品品香林振传，小罐茶梅江等企业高管，增加曝光度的同时也提高团队对渠道新形势的重视。

（4）竹叶青董事长唐先洪亲自牵头数字化转型，携手云徙科技，搭建全方位、立体化的业务数字平台，加快数字化营销转型升级，力争在2021年实现全渠道数据融合与精细管理。

（三）定价影响毛利率，其主要是基于产品定位

1．定价趋势

（1）高性价比茶　典型风味产品，毛利率与销售规模成反比。

（2）商务礼品茶　价格锚定产品，毛利率与品牌用户认知场景正相关。

（3）稀缺名优茶　圈层消费产品，特色、定制化让毛利率最高。

（4）投资收藏茶　增值保值产品，价格受产品、仓储、流通体系影响。

2．定价案例

（1）高性价比茶　艺福堂龙井茶，八马铁观音，茶里袋泡原叶茶。

（2）商务礼品茶　小罐茶金罐、鉴赏款，华祥苑国缤茶。

（3）稀缺名优茶　正山堂金骏眉，陈升号老班章，浙茶狮峰西湖龙井。

（4）投资收藏茶　大益、今大福普洱，品品香白茶，中茶六堡、普洱茶。

（四）促销策略创新层出不穷，助力茶叶电商敏捷运营

1．促销趋势

（1）让利促销“真香”。打折、满减、满赠让店铺销售快速提升，品牌通过价格战抢占市场。

（2）直播破圈。邀请明星主播、企业高管参与直播，此外，疫情期间多个产茶县县长直播助推茶

叶公共品牌，效果突出。还可打造自身店铺主播团队，让商家自播生态越来越完善。

（3）不再全靠大师和产地进行品牌宣传，广告代言等成为营销的新选择。

（4）按用户来源不同，从顶层设计出发，构建差异化的用户流量转化漏斗。

（5）重新理解获客成本，从只关注短期投入产出比到重点关注长期用户生命周期价值。

2．促销案例

（1）品牌让利　高端品牌破价，小罐茶彩罐在薇娅直播间，低至5.6折。

（2）直播破圈　罗永浩、薇娅和王文礼助力八马内容运营和店铺自播团队。湘益茯茶（湖南茶业实控）和六妙白茶《中国好茶·黑白对话》；武夷星与品品香《心相传·情常在》；挂职县长陈灿平通过直播助推安化黑茶。

（3）CEO道歉　孝文家茶CEO王开心为“天价茶”公开道歉，全渠道下架售价超过每斤10万元产品，并承诺不过度炒作大师和产地。

（4）获客成本　奈雪、喜茶等茶饮品牌发力原叶茶。

随着资讯、电商、社交平台更迭，线上流量迁移会造就有代表性的渠道新势力——茶的故事（微信公众号）、小茶婆婆（淘宝直播）、龙团胜雪（快手）、丹妮茶叶（抖音）等。有品牌知名度、供应链优势、线下为主的传统龙头茶叶企业，也在积极把经营业务布局到多个主流电商渠道，并通过线上触达来推动线下业务实现在线经营。

新形势下，我们要重新理解茶叶电商：从单一线上平台卖茶，到多个线上平台卖茶，再到全渠道业务在线，茶叶电子商务将演变为茶叶在线交易。茶叶线上交易渗透率低于全国网络零售渗透率。基于我国线上交易物流、电商平台的基础设施，且茶叶线上交易有助于行业信息平权、消费平权，茶叶电商渗透率还将持续增加。线上业务有助于传统品牌年轻化和新品牌崛起，在打造爆品，建立用户心智和品牌破圈等方面越来越重要！

（执笔人：杨杰）

2020中国新式茶饮市场发展报告

中国茶叶流通协会

2020年是极不平凡的一年。突如其来的新冠肺炎疫情对正常的生产生活造成严重困扰，经历冲击后的茶饮市场展现出了顽强的生存潜能，品牌茶饮迅速调整，通过品牌文化塑造、研判市场走向、分析消费偏好、数字化渠道升级等方面的努力，新式茶饮（图1）品牌重新定义了中国茶饮市场。

图1 新茶饮实例

一、市场现状

奶茶起源于20世纪80年代的我国台湾，茶饮行业经历了30年多年的发展，历经粉末时代、街头时代逐步发展成为现制现售茶饮时代，即选择性采用茶叶、水果、乳及乳制品、粉末油脂、植脂末、含乳基料类、糖类等原辅料，通过现场制作的方式，对色彩搭配、造型和原材料配比等完成多元化的风味饮品。据不完全统计显示，过去五年复合增速为9.8%，预计2025年我国现制现售茶饮市场综合产值将突破千亿元（图2）。

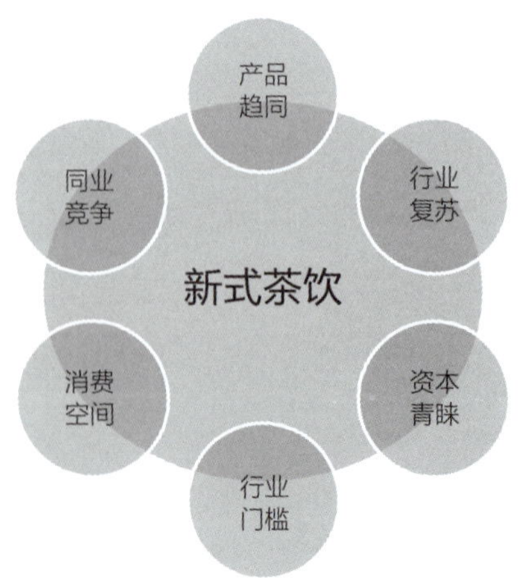

图2 新式茶饮的市场现状

（1）消费空间 近年来，现制现售茶饮市场发展迅速，青年群体的市场消费习惯已经养成，消费场景也日趋多样化，消费者可以快捷便利地通过线上线下等渠道进行市场消费。

（2）同业竞争 可以看到在商超卖场、城区商业街、学校周边等人流交织区域，茶饮店铺四处布局，甚至经常看到一条街上有众多茶饮店铺扎堆经营的现象，可谓是竞争非常惨烈。

（3）行业门槛 相对于传统食品饮料等行业而言，茶饮门槛较低，大量自创品牌迅速涌入，消费需求愈发多元化，因此吸引了大批创业者涌入。

（4）产品趋同 新产品上线后，很容易被竞争对手模仿，不管是知名品牌还是街头小店，“复制与被复制”已经成为行业常态，且产品配方已经不是商业秘密，很多企业都能很快复制完成“网红或爆款”产品。

（5）行业复苏 新冠疫情给行业造成了巨大的打击，随着疫情得到有效控制，行业逐渐复苏，其中茶饮因其模式较轻，在很多地区都是率先复苏的品类。在2020年，茶饮行业市场增长率有所下降，但整体规模依旧保持增长。

（6）资本青睐 奈雪の茶、喜茶、乐乐茶、古茗、7分甜及沪上阿姨等品牌纷纷获得融资，茶饮与资本市场结合愈发紧密，茶饮已经成为餐饮行业的“资本收割机”。2021年6月，奈雪の茶也迎来了港交所上市，成为“新式茶饮第一股”。

二、消费趋势

（一）现制茶饮门店是当下市场的主要消费场景

我国茶饮行业经历三个发展阶段（表1），从制作工艺和选材用料等方面都不断提升，同时销售场景也从街头门店售卖转向智能化场景消费门店。2020年，茶饮市场消费总额中约有60%来自现制茶饮门店，其中高端茶饮门店专注于使用优质、新鲜配料来生产现制茶饮及创造愉悦的茶饮体验，以便获得更强的溢价能力。

表1 我国茶饮行业发展阶段

发展阶段	1.0粉末	2.0街头	3.0现制
原配料	合成添加剂及人工色素	半成品及调味糖浆	天然高品质原料
价格区间	10元内	10~20元	20元以上
门店场景	店铺	店铺+合作	自主+电商平台
品牌发展	较少	外国品牌进入	国内品牌崛起
经营理念	无品牌意识	拓展连锁模式	注重高端连锁

（二）新茶饮的增长驱动力来自收入和消费水平的提升

2020年，我国城镇家庭人均年可支配收入为4.38万元，预计到2025年，一线城市的人均年可支配收入将增至约10.05万元。伴随购买力的提升，消费者对新鲜原材料、知名品牌及愉悦体验的需求增加，对高端茶饮门店的消费意愿显著增强。据《CBNData》统计数据显示，口感与风味是茶饮消费者的首要关注因素（约占80%），其次分别为安全与品质（约占71%）、品牌影响力（约占56%）及品类多样性（约占50%）。需求升级促进供给侧结构性变化，使高端茶饮赛道具备强大的增长驱动力。

（三）年轻群体及高收入人群为现制茶饮的主要消费客群

从年龄结构看，90后及00后占总消费群体近70%，其中58%的年轻消费者每月购买茶饮产品支出超过300元。从消费频次看，2020年有超过86%的消费者每周至少消费1次，比重是2019年同期的3倍，消费习惯培养迅速，已经形成较强的消费黏性。

（四）新茶饮更注重于产品和服务升级

对于原料，也更重视选择优质、纯天然食材，旨在提供给消费者更健康、口味更佳的新式产品，然而高品质的产品和服务也意味着价格的上升。据《CBNData》统计数据显示，82%消费者具有高等教育背景，61%是白领人群，接近50%消费者月均可支配收入超过8000元，新茶饮的目标消费者群体多数专注于有一定消费能力的客群。

（五）线上渠道延伸消费范围

茶饮店为获得最大客流量通常选址于商业中心，对于偏远地区的覆盖能力有限，且较高客流量可能导致排队现象并损失部分潜在消费者。同时，在疫情防控的大环境下，线上点单模式相较店内消费更为便捷安全，多元化消费途径的迅速拓展，自营平台、微信小程序、外卖平台等第三方应用使品牌茶饮有能力触及实体店无法满足的顾客。

三、赛道竞争

在后疫情消费时代，消费者对于产品品质、品牌文化和消费体验愈发关注。通过对行业发展回顾，总结提出了当前新茶饮品牌赛道竞争的四大标准：优质产品原料（及供应链管理）、品牌文化输出、多元化场景及全新数字化运营。

（一）使用天然优质原材料

喜茶、奈雪の茶为代表的头部品牌以市场需求为导向，围绕“原料升级”进行产品研发创新，为消费者带来更优质产品。同时，为保证原料品质及食品安全，部分茶饮品牌已建立自有供应链系统以确保产品原料的稳定性和安全性。

（二）致力于塑造品牌文化

新消费阶层更加注重品牌调性，头部品牌通过塑造自身形象，修炼内功内力，努力成为消费群体追随的品牌；此外，通过跨界联名合作、整合外部资源的方式获得市场关注度和强化品牌形象。

（三）注重打造差异化消费体验

一方面，有别于传统的标准化门店布局，头部品牌个性化布局的线下门店成为品牌文化输出的有效载体，如奈雪の茶PRO店、超级梦工厂店等，深受消费者喜爱。另一方面，线上门店同样具有开创性，以“喜茶GO”微信小程序为例，提供了涵盖线上点单、品牌商城、会员管理、品牌文化等多元化的消费体验。

（四）数字化理念推动行业提质增效

头部品牌率先将数字化经营理念运用到日常经营管理中，将茶饮行业的数字科技应用水平提升到新高度；在改善消费体验的同时，也提升了门店和业务营运效率。

四、行业前景

据不完全统计，近年来新茶饮市场规模历史增速令人瞩目，未来尚有数百亿市场空间待渗透。在茶文化历史基础、社会消费升级基础、复合人群基础以及消费习惯养成基础的强大支撑下，我国新茶饮市场未来市场空间十分广阔。

（一）市场增量空间

在市场拓展方面，一方面是国内市场上虽然新茶饮行业呈爆发式增速，但对比国内以星巴克为代表的等国际品牌巨头，新茶饮在国内各个层级市场的占有率和渗透率依然有很大的发展空间，整体增长的空间远未触及行业天花板。另一方面是国际市场方面，我国新茶饮代表性品牌与传统饮品相比，在资本市场的加持下使其更具备布局全球化市场的潜力，如蜜雪冰城、奈雪の茶，巡茶、喜茶、快乐柠檬等品牌在美国、澳大利亚、日本、新加坡、越南等海外市场开设实体门店并获得消费群体的青睐，新茶饮有望成为我国新零售业和传统餐饮行业走向全球市场的又一大细分品类。

（二）升级布局新零售

2020年突如其来的新冠肺炎疫情令众多茶饮品牌措手不及，面对线下实体店面的运营成本压力，数字化交易是必然趋势。而新零售也逐渐成为新茶饮品牌转型“试水”的领域。一是通过创建子品牌来拓展创新业务领域，如喜小茶是喜茶旗下的子品牌，在母品牌“光环”加持的基础上，用于延展布局在不同价格区间、不同消费需求的子品牌。二是加速布局零售食品，填充新消费场景，如喜茶陆续推出了饼干、薯条、爆米花等零售产品，旗下的“喜小瓶气泡水”成功在线下市场展位脚跟；2020年5月，奈雪の茶宣布推出“奈雪好食馆”，上架多款零食产品；此外，其他茶饮品牌也不断尝试探索新零售路径，相继推出零食、茶包、文创周边等零售产品，加速布局新零售。出于对品牌延伸需求，预计新零售将成为新茶饮品牌的“必争之地”。

（三）规模化市场竞争

据不完全统计，当前我国茶饮门店数量超过45万家，现制现售茶饮市场规模已突破500亿元，行业整体还没有出现垄断寡头，全国性连锁茶饮品牌数量较少，行业集中度较低，市场竞争基本上以区域性市场竞争为主。随着茶饮行业的发展趋于成熟稳定，规模化发展将是品牌长期发展的必经之路。在这种情况下，优化供应链管理、保证原材料稳定以及通过高品质产品来吸引消费者复购，将推动整个行业的供应链将朝着标准化、国际化方向发展。

（执笔人：韩毅）

第四部分

国际贸易

2020—2021中国茶叶进口情况报告

中国食品土畜进出口商会茶叶分会

中国是世界茶叶的发源地，是世界最大的茶叶生产、消费国和重要的茶叶出口国。近年来，随着我国经济快速发展，居民生活水平不断提高和饮茶习惯多样化、个性化，茶叶进口呈现“爆发式增长”。2020年，虽然疫情对全球贸易造成严重影响，但我国茶叶进口没有受到太大影响，与2019年相比降幅不大，出口数量4.3万吨，金额1.8亿美元，同比分别下降0.17%和3.86%。

一、近年来我国茶叶进口概述

20世纪80年代后期，我国开始批量进口茶叶。其中红茶来自斯里兰卡、印度、肯尼亚，一是外资或合资茶企在华生产红茶类袋泡茶、奶茶、柠檬茶等产品所需，二是销售商用于增加茶叶花色品种；绿茶多来自越南，主要是部分企业进口低档绿茶作为茶叶加工原料。1995年，我国茶叶进口2295吨，其中绿茶1922吨、红茶254吨。此后红茶进口突飞猛进，至2010年达1.1万吨，与1995年相比增长4308%，年均复合增长率高达28.7%。绿茶进口则呈波浪式下降。2010年以后，茶叶进口保持稳定快速增长，只有2016年和2020年出现小幅下降，年均复合增长率13.04%，远远高于茶叶出口年均复合增长率。

二、2020年我国茶叶进口分析

（一）红茶是主要进口茶类，绿茶增幅明显

我国进口茶叶超过80%为红茶。2020年，红茶进口3.54万吨，同比下降2.71%，与2010相比增长215.9%，年均复合增长率12.2%。但红茶所占比重有所下降，从2010年88.4%降至82.0%，表明其他茶类进口量有所增加。绿茶进口4265吨，同比上升5.13%，与2010年相比增长288.3%，年均复合增长率14.5%，高于红茶增长速度。其他茶类进口量如下：乌龙茶进口2886吨，同比上升9.23%，与2010年相比增长1035.7%，年均复合增长率27.5%；花茶619吨，同比上升142.51%，与2010年相比增长423.9%，年均复合增长率18.0%；普洱茶进口142吨，同比大幅上升215.14%，与2010年相比增长7084.2%，年均复合增长率53.3%；马黛茶进口137吨，同比下降1.31%，与2010年相比增长501.5%，年均复合增长率19.6%。

（二）进口茶叶以大包装为主，进口均价增幅不大

我国进口茶叶以大包装为主，进口均价仅为4.15美元/千克。其中进口大包装茶叶4万吨，占进口总量92.7%，进口均价3.57美元/千克，以斯里兰卡和印度红茶为主；进口小包装茶叶2916吨，均价13.43美元/千克，主要是我国台湾乌龙茶和斯里兰卡红茶。总体来看，我国进口茶叶价格增幅不大。自2010年3.751美元/千克至2020年4.15美元/千克，年均复合增长率仅为1%，远远低于进口数量的增长速度。同时，进口大包装占比也从2010年88.1%增加到92.7%。

（三）斯里兰卡和印度是主要供应国，进口集中度越来越高

近十年来，斯里兰卡和印度一直是我国进口茶叶的主要供应国，斯里兰卡常年位居首位。2020年从斯进口1.4万吨，同比上升8.3%；印度由于受严重灾情影响，茶叶生产和出口锐减，出口我国1万吨，同比大幅下降23.6%。目前，我国茶叶进口集中度越来越高，上述两国所占比重从2010年28.1%上升至2020年55.8%。其他重要进口供应地还包括我国台湾、越南和印度尼西亚。

（四）浙江、福建、江苏等传统进口大省量价齐跌，北京逆势大幅上涨

总体来看，我国东南部沿海及北京、上海等经济发达地区是进口茶叶主要目的地，浙江、福建、北京、江苏、广东、上海位居前列。2020年，浙江进口8268吨，金额1895万美元，同比分别下降10.5%和13.5%，继续保持首位；福建进口7935吨，金额2978万美元，同比分别下降11.1%和28.3%，位列第二。进口前五名的其他省份分别是：北京5808吨，金额1883万美元，同比分别大幅上升103.6%和102.0%；江苏进口5678吨，金额1756万美元，同比分别下降24.8%和10.5%；广东进口5198吨，金额2140万美元，同比分别下降6.35%和9.68%。

三、2021年1—6月我国茶叶进口情况及未来发展趋势

2021年1—6月，我国茶叶进口2.46万吨，金额9789万美元，同比分别上升42.76%和36.72%，平均单价3970美元/吨，同比下降4.19%。茶叶进口逆势大幅增长，主要是由于国内新兴茶饮品牌销售激增，需要更多进口斯里兰卡、印度等国低价红茶。预计2021年全年茶叶进口仍会保持增长态势。

今后一段时期，我国茶叶进口仍将继续保持稳定增长的发展态势：一是低价原料茶仍有需求。随着我国茶叶生产成本不断上涨，低端原料茶叶的市场需求不会减少；二是中国已成为巨大的茶叶消费市场，国外茶叶制造商纷纷拓展中国市场，通过文化推广、品质宣传和新品研发等多种方式逐步吸引了部分中高端消费者和年轻人。总体来看，随着我国茶产业持续发展，在国际茶叶市场占有率不断提升，影响力日益加强，茶叶进口的增加不会对我国茶产业造成实质性影响。

（执笔人：蔡军、林海霞）

2020—2021中国茶叶出口情况报告

中国食品土畜进出口商会茶叶分会

茶起源于中国，经由丝绸之路、茶马古道和万里茶道等路径传遍全球。目前，世界上有50多个国家和地区种茶，全球茶园面积达400多万公顷，茶叶年产量600多万吨，茶叶消费国超过150个，全球逾20亿人口饮茶。茶已经成为全球性天然饮料之一和国际贸易的友好使者，茶行业正在向安全、营养、智能、便捷、时尚的方向发展。

一、2020年全球茶叶市场概况

（一）生产总量略有增加，肯尼亚逆势大幅增长

2020年，全球茶叶产量626.9万吨，比2019年增加10.8万吨，同比上升1.7%。其中亚洲茶叶产量537.4万吨，占全球总产量85.7%，比2019年增长1.6万吨；非洲茶叶产量79.5万吨，占全球总产量12.7%，比2019年增加9.7万吨；南美洲茶叶产量8.1万吨，占全球总产量1.3%，比2019年减少4800吨；独联体国家茶叶产量9220吨，大洋洲茶叶产量8530吨。中国是全球最大的产茶国，2020年生产茶叶298.6万吨，同比上升6.7%，占全球总产量47.6%；印度125.7万吨，同比下降9.5%，占比20.1%，位居第二；肯尼亚56.9万吨，同比上升24.1%，占比9.1%，位居第三。茶叶产量位居前十位的其他国家分别是：土耳其28万吨、斯里兰卡27.8万吨、越南18.6 万吨、印度尼西亚12.6万吨、孟加拉国8.6万吨、阿根廷7.3万吨、日本7.0万吨。

自2010年以来，全球茶叶产量保持逐年递增，印度和孟加拉国是增长较快的国家。2020年，全球茶叶产量依然保持增长态势，中国和肯尼亚做出重要贡献。其中肯尼亚比2019年增产11万吨，创历史新高。肯尼亚茶叶发展局官员表示，茶叶产量大幅增加得益于有利的天气条件和茶农的良好耕作。由于受到新冠肺炎疫情和恶劣天气影响，印度比2019年减产13.2万吨，是全球减产最多的国家；孟加拉国比2019年减产9675吨，降幅超过10%。

（二）出口总量有所减少，肯尼亚继续保持增长态势

2020年，全球茶叶出口总量182.5万吨，比2019年减少8万吨，同比下降4.2%。其中亚洲茶叶出口103.4万吨，占全球总出口量56.7%，比2019年减少9.3万吨；非洲茶叶出口71.3万吨，占全球总出口量39.1%，比2019年增加2.3万吨；南美洲茶叶出口6.7万吨，占全球总出口量3.7%，比2019年减少9685

吨；其他地区出口8000多吨。肯尼亚是世界最大茶叶出口国，2020年出口51.9万吨，同比上升4.5%，占全球总出口量28.4%；中国34.9万吨，位居第二，同比下降4.8%，占全球总出口量19.1%；斯里兰卡26.3万吨，位列第三，同比下降9.3%。茶叶出口位居前十位的其他国家分别是印度20.4万吨、越南13万吨、阿根廷6.6万吨、乌干达5.7万吨、印度尼西亚4.5万吨、马拉维4.3万吨、卢旺达3.1万吨。

自2010年以来，全球茶叶出口缓慢增长，中国增速平稳，为全球茶叶贸易做出了积极贡献。2020年，全球茶叶出口有所下降。在重要的茶叶出口国中，只有肯尼亚继续保持增长态势，其他国家均出现不同幅度下降。其中印度比2019年减少4.4万吨，降幅达17.8%。分析认为，这是由于印度茶叶大幅减产从而引发价格上涨，出口茶叶失去价格优势导致的。

（三）进口总量减少，巴基斯坦继续保持快速增长

2020年，全球茶叶进口总量173.5万吨，比2019年减少7.7万吨，同比下降4.3%。其中，亚洲地区（不包括茶叶生产国）进口茶叶55.5万吨，占全球总进口量32%，比2019年减少416吨；亚洲地区（茶叶生产国）进口茶叶18万吨，占全球总进口量10.4%，比2019年减少9685吨；欧洲地区（包括英国和独联体）进口茶叶47.5万吨，占全球总进口量27.4%，较2019年减少6149吨；非洲茶叶进口35.3万吨，占全球总进口量20.4%，比2019年减少5吨；北美洲茶叶进口12.4万吨，占全球总进口量7.1%，比2019年减少 11842吨；拉丁美洲进口茶叶3万吨，比2019年增长3737吨；大洋洲进口1.7万吨，比2019年减少3279吨。自2016年起，巴基斯坦一直是全球进口茶叶最多的国家，2020年进口茶叶25.1万吨，比2019年增加4.6万吨，同比上升22.3%，再创历史新高；俄罗斯进口14.2吨，同比下降3.6%，位居第二；英国进口11.1万吨，同比上升6.4%，位居第三。茶叶进口位居前十位的国家和地区分别是美国10.6万吨、埃及9.4万吨、其他独联体国家8.8万吨、摩洛哥6.4万吨，伊朗5.3万吨、迪拜4.4万吨、中国4.3万吨。

自2010年以来，全球茶叶进口增速缓慢。巴基斯坦是茶叶进口增长最快的国家，年均复合增长率6.1%。埃及年均复合增长率0.5%、其他独联体国家0.02%、伊朗4.1%、摩洛哥3.9%、伊拉克0.5%，俄罗斯、美国、英国、迪拜等茶叶消费地区呈下降趋势。

（四）土耳其茶叶消费与产量基本同步，中国、爱尔兰等地区人均消费增长迅速

土耳其是全球人均茶叶消费最多的国家，也是长期保持人均饮茶3千克以上的唯一国家。2020年人均茶叶消费3.2千克/人，同比增长3.2%，位居第一；利比亚2.64千克/人，同比下降12.9%；爱尔兰2.10千克/人，同比上升5%。人均茶叶消费位居前十名的其他国家和地区分别是摩洛哥2.09千克/人、英国1.59千克/人、中国香港1.65千克/人、中国大陆1.64千克/人、英国1.61千克/人、卡塔尔1.53千克/人、斯里兰卡1.36千克/人、中国台湾1.30千克/人。近几年来，中国大陆、爱尔兰和中国香港人均消费增长迅速，自2013年以来复合增长率分别为4.3%、4.0%和2.5%。

虽然疫情对全球茶叶生产贸易产生一定影响，但纵观近十年（2011—2020），全球茶产业仍保持增长态势，其中产量年均复合增长率达3%，出口量、进口量和消费量的年均复合增长率均为0.3%。贸易量和消费量的增速相对缓慢，茶叶产大于销的矛盾依然存在。进一步扩大全球市场需求、提升消费层次是解决这一症结的关键，需要全球茶叶行业的共同努力。

二、2020年我国茶叶出口分析

全球茶叶出口大国中，斯里兰卡和印度的茶叶出口量锐减，相较而言，我国茶叶出口形势虽有波动，但已稳住基本盘。2020年我国茶叶出口34.88万吨，同比下降4.83%，这是自2014年以来出口量首次下降；金额20.38亿美元，同比上升0.91%，受出口量下降影响，较近年增速放缓；均价5.842美元/千克，同比上升6.04%，仍有上涨空间；主销北非、中亚、西非、独联体和东亚等地，对东盟及“一带一路”沿线国家和地区的贸易继续拓展。

（一）普洱茶出口量价齐增，成为出口茶类中的佼佼者

普洱茶出口2006年出现峰值，此后呈持续下降趋势。2010年出口4578吨，至2019年降至2876吨，年均复合增长率–5.4%。2020年，普洱茶表现亮眼，实现量价双增，出口3545吨，金额1.1亿美元，均价31.52美元/千克，同比分别上升27.24%、116.25%和69.96%，成为2020年茶叶出口一枝独秀。

（二）其他茶类出口减少，红茶出口量降幅高达18%

绿茶出口29.3万吨，金额13亿美元，同比分别下降3.5%和1.0%；红茶出口3.5万吨，金额3.5亿美元，同比分别下降18.2%和1.4%；乌龙茶出口1.8万吨，金额2.4亿美元，同比分别下降6.6%和8.5%；花茶出口6489吨，金额6462万美元，同比分别下降5.5%和6.0%。

（三）出口均价表现不一，普洱茶、红茶继续大幅上涨，绿茶小幅增加，花茶、乌龙茶略有下降

普洱茶18.543美元/千克，同比大幅上涨70%，红茶9.923美元/千克，同比上涨20.5%；绿茶4.449美元/千克，同比上涨2.6%；乌龙茶13.013美元/千克，同比下降2.17%；花茶9.958美元/千克，同比下降0.5%。

中国茶叶出口均价2014年突破4美元/千克，2019年突破5美元/千克，以现有年均复合增长率6.23%为参照，2021年有望突破6美元/千克。企业各项成本（生产成本、人力成本、原料成本、运输成本、检测成本等）上涨是均价上涨的主要诱因，但价格虽呈持续上涨趋势，企业利润空间仍十分有限，甚至存在价格倒挂的情况，成为影响市场良性贸易秩序的不稳定因素。

（四）浙江、湖南等茶叶外贸大省出口下降，安徽、湖北逆势增长

浙江长年领跑，2020年出口14.6万吨，同比下降7.9%，占茶叶出口总量41.9%，但出口份额呈下降趋势，占比相较2010年减少10个百分点。位居全国出口前五位的省份分别是：安徽6.6万吨，同比上升10.6%，占茶叶出口总量19.0%，出口份额逐年上升，占比相较2010年增加11个百分点；湖南3.5万吨，同比下降9.0%，占茶叶出口总量10.2%，相较2010年小幅下降；福建2.2万吨，同比下降8.3%，占茶叶出口总量6.3%，相较2010年小幅上升；湖北1.8万吨，同比上升5.4%，占茶叶出口总量5.3%，出口快速增长，占比相较2010年增加4个百分点。

（五）茶叶出口下降原因分析

一是疫情初期受国际物流不畅、企业停工停产、国际市场需求疲软以及入境货物管控措施加严等因素影响，出口遭受阻滞；二是从2020年下半年起，人民币汇率升高、物流成本大幅上涨等原因使企业开拓国际市场日益艰辛；三是国际局势变幻莫测，部分国家技术壁垒、关税壁垒加严，进一步加剧外贸不利局面。

三、2021年1—6月我国茶叶出口情况

2021年1—6月，我国茶叶出口16.5万吨，金额9.87亿美元，同比分别下降6.26%和0.73%，平均单价5990美元/吨，同比上升5.93%。茶叶出口持续下降，主要是受疫情影响，国际物流成本暴涨，出口货物“一船难求”，出口茶企不堪重负。目前来看，所有茶类出口数量均出现不同程度降幅。其中绿茶出口13.9万吨，同比下降6.16%；红茶出口1.28万吨，同比下降7.45%；乌龙茶出口8870吨，金额1.11亿美元，同比下降2.39；花茶出口2613吨，同比下降15.48%。今年启用新海关税则号的普洱茶（熟普，海关税则号09023031、09024031）出口1113吨；黑茶（普洱茶熟茶除外，海关税则号09023039、09024039）出口208吨，金额154万美元，均价7380美元/吨。

四、对我国茶产业未来发展的思考

（一）破圈突围多元消费理性固本

目前，全球茶叶消费需求已趋于多元化，对高品质茶叶的需求逐步增加，消费市场有望回归理性。在内稳品质的基础上，迎合多元化消费市场，打造以质量、品牌和服务交织的综合竞争优势，将成为国茶开拓全球市场的着力点，建议从业者做到：一是积极宣传茶叶的养生保健功效，用我国博大精深的茶文化，天然、纯净、原香的茶质量和科学、健康、时尚的饮茶方式引导国外消费市场，推动

消费理念由追求方便快捷向质高价优转变；二是科学研判各国差异化需求，开发适销对路的产品，走区域品牌和企业品牌相结合的战略发展之路；三是打造生态茶、有机茶、高山茶、花草茶及年轻态衍生品，提升茶产品的功能性和趣味性，并在产品形态及包装形式等方面实现个性化生产，从而满足不同年龄段消费需求；四是充分利用电商渠道升级营销模式，通过大数据平台洞悉市场动向，有针对性的挖掘市场潜力，实现线上线下融合发展。

（二）齐心协力健康引领科技驱动

2020年新冠疫情的突发虽给行业造成了阶段性、有限性冲击，但未对全年茶叶出口造成实质性严重影响。尤其疫情激发了巨大的健康消费需求，茶的养生保健功效不断得到研究证实，市场需求显著提升。进一步挖掘茶的健康价值，推动世界饮茶之风盛行，使饮茶成消费时尚，将成为开拓国际市场的重要突破口。首先，不断健全与国际接轨的茶叶质量安全卫生标准体系，从种植、采收、生产、储存等各个环节推行现代化无公害清洁生产模式，努力满足进口国的农残限量标准；其次，加快建立茶叶质量可追溯体系，利用大数据、物联网、移动互联技术，实现茶叶在原料进厂、生产加工、仓储物流、终端销售、市场消费的全链精细化管理；第三，打造多元化的精深加工产业链，将茶产业与健康产业有机结合，研发保健茶、绿色食品茶、茶功能饮料等新产品，推动产业倍增式发展。

（三）危中有机盛世繁荣未来可期

在全球贸易大幅萎缩的2020年，我国外贸逆风翻盘，成绩亮眼，成为唯一实现经济正增长的主要经济体。国盛则业兴，近年来茶产业已成为影响全球产业经济发展的“风向标”，推动着我国由茶叶大国向茶叶强国崛起，但纵观产业现状，仍存诸多“症结”制约行业发展。一是加强农残标准的科学研究，输出和互认已迫在眉睫，不能使其成为限制我对外贸易的严酷壁垒，欧盟农残标准日益严苛，是束缚国茶扩大出口的最大瓶颈，日本自实施肯定列表制度以来，中日茶叶贸易量逐年下滑，而摩洛哥作为我国最大的传统市场，已于2019年10月1日起实施进口茶叶农残限量新标准，一旦摩方强化检测，茶叶农残超标风险加剧，若引发其他国家争先效仿，形势将更加严峻如利剑在悬；二是茶叶产能过剩，出口茶叶同质化严重，恶性竞争现象仍未杜绝，传统茶叶市场对茶叶质量标准认知参差不齐，对茶叶外形和口感的偏好及默许，给个别企业掺杂使假创造了可乘之机，质次价低的局面对中国茶叶的国际形象造成了极大损害；三是出口企业未形成具有国际竞争力的企业集群，疲于开拓终端消费市场和新兴国际市场；四是近年来茶产业虽实现稳中提质、蓬勃发展，然而健康饮茶方式及茶文化输出仍显不足，宣传推广力度的欠缺，导致消费者对我国各茶类的保健功效知之甚少，影响多元化消费理念的发展。

时和岁丰，盛世兴茶。2021年，我会愿乘着国内外贸易双循环发展战略的东风，以创新的思维、包容的姿态和砥砺前行的意志，与全球茶人携手推动茶产业的蓬勃发展。

（执笔人：蔡军、林海霞）

2020全球茶叶消费概况

国际茶叶委员会

2020年，在与新冠肺炎疫情做斗争的同时，一些茶叶主产国也不得不面临其他挑战，如中国的航运物流和成本控制问题、肯尼亚的茶业监管问题、印度强降雨天气和斯里兰卡茶园工人的工资问题。然而值得庆幸的是，所有产茶国的茶产业作为基础服务业还在持续发挥作用，这便确保了全球茶业遭受的损失比大多数其他行业要小。

因中国和肯尼亚这两个茶叶生产国的茶叶产量达到历史新高，2020年全球茶叶产量增长1.8%。中国和肯尼亚的茶叶年产量分别增长了6.7%和25%。

在中国，因产量增加，年底仍有大量茶叶库存。印度也是如此，茶叶批发商和生产商手中都有大量茶叶积压。过去通过拍卖方式买到更多低价茶叶的肯尼亚出口商，在年底也有茶叶库存。

必须指出的是，在2019年已经成为世界第三大红茶产地的中国，2020年红茶产量增长惊人，增至404265吨，年增长率32%。尽管中国和肯尼亚产量增加，全球年出口量下降4%（8000万千克）。中国、印度、斯里兰卡、阿根廷年出口量均有下降。

随着茶叶生产国出口量的减少，全球茶叶进口量也下降了4%（7700万千克），详见图1。

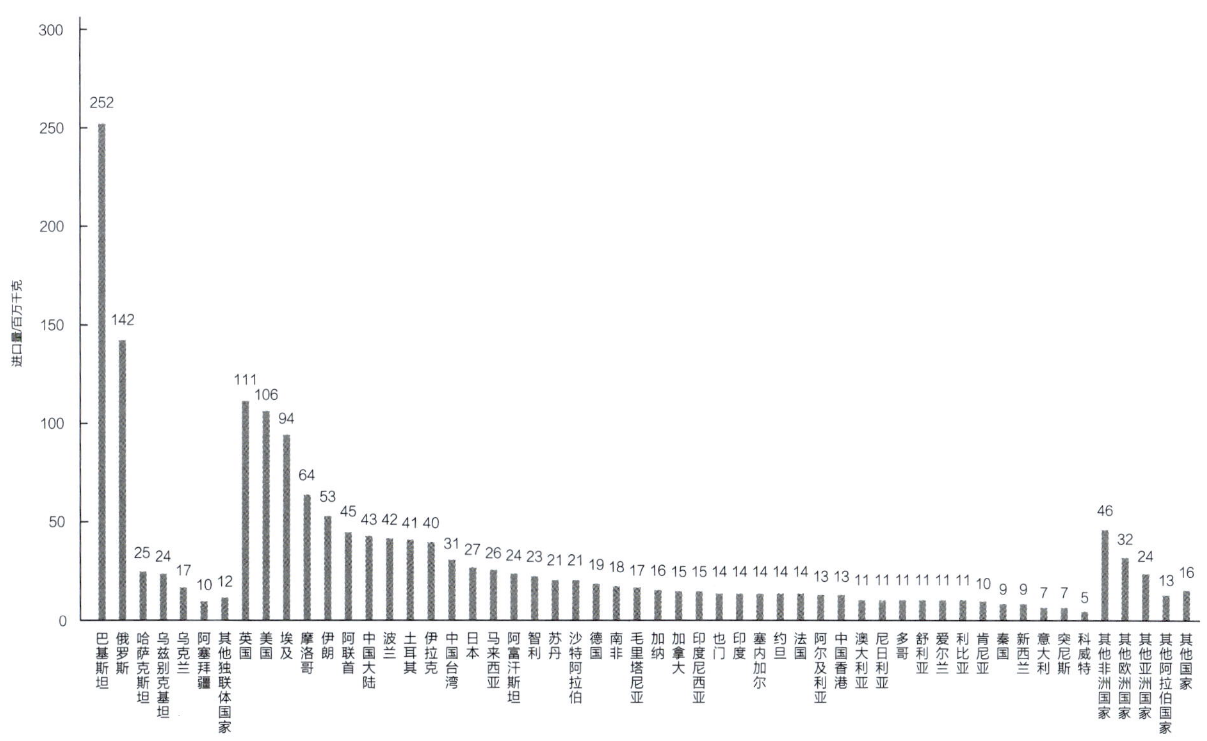

图1 2020年各国（地区）茶叶进口量

在这种情况下，巴基斯坦全年茶叶进口量大幅增长22%（4600万千克）。近年来，巴基斯坦西北边境区域的非官方贸易不太顺利，导致通过透明的官方渠道进口的茶叶量更多。巴基斯坦进口量达到2.52亿千克。相比过去十年间增长100%。

英国茶叶市场经过几年的下滑之后，其茶叶进口量增长6%，净增长9%，这得益于2020年居家饮茶的消费增多。在最近50年的时间里，英国的茶叶进口量一直在下降，随着袋泡茶、混合茶被更广泛地接受，来自茶叶原产国的茶叶和其他多种饮料有了更多的竞争对手。本来人们对袋泡茶有90%的喜爱度，但这似乎略有下降，因为人们对散茶重新产生了兴趣，而且仍有小部分人群喜欢有机、果茶、香料、花草和绿色食品。近年来，英国除了从肯尼亚进口茶叶，从其他茶叶原产国进口低价茶叶的数量增多，包括印度尼西亚、越南和印度（南部）。因为肯尼亚的茶叶一直供过于求，而且全球到处都是价格低于2美元/千克的茶叶，茶叶包装商和超市零售商不愁货源。

俄罗斯的茶叶进口量保持稳定，报告显示，俄罗斯去年的咖啡消费量超过茶叶消费量，占据热饮消费超过50%。茶叶人均消费量为1.1千克，而咖啡人均消费量约为1.4千克。由于进口关税问题，俄罗斯进口的茶叶主要为散茶。美国和埃及的茶叶进口量在这一年均有所下降。

与新冠肺炎疫情直接相关的是，摩洛哥这个全球最大的绿茶进口国，其进口量下降近25%。几乎所有进口到摩洛哥的茶叶都是从中国来的，很难在短时间内寻找到其他货源，这可能会影响供应链。因为3千克以下包装的茶叶进口关税高达32.5%，几年前，一些中国企业在摩洛哥开设茶叶包装工厂。目前，90%以上的进口茶叶是散装形式，采用20~30千克的纸板箱包装。最受欢迎的茶叶消费包装尺寸是200克，100克和500克也有供应。

大多数中东国家2020年茶叶进口量也有所下降。伊朗的茶叶进口量下降35%，制裁事件使这一情况更加严重。非洲大陆的茶叶进口量在过去几年持续增长，但在2020年下降4%，主要是疫情导致的运输延误和物流障碍。南非是一个例外，它的茶叶进口量有所增加。

智利的茶叶进口量也增长了17%。另外，波兰的茶叶需求增多，那里有许多茶叶零售包装工厂。

在中国，国内茶叶消费量每年持续增长，增长量达7.5%以上。因为民众对茶叶的需求量不断增加，中国现在已经成为全球第九大茶叶进口国。

据了解，印度因为疫情，2020年户外茶叶消费降低了10%，但是户内的消费量有所增长，两者抵消。由当地的草药、水果和鲜花混合制成的混合茶也较受欢迎。但随着产量下降，国内茶叶消费量也略有下降。

尽管消费者面临无数挑战，但茶叶消费量持续有增无减。不过在2020年，全球茶叶消费量略有降低，约为587.9万吨（详见图2），去年数据为591.8万吨。中国和印度占了其中的60%。绿茶占全球茶叶消费量的三分之一。但除中国外，其他国家绿茶消费量并未增长。土耳其、巴基斯坦、俄罗斯、英国、美国、印度尼西亚、埃及、日本和孟加拉国也是主要的茶叶消费国。全球茶叶消费量在过去10年增长了32%。

分析世界各地的消费模式，很明显，对于那些居家饮茶并不是很普遍的国家，疫情期间的茶叶消

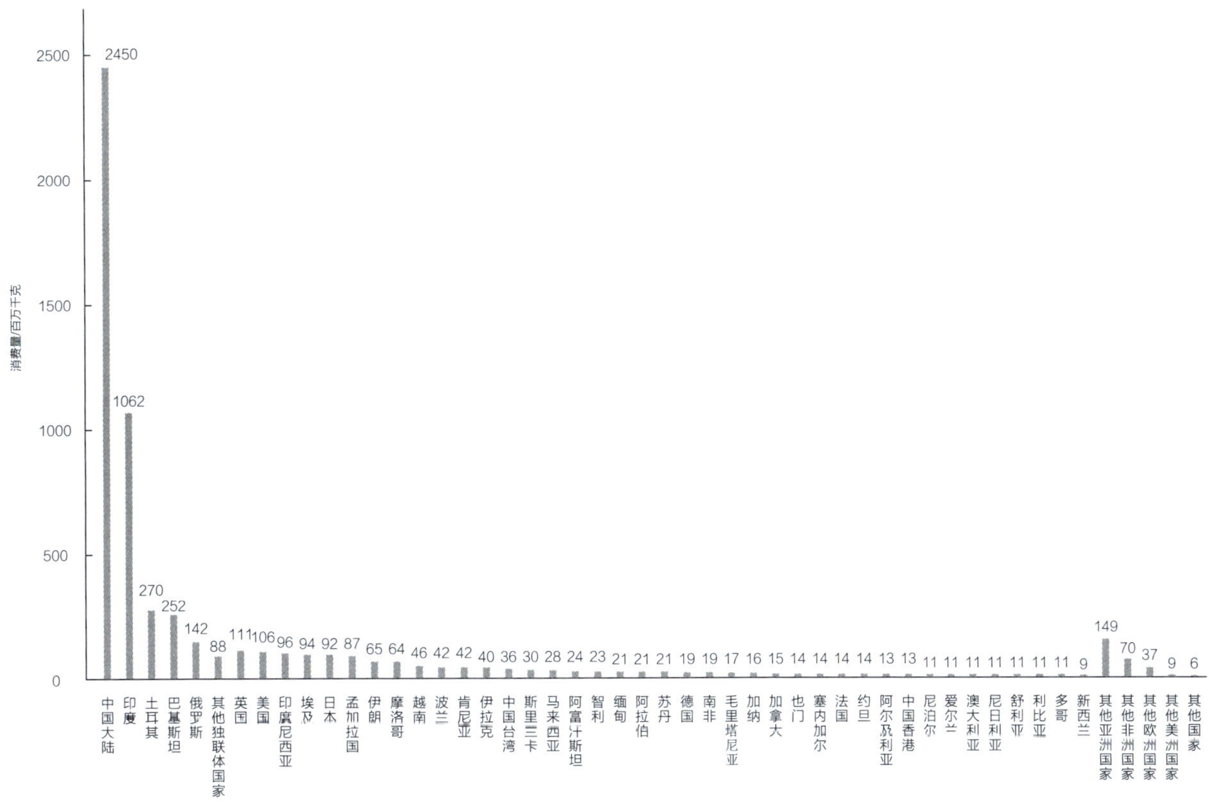

图2 2020年各国（地区）茶叶消费量

费量是停滞或下降的。例如，美国食品服务的销售额下降了大约70%。

一般而言，餐厅、酒店、饮料摊在2020年大部分时间都是关闭状态，导致许多国家茶叶消费量降低。然而，在一些地方，顾客被限制去杂货店和超市，所以他们直接采购的茶叶数量增多。在疫情期间，人们会通过网络购买所需物品，一些消费者可能会觉得这种新方式更舒服，一些大品牌或是相对较新的品牌会更加关注这种销售模式。

2020年是特殊的一年，但近年来，许多国家的超市将茶叶作为一个附带商品来推动其他产品的销售，导致茶在人们眼中的形象有所降低。11月份，肯尼亚和英国签署了一项经济伙伴关系协议，旨在保证两国贸易免关税。肯尼亚从英国进口的产品包括汽车、药品和纸张，而英国主要从肯尼亚进口茶叶、咖啡、蔬菜和鲜花。

斯里兰卡倡议开展B2C促销活动，采用数字视频和网络等社交媒体来提高知名度。这是“狮牌”锡兰红茶在12国进行促销活动的一部分，这12国包括俄罗斯、乌克兰、日本、中国、德国、智利、土耳其、伊朗、美国、阿联酋、澳大利亚和沙特阿拉伯。

（执笔人：Manuja Peiris　翻译人：于英杰）

第五部分

食品安全

2020中国茶叶质量安全发展报告

中国茶叶流通协会茶叶健康与安全工作委员会

2020年至今，伴随着新冠肺炎疫情的常态化及其对经济社会的深刻影响，作为与民生保障息息相关的食品工业，在拉动整个工业经济的平稳发展中发挥了重要作用，成为我国工业面对突变环境下持续发展的“稳定器”。同时，我国食品安全水平同样经受住了疫情的考验。据国家市场监管总局公布的食品安全监督抽检情况分析显示，2020年食品安全监督抽检合格率为97.69%。

茶叶及相关制品作为特色农产品和食品的重要组成部分，也同样在新冠疫情的影响下，克服重重困难，继续实现量价齐升。在质量安全控制方面，茶叶及相关制品2020年至2021年上半年产品合格率继续整体保持较高水平，但农药残留超标、微生物污染、超范围超限量使用食品添加剂等问题也依然存在。

一、2020至2021上半年我国茶叶质量安全总体形势

根据国家市场监管总局公布的食品安全监督抽检情况分析显示，2020年全国各级市场监管部门针对茶叶及相关制品共组织开展了69370批次监督抽检，同比去年增加18580个批次，抽检合格率为98.58%，较过去五年略有下降（图1）。另外，我国茶叶及相关制品2021年上半年的抽检合格率为99.35%，较去年同期下降0.03个百分点（表1、图2）。

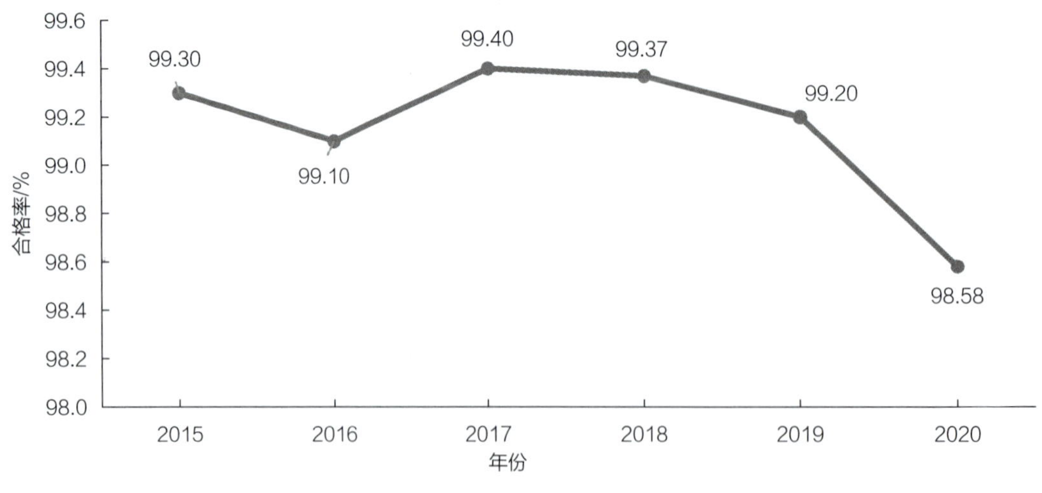

图1　2015—2020年全国茶叶及相关制品监督抽检合格率

数据来源：国家市场监督管理总局

表1 2020至2021年全国茶叶及相关制品监督抽检结果

季度	样品抽检数量/批次	不合格样品数量/批次	样品合格率/%
2021年上半年	20715	134	99.35
2020年上半年	16699	104	99.38

数据来源：国家市场监督管理总局

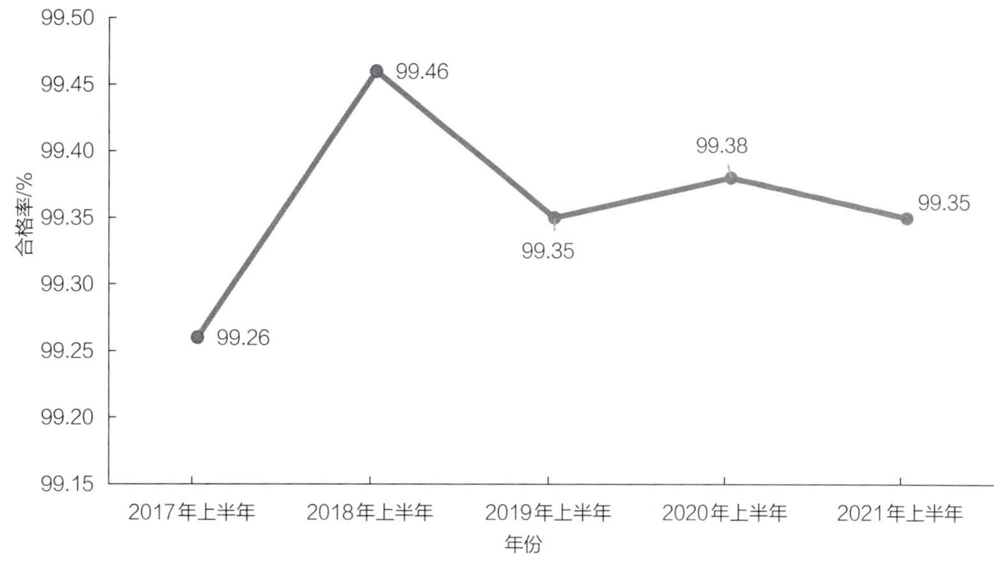

图2 2017—2021上半年全国茶叶及相关制品监督抽检合格率

数据来源：国家市场监督管理总局

综合分析以上结果，2020至2021年上半年茶叶及相关制品监督抽检合格率较以往略有下降与本年度抽检批次增加有一定的关联性，但也正因此反映出茶叶及相关制品的质量安全问题和风险依然需要全行业高度关注和重视。

另据农业农村部2020年全年国家农产品质量安全例行监测（风险监测）数据显示，农业农村部2020年共组织开展了4次国家农产品质量安全例行监测（风险监测），全年共监测了31个省份和5个计划单列市，共304个大中城市的2639个菜果茶生产基地、4013个农产品批发（农贸）市场，抽检蔬菜、水果、茶叶、畜禽产品和水产品等5大类产品132个品种130项参数34794个样品，农产品例行监测合格率为97.8%，同比上升0.4个百分点，全国农产品质量安全水平继续稳定向好，其中茶叶抽检合格率为98.1%。

二、我国茶叶质量安全突出问题

茶叶质量安全是茶叶质量与茶叶饮用安全性的总称，主要涉及农药残留、有害重金属残留、有害微生物、非茶异物和粉尘污染、茶叶陈变与质变等因素，并涉及茶叶栽培、加工、运输和贮藏的各相关环节与过程。当前，我果茶叶质量安全问题主要体现在以下几个方面。

（一）茶叶农药残留问题依旧凸显

从国内相关抽检监测结果观测，我国茶叶生产忠个别农药品种仍存在残留量超标的现象。出现问题的茶叶产品涉及乌龙茶、绿茶、红茶等多个茶类。在出现超标现象的农药品种中，以三氯杀螨醇和氰戊菊酯等农药品类出现问题较为集中。其污染来源可能是多元的，包括环境残留、漂移污染、误用或违规使用等多种可能。但同时也说明部分区域茶叶生产中对于农业投入品的管理仍存漏洞，无论是对茶农在农药选择和安全间隔期方面的技术指导，还是对农业生产过程的监控都有需要完善之处。

（二）食品添加剂类物质非法添加使用问题频出

近两年间，我国茶叶抽检结果中暴露出大量食品添加剂违规使用的问题，涉及多个红茶产品，这样大范围的暴露出茶叶产品食品添加剂问题在近年是极其少见的。对比以往的抽检结果，食品添加剂问题多出现在代用茶和速溶茶产品中，现在有向茶叶产品蔓延的趋势。消费领域的风向变化导致部分茶叶产品出现滞销，个别商家通过“翻新、回笼”在陈茶中添加增色、增香剂，伪装新茶进行销售，不但缺乏市场道德，更形成产品安全隐患。

（三）茶叶质量安全相关认证有待完善

通过多年的努力与推广，三品认证已初见成效，但其内部发展不均衡问题也慢慢显现。我国无公害茶园面积已超过六成，但有机茶园面积仍不足以一成，且所占茶园面积比例增长缓慢。这样的框架之下，很大比例的茶园处在已取得无公害认证但尚未取得有机认证的阶段。对产区和企业而言，有机认证涉及内容多、指标严格，需要改进的很复杂，短期内难以大面积普及，需更为丰富的质量控制认证体系进行有效填充。另一问题是，长期以来，茶叶领域认证主要集中在农业生产方面的茶园认证上，加之后期品牌建设中各种商标的申报使用，生产单位的大部分精力均集中于此。中茶协对我国重点产茶县和代表性茶叶企业的调研结果显示，农业生产领域无公害等认证项目的普及率均高于HACCP等工业领域认证。而在工业生产领域，企业则更倾重于具有准入性质的SC认证。同样在市场上，消费者也往往更高容易关注到绿色食品、有机茶等认证标识，对于HACCP、ISO等更加倾向于加工领域的质量认证标识既不理解也不关注，如此形势恐怕很难对企业进行相关认证起到促进作用。随着产业结构的不断升级，对于茶产业工业化转型已提上日程，对于工业生产行为的规范成为企业发展中心的课题，有关的指导与规范性指标野性在业内引起广泛重视。

三、对于加强茶叶行业食品安全风险防控工作的相关建议

（一）建立健全产品标准和监测体系

鉴于我国茶叶行业目前标准体系比较混乱的现状，建议对茶叶行业标准体系进行全面梳理完善，标准的制修订应与行业建设发展实际相结合。同时，尽快解决标准老化、滞后等问题，努力使标准的研究、制修订与技术同步，并具有一定的前瞻性。同时，为了适应不断提高的茶叶食品质量安全检测需要，建议对现有机构进行全面整合，由国家认证认可委员会对检测机构进行统一规划，合理布局，整合现有检验机构资源，实现人员和设备的共享。同时加大财政投入，积极引进国外先进的精度较高的检测设备，满足茶叶食品质量安全检测所急需，为所有监管部门提供有力的技术支撑。

（二）建立健全行业风险评估体系

建立茶叶行业食品风险评估体系的主要目的是评估茶叶是否可以安全食用，具体就是评价茶叶中有关危害成分或者危害物质的毒性及相关的风险程度。为确保风险评估结果的准确性和公正性，风险评估体系应由食品安全监管部门以外的独立部门负责建设，严格按照科学方法进行评估，并将评估结果通报相关监管部门，以达到预警的目的。监管部门则根据评估结果采取相应的监管对策，把安全隐患消灭于萌芽状态。

（三）强化企业主体责任和政府部门监管职责

企业是茶叶食品安全生产的主体，因此确保茶叶质量安全，必须充分发挥各茶叶企业的主体作用。然而，企业主体责任的落实，光靠企业自身的自觉性还远远不够，必须通过各种监管措施，促使其自觉履行。对于强化政府部门监管职责，针对目前我国茶叶食品安全管理由多部门共同参与的实际特点，各相关政府职能部门首先应当明确自身的监管职责并自觉履行。其次要强化责任追究，确保监管到位，对于不作为和乱作为等行为都要依法依规进行责任追究，因失职、渎职行为而造成严重后果的要追究相关责任人的行政和刑事责任。

（四）充分发挥行业协会的相关职能作用

行业协会既是沟通政府、企业和市场的桥梁与纽带，又是社会多元利益的协调机构，也是实现行业自律、规范行业行为、开展行业服务、维护行业利益、保障公平竞争的社会组织，其功能是非政府公共行政的重要内容。在现代食品安全体系中，行业协会具有举足轻重的地位，并将发挥无法替代的作用。对于我国茶叶行业而言，茶叶食品安全管理工作往往涉及诸多方面，仅依靠政府行政手段很难达到维护市场秩序的目的，而若依靠行业协会实行行业自律管理，将更有利于促进行业的发展和降低行政成本，从而收到更好的社会效果。因此，行业协会应当肩负起推动茶叶食品安全的重任，发挥应有的作用。

一是政府要加大对行业协会的扶持和引导，支持行业协会的工作，形成“政府—协会—企业”三者间互为联动的格局，共同筑起茶叶食品安全的牢固防线。

二是协会要积极协助配合政府有关部门，做好自律、协调、监督等工作。同时，强化服务意识，在行业规划与管理、信用体系建设、项目评估、技术咨询、贸易仲裁、法律法规及标准制定、市场监管、人才培训等方面发挥作用，加强和改进茶叶行业食品安全管理。

三是发挥桥梁纽带作用，反映行业的呼声、意见和建议，传递政府政策精神，通过对茶叶行业质量安全现状进行调研，分析国内外茶叶市场的发展趋势，为政府制定茶产业政策和发展规划，开展茶叶食品安全工作提供决策依据。

四是要加强自我管理，构建合理的管理机制，制订并组织实施茶叶行业的行规、行约，加快自律体制建设。

（五）强化舆论和社会监督

目前，我国茶叶生产点多面广，实际监管难度大，单靠监管部门一己之力难以取得满意效果，因此，必须依靠舆论和社会监督的力量齐抓共管。

一是强化舆论监督。新闻媒体信息来源往往广泛，能及时发现许多监管部门尚未发现的问题。但由于茶叶食品安全问题专业性强，新闻记者对此了解往往不一定全面，因此要正确引导媒体正常的舆论监督，避免过度炒作，避免随意使用敏感性字眼，造成不必要的社会恐慌。

二是积极受理消费投诉。消费者投诉是发现问题的有效渠道，对许多茶叶质量安全问题，消费者往往是第一发现人。因此，监管部门应当积极处理消费者投诉，对消费者投诉的内容及时分析和整理，对投诉中发现的问题及时处置，避免造成更大的危害。

（六）建立健全行业诚信体系

茶叶食品质量安全问题的有效解决，关键还是要靠企业的自律和诚信，需要通过多方努力共同建立健全茶叶行业诚信体系。积极探索信用等级评价结果应用的新途径和新方式，不断在行业内外扩大信用等级评价工作的影响力，提高信用等级评价结果应用的深度和广度，使茶叶企业进一步认识行业信用体系建设的重要性和必要性，进而不断推动我国茶叶行业诚信体系和茶产业的可持续发展。

（执笔人：申卫伟）

2020中国茶叶标准体系建设发展报告

中国茶叶流通协会

标准是人类文明进步的成果。从中国古代的“车同轨、书同文”，到现代工业规模化生产，都是标准化的生动实践。伴随着经济全球化深入发展，标准化在便利经贸往来、支撑产业发展、促进科技进步、规范社会治理中的作用日益凸显。标准已成为世界“通用语言”。世界需要标准协同发展，标准促进世界互联互通。与此同时，标准竞争也逐渐成为国际竞争的首要基本形式。

中国积极实施标准化战略，自党的十八大以来，习近平同志就标准化工作做出了一系列重要论述，中央出台了《国务院关于印发深化标准化工作改革方案的通知》《国家标准化体系建设发展规划（2016—2020年）》等一系列重要文件。2018年1月1日，《中华人民共和国标准化法》正式实施。目前，我国标准化体系已形成“强制件国家标准守底线、推荐性国家标准保基本、行业标准补遗漏、企业标准强质量、团体标准搞创新”的格局。

一、2020年以来我国标准体系建设进展

（一）茶叶标准制修订工作

1．国家标准

据全国标准信息公共服务平台（http://std.samr.gov.cn/gb）公开数据统计，自2020年1月—2021年7月，新发布实施的涉茶国家标准有5项（表1）。其中，于2021年9月3日起实施的GB 2763—2021《食品安全国家标准 食品中农药最大残留限量》，与2020年版本相比，新标准规定了564种农药在376种（类）食品中10092项最大残留限量，茶叶的农残由原来的65项扩增到106项，大幅新增41项要求，新增参数中有14项未指定检测方法。

目前，正在制订的涉茶食品安全国家标准有2项：《食品安全国家标准　茶叶》《食品安全国家标准　代用茶》，在修订涉茶食品安全国家标准1项：《食品安全国家标准　紧压茶及其再制品含氟限量》。

2．行业标准

据行业标准信息服务平台（http://hbba.sacinfo.org.cn/）公开数据统计，自2020年1月—2021年7月，新发布实施的涉茶行业标准有15项（表2），其中供销合作行业标准9项，农业行业标准4项，出入境检验检疫行业标准1项，轻工行业标准1项。从年度发布涉茶行标数量来看，2020年发布9项，较2019年的20项大幅降低。

3．地方标准

据地方标准信息服务平台（http://dbba.sacinfo.org.cn/）公开数据统计，自2020年1月—2021年6月，新发布实施的涉茶地方标准有114项（表3）。其中四川17项、浙江12项、云南11项、福建和贵州各9项、安徽广东湖北各7项、重庆6项、河南5项、广西和山东各4项、江西1项。仅从标准发布年份来看，2020年全国发布涉茶地标88项，较2019年79项同比提升11.2%。

4．团体标准

据全国团体标准信息平台（http://www.ttbz.org.cn/）公开数据统计，自2020年1月—2021年7月，共有107家社会组织新发布实施了涉茶团体标准304项（表4）。从标准类型来看，产品标准有137项占主导，比例达45%。仅从标准发布年份来看，2020年全国发布涉茶团标190项，较2019年的80项同比激增137%。

5．国家标准样品

据全国标准信息公共服务平台国家标准样品查询平台（http://std.samr.gov.cn/gsm/query）公开数据统计，自2020年1月—2021年7月，新发布的标准样品研制计划有3项，分别为《六堡茶感官分级标准样品》《龙井茶分级标准样品》《沱茶感官分级标准样品》，加上2020年以前发布的《坦洋工夫茶感官分级标准样品》《眉茶感官分级标准样品》《机制茯茶实物标准样品》研（复）制计划，现共有6项国家标准样品研（复）制计划正在进行中。

（二）茶叶标准组织建设工作

2020年7月，全国茶叶标准化技术委员会花茶工作组（SAC/TC339/WG10）换届，第二届工作组由45位组员组成，秘书处承担单位为福建春伦集团有限公司。11月，全国茶叶标准化技术委员会乌龙茶工作组（SAC/TC339/WG2）换届，第三届工作组由29位组员组成，秘书处承担单位为国家茶叶质量监督检验中心（福建）。

2020年11月，全国茶叶标准化技术委员会有机茶工作组（SAC/TC339/WG13）召开了一届二次会议。

2020年12月，全国茶叶标准化技术委员会（SAC/TC339）三届二次会议在杭州召开，来自全国各地的茶标委委员、观察员和所属各工作组的代表共90余人出席会议。会议全面总结了茶标委2020年的各项工作并明确了2021年的工作方向及计划。

2020年12月，全国茶叶标准化技术委员会绿茶工作组（SAC/TC339/WG1）正式成立。工作组由47名组员组成，秘书处承担单位为浙江省茶叶集团股份有限公司。

二、2020年以来我国茶叶标准体系建设重大事件

（一）《中欧地理标志协定》2021年3月1日正式生效

《中华人民共和国政府与欧洲联盟地理标志保护与合作协定》（简称《中欧地理标志协定》），是

中国对外商签的第一个全面的、高水平的地理标志保护双边协定。协定文本共14条，对地理标志设定了高水平的保护规则，并在附录中纳入双方各275项具有各自地区特色的地理标志产品。协定将为双方的地理标志提供高水平的保护，有效阻止假冒地理标志产品，使双方消费者都能吃上、用上货真价实的高品质商品。

2011年，该协定谈判启动，共历时8年。2019年11月6日，习近平主席同马克龙总统见证了结束《中欧地理标志协定》谈判的联合声明的签署。2020年7月20日，欧盟授权正式签署中欧地理标志协定。9月14日，中欧正式签署《中欧地理标志协定》。2021年3月1日起，中欧双方签署的《中欧地理标志协定》正式生效。将有利于进一步加强中欧经贸合作，并惠及双方消费者和企业。在首批互认的地标产品中，共有来自全国11个产茶省的28个茶叶地标产品，占到总保护清单的28%，在四年后的第二批互认的产品中，有全国31个茶叶地标产品，占总保护清单的18%，是保护清单中单品地标数量最多的一个品类。表明了欧盟对中国知识产权工作，特别是茶产业知识产权保护工作的高度认可。也反映了欧盟农业、欧盟市场对中国茶叶，特别是高品质中国茶叶的需求。《中欧地理标志协定》有助于保护高品质中国茶出口欧盟，有助于“乡村振兴”战略的实施，推动茶产业高质量发展。

（二）《国家标准样品管理办法》正式发布

2021年5月31日，国家市场监督管理总局（标准技术管理司国市监标技规〔2021〕1号）发布并实施了《国家标准样品管理办法》（以下简称《办法》）（http://gkml.samr.gov.cn/nsjg/bzjss/202106/t20210602_330062.html），原行政规范性文件《国家实物标准暂行管理办法》（国标发〔1986〕4号）同时废止。

《办法》共八章四十条，是自1986年国家标准局批准发布《国家实物标准暂行管理办法》把我国标准样品的行政管理纳入了规范化和法制化的轨道，以及2018年新《中华人民共和国标准化法》实施以来，我国对标准样品工作成果的总结，以适应我国当前及今后一个时期经济社会发展的需求。

《办法》明确规定，标准样品是指以实物形态存在的标准，其规定的特性可以是定量的或定性的，应当具有均匀性、稳定性、准确性和溯源性。需要在全国范围内统一的标准样品，应当制作国家标准样品。国家标准样品的制作应当以国家经济社会发展、科技创新和标准化发展相关战略、规划和政策为依据，以科学技术研究成果和实践经验为基础；坚持通用性原则，鼓励自主技术创新，重点研制战略性新兴产业、重要支柱产业和民生产业等密切关系国计民生的国家标准样品并开展试点示范；应当积极开展对外交流与合作，广泛推动参与标准样品国际活动和相关国际标准制定，推进国家标准样品国际化。

此外，《办法》明确了由全国标准样品技术委员会（SAC/TC118）负责国家标准样品的项目提出、组织研制、技术评审和跟踪评估，以及其他技术性工作。同时规定国家标准样品的制作（包括项目提出、立项、研制、技术评审、编号、批准发布）、应用及监督工作的内容和要求。

（三）《强制性国家标准管理办法》正式发布

2020年1月26日，国家市场监督管理总局令第25号发布了《强制性国家标准管理办法》（http://gkml.samr.gov.cn/nsjg/fgs/202001/t20200113_310467.html#），自2020年6月1日起施行，以往有关部门规章中涉及强制性国家标准管理的内容与本《强制性国家标准管理办法》规定不一致的，均以本《强制性国家标准管理办法》规定为准。

《强制性国家标准管理办法》共五十五条，根据《中华人民共和国标准化法》制定。明确指出对保障人身健康和生命财产安全、国家安全、生态环境安全以及满足经济社会管理基本需要的技术要求，应当制定强制性国家标准。制定强制性国家标准应公开、透明，按照便捷有效的原则采取多种方式，广泛听取各方意见。

《强制性国家标准管理办法》明确规定，国务院标准化行政主管部门统一管理全国标准化工作，负责强制性国家标准的立项、编号和对外通报。国务院有关行政主管部门依据职责负责强制性国家标准的项目提出、组织起草、征求意见和技术审查。强制性国家标准由国务院批准发布或者授权批准发布。县级以上人民政府标准化行政主管部门和有关行政主管部门依据法定职责，对强制性国家标准的实施进行监督检查。省（自治区、直辖市）人民政府标准化行政主管部门、社会团体、企业事业组织以及公民均可以向国务院标准化行政主管部门提出强制性国家标准的立项建议。此外，《强制性国家标准管理办法》对强制性国家标准的制定（包括项目提出、立项、组织起草、征求意见、技术审查、对外通报、编号、批准发布）、组织实施以及监督工作的内容和要求予以进一步明确。

（四）国家标准化管理委员会发布《关于进一步加强行业标准管理的指导意见》

2020年4月15日，国家标准化管理委员会（国标委发〔2020〕18号）正式印发《关于进一步加强行业标准管理的指导意见》（以下简称《意见》）（http://www.sac.gov.cn/sxxgk/zcwj/202101/t20210122_347055.html）。

《意见》根据《中华人民共和国标准化法》和国务院印发的《深化标准化工作改革方案》要求，加快建立协调配套、简化高效的标准体系，充分发挥行业标准的技术支撑作用，适应我国经济社会高质量发展的需求制定。

《意见》共九条。一是明晰行业标准的范围。行业标准是对没有国家标准而又需要在全国某个行业范围内统一的技术要求所制定的公益类标准。要适量控制新增行业标准数量，鼓励进一步整合优化相关行业标准。二是优化行业标准供给结构。行业标准应更多聚焦支撑行业主管部门履行行政管理、提供公共服务的公益属性。探索建立行业标准退出机制，鼓励社会团体承担相应行业领域内标准的供给工作，充分发挥市场自主制定标准对政府组织制定标准的补充支撑作用。三是加强行业标准制修订管理。四是注重行业标准的协调性。增强行业标准与国家标准之间、行业标准之间的信息交流，强化行业标准制修订工作信息的公开透明，探索建立行业标准与团体标准协同推进的工作机制，解决相关标准间的重复交叉矛盾的问题。五是规范行业标准备案管理。推行行业标准备案“无纸化”，确保“应备尽备”，实行“即报即备”“即备即公开”，确保备案信息的准确性、时效性。六是推动行业标准公开。坚持行业标准“公开为常态、不公开为例外”的原则，2020年起新发布的行业标准文本依法全部公开，推进存量行业标准文本向社会公开。七是强化行业标准实施与监督。八是加强行业标准复审修订。有效解决行业标准老化滞后问题，2021年年底前完成实施超过五年的行业标准复审工作。九是规范使用行业标准代号。

（五）GB/T 1.1—2020《标准化工作导则 第1部分：标准化文件的结构和起草规则》正式实施

2020年3月31日，国家市场监督管理总局（国家标准化管理委员会）（2020年第4号）批准GB/T 1.1—2020《标准化工作导则 第1部分：标准化文件的结构和起草规则》发布，自2020年10月1日起实施。

GB/T 1.1—2020《标准化工作导则 第1部分：标准化文件的结构和起草》是指导标准编写工作最基础的标准，确立了标准化文件的结构以及文件起草的总体原则和要求，共10章，6个附录，主要技术内容包括：标准化文件的目标、原则和要求，结构，要素的编写和表述，编排格式。

与GB/T 1.1—2009相比，GB/T 1.1—2020进行了三方面的重大调整：一是从总体上确立了标准化文件起草的原则和要求，覆盖了文件拟编制成一个整体的文件或拟分为若干部分的原则、规范性要素的选择原则、文件的表述原则，为各类标准化文件的起草提供了宏观指导。二是增加了标准化文件的分类、核心技术要素的编写规则、规范性要素“总体原则和/或总体要求”的编写规则。三是在要素的表述中，明确界定了条款和附加信息。

（六）首部全国高等院校《茶叶标准与法规》教材正式出版

2021年1月，《茶叶标准与法规》正式出版。教材主要包括茶叶标准、茶叶法规两个方面，重点介绍了茶产业现行有效的标准与法律法规，包括标准的基础知识、茶叶标准体系、茶叶通用标准、茶叶产品标准、茶叶种植与加工技术规程、茶叶团体标准与企业标准、茶叶认证与质量管理、茶叶国际标准等。教材对重要的国家标准特别是茶叶产品标准进行了解析，为行业为社会提供系统、规范、全面的茶叶标准与法规知识，有利于学习者理解和掌握，有利于茶叶标准与法规最大范围得到应用和实施，有利于科学指导茶叶生产、加工、销售、品饮以及市场监管、检验检测、技术推广、科学研究、高等专业人才的教育培训等。

《茶叶标准与法规》以茶叶标准化人才培养为目标，以茶叶标准体系为框架，构建了完整的教材内容体系，填补了我国高等院校茶叶标准与法规教材的空白，对于促进我国茶产业标准化、规范化、高质量发展将起到积极的推动作用。

三、我国标准体系建设展望

（一）优化茶叶标准化体系结构建设

我国茶叶品种众多，种植区域跨度大，是世界茶叶标准最多的国家，也形成了覆盖全茶产业链的较为完善的茶叶标准化体系，涉及产前、产中、产后等各环节。但是茶叶标准化是涉及全产业链的系统工程，生产、加工、包装、储运等各环节都至关重要，而现存的茶叶标准多注重生产端（如产品质量、栽培管理、加工技术等），对于流通端（如包装、仓储、销售、质量追溯、品牌评价等）环节还比较薄弱。因此，应结合实际情况，加强流通环节相关标准的研究制定，以期建立更加完善的茶叶标准化体系，助力茶产业高质量发展。

（二）推动企业标准化人才队伍建设

目前我国茶产业基本情况是中小型的茶叶企业占主导，普遍缺乏标准意识，缺乏标准化管理的人才队伍，导致企业在了解、实施、执行标准过程中出现理解不足的情况，引发一系列问题甚至法律纠纷等。同时，由于标准化人才的缺失，对于相关茶叶管理部门、行业组织开展的标准宣贯活动也无法很好地理解要义并实施，造成了有标准却无法贯彻执行的局面。因此，要加强但对企业标准化思维的培养，加强企业标准化人才的培养。

（三）大力提升团标搞创新，企标搞引领

2018年实施的新标准化法明确赋予了团体标准法律地位，鼓励社会团体组织制定团体标准，构建政府标准与市场标准协调配套的新型标准体系。2019年，全国发布涉茶团标80项，2020年发布190项，2021年1—7月发布114项，标准数量增速迅猛，但同时也存在一些问题。当前我国茶叶市场竞争已进入小产区、高品质的差异化产品发展阶段，对团体标准的制定不仅仅是数量上，更重要的是提高标准质量，打造不同区域品牌间差异化、创新化，以提高区域品牌的市场竞争力，加强优势地位，助力茶产业发展。

新标准化法还设立了企业标准自我声明公开和监督制度，要求企业向社会公开所执行的产品和服务标准相关情况，充分释放企业创新活力的需要。国家市场监督管理总局2018年发布了《关于实施企业标准“领跑者”制度的意见》，同时连续三年发布关于实施企业标准“领跑者”重点领域的公告，统筹考虑了企业标准自我声明公开情况、消费者关注程度、标准对产品和服务质量提升效果。而目前我国茶叶企业标准尚无一项企标入选“领跑者”名单，急需企业加强自身标准体系以及人才队伍建设，提升标准在企业成长发展过程中发挥的作用，助力龙头企业引领产业发展。

（四）加强茶叶实物标准样品研制

2021年5月31日，国家市场监督管理总局发布并实施了《国家标准样品管理办法》。指出标准样品是指以实物形态存在的标准，其规定的特性可以是定量的或定性的，应当具有均匀性、稳定性、准确性和溯源性。需要在全国范围内统一的标准样品，应当制作国家标准样品。我国现有的茶叶产品标准中，大部分设置了标准实物样条款，但是据全国标准信息公共服务平台国家标准样品查询平台统计，现共有6项国家标准样品研（复）制计划正在进行中，远低于产品标准的数量。且一般茶叶标准样品的有效期为3～5年，已过期的样品未及时进行更新。而茶叶实物标准样品是产品定级、质量判定的依据，对产品质量评价、开展茶叶产品贸易和质量仲裁、保护消费者合法权益等具有十分重要的意义。因而作为保证文字标准有效实施的实物标准和依据，茶叶标准样品的研制和应用可有效提高文字标准的可操作性，急需进一步加强。

（五）加强标准宣贯和应用实施

标准化工作存在重立项轻宣贯的现象，专业技术队伍力量不足，导致相关必要的标准培训缺失，对茶叶标准化的有关知识及作用宣传力度不够，广大生产销售企业尤其是茶农对茶叶标准化更是了解不多、应用不足，标准实施的实际效果有限。因此，标准制定单位、主管部门、相关行业组织要进一步加强标准的宣贯工作，只有在生产经营活动中得到实际应用，标准的制定才有意义，才能充分发挥其作用，助推产业高质量发展。

表1　2020年以来新发布实施的涉茶国家标准

序号	标准号	标准名称	发布日期	实施日期
1	GB/T 39563—2020	台式乌龙茶	2020/11/19	2021/6/1
2	GB/T 30357.9—2020	乌龙茶　第9部分：白芽奇兰	2020/12/14	2021/4/1
3	GB/T 39562—2020	台式乌龙茶加工技术规范	2020/11/19	2021/6/1
4	GB/T 39592—2020	黄茶加工技术规程	2020/12/14	2021/4/1
5	GB 2763—2021	食品安全国家标准　食品中农药最大残留限量	2021/3/3	2021/9/3

表2　2020年以来新发布实施的涉茶行业标准

序号	标准号	标准名称	行业领域	批准日期	实施日期
1	QB/T 5405—2019	口腔清洁护理用品　牙膏用茶提取物	轻工	2019/11/11	2020/4/1
2	GH/T 1277—2019	蒸青茶加工技术规范	供销合作	2019/11/28	2020/3/1
3	GH/T 1276—2019	开化龙顶茶	供销合作	2019/11/28	2020/3/1
4	GH/T 1275—2019	粉茶	供销合作	2019/11/28	2020/3/1

续表

序号	标准号	标准名称	行业领域	批准日期	实施日期
5	GH/T 1178—2019	祁门工夫红茶	供销合作	2019/11/28	2020/3/1
6	SN/T 1594—2019	出口茶叶及代用茶中噻嗪酮残留量的测定	出入境检验检疫	2019/12/27	2020/7/1
7	NY/T 3562—2020	藤茶生产技术规程	农业	2020/3/20	2020/7/1
8	NY/T 3538—2020	老茶园改造技术规程	农业	2020/3/20	2020/7/1
9	GH/T 1297—2020	茉莉红茶	供销合作	2020/6/4	2020/9/1
10	GH/T 1296—2020	花果香型红茶加工技术规程	供销合作	2020/6/4	2020/9/1
11	NY/T 3631—2020	茶叶中可可碱和茶碱含量的测定　高效液相色谱法	农业	2020/7/27	2020/11/1
12	NY/T 3675—2020	红茶中茶红素和茶褐素含量的测定　分光光度法	农业	2020/8/26	2021/1/1
13	GH/T 1309—2020	蒙顶山茶生产加工技术规程	供销合作	2020/12/7	2021/3/1
14	GH/T 1308—2020	蒙顶山茶　第2部分：绿茶	供销合作	2020/12/7	2021/3/1
15	GH/T 1307—2020	蒙顶山茶　第1部分：基本要求	供销合作	2020/12/7	2021/3/1

表3　2020年以来新发布实施的涉茶地方标准

序号	标准号	标准名称	省份	发布日期	实施日期
1	DB34/T 3788—2021	安徽省传统茶叶形状图卡	安徽	2021-01-25	2021-02-25
2	DB34/T 3860—2021	九华黄精茶加工技术规程	安徽	2021-01-25	2021-02-25
3	DB34/T 3863—2021	茶炭疽病测报调查与防治技术规程	安徽	2021-01-25	2021-02-25
4	DB34/T 3868—2021	茶园杂草绿色防控技术规程	安徽	2021-01-25	2021-02-25
5	DB34/T 3740—2020	茶树胚根嫁接育苗技术规程	安徽	2020-11-27	2020-12-27
6	DB34/T 3680—2020	地理标志产品　龙池香尖（龙池尖茶）	安徽	2020-08-03	2020-09-03
7	DB34/T 3610—2020	祁门红茶茶艺规范	安徽	2020-06-22	2020-07-22
8	DB35/T 1953—2020	绿茶冲泡与品鉴方法	福建	2020-12-30	2021-03-30
9	DB35/T 1222—2020	闽北水仙茶栽培技术规范	福建	2020-09-29	2020-12-29
10	DB35/T 1907—2020	台式乌龙茶　茶树品种	福建	2020-06-29	2020-09-29
11	DB35/T 1908—2020	台式乌龙茶　茶树栽培管理技术规范	福建	2020-06-29	2020-09-29
12	DB35/T 1909—2020	白茶　品种	福建	2020-06-29	2020-09-29
13	DB35/T 1910—2020	花茶烘青坯加工技术规范	福建	2020-06-29	2020-09-29
14	DB35/T 1896—2020	白茶储存技术规范	福建	2020-03-30	2020-06-30
15	DB35/T 1897—2020	白茶　茶树栽培管理技术规范	福建	2020-03-30	2020-06-30
16	DB35/T 1898—2020	山地有机茶园“茶—草—菌”生产技术规范	福建	2020-03-30	2020-06-30

续表

序号	标准号	标准名称	省份	发布日期	实施日期
17	DB4453/T 06—2021	地理标志产品　象窝茶	广东	2021-05-20	2021-06-20
18	DB4451/T 1—2021	地理标志产品　凤凰单丛（枞）茶	广东	2021-04-08	2021-10-08
19	DB44/T 2269—2021	山茶播种育苗技术规程	广东	2021-01-21	2021-04-21
20	DB4409/T 13—2020	地理标志产品　新垌茶	广东	2020-12-18	2021-01-01
21	DB44 07/T 66—2020	鹤山柑红茶加工技术规程	广东	2020-11-23	2020-12-23
22	DB4403/T 88—2020	茶叶贮存运输技术规范	广东	2020-09-27	2020-10-01
23	DB4414/T 6—2020	地理标志产品　蕉岭绿茶	广东	2020-09-25	2020-10-25
24	DB45/T 2199—2020	地理标志产品西山茶栽培技术规程	广西	2020-10-29	2020-11-30
25	DB45/T 2161—2020	机采茶园茶叶生产技术规程	广西	2020-10-12	2020-11-20
26	DB45/T 2131—2020	金花茶叶茶加工技术规程	广西	2020-07-13	2020-07-30
27	DB45/T 2132—2020	林下栽培金花茶技术规程	广西	2020-07-13	2020-07-30
28	DB5206/T 131—2021	梵净山　古茶树保护管理技术规范	贵州	2021-01-21	2021-04-22
29	DB5206/T 132—2021	梵净山　古茶树红茶加工技术规程	贵州	2021-01-21	2021-04-22
30	DB5206/T 126—2020	梵净抹茶　标准化茶园建设技术规程	贵州	2020-10-30	2021-01-31
31	DB5206/T 127—2020	梵净抹茶　茶园管理技术规程	贵州	2020-10-30	2021-01-31
32	DB5206/T 128—2020	梵净抹茶　加工技术规程	贵州	2020-10-30	2021-01-31
33	DB5206/T 129—2020	梵净抹茶　审评技术规范	贵州	2020-10-30	2021-01-31
34	DB5227/T 57—2020	贵州金花茶种植技术规程	贵州	2020-06-22	2020-12-22
35	DB52/T 1495—2020	贵州茶叶冲泡品饮指南	贵州	2020-04-16	2020-04-16
36	DB52/T 1484—2020	老鹰茶加工技术规程	贵州	2020-03-04	2020-09-04
37	DB4115/T 081—2021	植保无人机茶园施药安全作业技术规程	河南	2021-04-29	2021-07-29
38	DB4115/T 082—2021	茶尺蠖飞防作业技术规程	河南	2021-04-29	2021-07-29
39	DB4115/T 083—2021	信阳茶园生物防治技术规程	河南	2021-04-29	2021-07-29
40	DB41/T 2037—2020	速溶蒸青绿茶加工技术规程	河南	2020-12-30	2021-03-30
41	DB41/T 1939—2020	桑叶茶加工技术规程	河南	2020-01-20	2020-04-20
42	DB42/T 359—2021	条形绿茶机械化加工技术规程	湖北	2021-03-03	2021-05-03
43	DB42/T 360—2021	针形绿茶机械化加工技术规程	湖北	2021-03-03	2021-05-03
44	DB42/T 1634—2021	珠形绿茶加工技术规程	湖北	2021-01-08	2021-03-08
45	DB42/T 915—2021	湖北宜红茶加工技术规程	湖北	2021-01-08	2021-03-08
46	DB42/T 916—2021	湖北宜红茶	湖北	2021-01-08	2021-03-08
47	DB42/T 1609—2020	生态茶园　茶林间作技术规范	湖北	2020-12-04	2021-02-04

续表

序号	标准号	标准名称	省份	发布日期	实施日期
48	DB42/T 855—2020	地理标志产品　五峰绿茶	湖北	2020-09-22	2020-11-22
49	DB43/T 1858.2—2020	地理标志产品　岳阳黄茶　第2部分：加工技术	湖南	2020-11-03	2021-02-03
50	DB43/T 1858.3—2020	地理标志产品　岳阳黄茶　第3部分：标准茶园建设	湖南	2020-11-03	2021-02-03
51	DB43/T 1850—2020	张家界莓茶加工技术规程	湖南	2020-09-30	2020-12-30
52	DB43/T 1851—2020	张家界莓茶种植技术规程	湖南	2020-09-30	2020-12-30
53	DB43/T 1736—2020	安化黑茶贮存通则	湖南	2020-02-27	2020-05-27
54	DB43/T 1737—2020	安化黑茶茶艺	湖南	2020-02-27	2020-05-27
55	DB43/T 1738—2020	安化云台大叶种茶苗繁育技术规程	湖南	2020-02-27	2020-05-27
56	DB3210/T 1062—2020	扬州早茶经营规范	江苏	2020-12-10	2020-12-10
57	DB32/T 1259—2020	翠柏茶加工技术规程	江苏	2020-10-13	2020-11-13
58	DB32/T 1261—2020	寿眉茶加工技术规程	江苏	2020-10-13	2020-11-13
59	DB32/T 1265—2020	天目湖白茶加工技术规程	江苏	2020-10-13	2020-11-13
60	DB32/T 3857—2020	金坛旗枪茶质量分级	江苏	2020-10-13	2020-11-13
61	DB32/T 3858—2020	白叶黑茶加工技术规程	江苏	2020-10-13	2020-11-13
62	DB32/T 3859—2020	桂花红茶加工技术规程	江苏	2020-10-13	2020-11-13
63	DB32/T 3862—2020	抹茶用茶树栽培技术规程	江苏	2020-10-13	2020-11-13
64	DB36/T 1321—2020	茶叶富硒栽培技术规程	江西	2020-11-09	2021-04-01
65	DB37/T 4014—2020	北方绿茶机械化加工技术规程	山东	2020-07-09	2020-08-09
66	DB37/T 3970—2020	茶叶质量安全追溯系统建设要求	山东	2020-06-08	2020-07-08
67	DB37/T 3971—2020	茶园生草技术规程	山东	2020-06-08	2020-07-08
68	DB37/T 3996—2020	无性系茶树设施栽培技术规范	山东	2020-06-08	2020-07-08
69	DB51/T 2785—2021	藏茶煮泡及调饮方法	四川	2021-05-21	2021-06-01
70	DB5111/T 3—2020	地理标志产品　峨眉山茶栽培技术规程	四川	2020-12-30	2021-01-01
71	DB5111/T 4—2020	地理标志产品　峨眉山茶加工技术规程	四川	2020-12-30	2021-01-01
72	DB5108/T20—2020	地理标志产品　米仓山茶栽培技术规程	四川	2020-12-20	2021-02-01
73	DB5108/T21—2020	地理标志产品　米仓山茶加工技术规程	四川	2020-12-20	2021-02-01
74	DB5117/T 29—2020	地理标志产品　漆碑茶	四川	2020-12-17	2020-12-17
75	DB5118/T 15—2020	地理标志产品　老鹰茶加工技术规范	四川	2020-12-09	2020-12-09
76	DB5101/T 87—2020	地理标志产品　邛崃黑茶	四川	2020-12-04	2020-12-04
77	DB5115/T59—2020	地理标志产品　鹿鸣贡茶生产技术规范	四川	2020-11-27	2020-11-30

续表

序号	标准号	标准名称	省份	发布日期	实施日期
78	DB5115/T60—2020	地理标志产品 屏山炒青茶加工技术规范	四川	2020-11-27	2020-11-30
79	DB5115/T54—2020	地理标志产品 筠连红茶生产技术规范	四川	2020-11-25	2020-11-30
80	DB5115/T56—2020	地理标志产品 筠连苦丁茶生产技术规范	四川	2020-11-25	2020-11-30
81	DB5114/T 28—2020	洪雅茶叶生产加工技术规范	四川	2020-11-16	2020-12-16
82	DB5104/T 31—2020	地理标志保护产品 国胜茶生产技术规程	四川	2020-09-30	2020-10-15
83	DB5115/T 14—2019	有机茶生产技术规范 黄金芽种苗繁育	四川	2020-01-06	2020-01-06
84	DB5115/T 15—2019	有机茶生产技术规范 黄金芽栽培	四川	2020-01-06	2020-01-06
85	DB5115/T 16—2019	有机茶生产技术规范 黄金芽加工	四川	2020-01-06	2020-01-06
86	DB5308/T 43—2021	野生型过渡型古茶树保护管理技术规范	云南	2021-06-01	2021-07-01
87	DB5329/T 69—2021	大理佛香3号茶树栽培技术规程	云南	2021-04-01	2021-05-01
88	DB5329/T 70—2021	大理佛香3号卷曲形绿茶加工技术规程	云南	2021-04-01	2021-05-01
89	DB53/T1012—2021	古茶树保护管埋技术规程	云南	2020-04-08	2021-07-08
90	DB5308/ T 51—2020	生态茶园（Ⅱ类）普洱茶质量控制技术规范	云南	2020-01-10	2020-02-10
91	DB5308/T 52—2020	生态茶园（Ⅰ类）普洱茶质量控制技术规范	云南	2020-01-10	2020-02-10
92	DB5308/T 53—2020	普洱茶贮存技术规范	云南	2020-01-10	2020-02-10
93	DB5308/T 55—2020	普洱茶生态茶园（Ⅱ类）建设及管理规范	云南	2020-01-10	2020-02-10
94	DB5308/T 56—2020	普洱茶生态茶园（Ⅰ类）建设及管理规范	云南	2020-01-10	2020-02-10
95	DB5308/T 57—2020	栽培型古茶树及古茶园管护规范	云南	2020-01-10	2020-02-10
96	DB5308/T 58—2020	普洱茶加工技术规程	云南	2020-01-10	2020-02-10
97	DB3308/T 082—2021	衢州玉露茶生产技术规范	浙江	2021-05-20	2021-06-20
98	DB3305/T 187—2021	白叶一号茶园管理技术规范	浙江	2021-03-23	2021-04-01
99	DB 3307/T 114—2020	“春雨二号”茶树栽培技术规程	浙江	2020-12-25	2021-01-25
100	DB33/T 2279—2020	抹茶审评技术规范	浙江	2020-10-28	2020-11-28
101	DB33/T 2276—2020	抹茶加工技术规范	浙江	2020-09-27	2020-10-27
102	DB3305/T 154—2020	湖桑茶加工技术规程	浙江	2020-07-10	2020-07-10
103	DB33/T 2259—2020	茶树越冬期冻害等级划分指南	浙江	2020-05-15	2020-06-15
104	DB3301/T 0311.3—2020	特色休闲示范点品质评定 第3部分：茶楼	浙江	2020-04-30	2020-05-30
105	DB33/T 2257—2020	茶树花加工技术规范	浙江	2020-04-21	2020-05-21
106	DB3305/T 139—2020	春茶采摘新冠肺炎疫情防控技术指南	浙江	2020-03-11	2020-03-11
107	DB3311/T 68—2020	茶树新品系丽早香栽培技术规范	浙江	2020-01-20	2020-02-20

续表

序号	标准号	标准名称	省份	发布日期	实施日期
108	DB3311/T 9.3—2020	中茶108栽培技术规范　第3部分：茶园安全管理	浙江	2020-01-20	2020-02-20
109	DB50/T 1099—2021	重庆沱茶加工技术规程	重庆	2021-04-15	2021-07-15
110	DB50/T 1091—2021	地理标志产品　南川大茶树	重庆	2021-03-10	2021-06-01
111	DB50/T 1092—2021	速溶茶粉生产技术规程	重庆	2021-03-10	2021-06-01
112	DB50/T 1064—2020	山地茶园机械化生产技术规程	重庆	2020-11-30	2021-03-01
113	DB50/T 1037—2020	茶树种苗繁育技术规程	重庆	2020-09-18	2020-12-20
114	DB50/T 1038—2020	工夫红茶加工技术规程	重庆	2020-09-18	2020-12-20

表4　2020年以来新发布实施的涉茶团体标准

序号	标准号	标准名称	发布单位
1	T/CTMA 007—2020	茶叶中氯噻啉残留量的测定　液相色谱-质谱/质谱法	中国茶叶流通协会
2	T/CTMA 008—2020	茶叶企业复工复产疫情防控工作规范	中国茶叶流通协会
3	T/CTMA 009—2020	茶馆行业复工复产疫情防控工作细则	中国茶叶流通协会
4	T/CTMA 010—2020	松阳香茶	中国茶叶流通协会
5	T/CTMA 015—2020	日照绿茶	中国茶叶流通协会
6	T/CTMA 016—2020	日照红茶	中国茶叶流通协会
7	T/CTMA 017—2020	日照绿茶加工技术规程	中国茶叶流通协会
8	T/CTMA 018—2020	日照红茶加工技术规程	中国茶叶流通协会
9	T/CTMA 019—2020	日照茶树种植良好规范	中国茶叶流通协会
10	T/CTMA 020—2020	日照绿茶良好加工规范	中国茶叶流通协会
11	T/CTMA 021—2020	日照绿茶经营管理规范	中国茶叶流通协会
12	T/CTMA 022—2020	日照绿茶冲泡与品鉴方法	中国茶叶流通协会
13	T/CTMA 023—2020	商城高山茶	中国茶叶流通协会
14	T/CTMA 024—2020	新会柑普茶	中国茶叶流通协会
15	T/CTMA 025—2020	赤壁青砖茶鲜叶原料机械化采摘技术规程	中国茶叶流通协会
16	T/CTMA 026—2020	青砖茶仓储管理规范	中国茶叶流通协会
17	T/CTMA 027.1—2021	茶制品保质期　第1部分：固态速溶茶、抹茶和茶浓缩液	中国茶叶流通协会
18	T/CTMA 028—2021	绿茶保质期	中国茶叶流通协会
19	T/CTMA 029—2021	红茶保质期	中国茶叶流通协会

续表

序号	标准号	标准名称	发布单位
20	T/CTSS 10—2020	茶园叶面肥施用技术规程	中国茶叶学会
21	T/CTSS 11—2020	浙江茶园化肥减施增效技术规程	中国茶叶学会
22	T/CTSS 12—2020	优质茶机采茶园树冠管理技术规程	中国茶叶学会
23	T/CTSS 13—2020	惠明茶	中国茶叶学会
24	T/CTSS 14—2020	惠明茶生产技术规程	中国茶叶学会
25	T/CTSS 15—2020	机采条形乌龙茶加工技术规程	中国茶叶学会
26	T/CTSS 16—2020	袋泡调味茶	中国茶叶学会
27	T/CTSS 17—2020	袋泡代用茶	中国茶叶学会
28	T/CTSS 18—2020	黄金芽茶树栽培技术规程	中国茶叶学会
29	T/CTSS 19—2020	“黄金芽”茶加工技术规程	中国茶叶学会
30	T/CTSS 20—2021	机采鲜叶颗粒形绿茶加工技术规程	中国茶叶学会
31	T/CTSS 21—2021	低氟黑毛茶加工技术规程	中国茶叶学会
32	T/CTSS 22—2021	余姚瀑布仙茗冲泡技术规程	中国茶叶学会
33	T/CTSS 23—2021	条形滇红工夫红茶加工技术规程	中国茶叶学会
34	T/CTSS 24—2021	烘青栗香绿茶加工技术规程	中国茶叶学会
35	T/CTSS 25—2021	茶园杀虫灯使用技术规程	中国茶叶学会
36	T/CTSS 26—2021	茶园诱虫板使用技术规程	中国茶叶学会
37	T/CTSS 27—2021	30%茶皂素水剂防治茶小绿叶蝉技术规程	中国茶叶学会
38	T/CTSS 28—2021	茶园静电喷雾高效施药技术规程	中国茶叶学会
39	T/CTSS 30—2021	灰茶尺蠖、茶毛虫性信息素诱杀技术规程	中国茶叶学会
40	T/CTSS 31—2021	灰茶尺蠖病毒复配剂规模化生产技术规程	中国茶叶学会
41	T/CTSS 32—2021	包装饮用天然泡茶水	中国茶叶学会
42	T/CTSS 6—2020	中国茶艺水平评价规程	中国茶叶学会
43	T/CTSS 7—2020	茶叶感官审评水平评价规程	中国茶叶学会
44	T/CTSS 8—2020	茶园有机肥施用技术规程	中国茶叶学会
45	T/CTSS 9—2020	茶园化肥施用技术规程	中国茶叶学会
46	T/CSTEA 00008—2020	地理标志证明商标　松溪绿茶	海峡两岸茶业交流协会
47	T/CSTEA 00009—2020	松溪白茶	海峡两岸茶业交流协会
48	T/CSTEA 00010—2020	九龙大白茶　白茶	海峡两岸茶业交流协会
49	T/CSTEA 00011—2020	九龙大白茶栽培技术规范	海峡两岸茶业交流协会
50	T/CSTEA 00012—2020	九龙大白茶　白茶加工技术规范	海峡两岸茶业交流协会

续表

序号	标准号	标准名称	发布单位
51	T/CSTEA 00013—2020	窨茶用茉莉栽培技术规程	海峡两岸茶业交流协会
52	T/CSTEA 00014.1—2020	建阳白茶　第1部分：建阳水仙白茶	海峡两岸茶业交流协会
53	T/CSTEA 00014.2—2020	建阳白茶　第2部分：建阳小白茶	海峡两岸茶业交流协会
54	T/CSTEA 00015—2021	陈年武夷岩茶	海峡两岸茶业交流协会
55	T/CSTEA 00016—2021	陈年武夷岩茶储存技术规范	海峡两岸茶业交流协会
56	T/CSTEA 00017—2021	珠形绿茶加工生产线装配技术规程	海峡两岸茶业交流协会
57	T/CSTEA 00018—2021	扁形绿茶加工生产线装配技术规程	海峡两岸茶业交流协会
58	T/CSTEA 00019—2021	条形绿茶加工生产线装配技术规程	海峡两岸茶业交流协会
59	T/CSTEA 00020—2021	针形绿茶加工生产线装配技术规程	海峡两岸茶业交流协会
60	T/CSTEA 00021—2021	老白茶	海峡两岸茶业交流协会
61	T/CSTEA 00022—2021	茶类饮料　现制奶茶	海峡两岸茶业交流协会
62	T/CSTEA 00023—2021	茶类饮料　现制奶盖茶	海峡两岸茶业交流协会
63	T/CSTEA 00024—2021	茶类饮料　现制水果茶	海峡两岸茶业交流协会
64	T/CSTEA 00025—2021	茶类饮料　现制气泡茶	海峡两岸茶业交流协会
65	T/CSTEA 00026—2021	茶类饮料　现制冷泡茶	海峡两岸茶业交流协会
66	T/CSTEA 00027—2021	大田美人茶	海峡两岸茶业交流协会
67	T/CSTEA 00028—2021	家庭式白茶储存技术规程	海峡两岸茶业交流协会
68	T/CATSI 08—2021	小产区　镇沅县千家寨普洱茶	中国技术监督情报协会
69	T/LYCY 019—2020	生态庄园茶	中国林业产业联合会
70	T/CAI 107—2020	地理标志产品　广德云雾茶	中国农业国际合作促进会
71	T/CAI 134—2021	地理标志产品　白洋淀荷叶茶	中国农业国际合作促进会
72	T/NJ 1237—2020	条形白茶自动化加工成套设备	中国农业机械学会
73	T/DZCY 01—2020	地理标志　东至云尖	东至县茶业协会
74	T/HSQTA 001—2020	太平布尖茶	黄山区茶业协会
75	T/HSCX 001—2021	霍山黄芽	霍山县茶叶产业协会
76	T/HSCX 002—2021	霍山黄大茶	霍山县茶叶产业协会
77	T/SCX 001—2021	歙县滴水香绿茶	歙县茶叶行业协会
78	T/STXX 0003—2020	石台硒茶　红茶	石台县硒产业协会
79	T/FACX 003—2020	福安白茶	福安市茶业协会
80	T/FACX 004—2021	陈香坦洋工夫	福安市茶业协会
81	T/FDSCX 002—2020	福鼎白茶	福鼎市茶业协会

续表

序号	标准号	标准名称	发布单位
82	T/FDSCX 003—2020	福鼎白茶　紧压白茶	福鼎市茶业协会
83	T/MCYX 001—2021	点茶技艺规程	福建省茶艺师协会
84	T/FJCFA 0001—2021	现制奶茶标准	福建省连锁经营协会
85	T/FJCFA 0002—2021	现制奶茶操作规范	福建省连锁经营协会
86	T/HAHXCX 0001—2020	华安铁观音	华安县海峡两岸茶业交流协会
87	T/BYGC 0001—2020	矮脚乌龙茶	建瓯市北苑贡茶协会
88	T/BYGC 0002—2020	闽北水仙	建瓯市北苑贡茶协会
89	T/JOTF 002—2021	地理标志证明商标　建瓯水仙茶	建瓯市特色产品发展研究会
90	T/NDAS 38—2021	优质绿茶初制加工技术规程	宁德市标准化协会
91	T/NDJCCX 002—2020	天山绿茶	宁德市蕉城区茶业协会
92	T/QZAS 021—2021	南安石亭绿茶	泉州市标准化协会
93	T/XMSSAL 015—2020	供厦标准　乌龙茶	厦门市食品安全工作联合会
94	T/XMSSAL 016—2020	供厦标准　红茶	厦门市食品安全工作联合会
95	T/XMSSAL 017—2020	供厦标准　绿茶	厦门市食品安全工作联合会
96	T/SNXX 001—2020	寿宁生态硒锌　白茶	寿宁县生态硒锌产业协会
97	T/SNXX 002—2020	寿宁生态硒锌　绿茶	寿宁县生态硒锌产业协会
98	T/SNXX 003—2020	寿宁生态硒锌　红茶	寿宁县生态硒锌产业协会
99	T/SNXX 004—2020	寿宁生态硒锌　乌龙茶	寿宁县生态硒锌产业协会
100	T/XPCX 0001—2020	霞浦白茶	霞浦县茶业协会
101	T/YCCGH 00001—2021	永春水仙	永春县茶叶同业公会
102	T/YCCGH 00002—2021	永春佛手	永春县茶叶同业公会
103	T/CTNX 003—2021	地理标志证明商标　长泰天竺岩茶	长泰县农产品流通协会
104	T/BLTJBX 13—2020	叶质量安全追溯系统建设要求	博罗县特种设备和计量标准化协会
105	T/BLTJBX 14—2020	山茶快速选育苗技术规范	博罗县特种设备和计量标准化协会
106	T/TEA 003—2020	广东单丛茶加工技术规程	广东省茶文化研究会
107	T/GDP 009—2020	茶园诱虫灯使用技术规范	广东省农药协会
108	T/GDNB 2—2020	广东茶园杂草生态防控技术规范	广东省农业标准化协会
109	T/GDNB 3—2020	广东茶园化肥减施增效技术规程	广东省农业标准化协会
110	T/GDNB 34—2021	林下茶栽培技术规程	广东省农业标准化协会
111	T/GDNB 41—2021	客家群体种退化茶园生产力提升技术规范	广东省农业标准化协会

续表

序号	标准号	标准名称	发布单位
112	T/GDNB 4—2020	广东茶园病虫害减药防控技术规程	广东省农业标准化协会
113	T/GDNB 8—2020	惠州炒青绿茶	广东省农业标准化协会
114	T/GDNB 9—2020	惠州红茶	广东省农业标准化协会
115	T/GDAQI 034—2020	广东茶叶品质评鉴方法	广东省质量检验协会
116	T/GDAQI 035—2020	客家炒青绿茶感官审评方法	广东省质量检验协会
117	T/GDAQI 036—2020	河源客家炒青绿茶	广东省质量检验协会
118	T/GDAQI 049—2021	客家炒茶煮饮程式与技艺规范	广东省质量检验协会
119	T/GDAQI 050—2021	岭南茶艺冲泡程式与技艺规范	广东省质量检验协会
120	T/GDAQI 071—2021	茶园杂草危害评价与分级标准	广东省质量检验协会
121	T/GDAQI 66—2021	茶园机械化采摘及配套生产技术规程	广东省质量检验协会
122	T/GDAQI 67—2021	广东大叶种茶树短穗扦插繁育技术规程	广东省质量检验协会
123	T/GDAQI 68—2021	鸿雁 12 号茶品质与评鉴	广东省质量检验协会
124	T/GDAQI 69—2021	乌叶单丛茶品质与评鉴	广东省质量检验协会
125	T/GZBC 40—2020	英红九号红条茶	广州市标准化促进会
126	T/GZBC 41—2020	广东客家炒青绿茶	广州市标准化促进会
127	T/QYZL 9—2020	清新笔架茶生产技术规程	清远市质量管理协会
128	T/ZSCX 01—2021	沉香叶茶	中山市沉香协会
129	T/GXAS 111—2020	地理标志农产品　金秀红茶	广西标准化协会
130	T/GXAS 112—2020	兴业茶	广西标准化协会
131	T/GXAS 113—2020	兴业茶生产技术规程	广西标准化协会
132	T/GXAS 116—2020	广西优质六堡茶	广西标准化协会
133	T/GXAS 117—2020	广西优质茉莉花茶	广西标准化协会
134	T/LZBX 014—2021	三江早春茶生产技术规程	柳州市标准技术协会
135	T/LZBX 015—2021	三江早春茶加工技术规程	柳州市标准技术协会
136	T/LZBX 016—2021	三江早春茶	柳州市标准技术协会
137	T/XZDX 003—2021	古琶茶加工良好规范	象州县电子商务协会
138	T/ZPCY 002—2020	昭平红茶加工技术规范	昭平县茶叶协会
139	T/CSCC 001—2021	虫茶（代用茶）	赤水市虫茶特色产业发展促进会
140	T/GZCX 011—2021	刺梨叶茶	贵州省刺梨行业协会
141	T/GGI 021—2021	思南晏茶产地环境条件	贵州省地理标志研究会
142	T/GGI 022—2021	思南晏茶种植技术规程	贵州省地理标志研究会

续表

序号	标准号	标准名称	发布单位
143	T/GGI 023—2021	思南晏茶病虫害绿色防控技术规程	贵州省地理标志研究会
144	T/GGI 024—2021	思南晏茶鲜叶采摘规范	贵州省地理标志研究会
145	T/GGI 025—2021	思南晏茶加工环境规范	贵州省地理标志研究会
146	T/GGI 026—2021	思南晏茶（绿茶）	贵州省地理标志研究会
147	T/GGI 058—2020	朵贝白茶	贵州省地理标志研究会
148	T/GGI 089—2021	思南晏茶（红茶）	贵州省地理标志研究会
149	T/GZTPA 0001—2020	贵州绿茶主要化学成分的测定　近红外漫反射光谱法	贵州省绿茶品牌发展促进会
150	T/GZTPA 0002—2020	贵州茶叶冲泡品饮指南	贵州省绿茶品牌发展促进会
151	T/GZTPA 0003—2020	茶青中多种农药残留测定	贵州省绿茶品牌发展促进会
152	T/GZTPA 0004—2020	乳油类农药中隐性禁用有机磷的检测　气相色谱分析法	贵州省绿茶品牌发展促进会
153	T/CZSX 074—2021	道真特产　红茶	贵州省食品工业协会
154	T/LPCX 01—2020	黎平香茶	黎平县茶叶产业协会
155	T/LPCX 02—2020	黎平白茶	黎平县茶叶产业协会
156	T/LPCX 03—2020	黎平雀舌茶	黎平县茶叶产业协会
157	T/BBGC 001—2021	八步茶　产地环境条件	望谟县八步古茶协会
158	T/BBGC 002—2021	八步茶　种植技术规程	望谟县八步古茶协会
159	T/BBGC 003—2021	八步茶　病虫害防治规程	望谟县八步古茶协会
160	T/BBGC 004—2021	八步茶　采收加工规范	望谟县八步古茶协会
161	T/BBGC 005—2021	八步茶　红茶	望谟县八步古茶协会
162	T/BBGC 006—2021	八步茶　绿茶	望谟县八步古茶协会
163	T/YJCX 001—2020	梵净山秀眉加工技术规程	印江土家族苗族自治县梵净山茶业协会
164	T/YJCX 002—2020	梵净山秀眉	印江土家族苗族自治县梵净山茶业协会
165	T/ZYCX 003—2020	遵义毛峰茶	遵义市茶叶流通行业协会
166	T/ZYCX 004—2020	遵义老白茶	遵义市茶叶流通行业协会
167	T/OIC 02—2020	茶叶香型认证	郑州兰花学会
168	T/BKCL Y00X—2021	保康县茶产业联合会团体标准	保康县茶产业联合会
169	T/JSJC 1—2020	保康绿茶	保康县荆山锦茶业技术协会
170	T/BKXYHC 1—2020	襄阳红	保康县襄阳红茶业协会
171	T/HBAS 006—2020	赤壁青砖茶茶艺规程	湖北省标准化学会

续表

序号	标准号	标准名称	发布单位
172	T/HBAS 007—2020	赤壁青砖茶加工术语	湖北省标准化学会
173	T/HBAS 008—2020	赤壁青砖茶原料等级及要求	湖北省标准化学会
174	T/HBTSS 001—2020	卷曲形绿茶加工技术规程	湖北省茶叶学会
175	T/HBTSS 001—2021	襄阳高香茶加工技术规程	湖北省茶叶学会
176	T/HBTSS 002—2020	扁形绿茶加工技术规程	湖北省茶叶学会
177	T/HBTSS 003—2020	赤壁青砖茶标准化栽培技术规程	湖北省茶叶学会
178	T/HBTSS 004—2020	绿碎茶加工技术规程	湖北省茶叶学会
179	T/HBTSS 005—2020	茉莉花绿碎茶加工技术规程	湖北省茶叶学会
180	T/HBTSS 006—2020	珠形绿茶加工技术规程	湖北省茶叶学会
181	T/WDDC 001—2020	武当道茶	湖北省武当道茶产业协会
182	T/WDDC 002—2020	武当道茶加工技术规程	湖北省武当道茶产业协会
183	T/LCCY 001—2021	利川红	利川市茶产业协会
184	T/SNJYC 001—2020	神农架野茶产地环境条件	神农架林区野生茶树保护协会
185	T/SNJYC 002—2020	神农架野茶种植技术规程	神农架林区野生茶树保护协会
186	T/SNJYC 003—2020	神农架野茶加工技术规程	神农架林区野生茶树保护协会
187	T/SNJYC 004—2020	神农架野茶	神农架林区野生茶树保护协会
188	T/HPTC 001—2020	地理标志证明商标　黄陂绿茶	武汉市黄陂区土特产协会
189	T/JJBC 001—2020	旧街白茶	武汉市新洲区旧街街白茶协会
190	T/CLZT 001—2020	城楼寨茶	武汉市新洲区旧街街城楼寨茶叶协会
191	T/XCCY 001—2020	地理标志证明商标　孝昌凤凰山茶	孝昌县周巷镇茶叶协会
192	T/XWJTXH 001—2021	宣恩红茶	宣恩伍家台贡茶产业协会
193	T/XWJTXH 002—2021	宣恩黑茶	宣恩伍家台贡茶产业协会
194	T/XWJTXH 003—2021	宣恩柚子花茶	宣恩伍家台贡茶产业协会
195	T/YCCY 001—2020	宜昌毛尖	宜昌市茶产业协会
196	T/YCCY 002—2020	宜昌毛尖加工技术规程	宜昌市茶产业协会
197	T/HNTI 018—2020	湘西黄金茶　绿茶	湖南省茶叶学会
198	T/HNTI 019—2020	湘西黄金茶　工夫红茶	湖南省茶叶学会
199	T/HNTI 020—2020	湘西黄金茶　白茶加工技术规范	湖南省茶叶学会
200	T/HNTI 021—2020	湘西黄金茶　生态茶园建设技术规范	湖南省茶叶学会
201	T/HNTI 022—2020	新化红茶　工夫红茶	湖南省茶叶学会
202	T/HNTI 023—2020	烟溪红茶	湖南省茶叶学会

续表

序号	标准号	标准名称	发布单位
203	T/HNTI 024—2020	南岳云雾茶　生态茶园种植技术规范	湖南省茶叶学会
204	T/HNTI 025—2020	南岳云雾茶　绿茶加工技术规程	湖南省茶叶学会
205	T/HNTI 026—2020	南岳云雾茶　绿茶	湖南省茶叶学会
206	T/HNTI 027—2020	江华苦茶　红茶	湖南省茶叶学会
207	T/HNTI 028—2020	江华苦茶　绿茶	湖南省茶叶学会
208	T/HNTI 029—2020	茶树种质资源圃建设与管理规范	湖南省茶叶学会
209	T/HNTI 030—2020	茶树种质资源考察收集技术规范	湖南省茶叶学会
210	T/HNTI 031—2020	茶树种质资源保护技术规范	湖南省茶叶学会
211	T/HNTI 032—2020	茶树基质苗覆膜栽培技术规程	湖南省茶叶学会
212	T/HNTI 033—2020	低产茶园改造技术规程	湖南省茶叶学会
213	T/DLZ 001—2021	地理标志证明商标　刀楼寨白茶	武汉市新洲区刀楼寨茶叶研究会
214	T/YYSCX 001—2021	岳阳黄茶	岳阳市茶叶协会
215	T/YYSCX 002—2021	岳阳黄茶加工技术规范	岳阳市茶叶协会
216	T/YYSCX 003—2021	岳阳黄茶栽培技术规范	岳阳市茶叶协会
217	T/YYSCX 004—2021	岳阳黄茶贮藏技术标准	岳阳市茶叶协会
218	T/ZMX 001—2020	张家界莓茶	张家界市莓茶协会
219	T/ZMX 002—2020	张家界莓茶　感官评审办法	张家界市莓茶协会
220	T/ZMX 003—2020	张家界莓茶　冲泡和品鉴方法	张家界市莓茶协会
221	T/ZMX 004—2020	张家界莓茶　总黄酮的测定	张家界市莓茶协会
222	T/ZMX 005—2020	张家界莓茶　水提物	张家界市莓茶协会
223	T/JSTEA 1—2021	茶空间星级的划分及评定	江苏省茶文化学会
224	T/JXTA 0001—2021	江西绿色生态　茶叶	江西省茶叶协会
225	T/JJCX T/JJCX001—2021	农产品地理标志产品　庐山云雾茶	九江市茶叶产业协会
226	T/LYFIA 020—2020	沂蒙山绿茶	临沂市食品工业协会
227	T/LYFIA 021—2020	沂蒙山黄茶	临沂市食品工业协会
228	T/LYFIA 022—2020	沂蒙山工夫红茶	临沂市食品工业协会
229	T/LYFIA 023—2020	沂蒙山白茶	临沂市食品工业协会
230	T/LYFIA 024—2021	沂蒙山金银花茶加工技术规程	临沂市食品工业协会
231	T/LYFIA 025—2021	沂蒙山金银花茶	临沂市食品工业协会
232	T/QDAS 058—2020	供青食品　绿茶	青岛市标准化协会
233	T/QDCYH 001—2020	青岛白茶	青岛市茶文化研究会

续表

序号	标准号	标准名称	发布单位
234	T/QDCYH 002—2020	崂山黄茶	青岛市茶文化研究会
235	T/QDCYH 003—2020	崂山青茶	青岛市茶文化研究会
236	T/QDCYH 004—2020	崂山黑茶	青岛市茶文化研究会
237	T/QLCWY 001.1—2020	崂山儒茶　绿茶　第一部分：产品要求	青岛市崂山区茶文化研究会
238	T/QLCWY 001.2—2020	崂山儒茶　绿茶　第二部分：加工技术规程	青岛市崂山区茶文化研究会
239	T/QLCWY 002.1—2020	崂山道茶　绿茶　第一部分：产品要求	青岛市崂山区茶文化研究会
240	T/QLCWY 002.2—2020	崂山道茶　绿茶　第二部分：加工技术规程	青岛市崂山区茶文化研究会
241	T/RCX 001—2020	日照绿茶	日照市茶行业协会
242	T/RCX 002—2021	红茶	日照市茶行业协会
243	T/SDAS 192—2020	山东抹茶　产品技术条件	山东标准化协会
244	T/YTTSS 001—2020	烟台茶　标准茶园栽培技术规程	烟台市茶叶学会
245	T/YTTSS 002—2020	烟台茶　绿茶加工技术规程	烟台市茶叶学会
246	T/YTTSS 003—2020	烟台茶　红茶加工技术规程	烟台市茶叶学会
247	T/YTTSS 004—2020	烟台茶　黄茶加工技术规程	烟台市茶叶学会
248	T/YTTSS 005—2020	烟台茶　白茶加工技术规程	烟台市茶叶学会
249	T/SXPP 001—2021	山楂叶茶	山西省品牌研究会
250	T/SXPP 002—2021	连翘叶茶	山西省品牌研究会
251	T/SXPP 003—2021	酸枣叶茶	山西省品牌研究会
252	T/YLNX 0005—2021	苦荞茶	榆林市农产品市场流通协会
253	T/YQMTYX 001—2021	垣曲历山茵陈茶	垣曲县名特优新产品协会
254	T/CDCY 1—2020	成都市茶馆类别划分与名店评定	成都餐饮同业公会
255	T/GQCX 1—2020	广安松针	广安市前锋区茶叶协会
256	T/GYSCYXH 001—2020	广元黄茶	广元市茶业协会
257	T/QWCX 001—2020	地理标志保护产品　犍为茉莉花茶	犍为县茉莉茶协会
258	T/NXCY 001—2021	地理标志产品　纳溪特早茶	泸州市纳溪区茶叶协会
259	T/MBYZZZXCX 01—2021	马边绿茶	马边彝族自治县茶叶行业协会
260	T/QLCX 01—2020	邛崃黑茶	邛崃市邛茶产业协会
261	T/5115YBAPS 012—2020	地理标志产品　鹿鸣贡茶	宜宾市标准化促进会
262	T/TJTSS 0001—2020	茉莉熟普	天津市茶叶学会
263	T/TJTSS 0002—2020	云南白茶	天津市茶叶学会
264	T/LCCX LCCX001—2020	绿春茶良好生产加工规范	绿春县茶叶协会

续表

序号	标准号	标准名称	发布单位
265	T/LCCX LCCX002.1—2020	绿春茶　第1部分：基本要求	绿春县茶叶协会
266	T/LCCX LCCX002.2—2020	绿春茶　第2部分：绿茶	绿春县茶叶协会
267	T/LCCX LCCX002.3—2020	绿春茶　第3部分：红茶	绿春县茶叶协会
268	T/LCCX LCCX002.4—2020	绿春茶　第4部分：白茶	绿春县茶叶协会
269	T/MHC 001—2020	勐海茶　茶叶仓储养护基本要求	勐海县茶业协会
270	T/MHC 002—2020	勐海茶　茶叶包装与运输基本要求	勐海县茶业协会
271	T/MHC 003—2020	勐海茶　普洱茶	勐海县茶业协会
272	T/MHC 004—2020	勐海茶　白茶	勐海县茶业协会
273	T/MHC 005—2020	勐海茶　红茶	勐海县茶业协会
274	T/PCX 01—2020	普洱茶感官审评方法	普洱茶协会
275	T/PCX 02—2020	普洱茶冲泡方法	普洱茶协会
276	T/PCX 03—2020	仿古茶园建设技术规范	普洱茶协会
277	T/YNTCA 001—2021	晒青茶（大叶种）	云南省茶叶流通协会
278	T/YNTCA 002—2021	年份普洱茶质量保存追溯技术规范	云南省茶叶流通协会
279	T/YNTCA 002—2021	年份普洱茶质量保存追溯技术规范	云南省茶叶流通协会
280	T/JXAS 009—2020	八宝茶	嘉兴市标准化协会
281	T/LCL 0001—2020	临海蟠毫茶	临海市茶叶产业农民合作经济组织联合会
282	T/PAYF 003—2020	磐安云峰茶加工技术规程	磐安县茶业协会
283	T/SYTIA 001—2020	觉农·翠茗茶	绍兴市上虞区茶叶产业协会
284	T/TSCYXH 001—2021	泰顺茶叶种植技术规程	泰顺县茶业协会
285	T/TSCYXH 002—2021	三杯香茶	泰顺县茶业协会
286	T/WCGT 001—2020	文成贡茶生产技术规程	文成县文成贡茶协会
287	T/WYDX 0002—2021	武义茶叶流通规范	武义县电子商务协会
288	T/ZLX 003—2021	绿色食品　建德苞茶生产技术规程	浙江省绿色农产品协会
289	T/ZNZ 016—2020	茶叶中吡虫啉等4种新烟碱类杀虫剂残留的快速测定　金标免疫试纸法	浙江省农产品质量安全学会
290	T/ZNZ 055—2021	天台黄茶	浙江省农产品质量安全学会
291	T/ZNZ 070—2021	茶园有机肥料安全使用技术规范	浙江省农产品质量安全学会
292	T/ZJNJ 0009—2020	绿片茶机械化加工技术规程	浙江省农业机械学会
293	T/ZJNJ 0010—2020	碾茶机械化加工技术规程	浙江省农业机械学会
294	T/ZZB 1513—2020	茶叶滚筒杀青机	浙江省品牌建设联合会

续表

序号	标准号	标准名称	发布单位
295	T/ZZB 1568—2020	预包装龙井茶	浙江省品牌建设联合会
296	T/ZZB 2061—2021	浙江黑茶	浙江省品牌建设联合会
297	T/ZJYLGYXH 001—2021	康普茶发酵饮料	浙江省饮料工业协会
298	T/CQSNCQCYXH 3—2020	南川大树茶生产技术规程	重庆市南川区茶叶协会
299	T/YCCYHX 001—2021	永川秀芽	重庆市永川区茶叶行业协会
300	T/YCCYHX 002—2021	永川秀芽加工技术规程	重庆市永川区茶叶行业协会
301	T/YCCYHX 003—2020	地理标志产品　永川秀芽	重庆市永川区茶叶行业协会
302	T/YCCYHX 003—2021	永川秀芽生产技术规程	重庆市永川区茶叶行业协会
303	T/YCCYHX 004—2021	茶园化肥减施增效技术规程	重庆市永川区茶叶行业协会
304	T/YCCYHX 005—2021	茶园化学农药减施增效技术规程	重庆市永川区茶叶行业协会

（执笔人：张瑜）

“十三五”期间中国茶叶健康研究报告

浙江大学

随着社会的发展、人们生活水平的提高和对健康生活方式的追求，茶叶因其天然、健康的属性得到了广泛的关注与认可。现代科学研究表明，茶叶中富含茶多酚、茶多糖、茶氨酸等功能成分，具有抗氧化、降血糖、降血脂、延缓衰老、美容祛斑、降脂减肥、增强免疫力等保健功效。2020年是“十三五”规划全面收官之年，我国在茶叶成分与活性、茶叶保健功能与机理、茶叶健康产品开发等方面取得了一系列创新进展。同时，作为疫情“大考”的特殊之年，如何在后疫情时代把准大健康产业脉搏，也成为茶叶健康产业的重大机遇与挑战。

一、2020年茶叶健康领域发展现状

近年来，国家政策持续加码大健康产业，《“健康中国2030”规划纲要》《健康中国行动（2019—2030）》《国民营养计划（2017—2030）》《中国防治慢性病中长期规划（2017—2025年）》等国家政策相继发布，带动了全民健康的进程和健康消费意识的崛起。茶叶作为大健康产业中一个标志性的健康养生产品，2020年茶与健康领域的科学研究与产业推广方面展现了蓬勃的发展态势。

茶叶健康领域科研论文方面，“十三五”期间相关方向科研论文产出数量稳中有升、亮点不断，在研究领域体现了较高的热度。如图1所示，其中2020年度全球医学论文检索数据库PubMed中“茶与健康”主题的论文数量为973篇，中国知网数据库中“茶与健康”主题的论文数量为69篇，内容包含了“人体健康”“心理健康”“健康管理”等诸多领域。茶叶活性成分与人体健康方向作为茶学学科长期以来的特色和优势研究领域，总体上我国在该领域的科研产出已由单纯的高速增长转向更为高质量的发展阶段。

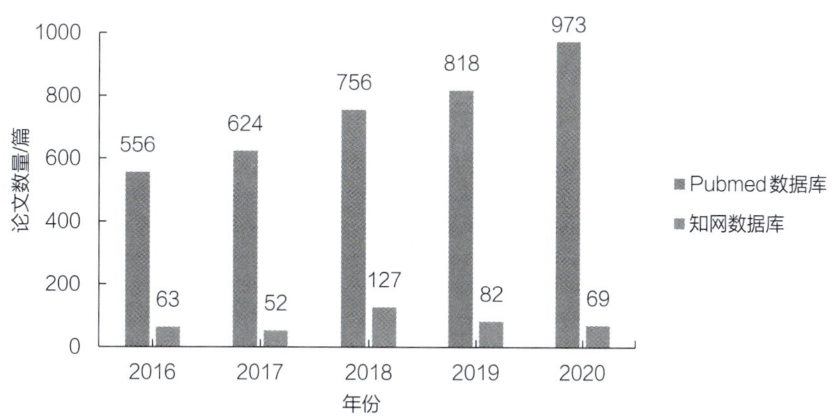

图1　“十三五”期间茶与健康领域论文发表数量

茶叶健康领域产业发展方面，以国家市场监督管理总局官方网站数据库为基础，筛选出“十三五”期间批准注册并在官方网站上予以公布的茶保健食品（项目名称带有“茶”字样，且主要原料中含茶叶或茶叶提取物）共32个。如图2所示，2020年茶保健品注册数量为13项，为近五年来最多。

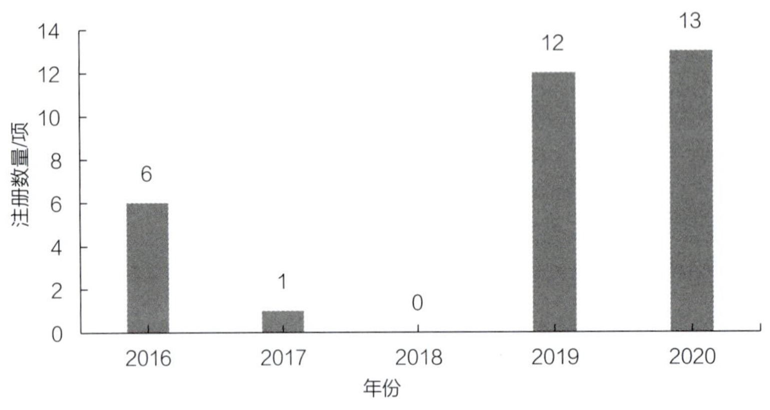

图2 “十三五”期间茶保健食品注册数量

茶保健食品中茶成分的添加形式主要分为茶叶（如绿茶、普洱茶、乌龙茶等）和茶叶提取物（如茶多酚、绿茶提取物等）两大类。如表1所示，“十三五”期间批准注册的32个茶保健食品中，以绿茶为原料的茶保健食品数量最多，共12个，占比37.5%，远超过其他茶类。以茶多酚为原料的茶保健食品数量紧随其后，共11个，占比34.4%。两者合计占产品总数的71.9%，是保健食品中茶成分的主要添加形式。以其他茶类的茶叶原料作为保健食品添加成分的产品相对较少，含普洱茶的注册保健食品为3个，含乌龙茶、黑茶、红茶的注册保健食品均为1个，没有以白茶和黄茶为添加成分的注册保健食品，总体上发酵茶和后发酵茶功能成分作为保健食品添加的应用还比较欠缺。

表1 “十三五”期间茶保健食品中茶成分添加形式

茶原料形式	注册产品数/个	占比/%
绿茶	12	37.5
茶多酚	11	34.4
绿茶提取物	3	9.38
普洱茶	3	9.38
茶叶	1	3.13
乌龙茶	1	3.13
黑茶	1	3.13
红茶	1	3.13

保健功效方面，“十三五”期间批准注册的32个茶保健食品中主要涉及8项保健功能，其中最为普遍的5项保健功能为增强免疫力、缓解体力疲劳、减肥、对化学性肝损伤有辅助保护功能、辅助降血

脂，分别占比28.1%、18.8%、12.5%、9.38%、9.38%，见表2。

表2 “十三五”期间茶保健食品的保健功效

保健功效	注册产品数/个	占比/%	保健功效	注册产品数/个	占比/%
增强免疫力	9	28.1	辅助降血脂	3	9.38
缓解体力疲劳	6	18.8	抗氧化	2	6.25
减肥	4	12.5	通便	2	6.25
对化学性肝损伤有辅助保护功能	3	9.38	辅助降血糖	1	3.13

二、2020年茶叶健康领域重大事件

（一）中华全国供销合作总社杭州茶叶研究院领衔项目获得全国商业科技进步奖特等奖

2020年11月1日，由中华全国供销合作总社杭州茶叶研究院、浙江大学、绍兴御茶村茶业有限公司、江南大学联合申报的“食材化茶制品技术开发与应用”项目摘得全国商业科技进步奖特等奖。此次获奖项目主要包括三大科技技术内容：一是食材化茶制品开发，二是茶制品在功能食品中的应用，三是针对茶的食药两用属性深入挖掘茶多酚等活性成分及茶制品在大众食品中的应用。项目立足“健康中国”的大战略布局，在国家级、省部级等项目支持下，践行茶资源“全价利用，跨界开发”科研理念，深度挖掘茶功能，构建“茶+食品”大健康产业科技体系，以茶赋予食品新健康属性，开辟产业增值新途径，拓展茶叶深加工新领域。

（二）浙江大学《茶文化与茶健康》入选首批国家级一流本科课程

2020年11月24日，首批国家级一流本科课程认定结果在教育部官网正式公示，浙江大学王岳飞教授团队完成的《茶文化与茶健康》获评线下一流课程。该课程作为全国率先开设的茶与健康通识课程之一，主要围绕“茶产业”“茶文化”“茶科学”“茶生活”四个维度的课程内容展开教学，充分发挥多学科融合性，通过文、理、工、农、医相结合的课程延伸助力学生的综合能力培养和课外视野拓展，为探索适合多学科背景学生的通识课程教育模式奠定了基础。

（三）湖南农业大学茶科研成果获湖南省自然科学奖一等奖

由湖南农业大学刘仲华院士团队牵头，南京农业大学曾晓雄教授团队参与完成的“茶叶延缓衰老

与调节脂质代谢生物活性的分子机制”项获得了2020年度湖南省自然科学一等奖。该成果揭示了儿茶素及其衍生物能够通过维护氧化还原稳态延长健康寿命的作用机制。同时，揭示了茯砖茶多糖能够通过调节肠道菌群结构改善脂质代谢的作用机制。该成果为健康属性驱动全球茶叶消费、茶叶功能成分高值化利用、茶叶深加工产业高速发展及传统茶业向现代大健康产业跨越提供了强劲科学支撑。

（四）中华全国供销合作总社杭州茶叶研究院科技成果获得浙江省科学技术二等奖

浙江全省科学技术奖励大会于2020年7月17日在杭州举行，中茶院张士康教授级高工牵头，浙江大学、浙江农林大学、湖南省茶业集团股份有限公司参与完成的“茶活性物质差异化提制新方法及应用新技术”项目获得浙江省科技进步二等奖。项目提出了一次进料、多成分梯度提制的差异化新方法，实现绿色高效提制多目标产物并产业化，开拓了茶活性物质稳态应用新领域，拓展了茶活性物质在保健食品、化妆品等高值领域的产业化应用。

（五）福建农业大学科技成果获得福建省科学技术三等奖

2020年9月，福建省科学技术厅网站公示“茶叶功能成分保健效应研究与产业化应用”成果获得福建省科学技术奖三等奖。成果以叶乃兴、屠幼英、吴仲、KIM EUNHYE、张渤等为主要完成人；武夷学院、福建农林大学、浙江大学、福建春伦集团有限公司联合完成。主要成果为闽南、闽北乌龙茶对阿尔兹海默症、视觉健康、降脂减肥等保健功效的分子机制研究和新产品研发、茶色素基毛发染色机理与产品开发等，并在武夷星茶业有限公司、杭州英仕利生物科技有限公司等进行产业化集成推广与开发应用，取得了显著经济社会效益。

（六）新冠疫情下的健康饮茶建议

2020年2月，国家卫健委发布《新型冠状病毒防控指南》，中国营养学会联合中国医师协会、中华医学会肠外肠内营养学分会发布《新型冠状病毒感染的肺炎防治营养膳食指导》，为日常生活中科学防控疫情、改善营养状况、增强抵抗力提供了科学指导。《新型冠状病毒感染的肺炎防治营养膳食指导》指出，一般人群防控应“足量饮水，成年人每天7～8杯（1500～1700毫升），提倡饮用白开水和茶水；不喝或少喝含糖饮料”，普通型或康复期患者的营养膳食应“保证充足饮水量。每天1500～2000毫升，多次少量，主要饮白开水或淡茶水”。2020年3月，湖北省新冠肺炎疫情防控指挥部将茶叶纳入生活物资保供范围。茶作为一种天然健康饮料，在日常生活中多多饮茶、健康饮茶，养成良好的饮茶习惯和科学的饮茶认知，有助于提升免疫能力、维护健康体魄、赋能美好生活。

（七）山西药茶省级区域公用品牌发布

2020年3月20日，山西药茶发布会在太原举行，发布山西药茶省级区域公用品牌。山西药茶取材于当地药食同源的中草药，经加工制作的单品或拼配品，采用类似茶叶泡、煮的方式，作为供人们日常饮用的功能饮品。山西药茶以其独特的药理性，为发挥代用茶制品药食同源特性，布局大健康和康养领域做出了创新尝试。

三、2020年茶叶健康功能与机制研究最新进展

（一）预防心脑血管疾病

2020年《中国心血管健康与疾病报告》显示，我国心血管病患病率处于持续上升态势，目前患病人数约3.3亿。近十几年来，我国城乡居民心血管病死亡率也呈上升趋势。中国科学院院士、中国医学科学院阜外医院顾东风团队2020年在*European Journal of Preventive Cardiology*杂志发表的研究显示，经常饮茶能够降低心脑血管事件及全因死亡发生风险。该研究对研究对象健康结局追踪最长达17年，结果发现与无饮茶习惯者或非习惯性饮茶者（每周饮茶少于3次）相比，经常饮茶者心脑血管病发病、死亡、总死亡风险降低分别下降约20%、22%及15%。同时进一步利用14081名研究对象时隔8.2年的两次饮茶习惯调查信息，分析发现与从不饮茶者相比，坚持长期饮茶者心脑血管病发病、心脑血管病死亡和全因死亡风险分别降低更加显著，降低比例达39%、56%和29%，每周至少喝三次茶者预期寿命延长1.26年。该研究为制定心脑血管疾病预防的生活方式策略、选择茶叶作为长期摄入的健康饮品提供了直接的科学证据。安徽农业大学谢忠稳团队研究发现，黄在由去氧皮质酮醋酸盐和盐诱导的老年高血压C57BL/6小鼠模型中，饮食中补充黄山毛峰绿茶可显著改善老年C57BL/6小鼠的血管功能和保护肾损伤，可有效预防高血压。

（二）延缓衰老

茶叶中的诸多成分已被证明具有抗氧化、抗衰老的作用。哈尔滨医科大学的牛玉存团队2020年在*Aging Cell*上发表的一项最新研究表明，绿茶中含量最高的儿茶素EGCG能够延长高脂饮食大鼠的平均和健康寿命，同时有效降低体重及其诱导的体型变异和内脏器官损伤。其延缓衰老、延长寿命主要作用机制与EGCG改善脂肪酸代谢和降低肥胖大鼠的炎症和氧化应激水平有关。湖南农业大学刘仲华院士团队2020年发表在*Journal of Agricultural and Food Chemistry*上的研究发现，衰老和肌肉疾病通常会导致成肌细胞的分化能力下降和骨骼肌的功能损害，茶黄素能够通过调节C2C12成肌细胞的细胞周期和表面力学性能来促进成肌分化，为饮茶与抗衰老之间的关系提供了新的科学依据。中国农科院茶叶研究所江和源研究员从茶叶中分离得到了聚酯型儿茶素（TSs），由于双黄烷醇及多酚羟基结构的存在，具有抗氧化、抗衰老、抑制酪氨酸酶等多种生物学功能，成为茶叶功能成分的研究热点之一。中南大学湘雅医院罗湘杭教授团队就在世界顶级代谢杂志*Cell Metabolism*发表研究成果，证实红茶中的一种主要成分茶黄素-3-没食子酸酯（TF2A）可治疗中年小鼠可降低年龄依赖性下丘脑神经干细胞引起的衰老，同时改善衰老相关的病理学。近期安徽农业大学宛晓春团队研究发现绿茶可以预防和延缓

5XFAD转基因小鼠脑内β淀粉样蛋白（Aβ）形成，减少神经突触损伤，改善学习记忆能力。饮用绿茶或能预防和延缓老年痴呆。谢忠稳团队发现茶黄素在防止果蝇衰老引起的肠道渗漏和失调方面发挥着有益的作用，从而延缓果蝇的衰老。

（三）抑制肿瘤生长

茶多酚及其衍生物对肿瘤的防治作用一直是茶与健康研究领域的热点。浙江大学王岳飞教授团队2020年在*Nutrients*上发表了基于肿瘤免疫逃逸的茶多酚（EGCG）抗乳腺癌的新机制。从免疫学角度的理解，肿瘤的发生发展是一个免疫逃逸过程，其中髓系抑制性细胞是负向调节抗肿瘤免疫应答的关键介导者，为EGCG在免疫调控领域的功能挖掘提供了重要基础。茶黄素以及茶籽和茶花中的五环三萜皂苷对顺铂抗性的卵巢癌细胞和干细胞具有很强的抑制作用，可以抑制癌细胞凋亡、周期阻滞、自噬和血管形成。茶黄素和顺铂体外实验显示具有一定的协同作用，茶皂素的癌细胞抑制效果好于顺铂。浙江大学屠幼英、何普明、李博等人的系列研究成果发表于*Phytochemistry*、*Journal of Functional Foods*、*International Journal of Molecular Sciences*、*International Journal of Oncology*、*Molecules*等国际刊物。

（四）抗辐射损伤

儿茶素EGCG具有很强的抗氧化活性，已被证明能有效改善许多与氧化应激相关的疾病。来自苏州大学医学部放射医学与防护学院的李明团队与苏州大学附属第二医院和苏州大学放射肿瘤治疗学研究所的田野教授团队2020年发表在*Free Radical Biology and Medicine*上的一项研究发现，EGCG对小鼠和人肠道细胞具有较强的辐射保护作用，能够通过降低活性氧（ROS）水平并激活核因子红细胞2相关因子2（Nrf2）信号途径起到辐射防护的作用，表明EGCG具有用于临床治疗辐射诱导肠道损伤的潜在应用。

（五）保护肠道健康

西南大学曾亮等的研究表明，绿茶和黑茶提取物通过调节肠道菌群改善实验性小鼠结肠炎，其作用机制与下调TLR4/MyD88/NF-κB信号通路有关。湖南农业大学刘仲华院士、黄建安教授团队研究发现，黄茶提取物能够有效缓解洛哌拉米诱导的小鼠便秘，有助于增加排便重量、粪便含水量和胃肠道转运率。湖南农业大学刘仲华院士、肖文军教授团队2020年发表在*Food & Function*上的研究表明，L-茶氨酸有助于调节膳食纤维喂养下的肠道菌群，并通过改善肝脏中的胆固醇合成和抑制结肠中的糖异生来调节短链脂肪酸代谢和改善肠黏膜免疫功能。中国农科院茶叶研究所尹军峰研究员团队发现，红茶能够调节Sprague–Dawley大鼠的肠胃道生物多样性，增加短链脂肪酸产生相关的菌株，抑制乳酸菌产生，并增加肠道屏障功能。中国农科院茶叶品质化学与营养健康团队研究发现，不同香型（清香型、浓香型、陈香型）永春佛手乌龙茶均可一定程度上改善急性溃疡性结肠炎造模引起的小鼠体重减轻、结肠缩短、肠壁增厚等现象，减少结肠组织炎症细胞浸润，并促进血清炎症细胞因子水平往正常方向调整，降低机体炎症水平，其中浓香型永春佛手茶对于结肠炎辅助保护功能最为明显。

（六）改善代谢综合征

近年来，社会经济的发展、生活方式的改变，导致肥胖、血脂异常、糖尿病、高血压等代谢综合征的发病率急剧升高，茶叶及其提取物作为安全、有效的防治相关代谢疾病的干预手段得到了广泛的关注。浙江大学茶叶研究所王岳飞教授团队2020年发表在*Food & Function*上的研究表明，抹茶能够有效改善高脂饮食诱导的小鼠肥胖，并通过显著减少炎症细胞因子的释放以及JAK2和STAT3的磷酸化水平，抑制肥胖引起的下丘脑神经炎症。南昌大学聂少平教授团队研究发现，茶多糖能够显著降低2型糖尿病大鼠的空腹血糖和总胆固醇、总甘油三酯、低密度脂蛋白胆固醇和游离脂肪酸水平，同时有效维持肠道微生物群落的多样性并改善相关代谢通路。湖南农业大学肖文军教授等2020年发表在*Food & Function*上的研究表明，L-茶氨酸能通过激活胰岛素和AMPK及其下游信号通路调节大鼠糖、脂肪和蛋白质代谢，改善机体营养状况。中国农科院茶叶研究所尹军峰研究员团队发现，富硒茶能够增加高脂饮食大鼠对胰岛素的敏感性、增强肝脏抗氧化酶活性，从而降低空腹血糖、减少肝脏损伤。中国农科院茶叶品质化学与营养健康团队研究阐明了普洱茶、茯砖茶以及六堡茶等几种代表性黑茶的降脂活性差异以及主要化学成分差异等。安徽农业大学谢忠稳团队在高脂饮食诱导的C57BL/6小鼠代谢综合征模型中发现，喂食云抗10号绿茶水提取物并结合跑步机运动联合处理可显著降低血糖、血清总胆固醇和甘油三酯水平，有效缓解脂肪肝，且二者联合的效果比单一的茶或运动效果更佳。

（七）保肝护肝作用

西南大学曾亮等在*Journal of Agricultural and Food Chemistry*发表的文章指出，普洱茶能够改善长期饮酒引发的酒精性肝病、肝肠损伤和肠道菌群紊乱。安徽农业大学黄进宝团队的研究发现，膳食补充儿茶素EGCG能够通过调节肠–肝轴改善高脂饮食诱导的非酒精性脂肪肝，有效预防内脏和肝脏脂肪的过度积累，抑制肝脏炎症细胞因子的过量释放，并改善相应的肠道免疫情况。

（八）预防肠炎

炎症性肠病（IBD）是一种病因不明的慢性肠道炎症性疾病，包括溃疡性结肠炎（UC）和克罗恩病，表现为腹泻、腹痛，甚至血便，已成为中国消化系统常见疾病和慢性腹泻的主要原因。肠道微生物群是炎症的重要调节因子，它能释放炎症产物，在促进肠道炎症的发生过程中起着中心调节作用。云南农业大学侯艳等在*Food Science & Nutrition*（2021年）发表的论文指出，普洱茶可促进肠道益生菌的生长，抑制病原菌数量，调节肠道微生物多样性，修复肠道黏膜损伤，改善抗生素导致的肠道炎症。

（九）抗炎功效

中国农科院茶叶品质化学与营养健康团队，开展了不同年份白茶提取物对角叉菜胶致大鼠足趾肿胀的抗炎功效研究，结果表明年份较长（10年）的白茶抗炎功效优于1年和3年白茶，大鼠血清抗体芯片检测结果表明其白茶抑制炎症的途径主要作用于Toll样受体信号通路，肿瘤坏死因子信号通路，趋化因子信号途径等信号通路；并首次在年份白茶中鉴定了7个EPSF类化合物，由茶氨酸和儿茶素在白茶长期贮藏过程中缩合形成，其含量与白茶贮藏时间成正比；进一步研究表明EPSF类化合物可通过抑制NF-κB炎症信号通路的活化，发挥抗炎作用，相关结果发表在*Journal of Agricultural and Food Chemistry*杂志上。

（十）抗抑郁

暨南大学何蓉蓉教授团队在*Journal of Agricultural and Food Chemistry*上发表的封面文章指出，苦茶（*Camellia assamica* var. kucha）的活性成分Theacrine（1,3,7,9-四甲基尿酸）在多种应激小鼠模型和细胞模型上具有显著的抗抑郁活性。

（十一）抗菌

2021年1月，中国农业科学院茶叶研究所鲁成银团队利用茶氨酸设计合成了一种新型的多肽铜团簇抗菌剂，该抗菌剂在小鼠模型中可以有效地清除多重耐药菌耐甲氧西林金黄色葡萄球菌（MRSA）的感染，对MRSA引起的小鼠皮肤感染和败血症感染有良好的治疗作用，其治疗效果与临床用药莫匹罗星和万古霉素相当。并且该抗菌剂具有良好的生物安全性。相关研究成果发表在国际化学及材料科学著名期刊*Advanced Functional Materials*上。

（十二）减肥

云南农业大学侯艳等的研究发现，德昂族酸茶能下调脂肪酸合成基因、上调脂肪酸氧化基因的表达，改善高脂饮食小鼠脂代谢紊乱，同时通过增加肠道菌群的丰度和多样性，降低厚壁菌门与拟杆菌门比值，维持肠道微生态平衡，在有效减肥的同时，还具多靶器官的降脂作用。

（十三）白茶对于尘肺病的抑制作用

浙江大学茶学系首次进行了白茶提取物的纳米SiO_2诱导的大鼠纤维化抑制作用及机制、白茶对烟雾诱导的小鼠慢性阻塞性肺病的改善研究。结果表明白茶提取物对纳米SiO_2致大鼠的肺、肝纤维化及氧化应激具有保护作用，并且可以明显降低纤维化大鼠肺和肝组织中的炎症因子IL-6浓度，说明白茶提取物可以通过抗炎而改善大鼠纤维化水平。香烟烟雾诱导的慢性阻塞性肺病的作用研究也取得了类同的结果。屠幼英教授、何普明教授领衔完成的团队成果发表于《茶叶科学》2020第2期和第5期。

（十四）茶健康食品研发

2020年，中华全国供销合作总社杭州茶叶研究院张士康教授级高级工程师团队研究成果“一种高血糖群体适用的茶小酥及其制备方法”获得国家发明专利授权（专利号：ZL20171049116.4）。

四、现存主要问题

（一）茶叶活性成分的生物利用度有待提升

茶叶作为世界上广泛消费的饮料之一，已被证明具有突出的保健功效。然而，在生物利用度方面，茶多酚等茶叶活性成分经口摄入后，在通过血液循环到达作用部位的过程中，需要跨越一系列屏障，期间活性成分自身的溶解度，胃肠道中酸、酶、微生物的作用，胃肠上皮细胞的吸收，肠肝代谢等等的限制，导致其就难以在作用部位到达一定的有效浓度，进而限制其生物活性的发挥。

（二）基于人体的茶叶健康功能基础研究相对薄弱

目前茶与健康领域的研究程序基本上按照体外研究（细胞实验）→体内研究（动物实验）→临床试验→流行病学调查的顺序进行，关于茶叶及其活性成分的诸多健康功能和机理研究现仍主要来自细胞实验和动物实验，由于茶叶活性成分在实验动物和人体体内的代谢状况、剂量效应、作用时间都可能存在差异，急需更丰富的临床试验和流行病学研究对茶与人体健康的作用和机制进行更深入的探索，为相应健康功效的发挥与应用提供更充分的研究基础。

（三）茶叶健康领域终端产品开发力度不够深入

后疫情时代，我国消费者对健康的关注度以及对大健康产业的需求度大大提升，急需对茶叶健康领域终端产品进行更精细化、个性化的创新开发，以满足来自天然药物、健康食品、功能茶饮、个人护理品、动物健康养殖等市场需求。现有茶叶健康领域终端产品还远远没能覆盖茶叶活性成分已经发现的健康功能，同时研发对象主要集中在单一茶类以及茶多酚、茶氨酸等认知程度较高的成分上，产品同质化严重，产品竞争力弱，茶皂素、茶多糖、茶色素等极具潜力的活性成分以及多组方复配的终端产品开发程度仍有待加强。

五、展望

（一）提高茶叶活性成分在人体中的生物利用度

进一步对茶叶活性成分在人体内吸收、转运、代谢以及到达作用部位的有效浓度展开深入研究，并通过结构修饰、剂型改变、配方设计等手段提高茶叶活性成分的稳定性和生物利用度，使其能够安全、高效地发挥生物活性，提高其在人体健康方面的作用效果。

（二）实现不同茶类和茶叶活性成分健康功效的标签化管理

凝练不同茶类的健康功效及作用机制，并进一步明确不同茶类健康属性与相应内含成分的量化关系，将茶类、成分、功效实现标签化管理。同时，基于基因组学、转录组学、蛋白质组学、代谢组学、营养代谢组学、肠道菌群微生态组学等对相关功能的作用机制和调控靶点开展深入分析，从而有针对性地根据不同健康功效标签精准应对不同疾病的预防与治疗。

（三）结合“大健康”理念拓展茶健康终端产品开发

目前我国大健康产业发展规模不断增长，市场潜力巨大。应加强校企合作及地方联动，充分挖掘茶叶终端产品的开发潜力，在目前研究和应用最广泛的绿茶提取物和茶多酚成分基础上，进一步围绕发酵茶和后发酵茶的功能成分研发相应的终端产品，并持续推进茶叶功能成分以及与药食同源植物活性成分科学组配的产品开发与应用，跨界协同茶叶科研、以茶科技赋能大健康产业。

（四）深入挖掘代用茶的健康功能与应用

代用茶是指采用除茶以外、由国家行政主管部门公布的可用于食品的植物芽叶、花及花蕾、果（实）、根茎等为原料，经加工制作、采用类似茶叶冲泡（浸泡或煮）的方式，供人们饮用的产品。近年来，代用茶产业发展较为迅速，市面上的代用茶产品层出不穷，有望成为茶产业的创新延伸。应进一步通过基础研究为代用茶医疗保健及临床应用提供数据参考，提高代用茶产品加工深度，逐步从初加工产业延伸到精加工、深加工领域。

（五）积极开展茶与健康科普工作

目前大众对于茶叶保健功效及健康饮茶的科学知识了解还比较欠缺，应进一步加强茶与健康的科普工作，组织出版系列健康科普书籍，将健康饮茶、科学饮茶的知识，以及不同体质、特殊人群的饮茶指南带进社区和大中小学课堂，引导更多人尤其是年轻群体了解茶叶的物质健康与精神健康属性，推进科学饮茶理念和健康中国建设。

（执笔人：王岳飞、周继红）

第六部分

智慧茶业

2020中国茶酒行业发展报告

2020中国茶饮料发展报告

2020中国茶酒行业发展报告

中华全国供销合作总社杭州茶叶研究院　泸州老窖股份有限公司
浙江省茶资源跨界应用技术重点实验室

茶产业和酒产业都是中国传统产业，茶的恬静，酒的浓烈，不断渗入人们生活、文化的方方面面，成为中华文化演进的重要参与者。茶与酒经历数千年的市场竞争与筛选，仍具强大的生命力。2020年，我国茶叶产值突破2500亿，位居世界第一（中国茶叶流通协会）；我国白酒产业实现销售收入近6000亿元，同比增长4.61%，占酿酒行业总收入的69.87%（中商产业研究院分析）。茶酒，创新了茶与酒的产品属性，延伸了茶与酒产业链，是实现共赢的有机桥梁。

一、发展现状

中国是茶的故乡，茶酒也是我国首创的。敦煌遗书《茶酒论》（唐・王敷）为世人展开了一幅有趣的唐代茶酒人生图卷，很多文人雅士既爱茶也好酒，试图在酒与茶间寻找一条互补闲适的“品质生活之道”，应运而生了“茶酒”。茶酒是指以茶叶为主要原料酿制或配制而成的功能性饮品的统称。以茶制酒是消化茶叶过剩产能和赋予传统酒业健康属性的双重需求。改革开放40多年来，中国市场上逐渐出现了琳琅满目的茶酒产品，它们逐渐走进现代人们的生活，成为许多茶人酒友生活中不可或缺的一部分。目前，茶酒市场主要由发酵酒、露酒、蒸馏酒和调饮酒等构成。

研究证明，茶叶具有独特的营养与保健功能，茶多酚、茶氨酸等功能物质可通过代谢干预降低酒精引起的机体损伤。茶酒的结合是茶叶“全价利用、跨界开发”的完美落实，是传统茶产业转型升级的新方向之一。同时，茶酒也满足了消费者对健康型酒、个性化酒的需求，市场前景广阔。

艾媒咨询发布的《2020年中国酒类新零售市场研究报告》显示，2020年，低度酒、果茶风味酒等酒类新零售市场规模约为1167.5亿元，预计2021年市场规模将达1363.1亿元。2020年酒类新零售用户规模约为4.6亿人，预计2021年用户规模将达5.4亿人。

不仅如此，酒类消费受众也正悄悄发生变化。2021年3月24日，*CBN Data*发布《2021女性品质生活趋势洞察报告》，数据显示，年轻人正成为线上酒类消费主力军，且90后女性酒水消费人数已经超过男性，其人数增速也显著高于男性。此外，该报告分析，多元细分、新潮尝鲜、健康微醺、香甜果茶味成为当代青年酒水消费的四大趋势。英国媒体*FoodBev Media*也将“含酒精饮料”列为2020年食品饮料五大趋势之一。可见，茶酒行业迎来了大好时代。

近年，茶酒作为酒类新零售市场的典型产品之一，其产量、产值极速增长，据不完全统计，2020

年总产值近20亿元，其中仅泸州老窖茗酿茶酒的产值已逾10亿元。立足行业现状与发展趋势，专家预测，至2030年，茶酒总产值可超500亿元。

二、取得的主要成果

（一）品牌打造

当前，市场上茶酒饮品百花齐放，但是从食品工业化生产、销售的角度分析，能真正把茶酒做成知名品牌，并以包装商品的形式在市场上流通的仍不多见。但相比国外市场，中国茶酒产品率先迈入了市场化、商品化、品牌化阶段，其中在低度酒领域尤为活跃。

2020年，在新式茶饮领域，喜茶、奈雪的茶、香飘飘、汴京茶寮等奶茶品牌纷纷推出“茶与酒”的新概念茶饮，一时间，“酒+茶”等产品组合大量出现，吸引年轻消费者的关注。在包装茶酒领域，市场上流通的主要有上海的RIO果茶新趣鸡尾酒、泸州老窖茗酿茶酒、香港邵氏信阳毛尖茶酒、浙江碧云大茶酒、浙江健尔茗茶汽酒、贵州湄窖茶香型白酒、上海龙垚茶多酚精酿啤酒、四川邛崃蜂蜜茶酒和湖北陆羽茶酒等。

以泸州老窖茗酿茶酒为例。作为入选杭州G20峰会用酒的茶酒产品，茗酿依托中华全国供销合作总社杭州茶叶研究院（以下简称“中茶院”）的科技成果，成功地在泸州老窖集团实现了产业化，借助院企双方平台、资本等优势，打通茶、酒的销售渠道，蓄力腾飞。从2016年问世至今，茗酿团队已在四川成都、浙江杭州、北京、福建安溪、江西赣州、江苏丹阳等全国各地一二线城市进行了上百场高规格的推介会，获得了几十万人次的精准客户。2020年，重点在靖江、苏州、兴化、淮安等地开展了线下品鉴推介会。

新冠病毒疫情期间，茗酿团队创新结合新媒体营销模式，开展了“3·15”天猫线上直播推介活动，当场圈粉近83万人，后又于“4·13”举办了茶酒“养生大讲堂”推介活动。同时，团队将茗酿茶酒营销融入端午、七夕、中秋、重阳等中国传统佳节，结合端午龙舟、七夕鹊桥、中秋满月等文化符号，挖掘中国茶酒的节日文化。通过大量创新性营销推介，茗酿在我国茶酒市场上树立起高端茶酒的品牌定位，并快速地融入市场。当前，茗酿已被泸州老窖集团定位为继国窖1573、特曲等之后的战略大单品。茗酿茶酒的产品推介、市场开拓等方式，为茶酒行业品牌打造提供借鉴。

（二）成果获奖

作为近年来兴起的跨界产品，茶酒的研究取得了一系列科技成果，有些已经以创新产品的形式在相关行业赛事中崭露头角，获得了一些荣誉。如南通瑞勿斯酒业有限公司以茶、水、配制的发酵基液为原料，研发了不加任何粮谷的翰缘纯茶酒，获得了第四届（2020年）全球科技创新奖；上海龙垚茶多酚科技有限公司研发的龙垚茶多酚精酿啤酒，获得了十七届（2020年）科学家论坛科技创新发明成果奖；泸州老窖茗酿茶酒获得了2020年四川特色旅游商品大赛金奖；茗酿科技以茗酿为原料调制的茶酒饮品——“往事千年”在第六届中华茶奥会上获得了“茶+调饮”组的二等奖。

三、重大事件回顾

（一）产品的跨界开发

随着茶酒饮料的持续走红，各大茶、酒企业纷纷开始了茶酒跨界探索。

2020年1月，白酒企业江小白与乐乐茶宣布联名，推出了“酒精奶茶”系列。

2020年6月，泸州老窖百调酒业公司与茶百道联合推出的“醉步上道”新品，在茶百道全国1000多家门店同时上线。新品奶茶风味与酒香风味相映成辉，以奇异混搭的美妙口感，一经上线便成为爆款，挤进茶百道店铺（美团、大众点评）最受欢迎的前三名产品。在短短四个半月内，“醉步上道”全国门店完成699万杯的销售量，单杯售价18元，销售总额达1.25亿元。这让近700万的全国年轻用户通过“醉步上道”重新认识并关注了泸州老窖，成为互联网社交圈热议的话题。活动期间，全网话题阅读量超3200万。

2020年11月，泸州老窖与香飘飘联合推出低酒精冲泡奶茶“桃醉双拼”等，又引来了大波关注与讨论。

江小白与乐乐茶、泸州老窖与茶百道、香飘飘等品牌的跨界，更加明确低酒精饮料发展路径，品牌效果及产品销售互为犄角，形成了品牌价值和经济利益最大化，成为泸州老窖年轻化跨界营销又一成功经典案例。

（二）行业的跨界合作

除了茶酒产品的直接研发，茶酒的跨界合作也体现在产业模式、销售渠道、运营管理等方面。

2020年7月，第九届四川国际茶业博览会首次引进五粮液、剑南春、全兴等川酒企业，设置茶酒融合区，力促川茶川酒深度交流，引发行业热议。

中国工程院院士刘仲华认为，推动茶酒产业合作发展，重在“互补”，川茶企业要向川酒企业学习标准化、品牌化发展思路，力求做大做强；川酒则应融入川茶的健康理念、文化价值等，为消费者提供更好的消费体验。

壹玖壹玖酒类平台科技股份有限公司董事长杨陵江认为，川酒川茶应在渠道融合、产品创新、跨界关联等方面下功夫，开发茶酒伴侣、茶酒礼盒等融合产品，贴合年轻消费者需求，打造更多新的增长点。

五粮液集团董事长李家奎表示，在管理、运营、塑造世界顶级品牌等方面，五粮液有着先进经验。川红茶业集团将依托川红百年制茶经验和技术，融入五粮液集团的现代化品牌运营方式和管理模式，在资本、产业、渠道等方面，创新推进茶酒融合。

同样，在2020年9月的第十届中国（贵州）国际酒类博览会上，贵州国品黔茶茶业股份有限公司作为组委会指定的唯一一家茶企，参加了酒类博览会，不少酒商前来探寻合作机会。

相信茶、酒行业的跨界合作必定将为茶酒行业健康、有序、快速的发展赋能。

（三）文化的跨界融合

2014年，国家主席习近平在比利时布鲁日欧洲学院发表重要演讲，在论述中欧关系时，用到了酒和茶的借喻。他说，茶和酒不是不可兼容的。人们既可以酒逢知己千杯少，也可以品茶品味品人生。基于习总书记的“茶酒论”，近年，中国对外建交常以茶酒为载体，促进“一带一路”、中法建交等中西文化交融、友谊增进、合作深化。可见，文化对产品、企业、行业、地区甚至国家都至关重要。

2020年，泸州老窖集团与中茶院联手，在茶文化学科带头人/茅盾文学奖获得者王旭烽教授、江南大学食品文化研究所所长徐兴海教授等专家的大力支持下，通过“茶酒起源与迭代考证”“茶酒技艺与品鉴探索”及“茶酒现代升级与诠释”等，客观梳理了茶酒的起源与发展，深度挖掘了茶酒的内涵、技艺、品鉴与文化，充分诠释了新时代茶酒的文化内涵，为茶酒行业的发展插上文化之翼。

四、最新研究进展

（一）加工技术与创新产品研发

茶酒源于中国，其加工技术最早可追溯到苏东坡的“七齐八必”。近代以来，随着茶酒市场的复苏，围绕茶酒技术与创新产品的研发成为当下茶酒的研究热点之一。

2020年，在新产品研发方面，我国保健酒龙头企业——劲牌有限公司公开了一种抹茶酒及其制备方法，该酒以抹茶粉为主原料，经特定的提取纯化工艺后，与优质青梅果酒基酒、白砂糖、浓缩果汁及适量食品添加剂调配而成。酒体中总黄酮≥70毫克/升，总皂苷≥120毫克/升，对于人体健康具有一定的积极意义。孙传伯等发明了一种保留六安瓜片特征物质的茶啤酒的酿制方法，该方法能提升茶啤酒中六安瓜片特征物质的含量，保留啤酒的茶香浓郁。湖南华地茶业有限公司以纯茶叶为原料，不用粮食发酵或酒精勾兑，生产出富含茶多酚、茶氨基酸和咖啡因的茶酒，工艺上省却了粮食基酒的造步骤、减少了酿酒工业对粮食的消耗。

在品质提升方面，李刚凤等采用不同浓度的皂土、明胶、壳聚糖、硅藻土、果胶酶澄清剂，对天麻茶酒酒体进行澄清处理，均显著改善酒体透光率，其中以0.002克/毫升的果胶酶效果最佳；宜宾职业技术学院五粮液技术与食品工程学院王琪团队以红茶、糯米为主要原料，采用响应面法优化糯米茶酒的生产工艺条件。结果表明，在糯米中添加2.1%红茶粉、2.0%酒曲及2倍质量的纯净水，30.0℃发酵13.8d，经后续澄清、煎酒后可获得感官品质较优的糯米茶酒。

此外，2020年还先后开展了西洋参茶酒、玫瑰花茶酒、猕猴桃茶酒、青稞茶酒、奶茶酒、凤梨果茶酒等研究，通过茶与花、果、药等不同植物源复配，研发了不同香型、风味及功效的茶酒产品，丰富了茶酒品类。

（二）发酵规律研究

发酵动力学主要是采用数学模型来定量描述在发酵过程中的菌体浓度、底物浓度和产物浓度随时间变化的规律，对于研究发酵工艺参数、优化和控制过程操作具有十分重要的意义。在前期的研究中，业界对茶酒发酵动力学的研究仍较少涉及。2020年，王荣荣等以信阳毛尖和蔗糖为原料，酿酒酵母为发酵菌株，对茶酒发酵过程中菌体生长动力学、酒精生成动力学、底物消耗动力学模型进行模拟。结果显示：拟合平均误差分别为2.32%、3.82%、5.53%，说明模型拟合良好，能较好地反映茶酒在发酵过程中的动力学变化。为茶酒加工工艺和产品研发提供理论依据。

贵州大学食品科学与工程学院，以黑茶为原料，重点研究了茶酒发酵过程中挥发性物质的变化，结果表明，在发酵过程中茶酒的挥发性物质含量逐渐累积，第10天达到最大值8610.21微克/升，并始终维持在7747.24微克/升以上；综合考虑发酵过程中挥发性物质总含量和种类，发酵周期采用14天较为合理。该研究进一步通过超声催陈技术，首次对茶酒陈华过程中的挥发性物质的变化规律进行了初探，结果显示，在茶酒催陈过程中，醇类挥发性物质含量先降低后上升，总体含量降低约7.4%，酯类物质、醛类物质、烯类物质、呋喃类物质、芳香族物质和烷类物质在陈化过程中都呈先减后增的规律；酮类物质在催陈过程中无明显变化。

茶酒活性物质变化规律及发酵动力学的研究，为茶酒品质形成机理探究与调控技术研发奠定了理论基础。

（三）特征成分分析与挖掘

目前，有关茶酒的特征成分分析多集中在商品化包装的茶酒产品，且主要围绕茶酒中茶叶特征物质的分析，在新式茶饮领域未见相关文献报道。除了茶多酚、茶氨酸、咖啡因等成分的分析检测，2020年，对茶酒中特征挥发性物质的分析与挖掘取得了新的进展。

李招云在6种黑茶酒中共检出127种挥发性物质，其中检出芳樟醇、α–松油醇、橙花醇、香叶醇等茶叶中常见物质。茶酒中还检出较多的烯烃类物质，这也是茶酒区别于其他蒸馏酒的主要特征；茶酒中检出多种芳香族化合，其中萘、2,6-二甲基萘、2-甲基萘等物质也是茶叶种主要成分物质，芳香族化合物赋予茶酒优雅的花香、果香。

本研究团队基于茶酒挥发性物质的检测分析，采用固相微萃取–气相–质谱（SPME-GC-MS）联用方式，对比分析了4种不同分析条件对茶酒挥发性物质定性定量结果影响，优化获得了适宜茶酒挥发性物质检测的条件；基于该方法条件，茗酿茶酒中共检出基酒中未检出的8种茶特征成分：芳樟醇、芳樟醇氧化物II、α-松油醇、橙花叔醇、十氢萘、1-戊醇、亚油酸乙酯、棕榈油酸乙酯等茶叶中常见的挥发性物质。进一步通过Hotelling's T^2、主成分分析（PCA）、PLS-DA分析、热图分析等统计分析方法，开展茗酿及其基酒的风味编码，明确茗酿特征挥发性物质为芳樟醇或其衍生物、香叶醇或其衍生物。

特征挥发性物质的分析、挖掘，为茶酒品质控制从传统的感官审评到理化指标数据化表征提供新路径。

（四）功效评价

茶酒中含有茶叶功能物质，被认为是健康、功能型的饮料酒。大量实验证明，茶叶功能物质能显著缓解酒精引起的机体损伤。

王芳等以0.1克/升的维生素C作对比，研究柠檬绿茶酒的抗氧化能力。结果表明，柠檬绿茶酒（用量为0.5mL）与维生素C的还原力分别为0.504和0.361，超氧阴离子清除率分别为67.68%和76.53%，DPPH自由基清除率分别为79.36%和88.93%，表明柠檬绿茶酒的还原能力较强，并具有清除超氧阴离子和DPPH自由基的能力，具有较好的抗氧化活性。中茶院研究团队的研究结果也证明茶酒中茶叶特征物质具有体外抗氧化活性，且能缓解酒精引起的细胞损伤。但有关茶酒的健康功效作用及机理研究亟待深入解析。

五、现存主要问题、建议与意见

（一）存在问题

近年，茶酒在国内饮料市场中像是一匹黑马，脱颖而出、让人醒目。但茶酒行业还存在以下几个问题值得我们关注。

一是茶酒产品的质量稳定性及标准问题。随着茶酒行业的发展，对茶酒的加工技术提出了更高的要求。目前，在众多的新产品中普遍存在产品质量不稳定，主要表现在颜色加重、茶香变淡、严重者有失光、沉淀等现象。同时，茶酒目前还没有较为明确的行业标准，这也是现代茶酒市场的一个重要问题。

二是茶酒在宣传上存在华而不实的情况。很多茶酒企业基于茶的功能、酒的功能，进行盲目的宣传。但实际上仍缺乏系统的理论数据作支持。

三是消费者对茶酒的认知存在一定的偏差。不少消费者认为茶酒是养生保健酒，从而会带着保健目的去饮用，有些甚至过度饮用，影响健康。

（二）发展建议

针对茶酒产业的发展现状与痛点，建议：

一是加大技术攻关。探明茶酒生化功效及作用机理，加强茶酒易变色、失光、沉淀等应用技术难点的攻克，研发个性化、功能化、差异化的创新产品。

二是建立相关标准。工业化生产的茶酒，必须具有稳定的产品质量。茶酒虽由来已久，但商品化、市场化起步较晚，当前暂无国家、行业、地方等相关标准，产品的生产、储运、销售等管控、标准体系亟待建立。

三是加大市场开拓。目前，茶酒作为新兴产品，需要强化信息传播，推介新兴理念，加强行业协作，注重品牌宣传等一系列措施，使展、会、技、贸真正融合。

四是加强文化传承。加强茶与酒的历史属性、加工工艺、品饮方式、文化底蕴等的传承，茶酒产品终将在新时代新机遇中薄发。

（执笔人：张士康、吕杨俊、徐晓东、朱跃进）

2020中国茶饮料发展报告

漳州职业技术学院

一、2020年中国茶饮料发展概况

2020年新冠肺炎疫情的爆发与蔓延对中国饮料行业造成了巨大的冲击，特别是上半年，大多数商店关门，由于要求居家和禁止大规模社交聚会，整个饮料下滑明显。据统计，2020年上半年，饮料行业整体销量同比2019年下滑7.8%，销售额同比下滑9.5%；不过，危机与机遇并存，面对不顺的开局，2020年下半年，饮料行业强势反弹，2020年全年全国饮料销量为885亿升左右，同比2019年增长0.8%，销售额为6075亿元，同比增长5%。茶饮料作为饮料中的一种，在2020年的表现却没能同步，拖了饮料行业的后腿，全年茶饮料销售额下降1.5%左右，茶饮料的市场规模占整个饮料市场规模的15.3%，而2019年茶饮料的市场规模占整个饮料市场规模的16.4%，茶饮料的占比有所下降。曾受消费者追捧的固体茶饮料（奶茶），更是遭遇瓶颈期，开始减量前行，进入困境中。

导致茶饮料的市场缩小的原因是多方面的。首先，新茶饮的巨大吸引力。新茶饮具有更丰富的产品形式，也使用了更新鲜的原料，能让消费者在不知不觉中体会到时尚与愉悦感；在压力大、节奏快的现代生活中，新茶饮对于很多年轻人来说已经不再属于一款饮品，而是一种情绪的调节剂，体现一种"放松感"；新茶饮店面的遍地开花，在满足年轻人对饮品需求的同时，还提供了新型社交场所；相比之下，过去的瓶装茶饮料正在脱离年轻人的消费理念。其次，低糖的碳酸饮料的流行。随着代糖食品添加剂的开发，赤藓糖醇、木糖醇等被广泛应用到碳酸饮料中，之前消费者选择碳酸饮料时常常害怕含糖量太高，使用代糖的碳酸饮料打消了消费者的担心，其同样刺激的口感，更受年轻人的青睐，抢占了部分茶饮料的市场。再次，新冠疫情对消费习惯产生了较大的影响。消费者对健康、天然、养生等理念的关注日趋加强，更贴近健康的植物饮料呈现出了爆发式增长，植物饮料新品也如雨后春笋般涌现，植物饮料与茶饮料的消费人群高度类似，茶饮料受到了一定的挤压。

2020年是特殊的一年，茶饮料遇到了前所未有的挑战，要扭转颓势，振兴茶饮料，需要各方共同努力，以更大的力度开发新方向新领域。

二、2020年茶饮料重要事件

（一）2020年中国茶·咖啡·植物饮料发展研讨会助力茶饮料“复苏”

2020年中国茶·咖啡·植物饮料发展研讨会经过几次推迟后于8月26—27日在安徽黄山市召开。此次研讨会以如何应对疫情、探索解决方案、促进行业健康发展为宗旨，邀请了政府管理部门、高校科研院所及企业专家从多角度畅谈了茶饮料、咖啡饮料、植物饮料的市场洞察分析、技术创新成果、消费趋势探索、新品开发思路、行业痛点解析等，助推茶饮料的“复苏”与转型升级。

（二）新冠疫情影响茶饮料的消费理念

2020年疫情之下，人们的消费观发生了很多改变，越来越看重重食品饮料的健康与保健功效，也越来越在意茶饮料中的添加成分和糖的添加量，对茶饮料品质也提出了更高的要求。茶饮料对健康的好处、茶饮料的饮用安全放心程度、茶饮料所用原料质量、茶饮料风味的独特性以及广告宣传的真实可信度等越来越受到消费者的关注，这也是茶饮料生产销售企业需要注意和提升的方面。

（三）新冠疫情影响茶饮料的消费行为

2020年，疫情的深度影响了我国的消费行为，在互联网上购买食品饮料的数量显著增加，加上自动售卖机网点的迅速铺开，茶饮料明显呈现出渠道多元化发展的特征，互联网和自动贩卖机销售的茶饮料占比明显提升，甚至出现了个别品牌茶饮料线上销售超过线下销售的特例。

（四）2020年茶饮料品牌集中度依旧

2020年茶饮料的品牌依然集中在康师傅、统一两大品牌，其中还是以高糖的冰红茶、冰绿茶为市场主导，但无糖茶饮料呈现快速增长。据统计，主要品牌市场占有率，康师傅为43.3%、统一为23.5%、农夫山泉为7.9%。

（五）2020年消费者满意的茶饮料品牌变化较小

国内知名第三方专业机构iTrust企业信用评价中心和12315.com满意度指数测评中心评选出“2020年消费者满意茶饮料十大品牌排行榜”，分别是加多宝、王老吉、康师傅、统一、娃哈哈、三得利、立顿、维他、东方树叶、天喔茶庄。前两个品牌主推的是凉茶，后面品牌主推的是茶饮料，这跟前几年的榜单差别不大。

（六）农夫山泉在港股上市

2020年9月8日，农夫山泉正式在香港联合交易所挂牌上市，股票持续上涨，之后较长时间农夫山泉上市成为舆论焦点，被戏称为“大自然的印钞机”。

农夫山泉的茶饮料在茶饮料的市场占有率位列第三，预计上市后的农夫山泉会在茶饮料方面有更多的投入，从而带动茶饮料的发展。

（七）天喔被港股退市

2020年11月11日，香港联合交易所有限公司发布关于将对天喔国际控股有限公司除牌的通告。通告称，由2020年11月13日上午9时起，天喔国际的上市地位将根据《上市规则》第6.01A条予以取消。

从资本市场退出后，天喔的茶饮料生产与推广可能会受到影响。

三、2020年茶饮料的创新成果

（一）元気森林推出新款乳茶和燃茶

元気森林是一家专门生产无糖、低热量产品的饮料公司，仅用了3年时间，便在一片红海的饮料市场中杀出，晋升为国产饮料界的“黑马”。2020年元気森林“气泡水”异常火爆，也带动了其乳茶和燃茶的销售。

2020年元気森林推出全新咖啡拿铁乳茶，该产品声称：采用了进口阿拉比卡冰滴咖啡和真茶原叶萃取完美融合，一半奶茶和一半咖啡，浓香丝滑；零蔗糖、低脂肪、3.3倍高蛋白，真奶真茶。元気森林推出的燃茶系列新品有桃香、醇香、玄米、草莓茉莉，该产品声称：精选安溪黄金桂，高温烘焙、高温萃取，一次萃取获得头道茶汤，一瓶所含膳食纤维相当于三个苹果，茶多酚含量200mg，可加速油脂排出体外，抑制油脂被身体吸收；不用砂糖而选用天然零热量的代糖赤藓糖醇，饮用后血糖值无变化，不参与代谢，不会导致龋齿，只有天然口感，没有长胖的危险。此外，元気森林还推出了迪士尼乳茶好运盲盒、迪士尼限定版乳茶、mini款小乳茶等多款产品。

（二）农夫山泉对传统茶饮料进行更新升级

2020年年初农夫山泉在电商平台推出柠檬岩茶、杧果茉莉花茶及百香果乌龙茶三款新品，结合“茶π奇妙π对”等线上推广活动，丰富了茶π产品系列，吸引了更多新消费人群，取得了较好的效果。

农夫山泉还推了出TOT含氧碳酸茶饮料新产品，包括柠檬红茶、柚子绿茶两款口味；2020年冬季，农夫山泉还进行了东方树叶暖茶的推广活动，精准触及200多万目标消费者。

（三）康师傅推出强化茶本味的茶饮料新品

2020年康师傅品牌聚焦核心产品巩固大众消费市场，以多口味、多规格产品满足不同消费场景。推出的茉莉花茶饮料系列新品打造清香茉莉的品牌形象，通过知名艺人和春夏的微电影演绎花和茶共舞的品牌故事，吸引年轻消费者；推出的绿茶饮料新品持续强化富含茶多酚、清新活力的品牌定位；推出的乌龙茶饮料新品，强化茶香味醇的品牌形象和低糖健康的产品利益点，满足城镇化新时代的健康消费。

康师傅还推出高端无糖茶系列冷泡绿茶、茉莉绿茶饮料，以低温长时慢萃无香精技术，提供中产阶级健康讲究的好茶。这款无糖茶饮料投入市场后反应一般。

（四）统一推出“茶霸”茶饮料新品

2020年统一推出“茶霸”茶饮料，茶霸是系列无糖茶饮料新品，有乌龙茶、茉莉花茶、铁观音三个口味。该产品声称：真茶萃取、零蔗糖，无糖、无脂肪、无香精更健康，其中的茉莉铁观音添加了赤藓糖醇、三氯蔗糖、安赛蜜。“茶霸”推出后受到较高评价，也取得了不错的销售业绩。

统一还推出了一款“青梅绿茶”，包装上着重突出“茶多酚”标识。该产品声称：能够有效清除跑步时产生过量自由基。统一期望标识“茶多酚”成为该款新品的一大亮眼卖点，但效果并不理想。

（五）娃哈哈推出复合茶饮料和纯茶饮料新品

2020年初娃哈哈为迎接即将到来饮料销售旺季，推出了一款“八宝盖碗茶”新品，这款复合茶饮料有八种原料：一般有茶叶、红枣、枸杞、核桃仁、桂圆、黄冰糖、葡萄干、菊花等。近几年多种原料复配的茶饮料相对较少，如何让消费者认可就显得特别重要，推广这类产品需要更大的力度和更长的时间。

2020年娃哈哈关联品牌KellyOne推出无添加高端乌龙茶饮料，采用旋盖铝罐包装，配方包含水、乌龙茶、碳酸氢钠和维生素C，不添加任何糖、代糖和甜味剂，并且在2020年上半年就完成了全国销售渠道的布局，华东、华北、西北、东北、华南等区域的一二线重点城市均有销售；此外，还进行了网红名人直播带货的尝试。两款纯乌龙茶饮料的香气滋味都很好，同时价格也不菲，330毫升铝罐包装的高端乌龙茶饮料比农夫山泉的335毫升装东方树叶无糖茶饮料的价格高出一倍多。该系列乌龙茶饮料有高端的设计、高端的品质，却没有高产的销量，非常可惜。

（六）达利推出全新的豆乳茶饮料

2020年达利推出Soydo全新豆乳茶饮料，进军大热的即饮奶茶市场，产品有醇香原味、蒸青奶绿以及元气桃桃三种口味，在包装上采用了年轻人喜爱的可爱清新的撞色风格。豆乳茶是豆奶加茶，与传统的奶茶饮料在主要原料上完全不同，同样需要更大的推广力度和更长的推广时间。

（七）今麦郎推出“缔茶”茶饮料新品

2020年今麦郎推出以红茶为原料的新型茶饮料“缔茶”，包含柠檬红茶、苹果红茶、蜜桃红茶、咖啡红茶、牛红茶（乳酸菌味）五种口味，定价也不高，力求抢占普通茶饮料的市场。在北方市场取得了不错的业绩。

（八）东鹏升级由柑柠檬茶

2019年东鹏推出战略新品由柑柠檬茶，在广东、广西一带迅速热销，成为柠檬茶市场的黑马。2020年，全新由柑柠檬茶王炸焕新升级，这是东鹏继此前推出拳头产品东鹏特饮之后，再次加码健康功效饮品的战略布局。由柑柠檬茶推出了全新包装和品牌slogan，以扑克牌中的大小王的“痞帅”形象为主视觉，通过增强二次元气息，更加迎合饮品的主流消费群体审美诉求，在一众的柠檬茶饮品中，可谓视觉突围制胜。与此同时，新增555毫升大瓶装，来满足消费者尽兴畅饮的需求。罐装、瓶装、纸盒装等三种包装形态，合力包围即饮、礼品和餐饮三大市场。

（九）维他推出柠檬茶饮料新品

2020年维他推出锡兰风味柠檬茶新品，是其柠檬茶系列产品中茶味最浓的一款，精心挑选斯里兰卡的优质锡兰红茶，突出“涩”的口感，这很切合他们的品牌定位“真”和“涩”，向消费者不断加深有涩味的柠檬茶才够真、才够正宗的品牌认知，在电商平台销售后还进行了全渠道营销销售。在南方市场反映不错。

（十）银鹭推出“山云茶画”茶饮料新品

2020年银鹭推出茶饮料新品“山云茶画”，走的是与名茶相结合的差异化路线，茶原料选用名优茶叶，有正山小种、大红袍、四季春，通过银鹭别出心裁的时尚表达，让年轻人对中国名茶有了一个全新的认知，将消费者带入中国茶的意境中。由于雀巢已经启动出售银鹭公司，这些新品的推广力度就被大打折扣。

（十一）盼盼推出冫冫水果茶饮料新品

2020年盼盼推出了果茶新品冫冫（同冰）水果茶饮料，采用“四季春”和“大红袍”作为原料，搭配热带水果，推出两款全新口味，“青芒四季春”和“蜜桃大红袍”。由于风味一般，效果不理想。

（十二）魔爪推出特色能量饮料“龙茶”

2020年魔爪推出一款柠檬茶风味能量饮料“龙茶”，主打“精气神”等中国传统的文化。将能量饮料创新与清爽柠檬茶进行搭配，带来口感和能量的双重享受，开始主要在京东、天猫等线上渠道销售。魔爪原来的产品多为舶来品，需要进一步与本土化相结合并进行持续创新。

（十三）伊利首次推出果汁茶饮料

2020年伊利旗下高端风味奶品牌“味可滋”推出首款果汁茶饮料，并在浙江便利店首发上市。新品包装采用了当下大热的杯装，吸管即插即饮，产品包装时尚。有桃桃荔枝和青青橘柠两种口味。推出后市场反应很一般。

（十四）可口可乐推出茶饮料新品

2020年可口可中国推出了一款柠檬茶饮料“雪菲力柠檬味茶饮料”，有“原味”和“冰凉”两种口味挑战味蕾。还推出杞子乌龙茶，所用原料是乌龙茶加枸杞子，不加砂糖，力求提供特定功能。这两款茶饮料新品在市场上不温不火。

（十五）雀巢推出果汁茶饮料新品

2020年雀巢中国推出了茶萃系列，以添加果汁为特色，有柠檬冻红茶、桃子清香乌龙、百香果绿茶，果汁含量为5%，茶原料采用红茶、乌龙茶、绿茶的萃取浓缩液，桃子清香乌龙和百香果绿茶还推出低糖版。该产品声称：采用清新茶叶成分搭配5%真实果汁，清爽回甘的茶感与纯粹饱满的果汁，可以碰撞出层次丰富的惊喜口感。这是雀巢在茶饮料方向上的尝试，由于产品创新度一般、推广力度又比较小，产品投向市场后表现平平。

（十六）RELIVE推出康普茶气泡水

2020年RELIVE公司推出康普茶气泡水饮料，风味有蔓越莓、黑莓、血橙、甜菜、车厘子。RELIVE的康普茶入口温和，略带沙沙的刺激感，冰过后口感更好，产品中加入果蔬汁与赤藓糖醇进行调味，呈现的果味稍有一些人工意味，但也能够接受。这些康普茶饮料推出后，市场反馈发酵程度不够稳定，包装气密性也有待提高，偶尔会发生产品中无气的情况，影响了产品的销售。

（十七）天喔推出海宝茶

2020年天喔推出海宝茶，风味有原味、芙蓉荔枝、玫瑰石榴，海宝茶其实就是益生菌发酵茶饮料，又分为“红宝茶”与“胃宝”，纸盒装原味海宝茶尝上去酸甜，回味时透出一股茶味，被利乐包装“屏蔽”了的气泡感用丝丝辣味替代，既上头又提神醒脑。PET瓶装的芙蓉荔枝与玫瑰石榴上市不足半年就难见踪影，想来或许是这些额外的风味不够和谐所致。

（十八）御膳堂推出风味活菌茶饮料

2020年御膳堂推出风味活菌茶饮料，风味有红茶菌、绿茶菌、黑茶菌、姜茶菌、酒伴侣。这款风味活菌茶饮料的包装十分朴实，配方主打零热量、零碳水、零防腐剂、零添加，其营销口号很接近网红气泡水，但没有为其带来关注，反倒在不少便秘和酗酒患者中影响巨大，可见其专研红茶菌20年的功力。这款风味活菌茶饮料滋味偏酸，许多消费者常常会加柠檬与蜂蜜稍作调味，影响了其更广泛的销售。

（十九）良品铺子推出康普茶饮料

2020年刚刚上市后的休闲食品品牌良品铺子推出了康普茶饮料，风味有青梅绿茶、蜜桃乌龙两款，但无论为其冠上何种风味，都抵不过这款康普茶饮料与其目标群体口味不一致的死穴，被打上“还不如冰糖泡水”的评价，短时间销售后便在线上线下销声匿迹。

（二十）香飘飘推出多款液体茶饮料、固体茶饮料新品

2020年香飘飘针对即饮茶饮料市场加大研发力度，旗下即饮品牌Meco推出了百香橙橙、蜜瓜奇异果和缤纷莓莓三种口味乳酸菌风味果茶饮料，还推出酸辣凤爪味和啤儿桃桃味两款怪怪茶饮料等。

针对固体饮料市场，香飘飘推出了更多的新品。一款是冷热双泡的冰摇奶茶，包括茉莉奶绿和香草冰淇淋两种口味；另一款冷热双泡的水果茶“飘飘茶”，有百香凤梨和杨枝甘露两种口味，冷水或热水都可冲泡、是这两款新品的共同特点。这也打破了香飘飘固体饮料此前只能做热饮、有季节性局限的沉疴。推出了电商定制新品芝士乌龙奶盖茶，这款DIY奶盖茶的推出，让“奶盖茶自由”成为可能。既可省去线下大排长龙的时间，也不必担心外卖到家奶盖融化，5分钟即可自制绵密奶盖，较大程度保留乌龙茗茶清香。

2020年春季香飘飘旗下另一子品牌兰芳园在上线了樱花季节限定产品樱花鸳鸯奶茶，传统港式与日式风格的结合，加上别具一格的祈福设计体现了兰芳园的巧思和用心，“万事遂心，平安喜乐”寄托了人们对2020年的美好祈愿，樱花鸳鸯奶茶推出后，在小红书、微博、抖音、B站被各大红人推荐，被称为“云赏樱标配奶茶”，取得了很好的网上推广效果。

香飘飘与泸州老窖联名推出低酒精冲泡奶茶“桃醉双拼”。在香飘飘官方淘宝店销售了很短时间就下架了。联名新品如同昙花一现，损失不小。

（二十一）王饱饱推出固体燕麦奶茶新品

2020年王饱饱联名甄饮推出一款固体速溶燕麦珍珠奶茶。产品采用澳洲燕麦搭配香甜冻干红豆、软糯珍珠以及特调奶茶，低糖低热量并且富含膳食纤维，提供令人满足的饱腹感，可用于替代晚餐、下午茶或者休闲娱乐等场景。该产品主要在天猫旗舰店销售。作为固体茶饮料销量还可以，但与液体茶饮料相比，销量就太小了。

（二十二）TEAZEN推出康普茶养生益生元茶粉新品

前几年TEAZEN就推出了康普茶饮料，2020年TEAZEN考虑消费者需求更便捷的产品，推出随身携带且便于冲泡的冻干康普茶粉，风味有浆果、柚子、柠檬。去除了酒精的康普茶粉变成了果香味浓郁的小汽水，泡开的模样和泡腾片差不多。无蔗糖、低热量。该款茶粉的市场表现很一般。

四、中国茶饮料的发展趋势

2020年已经过去，新冠疫情尚未结束，中国茶饮料还会面临新的挑战，可以肯定，疫情压不垮中国茶饮料，必然会继续向前发展，总的趋势是更健康、更环保、更少浪费。

持续的疫情会深度影响消费者的消费观，人们对卫生和健康的追求越发迫切，对茶饮料品质的要求也越来越高；由于中国消费者更偏爱“吃出健康”，对于能够提高免疫力和提供更有益于健康的茶饮料会更为青睐。无糖茶饮料未来增长空间广阔；茶与植物复合的茶饮料会有明显的增长；发酵茶饮料也会有一定的成长。

环保和可持续发展已经越来越深入人心，越来越多的中国消费者愿意为可持续的包装支付更多钱。茶饮料使用可回收或生物降解的包装材料，除了可以达到可持续发展的环境目标，还可以提高品牌形象，赢得更多的消费者。

为制止餐饮浪费行为，各地进行了广泛的宣传，也采取了一些有效的措施，这些必然影响到茶饮料，200毫升以下的各种包装的茶饮料既满足消费者尝新的心理，又不容易造成浪费。

（执笔人：岳鹏翔、黄艺宁）

第七部分

文旅建设

2020中国茶业非遗项目发展报告

浙江农林大学

文化遗产是先人留下的宝贵财富。从存在形态上可分为物质文化遗产和非物质文化遗产。2003年11月3日，在第三十二届联合国教科文组织大会上通过了《保护非物质文化遗产公约》。2004年8月28日，第十届全国人民代表大会常务委员会第十一次会议批准在中国实施公约，马上在中国开始了申报工作，2006年国务院关于公布第一批国家级非物质文化遗产名录，截止到2020年共审核通过了四批，每次都有涉茶项目，反映了茶业对于文化的关注，以及文化界对于茶的关心。

非物质文化遗产保护与茶业的可持续发展相互依存，本报告在全面整理以涉茶非遗项目为核心的文化遗产的前提下，总结茶业对于文化遗产的保护、传承与利用的特点，提出进一步发展的建议。

一、非遗项目对于茶业的意义

伴随着对于文化社会意义的深入理解，茶业越来越注意到非遗项目在产业发展中的重要性。非物质文化遗产“指被各社区、群体，有时是个人，视为其文化遗产组成部分的各种社会实践、观念表述、表现形式、知识、技能以及相关的工具、实物、手工艺品和文化场所。”非物质文化遗产在社会生活中是活生生的存在，对它的保护“指确保非物质文化遗产生命力的各种措施，包括这种遗产各个方面的确认、立档、研究、保存、保护、宣传、弘扬、传承（特别是通过正规和非正规教育）和振兴。”不同于物质文化遗产以文物、标本进博物馆的保护方式，非物质文化遗产还有生存与发展的问题，甚至于说只有生存下去，发展起来才真正达到了保护目的。绝大多数涉茶非遗项目本身就处于产业之中，直接面临生存与发展问题。

就茶叶来说，以税收为标志的话，中国的茶业已经有1200多年的历史，至今茶叶仍然是中国人最主要的非酒精饮料，深深扎根在中国人的生活中。根据中国茶叶流通协会2020年初的调查估算，全国茶叶从业人员总数约为3400余万人，其中茶农2100万、加工企业200万、流通端1100万。茶叶产业链中的第一、二环主要在农村，是屈指可数以农村为主要生产基地的传统文化产品的产业，而且茶农和茶企还有集中在偏远山区的特点，可见茶业是解决三农问题的一个重要突破口，在可持续发展中具有重要地位。全国人民代表大会“十一五”“十二五”规划纲要都提到积极发展品种优良、特色明显、附加值高的优势农产品。经过历史选择的非遗项目都具有非常鲜明的特色，品种决定着农产品的茶叶的基本特色，非遗项目为今天的茶业的可持续发展提供了扎实的基础。所以放弃传统，改变发展方向是极其危险的选择。

二、涉茶非遗项目及其特点

涉茶非遗项目中，技艺类占绝对多数，民俗类不仅数量少，而且有些项目的创作性比较强，这是中国茶文化特征的真实写照，也与茶文化认识有关。

中华民族开发了茶叶饮料之后，不断地进行技术改造，淘汰了很多不适合当时历史条件的技艺及其茶叶种类，从末茶到叶茶在形态、口味、饮用方法各方面变化得面目全非。最终积淀了丰富得无与伦比的文化遗产——茶叶制作技艺及其产品，今天中国的茶叶不仅种类多，而且口味丰富，这是中国广袤的国土、众多的民族、悠久的历史的结晶。中华民族开发茶叶饮料是对人类的重要贡献，由此延伸出日本、英国等各个国家、民族的茶文化，这些文化回过头来也对中国产生复杂而深刻的影响，如英国的工业化、品牌化等现代生产、管理理念和日本的抹茶技术与文化等。

中国茶文化最突出的特征就是茶叶种类丰富，制作技艺是文化的产物，不同的文化培育不同的技艺。东南亚北部的文化培育了食茶，而中国文化则孕育了饮茶。饮茶不是为了补充水分，根本的诉求是精神，因此茶是与生俱来的文化产品。日本茶道的精神诉求有目共睹，而中国茶艺的精神诉求却始终困扰着中国人。日本茶道的精神诉求有目共睹是因为其途径是外在的饮茶程式，通过形式进入精神世界，然后学者做了充分的研究，茶道界做了完美的包装。而中国茶艺要通过品饮茶汤实现精神的满足，茶叶的品质、品饮的感受难以描述，味觉审美的技术难度又极大，再加上学者没有深刻的研究总结，于是产业不知所措，只能以天人合一搪塞。非物质文化遗产项目认定引导我们从新的角度审视文化，从技艺的角度审视中国茶叶时发现丰富的茶叶种类是文化的产物。

国家级涉茶非物质文化遗产项目一览表

1. 传统手工技艺类		
批次	项目名称	申报地区或单位
第一批名录	武夷岩茶（大红袍）制作技艺	福建省武夷山市
第二批名录	花茶制作技艺 （张一元茉莉花茶制作技艺）	北京张一元茶叶有限责任公司
	绿茶制作技艺 （西湖龙井、婺州举岩、黄山毛峰、太平猴魁、六安瓜片）	浙江省杭州市、金华市安徽省黄山市徽州区、黄山区、六安市裕安区
	红茶制作技艺 （祁门红茶制作技艺）	安徽省祁门县
	乌龙茶制作技艺 （铁观音制作技艺）	福建省安溪县
	普洱茶制作技艺	云南省宁洱县、勐海县
	黑茶制作技艺（千两茶制作技艺、茯砖茶制作技艺、南路边茶制作技艺）	湖南省安化县、益阳市、四川省雅安市

续表

<table>
<tr><th colspan="3">1. 传统手工技艺类</th></tr>
<tr><th>批次</th><th>项目名称</th><th>申报地区或单位</th></tr>
<tr><td>第三批名录</td><td>白茶制作技艺
（福鼎白茶制作技艺）</td><td>福建省福鼎市</td></tr>
<tr><td rowspan="2">第三批附扩展项目名录</td><td>花茶制作技艺
（吴裕泰茉莉花茶制作技艺）</td><td>北京市东城区</td></tr>
<tr><td>绿茶制作技艺
（碧螺春制作技艺、紫笋茶制作技艺、安吉白茶制作技艺）</td><td>江苏省苏州市吴中区，浙江省长兴县，浙江省安吉县</td></tr>
<tr><td rowspan="4">第四批附扩展项目名录</td><td>花茶制作技艺
（福州茉莉花茶窨制工艺）</td><td>福建省福州市仓山区</td></tr>
<tr><td>绿茶制作技艺
（赣南客家擂茶制作技艺、婺源绿茶制作技艺、信阳毛尖茶制作技艺、恩施玉露制作技艺、都匀毛尖茶制作技艺）</td><td>江西省全南县、婺源县，河南省信阳市，湖北省恩施市，贵州省都匀市</td></tr>
<tr><td>红茶制作技艺
（滇红茶制作技艺）</td><td>云南省凤庆县</td></tr>
<tr><td>黑茶制作技艺
（赵李桥砖茶制作技艺、六堡茶制作技艺）</td><td>湖北省赤壁市，广西壮族自治区苍梧县</td></tr>
<tr><th colspan="3">2. 民俗类</th></tr>
<tr><td>第二批名录</td><td>茶艺（潮州工夫茶艺）</td><td>广东省潮州市</td></tr>
<tr><td>第三批名录</td><td>径山茶宴</td><td>浙江省杭州市余杭区</td></tr>
<tr><td>第四批附扩展项目名录</td><td>茶俗（白族三道茶）</td><td>云南省大理市</td></tr>
</table>

除了非物质文化遗产，全球重要农业文化遗产（中国的涉茶项目有中国普洱古茶园与茶文化系统、中国福州茉莉花与茶文化系统，预备名单中还有福建安溪铁观音茶文化系统、福建福鼎白茶文化系统、湖北恩施玉露茶文化系统、湖北赤壁羊楼洞砖茶文化系统、贵州花溪古茶树与茶文化系统、云南双江勐库古茶园与茶文化系统）、中国重要农业文化遗产（以上8项以外，还有浙江杭州西湖龙井茶文化系统、广东潮安凤凰单丛茶文化系统、安徽黄山太平猴魁茶文化系统、四川名山蒙顶山茶文化系统、江苏吴中碧螺春茶果复合系统、湖南安化黑茶文化系统、湖南保靖黄金寨古茶园与茶文化系统、广西横州茉莉花复合栽培系统）也有涉茶项目。

2013年习近平主席访俄时说17世纪的“万里茶道”是联通中俄两国的“世纪动脉”，事实上还进一步辐射到中亚乃至欧洲。2019年，国家文物局正式将时空跨度巨大的“万里茶道”列入《中国世界文化遗产预备名单》，努力开启新世纪的商业文明复兴之路。

三、涉茶非遗项目在茶业的发展状况

（一）非遗项目基本全覆盖茶叶种类

2020年12月18日，文化和旅游部将第五批国家级非物质文化遗产代表性项目名录推荐项目名单向社会公示，其中有7项涉茶，包括黄茶制茶技艺。如果顺利通过，非遗项目就实现了基本茶叶种类的全覆盖。

现有32项涉茶非遗项目涉及除了黄茶的五大基础茶类和再加工茶的武夷岩茶（大红袍）、茉莉花茶、西湖龙井、婺州举岩、黄山毛峰、太平猴魁、六安瓜片、碧螺春、紫笋茶、安吉白茶、婺源绿茶、信阳毛尖茶、恩施玉露、都匀毛尖茶、祁门红茶、滇红茶、铁观音、贡茶、大益茶、千两茶、茯砖茶、南路边茶、下关沱茶、赵李桥砖茶、六堡茶和福鼎白茶等26种制作技艺。这些涉茶非遗项目涉及14个省市自治区，因为以制茶技艺为核心，所以囊括了绝大多数传统产茶区，甚至连再加工茶的重要基地北京也在内。涉茶非遗项目保护单位中10项是公司、9项是协会或商会、13项是文化机构等。从第一批名录中就有涉茶项目上看，茶业关心文化事业，文化机构关注茶业，茶叶受到产业和文化双重关注的根本原因就是茶具有文化产品的基本性质，尽管相关研究并不充分，这时，在工作、生活中培养出敏锐的直觉发挥了决定性作用。

（二）提升品牌价值

茶业比较早地认识到非遗项目服务当代、造福人民的作用，相关企业往往会积极利用非遗宣传自己的产品。健康是宣传饮茶的重要口径，科学角度的认识随着科技、文化水平的提升受到越来越多的关注，但是这个认识保证的是物的价值，对于生活必需品具有决定性意义，而茶叶是奢侈品，文化决定奢侈品意义。非物质文化遗产认定是提升茶叶品牌价值的捷径，因为一是茶文化研究严重匮乏；二是数量极其有限的茶文化研究成果理解难度很大，数量少与难度高使得民众难以得到需要的信息。而海量的大众媒体、企业宣传又缺乏客观性，得不到民众的信任。而非遗项目是由专家和政府联合起来做结论性认定，不仅具有权威性，而且直截了当，容易理解。

（三）文旅的结合

非遗项目的文化空间与农产品地理标志的产业空间重叠，形成茶业强烈的地域色彩。在以人文、自然景观为主要对象的传统旅游中，虽然也作为地方文化的代表而客观存在，但是在重视休闲体验的观光价值观普及之后，才开始迅速提升涉茶非遗项目在文旅结合中的比重，20年来武夷山观光旅游的发展历程是一个经典例证。

就全国来看，伴随着城市化，乡愁成为中国人的精神慰藉，非遗项目成为乡愁的理想寄居场所。同时，茶作为文化产品，消费者渴望了解更加深入的内容。走在前面的八马茶业在21世纪初就在茶厂建设可隔玻璃墙参观的茶叶产生流水线。饮茶爱好者对于知识的渴望特别强烈，早期更多体现在茶书市场上，随着对于知识可靠性、深度的诉求和支付能力的提升，体验成为新的学习方式，这首先给种植、生产一体化的小型企业提供了发展机会，茶叶生产与乡村旅游的结合应运而生。即便不是非遗项目也采用体验性旅游的方式让消费者介入生产，最后购买自己的产品，其中民宿又成为一支特色鲜明的力量，民宿顾客的消费层次决定了其经济效益可能比单纯的茶企更好。

（四）非遗研究与教育

非遗项目的政用产学研结合异常密切，非遗项目的文案都由高校、科研机构的研究者撰写，但是由政府和产业主导。非遗是一个崭新的审视文化的角度，迅速成为研究热点，涉茶非遗的研究积累虽然不丰富，但是可圈可点的成果不一而足，如南京农业大学刘馨秋、王思明的《江苏茶文化遗产调查研究》（中国农业科学技术出版社，2007）非常全面地总结了江苏的茶文化遗产，涵盖了可能成为遗产项目的所有内容，为其他地区的研究提供了范本；对于涉茶非遗项目的理性反思也在进行，如周永广、粟丽娟的《文化实践中非物质文化遗产的真实性：径山茶宴的再发明》（旅游学刊，2014）；利用非遗项目推动茶文化产业建设的研究，如杨军昌、颜全己的《非遗茶文化特征与茶文化产业研究》（贵州民族研究，2020）等。

非遗传承人有义务展开非遗教育，事实上也有不少非遗传承人在积极投入非遗技艺的培训、传承工作，如武夷岩茶（大红袍）制作技艺传承人王顺明先生十几年来坚持为高校师生做传承的教育工作。同时，文化旅游部、教育部主办的中国非物质文化遗产传承人群研习培训计划，包括清华大学在内的高校也都参与进来，浙江农林大学等分别参与了非遗项目某类茶叶的传统制作技艺的培训工作。这种大规模、精英主导的培训受到标准化、同质化、去中国化等的批评。

四、存在的主要问题和发展建议

（一）展开严谨的学术研究，夯实产业基础

党的十八大报告提出，“促进文化和科技融合，发展新型文化业态，提高文化产业规模化、集约化、专业化水平。”以习近平同志为核心的党中央高度重视文化和科技融合工作，非遗项目是文化与科技融合的传统结晶，面临着新的发展课题，文化与科技的深入研究是茶业发展的前提。与制作技艺类涉茶非遗项目丰富多彩形成鲜明对比的是，精神文化层面的涉茶非遗项目数量稀少，其根本原因是缺乏基础研究。相比之下，茶学家对于茶叶的制作技艺早已做了细致的研究总结，很快就实现了古今技术文化的对接。而人文社会科学家很少介入茶文化研究，还没有系统总结调查茶文化，既有人文社会科学学者自身的认识问题，也有茶业在“文化为产业服务”的认识前提下推动、主导茶文化研究走向庸俗化，没有人文社会科学学者生存空间的原因。结果，肤浅的研究必然使得产品初级、同质。茶

业的文化和科技融合具有产业先行，研究滞后的特点，研究不及时跟上将会拖产业发展的后腿，必须展开严谨规范的茶文化学术研究。

（二）注意消费板块研究，实现生产价值

现有涉茶非遗项目的地理分布与产茶地高度一致，就是说注意到了生产文化，但是没有充分认识到消费文化的意义，像大益集团那样，专门建立大益茶道院建设发展消费文化的单位屈指可数。高度的精神文化主要在消费中形成，中国饮茶习俗不同于引进茶叶的国家，自古以来就是全民饮茶，各个社会集团都有自己独特的茶文化，非产地的消费地非遗项目的研究，不仅有丰富的素材，而且也是实现茶叶生产社会价值的决定性环节。回过头看，涉茶非遗项目集中在技艺上，集中在农村，需要向城市发展、向更高度的精神性发展，最终打造更能体现中国文化风貌的文化产品。

（三）注意地域与民族概念的使用，避免争夺文化品牌

已经出现了以冠以民族名的遗产项目，但是与民族相比，地域是生活方式更主要的决定因素，地理环境在传统社会决定了物产，所谓“一方水土养一方人”。客观的地域标准不会割裂社会，有利于地方产业的发展。

（四）注意非遗的原真属性，避免揠苗助长式的开发

非遗是世世代代传承到今天的文化，不仅是真实的，而且具有生命力。只是在今天全球化的大背景下，受到瞬间涌入的大量外来文化的冲击，所以急需保护。如何保护、发展是政用产学研共同面对的问题，尊重遗产项目是前提。非遗项目的确具有非常强的启发性，可是没有直接关系的产品不应打遗产项目的旗号自我宣传。而打造成表演节目等的保护、展示，因为离开了生活，割断了其固有的发展道路，实质上是把活态度的文化做成僵死的标本，因此失去自身的生命力，变成伪文化。另外，要拥有对于历史的敬畏心，创作型非遗项目可能把茶业重视产业的特点引向极端，发生质的变化。

（五）从新思考、定义、提升茶业，从根本上接受文化，为中华文化的发展承担责任

1981年4月14日至5月31日，中国土产畜产进出口总公司在日本东京、大阪、名古屋、仙台、北海道举办中国茶叶展览会，展出中国各类茶叶，同时展出陆羽《茶经》、明清茶具、茶诗茶画等。这时的中国连“茶文化”这个词语都不存在，因此可以说文化是茶业的“天然盟友”。茶叶与一般工农业产品相比，根本的特征就是文化性。过去茶业出于“本能”而重视文化，并随着基本的茶文化宣传而让中国人接受了这款中国传统文化产品，表现在商业上就是接受茶叶的高价位，于是增加了茶业的利润空间，使茶业成为扶贫的经典产业。现在要有计划地发展茶叶的文化属性，实现传统文化产品的升级改造。要把茶业提升到文化创意产业的高度充实自己，以适应时代的要求，同时也是践行习近平总书记“把文化、产业、科技统筹起来”的指示。

（执笔人：关剑平）

第八部分

配套产业

2020中国陶瓷茶具行业发展报告

德化县陶瓷发展委员会

一、茶具产业发展前景

受茶叶市场的发展影响，茶具及电热水壶的需求量有望得以提高。茶具是随着“茶之为饮”应运而生，它的发生和发展经历了一个从无到有，从共用到专一，从粗糙到精致的历程，并随着饮茶习俗的变化而不断变化和发展。在茶叶行业不断壮大带动下，茶具行业同样呈现良好态势。在生产企业层面，出现了一些有一定知名度和影响力的品牌，但其实质依然是依托传统的“产地+”模式，即以生产出发，去寻找市场。“产地+”在市场的大发展时期，在产业品牌稀缺的时代，经过经销合作伙伴的大力推广，能够有比较快速的发展。然而，一个品牌的形成，除了产品的生产和品质保证外，还包括了从设计开发、市场运作、渠道支持、市场管理等全方位的后续服务。2018年，我国茶具行业的销售产值为195.11亿元，到2023年，这一数值将达到208.27亿元左右。

（一）中国茶具行业市场驱动因素分析

茶具市场热度高涨，其应用场景得到跨越式发展的根本原因在于技术革新。行业用户需求的爆发式增长极大丰富了茶具的应用场景。

一方面，茶具的产业链中原料和供应商的进一步推动，有利于产业源端的重组升级，优化产业流程；另一方面茶具技术的更新迭代，有利于产品的不断升级和质量改进，进一步满足用户的新需求，这些都有利于产业进一步发展。多方的推动使得茶具应用得到爆发式发展。

（二）中国茶具行业市场规模前景预测

茶具技术在人们日常生活、工作中的应用越来越广泛。随着我国社会经济脚步的不断加快，对于茶具技术的应用需求也将越来越大。

（三）茶具进入大面积推广应用阶段

茶具技术在中国的发展起步于二十世纪九十年代末，经历了技术引进—专业市场导入—技术完善—技术应用—各行业领域使用五个阶段。

目前，国内的茶具已经相对发展成熟，越来越多地被推广到各个领域，延伸出终端设备、特色服务、增值服务等多种产品及服务，产品系列达20多种类型，可以全面覆盖金融、交通、民生服务、社会福利保障、电子商务及安全等领域，茶具的全面应用时代已经到来。

（四）政策将会持续利好行业发展

政策是重要驱动因素，在统一化进程加快、精细化管理需求加持下，需求有望迎来快速释放；同时，互联网+茶具、大数据与智能化应用均进入实质性落地阶段，创新业务愈加清晰；格局优化，系统复杂度大幅提升使得龙头优势更加明显，行业集中度有望加速提升，优质公司强者愈强。随着行业边际的大幅改善，集中度不断提升，我们认为茶具行业前景广阔。

（五）细分化产品将会最具优势

随着各行业各部门应用的深化，用户类别的个性化、多样化需求日益丰富，“大而全”或“小而全”，囊括茶具各管理模块的行业管理系统一统江山的格局终将被打破，专业化细分将是茶具相关项目建设的大势所趋。在各个行业信息系统中将有更多的环节可以做成相对独立的系统并分割市场，交通信息系统、政务信息系统、电子商务系统、社交娱乐系统等也在不断发展、提升。软件开发商将可以凭借对某一细分专业的深入研究与优势，在市场取胜。

（六）茶具产业与互联网等产业融合发展机遇

繁荣供给业态。继续支持茶具产业与互联网等产业融合发展，丰富茶具产业新模式、新业态。这是目前社会资本较为关注的，茶具产业与其他关联产业融合发展带来的发展机遇，目前的互联网+、直播+、移动+、电商+、5G+等，都是茶具产业与关联产业融合发展的案例，这是让茶具产业真正推动消费转型升级的重要抓手。这几大产业融合发展，将产生无数的茶具产业的新模式、新业态。

从这里可以看到，国家开始真正落实和推动茶具产业的发展，而此前一直是茶具盈利模式单一，行业感到很迷茫，找不到发展的方向。虽然非常努力，但却得不到应有的回报，让很多人一度失去了坚持下去的信心。而支持茶具产业与关联产业的融合发展，并出台具体、有效的支持政策，将对推动茶具产业的发展起到巨大的作用，将让茶具产业找到新的盈利点，建立新的茶具产业发展盈利模式和发展模式。

（七）茶具人才培养市场大、国际合作前景广阔

强化人才支撑，推进茶具相关专业教育体系建设，建立以品德、能力和业绩为导向的职称评价、技能等级评价制度，拓展茶具专业人员职业发展空间，增强其职业荣誉感和社会认可度，推动各地保障和逐步提高茶具从业人员薪酬待遇。不断壮大以专业人才、技术工作者、服务工作者的茶具队伍，将会是未来行业发展的一大趋势。

人才，特别是专业人才，是茶具产业发展的基础。目前，人才已经成为制约茶具产业发展的重要因素，如何解决茶具专业人才的难题，不仅需要完善院校的茶具专业人才的教育体系，建立适应市场

需求的茶具专业，给茶具专业人才正确的导向，还需要建立茶具专业的职业类院校，培养专业的服务人才，目前国内还没有完善的培养人才的教学和实践体系，需要积极引进国外成熟的茶具专业人才的教育体系，深入研究，并结合国情，建立一套适合国情，具有国际化的茶具产业人才培养课程和实践体系，目前中国茶具技术联盟正在与美国、日本、澳大利亚、加拿大、意大利等国洽谈，交流专业茶具人才的培养体系方面的合作，并达成初步意向，引进国外的茶具技术人才培养，是快速建立我国茶具人才培养体系的重要途径。

（八）巨头合纵连横，行业集中趋势将更加显著

目前茶具行业基本上被少数巨头所把持，巨头市场地位稳固，只要不犯错后来者基本上难以撼动其领先优势。各大服务商在不断进行技术创新的同时，还积极合纵连横寻找盟友，整合各自服务与客户资源，优势互补。巨头通过抱团实现资源共享从而为客户提供更加全面优质的服务，实现共赢。用户从影响力、服务能力和可靠性角度也更愿意选择巨头联盟的产品，强者恒强市场集中度加速提升。

（九）建设上升空间较大，需不断注入活力

目前，我国茶具产业发展水平尚有上升空间。据调查，我国总体茶具的产业发展与活力水平指标的平均得分率为39.17%，其中企业创新政策和信息化政策支撑水平两个二级指标的得分率分别为38.80%和32.40%；电商交易商贸总额占比达到了茶具整体业务的一半以上。茶具产业发展需要不断注入活力，企业创新和企业信息化正式活力的源泉。而在企业创新方面，除茶具企业自发性形成创新氛围，推动茶具产业创新外，还需相关部门加以鼓励和引导。

（十）行业发展需突破创新瓶颈

茶具发展的一个趋势是智慧与生态将成为新标准和新亮点。这种趋势可以从三个层面上来看，一是客户的要求，从业人员对茶具的要求越来越高，对服务要求越来越精细化；二是政府的管理目标，原来只是为企业做好行业铺垫就行了，现在不行了，除了高品质的基础设施载体，还需要对行业规范、行业前景、行业趋势等方面有明确的方向指导，管理要求在不断提高；三是投资人的期望值，低端技术的产品价值现在很难提高，所以很多企业都在进行腾笼换鸟，通过产业升级来提高品质，来提高价值。因此茶具需要不断地提高自身的创新能力，突破行业瓶颈，实现高质量发展。

二、茶具行业概况及市场分析

（一）茶具行业结构分析

茶具行业的行业机构主要由原料及服务生产商、产品及服务集成商、设计规划商、行业产品与服

务代理、行业的产品与服务经销商与消费者等组成。

（1）原料及服务生产商，负责上游产品与服务，主要包括产品与服务的原厂商，包括各类原料厂商。

（2）产品及服务集成商，负责中间服务集成，主要为上游服务的再加工，上游服务的集成。

（3）设计规划商，负责产品与服务设计，主要为整个业务环节提供设计与规划。

（4）行业产品与服务代理，负责行业代理，主要包括代理上游产业提供的服务、产品。

（5）行业的产品与服务经销商与消费者，主要是行业经销商以及产品与服务的消费者。

（二）茶具行业PEST分析

1. 政策因素

（1）中央印发的《茶具行业发展“十三五”规划》，明确要求到2020年茶具行业将增加30%，各地方出台了地方政策，提高行业渗透率。

（2）2019 年茶具行业成为政策红利的市场，国务院政府工作报告指出茶具行业将会有利于提高民众生活质量。

2. 经济因素

（1）茶具行业持续需求火热，资本利好茶具领域，行业发展长期向好。

（2）下游行业交易规模增长，为茶具行业提供新的发展动力。

（3）2018年居民人均可支配收入28228元，同比实际增长6.5%，居民消费水平的提高为茶具行业市场需求提供经济基础。

3. 社会因素

（1）传统茶具行业市场门槛低、缺乏统一行业标准，服务过程没有专业的监督等问题影响行业发展。互联网与茶具的结合，缩减中间环节，为用户提供高性价比的服务。

（2）90后、00后等各类人群，逐步成为茶具行业的消费主力。

4. 技术因素：

（1）科技赋能VR、大数据、云计算、茶具、5G等逐步从一线城市过渡到二、三、四线城市，实现茶具行业科技体验的普及化。

（2）茶具行业引入企业资源计划（ERP）、办公自动化（OA）、员工帮助计划（EAP）等系统，优化信息化管理施工环节，提高了行业效率。

（三）茶具行业特征分析

通过对比茶具属性和核心服务模式，可将中国整体茶具行业分为五类，分别为创新型茶具、创投型茶具、媒体型茶具、产业型茶具和服务型茶具（图1）。此外，由于茶具行业仍处于初级探索阶段，整体服务模式与运营模式并不完全成熟。也存在如“产业+娱乐”“创投+游戏”等复合型茶具类型。

随着大众创业、万众创新政策红利淡出行业舞台，茶具服务类型回归商业本质。如何依托自身运营能力实现行业稳定发展，从而达到投资回报或商业落地的目的，成为行业核心探讨问题。在各类茶具中，由于产业型茶具多由企业主导，且与企业业务结合较为紧密。所以具有更高的商业落地可行性，成为行业核心探索方向之一。

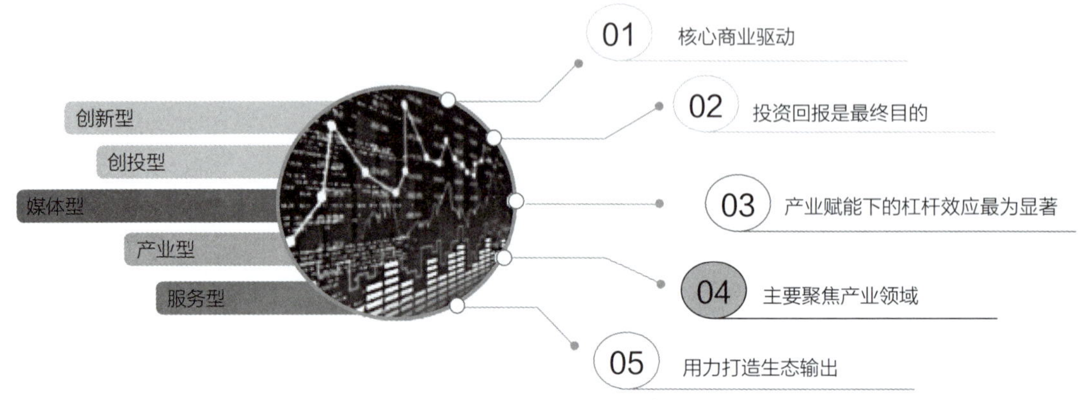

图1 中国茶具行业分类

（四）茶具行业国内外对比分析

国内外茶具的目标客户都锁定在早期、特定行业、具有商业前景的企业，致力于为其提供成长初期缺乏的资源，以协助其实现商业价值快速增长。根据价值链管理理论，可将商业模式内涵拆分为价值定位、价值创造、价值实现与价值传递四个维度（表1）。尽管在这四个维度内国内外茶具存在普遍的核心诉求，但受限于体制、经济与文化等方面差异，国内外产业茶具的探索方向及落地形式有所不同。国外茶具更注重创客文化及高技术投资回报，倾向于以获取企业股份或抛售在企业股票收获溢价作为主要的盈利方式，并形成持续自助经营能力，通过技术积累与项目展示收获口碑；国内茶具紧密围绕政策导向和产业价值定位制定预期发展目标，通过打通产学研加速资源交换与聚焦，为企业获得收益，不断积累资源与品牌影响力形成雪球效应。

表1 国内外茶具商业模式

<table>
<tr><th>内涵</th><th>国外茶具</th><th>国内茶具</th></tr>
<tr><td rowspan="2">价值定位</td><td colspan="2">聚焦于发掘早期初创型企业并助力其成长，快速提升其商业价值</td></tr>
<tr><td>促进创客文化形成，获得高技术商响业回报</td><td>应宏观及产业政策号召，吸引资源导入</td></tr>
<tr><td rowspan="2">价值创造</td><td colspan="2">通过提供服务、资本增值、社会回报获得有形及无形价值</td></tr>
<tr><td>技术交易、股权价值回报为主</td><td>增值服务、资金补贴为主</td></tr>
<tr><td rowspan="2">价值实现</td><td colspan="2">寻找合理的商业逻辑与实现渠道，获得企业成长与收益获得的双赢</td></tr>
<tr><td>股份转让、IPO等获取收益</td><td>政府补贴、税收分成、培训……</td></tr>
<tr><td rowspan="2">价值传递</td><td colspan="2">形成品牌效应，吸引更多优质企业和初创团队，扩散传播价值</td></tr>
<tr><td>理念宣传、技术交流</td><td>政府站台、双创活动、人脉推广……</td></tr>
</table>

三、茶具行业存在的问题分析

（一）政策体系不健全

国内茶具的政策体系、绩效考核体系以及执法监管体系仍很不完善，在体制、政策、法规方面有待进一步健全。以茶具行业为例，虽然任务目标定了，但是很多城市并没有出台相关措施。茶具行业标准、行业规范、行业制度等措施都未出台，产品和技术的操作准则也没有明确的指导。茶具行业空有地方的区域标准，却没有统一的国家标准，行业规范性成为空谈。另外，有利于茶具的价格、财税、金融等经济政策还不完善，基于市场的激励和约束机制不健全，创新驱动不足，企业缺乏茶具行业发展的内生动力。

（二）基础工作薄弱

茶具标准不完善，行业相关技术积累和基础设施都比较薄弱，相关体系建设滞后，管理、规范、产品、监测等能力亟待加强。目前而言，茶具管理能力还不能适应工作需要。

（三）地方认识不足，激励作用有限

一些地方对茶具的紧迫性和艰巨性认识不足，片面追求经济增长，对调结构、转方式重视不够，不能正确处理经济发展与茶具的关系，茶具工作还存在思想认识不深入、政策措施不落实、监督检查不力、激励约束不强等问题。

（四）产业结构调整进展缓慢

近年来，尽管我国政府颁布了有利于茶具的资源环境税收政策和消费税的结构调整政策，但是由于这两种税收的作用对象狭窄，因而对茶具主要服务和产品的生产及推广使用收效不大。可喜的是，企业所得税的两税合一，内外资企业同等待遇解决了多年来我国内外资企业面临的两套税制问题。两套税制把大量的税收优惠给予了外资企业，而未能按国家的宏观政策导向建立税收优惠。这种税制安排不仅造成了内外资企业的税负不公，而且对国家鼓励的茶具行业发展，对行业的高效率利用都是极其不利的。此外，我国的进口税收政策也存在类似的问题，亟待解决。

（五）与用户的互动需不断增强

随着用户侧、产业服务侧需求与服务的快速发展，尤其是随着茶具行业技术的大量投产使用，茶具数据流和信息流的双向互动不断加强，对行业运行和管理将产生重大影响。一是需要重点研究由此带来的传统产品特性的改变，建立数学、物理模型，解决行业用户迫切需要解决的相关问题；二是需要大力探索配套政策与商业运营模式，适应急速变幻的用户需求，丰富服务内涵，拓展茶具行业服务

领域和内容，促进茶具行业服务效率的提升，实现可持续发展。

（六）管理效率低

首先缺乏管理工具，流程还靠线下。茶具行业相关企业的很多产业流程等都是线下通过表格来管理，各方需求都是通过电话进行沟通，这种传统的管理方式不仅效率低下，而且容易出错，也会造成人工成本的浪费。缺乏ERP、OA等最基本的管理工具，直接导致运营成本高，效率低下。

其次运营团队欠缺，管理经验不足。由于传统的茶具行业的运营方，仍然是靠行业增量红利去盈利，比如一味地开拓增量市场等。对运营的重视程度不够，以至于运营团队欠缺。另外也不像大部分互联网公司那样能吸引到优秀的运营人员，本身重资产轻运营的模式也决定了茶具行业在互联网+时代走得很慢。

最后资产认识不清，变动无章可循。茶具行业除了硬件设备、各种资产设备以外，企业、用户以及由此产生的各种数据，都是行业资产，这些资产的原始情况，变动情况，生命周期如果无记录的话，就会导致管理无章可循。

（七）盈利点单一

现有的茶具行业盈利场景无外乎产品，服务增值费用，盈利点还是停留在行业本身层面，要想拓展新的盈利点，必须转变思路，打造更多新的场景。 茶具运营方需要突破“信息展示”思维，认识到茶具本质上是行业数据宏观服务汇聚，围绕茶具行业不同的人群进行打造，全面感知用户的需求，并通过PC和APP、微信等不同的终端和平台给用户提供全方位的服务。

（八）过于依赖政府，缺乏主观能动性

很多地方的茶具行业的基础设施建设往往依赖于政府投资，使得市场配置资源的基础性作用难以发挥，无法激发社会力量参与茶具行业的建设，很多企业还依靠长期的政府补贴来维持生计，难以从自身的产品和服务创新中找到自力更生的原动力，这种现状将导致茶具行业的建设难以持续推进。

（九）供给不足，产业化程度较低

由于基础设施匮乏、技术缺陷且积累不足、产业制度不规范等历史原因，导致茶具行业起步较晚。产品质量和服务不到位，行业供给不足，产业化程度较低等。这导致了用户需求难以得到及时的满足。行业急需提高产品及服务质量，优化基础资源配置，夯实产品技术更新迭代能力，解决用户迫切的需要和痛点。

四、茶具行业发展趋势

（一）宏观机制升级

在发展布局上，要从偏重茶具事业，转向偏向茶具产业；在服务对象上，要从单纯服务用户、服务项目，向全社会全行业提供服务；在企业单位支持上，要从偏重国企，向私有企业和混合所有制企业的方向转变；在服务提供方面，要从政府引导，向企业自主创新转变。

（二）服务模式多元化

我国的茶具服务模式相对比较单一。在城市，茶具公司一般不外乎行业巨头、上市公司、创业型科技公司、外包公司等几种，目前的茶具服务模式只能说是处于一种初级发展阶段，从西方发达国家的经验来看，它的发展必将在服务功能与类型上进一步细化、专业化、规范化、标准化和体系化。

（三）新的价格战将不可避免

目前的茶具产业，正处在新一轮价格战的前夜。在繁荣的茶具领域，行业巨头已经占据了很长一段时间。这些都被初创企业、业内上市公司看在眼里，未来的他们必然会通过积极的降价策略，削弱对手的优势。

（四）社会化特征增强

茶具当下正在向社会化模式靠拢。通过应用发布的行业技术数据，不仅可以使用传统的电子邮件分享，而且能够满足社会化媒体的需求，如微信、QQ、钉钉、微博等。社交媒体平台提供的各种监测功能，可以实时收集和过滤数据，企业和客户之间也可以通过这个渠道展开更便捷的沟通。

（五）信息化实施力度加大

信息化是茶具行业建设的基础。信息化是个老生常谈的问题，很多人可能觉得信息化无非就是上个OA、搞个ERP、后台统计几张报表，但其实这连信息化的门都没摸到。“数据结构化，流程标准化，业务在线化，沟通移动化”，让信息在各个组织和场景之间有序流动，并通过3D可视化建模让监测、查看、管理更直观更便捷，这才是信息化的终极目标。信息化的本质是数据的治理，也是打通各个系统的数据孤岛，结构化建模之后再进行展示。

（六）生态化建设进一步开放

1. 内生发展闭环，对外输出价值

当茶具行业的社区化运营属性越来越强，关联产业开始聚集时，就需要谋求内生发展，茶具需要打造一个服务平台，对内是一个合作协同的生态闭环，对外有开放统一的接口和品牌输出，既能引导资源的有效流动，又能促进产业规模效应，聚集人才和知识，进而提升供应链效率。

2. 开放平台，共建生态

茶具行业服务平台方，不再是单向地控制和输出，而是要借助技术手段搭建基础在线平台，通过规则引导企业产出优质的内容和服务，激活企业间的交流和合作，挖掘更多产业链上的需求，从而有针对性配套服务并引导资源有效配置。这样的平台才能够进行思考和迭代进化。

（七）呈现集群化分布

目前各地都在推茶具项目建设，类型也比较多。一般当地已经形成一定规模的会在原有基础上提升智能化，如果没有基础比较好的项目基础，当地就会打造出新的茶具项目。

随着各地茶具建设风生水起，中国茶具建设已经在地域分布以及建设模式方面形成了一定的特色。

在地域分布上，中国茶具建设已经初步呈现出集群化分布，且有由东部沿海地区向内陆地区拓展的特征。有报告分析，从国家级茶具项目建设情况来看，已经形成“东部沿海集聚、中部沿江联动、西部特色发展”的空间格局。

环渤海、长三角和珠三角地区以其雄厚的工业园区作为基础，成为全国茶具建设的三大聚集区；中部沿江地区借助沿江城市群的联动发展势头，大力开展茶具建设；广大西部地区依据各自建设特色，也正加紧茶具建设。未来一段时间，中国中西部地区茶具建设或将迎来全新的建设浪潮。从目前情况来看，各地打造的茶具水平参差不齐，有好有坏。总体来说，一般东部发达地区的茶具相对来说会更加成熟一些。但目前中西部茶具打造势头也十分强劲。

（八）各信息化厂商推动“茶具”建设

厂商推动下茶具建设的商业模式，大的特点就是整个茶具的规划设计中通常所设计的领域都比较少，定义也比较狭小的，也就是我们经常看到，在茶具的目标拆分与落地时，被落实为比较大概念的行业应用。推动这种商业模式建设的主要厂商有国外的厂商，国内的互联网巨头，典型城市代表就是北上广。

（九）政府采购政策加码

为了缓解我国经济社会持续快速发展所面临的资源紧张和产品服务质量的双重压力，根据中央精

神，我国应该加快产品政府采购的步伐。一方面，政府采购要从已经得到认证的那些产品中，选择社会需求量大而且节能效益显著的产品，然后再逐步拓宽政府采购的范围；另一方面，可以总结近年来政府采购产品的工作经验，部署下一步工作的重点领域。

（十）政策手段的奖惩力度加大

通过企业所得税的税收优惠政策促进国家茶具等技术行业战略目标的实施，这需要从当前经济发展的全局着眼，多方引导，突出重点，充分发挥企业所得税制度在促进茶具方面的政策效应。从我国的实际情况来看，一方面要充分考虑目前我国茶具的总体要求和各企业茶具自身的特点；另一方面还要考虑企业所得税制度的政策功能特征及其作用规律，实事求是地设计出既科学合理又简便易行的企业所得税茶具优惠政策体系。

当前我国的经济发展已经进入了一个新阶段。茶具不仅是国际化的大趋势，也是基于中国国情的一个正确选择。茶具是我国未来趋势之一，促进中国经济社会长期可持续发展的重大战略安排，要逐步完善相应措施机制建立一个新兴生态。

五、茶具行业竞争分析

目前，我国茶具领域主要有独角兽为首的初创公司，上市公司和互联网巨头三个大阵营。三方阵营不断加码布局茶具相关行业，推出了一系列针对不同应用场景的茶具产品，涵盖了安防、金融、商业等各个行业应用领域。

（一）中国茶具行业品牌竞争格局分析

在不同应用领域，茶具行业品牌的知名度不一样。按照茶具技术的应用维度分析，可以分为政府、企业和个人消费者，其中政府部门一般希望茶具技术应用在智能安防领域，应用场景复杂，对准确性的要求较高；个人消费者应用场景复杂性低，但对消费体验要求较高。按照茶具技术的供给维度分析，茶具技术能够提供的产品主要划分为工程项目、硬件及软件技术。

（二）中国茶具行业竞争强度分析

1. 中国茶具行业现有企业竞争情况

目前，茶具行业中企业数量不多，且各自应用于不同的细分领域，相互之间竞争压力较小。

2. 中国茶具行业上游议价能力分析

茶具行业中茶具行业的主要原材料包括电子元器件、线材、电脑配件、包装材料等，该类产品多为通用、标准化产品，供应商众多，竞争充分，因此茶具行业对上游议价能力较强。

3. 中国茶具行业下游议价能力分析

茶具行业下游应用主体包括个人、企业和政府机构，应用领域包括金融、安防、教育、交通、社交娱乐、社保等，由于下游用户数量多，茶具行业对下游议价能力较强 。

4. 中国茶具行业新进入者威胁分析

新进入者在给行业带来新生产能力、新资源的同时，将希望在已被现有企业瓜分完毕的市场中赢得一席之地，这就有可能会与现有企业发生原材料与市场份额的竞争，最终导致行业中现有企业盈利水平降低。

5. 中国茶具行业替代品威胁分析

两个处于同行业或不同行业中的企业，可能会由于所生产的产品是互为替代品，从而在它们之间产生相互竞争行为。

六、茶具产业投资分析

（一）中国茶具技术投资趋势分析

结合近几年我国茶具技术商业化进程及投资现状，前瞻产业研究院分析认为，2021年茶具技术的商业化程度将进一步提升，而随着商业化程度的不断提升，我国茶具技术领域的投资也将从目前的风投为主逐步向企业间的投资兼并过渡，尤其是对于一些希望快速切入茶具领域的企业来说，通过并购方式切入具有快速布局的优点。同时，随着茶具技术的逐步成熟和商业化，行业领先企业的竞争地位将逐步得以巩固，对于一些创业型企业来说，向风投机构寻求融资的门槛也会随之提高。

（二）中国茶具行业投资风险

（1）**服务更新速度慢**　茶具服务更新速度不够，不能及时适应用户的需求。

（2）**服务体验有待提高**　茶具服务体验不够，无法获得用户的青睐。

（3）**信息不对称**　为用户提供专业的信息获取与共享服务不能满足茶具信息化需求。

（4）**咨询与管理不够**　茶具行业现有的咨询角度不能深入用户需求与痛点

（三）中国茶具行业投资收益

以茶具的投资收益来看，目前国内的茶具的开发在收益模式上主要有三种形式，即产品售卖、服务增值、产品和服务结合；对于大型公司则存在茶具建设与经营管理相结合的经营模式以及茶具建设与经营管理相分离的经营模式。

茶具除产品本身之外，管理和服务才是茶具项目最大的赢利点。在茶具管理方面，由于种种服务形势有别于其他资源，因此，茶具服务费的收取标准采取相对高价位标准。其次，除了常规的服务，针对用户的需求，茶具服务也包括了定制化服务等。

综合分析茶具行业的市场需求、现状、规模、挑战、竞争情况、政策环境、发展趋势、前景预测等行业调研。根据茶具行业以往投资回报率，结合行业的近几年的复合增长率分析，未来几年的茶具产业行业投资预期客观，预期收益将会达到120%以上。

（执笔人：赵鹏）

第九部分

资本运作

2020中国茶业资本运营发展报告

和君集团

2020年疫情之下，中国茶产业逆势而上。优异成绩离不开政府的大力支持，也离不开茶企和全体从业人员的共同努力，还离不开一股无法被忽视的力量资本的助力。

2020年度茶行业投融资案例共11起，多家茶企提交登陆主板申请。中茶和澜沧古茶争创主板“茶叶第一股”，八马茶业聘任中信证券担任首次公开发行A股股票并上市的辅导机构。资本青睐新式茶饮的热度不减，获得多轮融资的喜茶、奈雪、沪上阿姨、7分甜等企业2020年再度获得资本的青睐，高瓴资本、龙珠资本（美团旗下）、深创投、顺为资本（法人雷军）等国内顶级风险投资基金投资金额从数千万至数亿元不等。定位做茶包品牌和专业茶服务的CHALI茶里也获得了碧桂园创投、温氏投资、易凯资本未来产业基金等资本机构的投资。在资本的助力下，在新三板上市的茶企逆势上涨，美灵宝增加1336万元，丽宫食品增加1204万元，茗皇天然增加1045万元。

一、茶产业升级，资本力量不可或缺

（一）中国绝大多数茶企无法通过自然成长做大做强限制中国茶产业发展

中国茶企规模普遍偏小，经营水平低，难以自然发展壮大。中国茶企整体呈现小散乱弱。中国茶企企查查数据显示，我国在业/存续“茶叶”相关企业多达147.72万家，但资产达到亿元的企业仅87家，10亿元以上企业仅区区6家。整体商业运营水平很低。企业老板、从业人员整体素质不高，营销团队能力偏低。大多数企业老板从茶农转变而来，缺乏市场意识和管理意识，更无资本意识，小富即安，缺少做大做强的意识。缺乏高手，思想保守封闭，又不愿意请高手。企业经营能力有限，无力高薪聘请高能力人才，企业经营水平无法升级。

难以自然发展壮大的茶企，无法通过企业兼并做大做强。家庭联产承包责任制的背景下，中国茶园分散，多掌握在农民手中，经营水平、管理水平不高、资金实力有限的茶企，无力通过兼并其他茶企将茶园等重要资源集中而做大做强。部分资金实力稍强的茶企虽然通过茶企兼并，集中了产业资源，但因优秀人才匮乏，经营水平、管理水平、组织水平不高，无法发挥规模优势做大做强，仅靠政府扶持，勉强维持。

（二）茶产业利润主要集中在产业链上游，产业畸形阻碍产业发展

在家庭联产承包责任制的背景下，作为产业核心资源的茶园分散在一家一户的农民手中。中国茶企受规模实力限制，无力将这核心产业资源掌控，所以绝大多数规模茶企，不掌握茶园，只掌握销售渠道。产业链上游，农民将生产的原料卖给产业链中游分散的小茶厂，开始集中，小茶厂将初制茶卖给下游的渠道茶企，进一步集中。具有组织能力、掌握了市场渠道茶企相对分散的茶农和茶厂，在竞争中占据了绝对主动权，这导致仅90%产业链利润集中在了产业链下游的茶企，而上游的茶农和中游的茶厂仅得到10%。这种现状导致下游的茶农种茶收入低，积极性不高，无力提升种植水平，原料品质难以保障，产业链中游的茶厂因收入低优化加工设备，费时费力的手工制茶技艺沦为表演技艺。由于产业链上游和中游无法提升，导致产业链下游的营销问题重重，农药茶、香精茶、假冒茶等，阻碍了产业发展。

（三）结合资本进行产业整合是中国茶产业升级的苦口良药

只有在资的推动下，茶企方能吸引高水平人才，提高经营水平和管理水平，实现传统产业向现代产业转型。茶企整合产业链上下游，实现全产业链贯通，更离不开资本。提高茶叶品质，打造强大的市场品牌，布局线上线下多渠道，拓宽海外市场，同样需要资本。

借助外力，做大企业规模，吸引高层次人才，提高经营、管理和组织水平，整合产业链上下游茶企，补齐产品链各个环节的短板，实现产业链整体价值提升。最典型的案例是安吉茶产业集团，在和君咨询蒋同团队的策划下，安吉县政府一方面成立安吉茶产业集团；另一方面联合具有国企背景的安吉城投集团、万向信托联合发起2亿元的产业投资基金，定向投资安吉茶产业集团。壮大实力的安吉茶产业集团，沿着产业链上游基地、中游生产工艺、下游销售整合关键资源和行业内外优秀人才，每个链条环节都有关键人才把控。典型“人才+产融互动、整合的战略”。对安吉县内2家省级标准化名茶企（峰禾园、千道湾）和安吉白茶电商企业（芳羽）的并购重组，将形成了安吉白茶的产业航母，实现安吉白茶在华东林交所大宗农林产品现货电子交易平台挂牌上市。安茶集团打造了企业品牌“极白”，采用的统一品牌策略。极白在2016年短短一年里，改变了安吉白茶小散乱弱的局面，极白在行业建立广泛影响力。极白营销网络近2500家，与鸣龙联手，与八马1000多家经销商合作，一时成为行业其他产茶区纷纷学习的榜样。

二、茶产业资本运营的现状

（一）茶领域融资能力不足，与白酒等行业差距大

2020年茶领域融资11起，相比2019年、2017年、2016年有所下降（图1）。横向对比同处于快

消品赛道的酒行业，2020年投融资项目多达25个。在A股尚还没有一家茶叶上市公司，而白酒行业多达18家。除了天福在港股上市，安徽谢裕大、松萝茶业等15家茶企均在新三板上市，近几年新三板融资情况并不乐观，继八马茶业、中吉号退出新三板，2020年底厦门茶人岭电子商务股份有限公司（股票简称：茶人岭）和黄山王光熙松萝茶业股份公司（股票简称：松萝茶业）也已退出新三板。

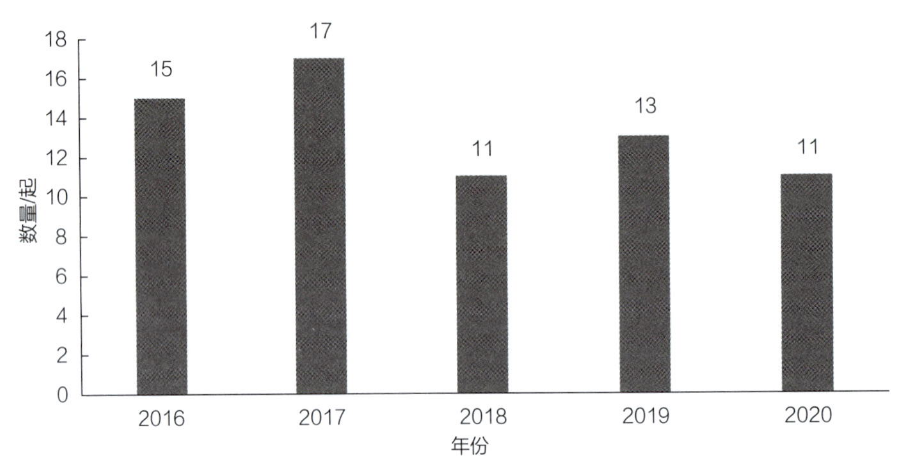

图1 茶行业融资事件数量

数据来源：互联网公开资料（蒋同团队整理）

（二）传统茶企积极拥抱资本，但难获资本青睐

多家茶企冲击主板。2020年6月18日，中国茶叶股份有限公司向上海证券交易所递交招股说明书，拟募集5.4亿元用于产能建设、营销网络及品牌建设。2020年6月22日，普洱澜沧古茶股份有限公司披露招股说明书，拟上市深交所中小板。2020年9月，中信证券受聘担任八马茶业首次公开发行A股股票并上市的辅导机构。

2020年茶行业共发生的11起融资事件，主要集中在新式茶饮和新式茶包领域，并没有传统茶企（表1）。

表1 2020年茶行业融资事件

融资时间	项目名称	类别	投资机构	融资阶段	融资金额
2020年2月19日	斟茶记	新式茶饮	未知	战略投资	2000万元
2020年3月23日	喜茶	新式茶饮	Coatue 高瓴资本	战略投资	未知
2020年6月9日	奈雪的茶	新式茶饮	深创投	B轮	近1亿美元
2020年6月29日	古茗奶茶	新式茶饮	红杉资本、龙珠资本	战略投资	未知

续表

融资时间	项目名称	类别	投资机构	融资阶段	融资金额
2020年7月22日	LELECHA乐乐茶	新式茶饮	深圳市商源盛达创业投资合伙企业	战略投资	金额未知
2020年7月28日	茶找佳人	茶室	晨峰资本、美富创投	种子轮	数百万元
2020年10月27日	7分甜	新式茶饮	内向基金、顺内向基金、顺为资本	A轮	1.5亿元
2020年11月13日	一包生活	袋泡茶	梅花创投、众麟资本	战略投资	金额未知
2020年11月24日	沪上阿姨	新式茶饮	嘉御资本	A轮	近亿元
2020年11月30日	茶里ChaLi	袋泡茶	温氏投资、碧桂园投资	B轮	亿元级
2020年12月1日	小满茶田	新式茶饮	元禾原点、尚承嘉资本	Pre-A轮	数千万元

资料来源：互联网公开资料（蒋同团队整理）

（三）资本热衷新式茶饮、新式茶包

2020年的投融资案例共11起，其中有8起为新式茶饮。在披露融资金额的融资案例中额度过亿或近亿达3家：沪上阿姨（近亿人民币）、7分甜（1.5亿人民币）、奈雪的茶（近1亿美元）。对比往年资本对茶行业整体小规模的融资，投资人更倾向于加大优质项目的投入。

新式茶包也受到资本关注。2020年11月30日，新式茶包头部品牌茶里CHALI完成了亿元级的B轮融资，10年多达6次融资，也让其问鼎融资次数榜首。本轮融资由碧桂园创投领投，温氏投资、易凯基金跟投，融资将主要用于渠道拓展和南沙工厂研发中心建设。另一家新式茶包企业一包生活也获得了梅花创投、众麟资本的战略性投资，具体投资金额尚未披露。

越来越多投资机构出现在茶饮赛道。除了美团旗下的龙珠资本、天图资本、高瓴资本、IDG、红杉资本等投资多次的“熟面孔”外，2020年涌现出不少新面孔，雷军的顺为资本首投7分甜，碧桂园创投则领投了新式茶包品牌茶里CHALI，而投资喜茶的美国对冲基金Coatue也是首次涉及新消费品牌，Coatue之前主要投资互联网产业，曾投资国VIPKID、美团和滴滴出行等。

新式茶饮的腰部品牌也开始吃香。茶饮市场下沉的趋势越加明显，除了喜茶、奈雪、沪上阿姨等头部品牌获得了较大金额的融资，7分甜、古茗奶茶、斟茶记等腰部品牌也获得了不同程度的资本的支持。其中7分甜获得了小米雷军的顺位资本领衔的数个投资机构1.5亿元的融资，古茗奶茶获得了红杉资本和龙珠资本的战略投资，斟茶记也获得了2000万元的战略投资。

稳健性投资为主，天使轮投资减少。2020年早期投资（种子轮至A轮）占比明显减少，相比2018年的73%、2019年的69%，2020年仅有36%。投融资机构对新式茶饮更趋向于稳健性投资（图2）。

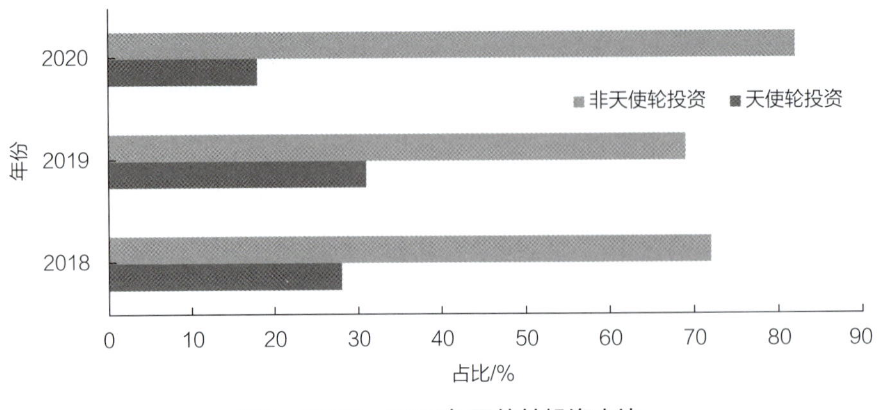

图2 2018—2020年天使轮投资占比

资料来源：互联网公开资料（蒋同团队整理）

（四）多地政府成立产业基金，支持茶产业发展

为了解决茶企难以从银行贷款、股票发行门槛高等难题，多地政府成立产业引导基金推动茶产业发展。2020年8月武汉市成立武汉茶产业发展基金，推动茶产业创新、培育市场主体，营造良好的发展环境，引导外资、民间资本对茶产业投入。湖北襄阳市政府提出市、县财政共同出资设立茶产业发展基金，重点用于支持龙头企业及茶产业发展。

三、资本助力茶产业发展所面临的问题

（一）传统茶企缺乏创新、企业运营规范度不够，难以借力资本获得发展

多数茶企无法跳出一片叶子，除了茶形、香气、滋味等似乎找不出其他价值点，毕竟真正能区分出香气、滋味微弱差别的只有那些审评专家和资深茶客，消费者往往在这些同质化的产品中间难以选择。产品包装过于传统、严肃，缺乏时尚性和趣味感，与消费者尤其年轻群体的消费需求越来越远，难以获得广泛的市场认同。反观获得资本青睐的茶里、一包生活，以市场为导向，在产品形式上创新，通过立体透明三角袋、原叶茶，解决了职场年轻群体简单喝茶的需求，除了滋味口感开发出助睡眠等健康功能性强的产品和冷泡茶等口感独特的产品，满足了目标群体的需求，获得了市场的广泛认同。

除了产品上缺乏创新，传统茶叶产业的工业化进程缓慢，依然还停留在手工化、非标产品的农产品阶段，关键流程上，主要还靠人工经验判断。这种传统的生产加工模式，限制了茶企的生产能力，难以满足市场根据季节、节假日等波动式的市场需求。

企业运营不规范，也阻碍资本的介入。很多茶企的经营者多从茶农转变而来，企业管理层呈现明显的家族特征，企业管理重要的职位都是由家族成员担任。家族企业的常可能出现的问题如排外心理、滥用权利、任人唯亲、缺乏激励和企业文化等阻碍资本投资机构对公司投资的信心。

正是基于这种现状，除了八马茶业、小罐茶等少数有市场影响力茶企能资本借力，目前大多数茶企难以借力资本发展。缺少了资本助力，多数茶企难以突破“经营水平低—业绩差—无力提升经营水平—业绩差”的恶性循环。虽然少数地方政府尝试借用产业基金，推动产业发展，但因操作难度高，仅安吉白茶等少数茶区取得了成功。

（二）多数茶企经营者对资本的作用缺乏认知，甚至排斥资本

多数中小茶企的经营者对于资本陌生，他们融资来源更多靠银行抵押贷款，甚至是民间借贷。在茶企老板们看来，资本融资只会把他们辛苦打拼的天下与别人分享，股权比例变少，让他们如同割肉。用银行贷款或民间借贷，虽然要支付利息，但企业做大了，还是自己的。因为缺乏资本运作意识，通过银行贷款和民间借贷所获得的资金量有限，导致企业发展缓慢。但茶企老板们宁肯发展缓慢发展，也有保障自己在产业中的地位。茶企老板尚未能认识到只有把整体蛋糕做大，股东们获得利益方能有实质性增加。

（三）资本介入多为短期行为，缺乏中长期投资，对产业的促进作用有待提升

虽然有古茗奶茶、斟茶记少数腰部企业获得资本投资，但资本对茶行业的投资主要集中在头部企业，其投资目是通过推动具有潜力的头部企业快速上市，完成套现。目前对茶企尤其是传统茶企进行长期投资的投资机构过少，资本对茶企发展的促进多为短期效应，如何吸引资本、有效的利用资本，提升资本对产业的促进作用是行业面临的难题。

四、建议

一是茶企要跳出传统的产品模式和经营模式的束缚，以市场为导向，通过产品和商业模式创新进行价值创新，增强对资本的吸引力。市场对优质多元化茶饮产品的需求与低质同质化的茶饮产品供给矛盾突出，茶饮市场虽然局部饱和，但仍有较大增量市场，尤其是35岁以下的年轻群体。传统茶企要充分了解消费升级大背景下，茶饮消费趋势的变化。一定要出圈，跳出茶叶圈子，跳出传统的经营模式，紧跟消费需求，来做产品创新和模式创新。

二是茶企要加速向管理规范、产权清晰的现代化茶企发展，增强资本投资的信心，加大资本投资的力度和深度，借力资本促进产业发展。

三是政府要创新融资方式，一方面要巧用产业引导基金，解决产业发展的资金问题；另一方面通过产业整合促进产业集中度和规范化发展。2015年和君集团蒋同团队协助安吉县政府设立安吉白茶产业投资基金，对白茶产业进行扶持，引导社会资本投向现代农业，推动了安吉白茶产业朝健康、持续的方向发展，值得地方政府参考学习。

（执笔人：胥佰涛）

第十部分

行业宣传

2020中国茶业自媒体发展报告

福建说茶文化传播有限公司

数字化时代的当下，自媒体产业在人们日常生活中的应用也更加广泛，这间接促进了我国茶文化、茶产业的发展和传播。2020年，新冠肺炎疫情在全球的爆发将人们逼到“线上”，意外加速了线上业务的快速增长。

本报告从自媒体角度，分析2020年度中国茶业自媒体发展现状、取得的主要成果及最新进展、现存主要问题等方面，探索有利于茶业发展的新机遇并提出了相关建议，以期促进茶业经营和茶文化传播的健康发展。

一、发展现状

（一）自媒体定义

自媒体是私人化、平民化、普泛化、自主化的传播者，以现代化、电子化的手段，向不特定的大多数或者特定的单个人传递规范性及非规范性信息的新媒体的总称。在宽泛的语义环境中，自媒体不单单是指个人创作，群体创作、企业自媒体账户等都可以算是自媒体。

（二）发展现状

《中国互联网发展报告（2021）》发布截至2020年底我国网民规模为9.89亿人，移动互联网用户超16亿，为自媒体营销奠定了强大的客户基础。

整体上来看茶业自媒体相较于传统媒体，拥有较为强烈的主体意识，呈现出更为明显的个性化、多元化，传播效率、时效性都有较大提升提升。同时，由于自媒体用户数量规模庞大，覆盖范围也非常广泛，当有新闻出现以后便会引起公众效应，从而形成强大舆论，使信息拥有极其强大的影响力。

目前茶业自媒体有个人自媒体、企业自媒体、媒介类自媒体、政府自媒体等类型，以图文、直播、短视频等为主要内容创作方式。政府类茶业自媒体，主要以产区政府自媒体为主，公信度高，但是地域限制强，内容形式单一；媒介类自媒体，传播意识较强，自媒体平台矩阵较为完善；企业自媒体，用户黏性强，但是容易出现“自卖自夸”的现象；个人自媒体，传播度高，内容多样，但公信力低。

以媒介类自媒体为例，目前茶业媒介类自媒体，普遍在2003年以后成立，15年前后到达高峰，主要以公众号和抖音号为内容输出平台。与其他行业大号相比，目前茶业媒介类自媒体并无大号出现，单个公众号粉丝数普遍在10万以内，头条平均阅读量普遍低于5000。从调研100条抖音点赞量10万多的茶视频（2021年1月份调研数据）来看，茶业媒介类自媒体的短视频内容仅2条超过10万，均出自说茶传媒。

就目前而言，茶业自媒体矩阵正在逐步完善，头部媒体逐渐显露，说茶传媒、茶频道、茶周刊、茗边、茶业复兴等第三方茶业自媒体，也借助自媒体的发展从区域性茶业媒体，逐渐走向全国。

随着自媒体的发展，八马茶业、华祥苑、中茶、小罐茶、竹叶青等品牌茶企也纷纷入局，借用互联网工具，捕捉消费者需求，和消费者建立可持续的沟通，从而实现市场份额的稳固提升和品牌的崛起。此外，如懂茶帝、岩茶教室等以强烈的内容风格和茶叶专业性，吸引了大批的粉丝，最终实现茶叶线上销售。因此，本质上属于内容吸粉、电商变现的盈利模式，与“媒体”的相对公益属性有本质差别。

与此同时，一些个人IP属性较强的自媒体也开始百花齐放，如茶界小学生、啖茶论道、小陈茶事等。

二、取得的成果及最新进展

（一）短视频走红，民生和三农视频备受关注

随着移动通信技术的发展，快手、抖音、视频号等短视频平台如火如荼，新冠肺炎疫情期间全民直播成为常态。短视频平台的出现改变了以往大自媒体账号为主的情况，中小型创作者发展的空间越来越大，其中以“三农”为主题以及与民生相关的视频身受网民的喜爱。

从短视频平台抖音调研的2020年100条抖音点赞量10万多的茶视频来看，茶新闻短视频内容涉及的都是民生和三农，属于行业大事件，故而这个系列的视频热度高，点赞量也大幅高于其他类别的茶视频，调研的100条茶视频中点赞量100多万的有5条，其中2条出自茶新闻，另外2条茶基础知识短视频，1条搞笑类茶视频。

目前，茶业短视频创作内容主要涉及茶生活、茶基础知识、茶礼仪、茶健康、茶新闻、茶加工、茶市场、茶营销七大类，其中茶生活又可细分为搞笑类、技能类、情感类等，类别多样，可操作性强，故而占比最多。

（二）满足网民好奇心，茶业自媒体+电商融合效果明显，县市长直播带货成热潮

伴随着中国数字产业经济的快速发展，中国茶叶市场也逐步走出实体经营模式，开启更适合当代消费者的线上销售模式，自媒体电商模式的发展，也将进一步推动茶产业线上化。

同时，随着城镇化的发展，人们对于传统的制茶技术和深山的茶园了解较少，而自媒体短视频、

直播不仅可以完整展示茶叶的生长环境和制作过程等。通过自媒体平台，网民看到茶叶完整的生产过程，一方面可以提高自身的参与感与好奇心；另一方面，可以亲眼监督见证茶叶的质量安全，极大程度上增强了消费者对茶叶安全的信心及购买欲望。因此，自媒体电商优势逐渐显现出来。

2020年，是茶行业的直播元年。在疫情影响下的营销环境、传播生态发生变化，极大地推动了数字化的进程，大量的经济活动、商业事务乃至生活方式都在植根于线上模式，使得直播成为一种常态。在疫情常态化防控情况下，业内重要茶事活动均采用了直播的互联网手段。今年春茶采摘上市期间，“云赏茶”成为各地产茶开茶节的关键词。因受疫情影响，2020年茶博会集中在下半年开展，并纷纷采用“云看展”的模式让全国各地的客商、爱茶人与茶博会进行互动。

商务部数据显示，2020年一季度为例，各大电商平台与农产品相关的直播超过400万场，100多位市长县长走进直播间为当地农产品“代言”。从新闻主播、明星、网络达人到领导干部，乃至农民群众纷纷参与直播带货，特别是以市长县长为代表的地方领导干部，一改往日严肃形象，频频“出镜”上直播。县市长扎堆直播卖茶，也成为2020年茶行业的热潮。

2020年春茶季，由中国农业国际合作促进会茶产业委员会、中国农业电影电视中心《乡土》栏目、腾讯新闻、中国（北京）国际茶业及茶艺博览会组委会等共同组织的第二届春茶采购节（线上）大型推介、对接线上直播活动，是所有县市长直播卖茶活动中，上线人数最高的一期。

4月26日下午到凌晨，安徽六安、宣城、黄山三市共11位分管县市长，分别向茶友们推介泾县兰香、郎溪黄茶、六安瓜片、霍山黄茶、黄山毛峰、太平猴魁、祁门红茶、黟山石墨茶等多种当地特色茶叶。

4月2—3日，中国茶叶流通协会等联合抖音共同举办的“县长来直播”春茶专场活动。来自杭州西湖风景名胜区、浙江新昌县、湖南安化县等地的5位负责人化身“主播”，轮番在抖音直播间里向网友们推介浙江西湖龙井、钱塘龙井、新昌大佛龙井、广东新会小青柑、湖南安化黑茶等优质茶叶，达成累计成交额为911万元。

疫情发生后，县市长纷纷直播卖茶，解决当地茶叶滞销问题带来立竿见影的效果，帮助茶农迅速打开销路。2020年3月份，喜欢玩抖音的陈灿平开始了他的第一次直播带货卖安化黑茶，从“教授县长”摇身一变成了“网红县长”。据安化当地统计，2020年3月到8月，陈灿平做了300余场直播，总销售额1500多万元，位于抖音茶类主播前列。如今，这位网红县长的粉丝数已超过55万，是平台上拥有实名认证的“县长之首”。

此外，还有“带货一哥”福鼎市长袁华军，在短短2小时的直播时间里就售出51760单，总成交金额超747万元！疫情期间，来自湖北英山县长田洪光也多次走进直播间，对当地特色茶叶作专场推介……县市长直播带货“各显神通”，为2020年茶业发展注入了强劲的动力。

与此同时，随着基础设施及快递配送体系的完善，加之智能手机的普及以及线上app操作变得越来越简单，自媒体短视频的消费引导等一系列原因，除了年轻消费群体，中老年人也逐渐享受到线上购物带来的便利性，成为线上消费不可或缺的主要群体之一。自媒体助力线上消费者不断增加，电商与自媒体的融合真正抓住了时代的契机，朝着平台化、智能化的方向迈进。

三、现存主要问题

自媒体改变了信息传播的方式和速度，有利于人们获得更多自身需求的信息，已成为人们最喜欢的信息获取与发布渠道。从实际情况来看，自媒体平台变得越来越多，信息传播速度变得越来越快。很多热点社会事件在自媒体平台上传播，以裂变式的速度引发广大网友的关注。但自媒体由于发展时间较短、发展快速等原因，其本身的劣势和引发的问题变得越来越明显。主要表现如下。

（一）管理困难，公信力低

自媒体由于用户过多、素质参差不齐等，使其在管理上存在较大难度。传统媒体的工作者自身素养高，在新闻素材与主题的筛选上较为严格，内容具有非常高的真实性。而自媒体行业，参与门槛低，发布与传播信息的人数和平台过多，使得很多观点没有多加佐证便被发表出来，此外，部分素质较低的自媒体为博取关注度，经常散播不实的新闻。而且，部分自媒体为了吸引人们的好奇心和兴趣，利用“标题党”的形式，骗取点击量、转发量等，都严重影响了互联网网络环境的正常发展和自媒体的公信力。

2020年疫情期间，“茶叶可以杀死新冠病毒”的谣言便在各个自媒体平台广泛扩散，更有专业人员的辟谣视频被断章取义后进行二次传播，一时间茶行业的“营销谣言”泛滥。引得人民日报、新华网等多家央媒也纷纷出来辟谣。

（二）缺乏采编能力，报道深度无法控制

自媒体人员准入门槛低，且没有传统新闻记者所具有的采访权限以及在工作方面的需求，通常难以持续进行较为深入的报道。而且茶业具有一定的专业性，这就需要创作者具备一定的文化素养，知识储备和辨析能力，以免发生人同质化的情况。根据当前茶业自媒体情况来看，主要发布的是个人观点，内容上相对较为狭隘，而且内容质量参差不齐、同质化严重，在一定程度上限制了茶业自媒体的发展。

中华茶文化源远流长，底蕴深厚，自媒体的出现使茶文化得到了广泛的传播。自媒体在丰富人们精神文化生活的同时，因其传播海量信息的良莠不齐，增加了舆论生成的复杂性。碎片化、娱乐化的当下，使人失去自主思考和判断的能力，部分自媒体从业者便根据人们的猎奇心理，采取哗众取宠、标新立异、断章取义、歪曲事实、偷换概念等手法，制作背离事实的内容或者截取事件部分予以传播，骗取点击率，误导读者，不利于茶文化的传播与推广。而且，自媒体在进行拍摄短视频或者发表评论过程中，通过剪辑或者美化等造成不当引导，会造成舆论对新闻事件产生“一边倒”的现象，如果声势过大，还会影响舆论监督的方向。

（三）人才短缺严重，变现能力差

由于互联网的快速发展，对于新事物、新职业、新技术等，学校的教育往往是滞后的。因此，自

媒体专业人才从整个大市场来说都是匮乏的。比如自媒体编辑，看似普通的岗位，却需要从业者有一定的文学素养、审美基础以及传播学技能与精准的预判能力。同时，伴随着短视频和直播的崛起，衍生出来自媒体电商新模式。社区电商、社群电商、直播带货、内容电商等也随之快速发展，全媒体、全网营销的概念逐渐走进大众视野，然而相关专业人才的培养周期，往往赶不上互联网的变化之快。

茶业自媒体要实现长足发展，必须打造持续变现的能力。目前茶业自媒体的表现途径主要有：输出优质内容、广告推广、直播带货等多种方式。但是，由于上述出现的种种问题，导致目前茶业自媒体的变现能力普遍较差，有些企业自媒体甚至变成了公司负担。

四、发展建议

新零售、数字化的背景下，茶业自媒体是推广茶文化、扩大茶叶企业知名度，增加销售量的重要途径，与时俱进的自媒体营销策略是茶企提升市场竞争力的关键环节。自媒体以快速的传播和良好的互动性，提高大众茶叶制作流程和专业知识的了解程度，帮助企业树立品牌形式，形成良好的品牌效应，让越来越多的人了解中国的茶文化。茶行业需要借鉴自媒体优势重新制定茶文化传播、营销策略，使自媒体成为茶行业舆论构建、助力企业销售和主推乡村振兴的积极力量和途径。

（一）加强监督管理，促进融媒体发展

自媒体在发展过程中应该加强监督力度，并且要保证内容的可读性，需要发挥当地政府的作用，介入网络市场的管理，使其在市场管理中更加均衡、权威、有效，确保市场安全标准。同时，要完善监管手段，加强与信息安全机构的合作，搭建第三方监管平台，实现多层次监管。在提高监督管理透明度的同时，可利用政府+传统媒体的自媒体“矩阵”力量，加强舆论监督，从而与社会公众进行有机互动，发挥自身的公信力，又便于提升公众监督的力量，为自媒体的发展提供良好的环境。

（二）改进茶叶生产技术推广模式

当下我国茶叶技术推广模式多为政府主导、多方共同参与，主要依赖于专业技术人员到相应产地提供技术指导，需要耗费大量的人力、物力、财力，在一定程度上制约着茶叶生产技术推广的范围及效率。当下短视频具有成本低、投资少、传播速度快、传播范围广的天然优势，打破农业技术推广的局限。因此专业技术人员可通过视频讲解的方式，将重要技术内容有效准确的传达到任一有需要的农户手中。同时，为了避免指导乱象的发生，茶叶生产技术推广人员要重视自身专业素养的提高，确保传递给农户的信息是准确；自媒体平台要加大作品的监管力度，把好审核关，防止虚假信息胡乱传播现象的发生；最重要的是，茶叶生产者要提高信息的甄别能力，有选择的关注官方账号，听取专业人员给出的建议，并结合生产实际，理智接受指导意见，避免产生重大无法弥补的损失。

（三）促进自媒体+电商的融合，拓宽茶叶销售渠道

随着“互联网+”时代和电子商务市场的不断发展，需要建立与之匹配的创新型服务。网络销售成为当下热点话题，农户们很大程度上依赖着批发商上门收购或将茶叶送到专门的回收点的传统销售形式。但由于疫情和市场大环境的影响，如今茶叶产能过剩、竞争力大，出售难度加大，茶叶堆积在库时有发生。因此，茶叶销售亟须发挥自媒体的平台优势，加强自媒体与电商渠道的融合，拓宽销售渠道。同时，还需加大网络销售的推广与培训，正确引导农户的互联网销售意识。

（四）吸引、培养专业人才，优化自媒体营销团队

对于茶叶企业而言，自媒体营销想要取得更好的效果，离不开一支专业团队的配合，以保证内容制作的专业度。优秀的茶业自媒体营销，除了从多种途径聘请专业人才加入，要还需要充分挖掘消费者的心理，了解顾客心理需求，提供针对性的产品介绍，充分调动顾客的购买欲望。同时，可以加强校企融合的资源优势，建立专业培训班，培养创新型技术人才，有针对性地做好课程管理工作，培养既具备一定茶叶专业知识，契合电商理念，又能胜任自媒体工作的综合型人才。

茶业各从业人员，充分发挥自媒体营销价值充分认识和利用自媒体平台的营销价值，抓住其带来的机遇。茶叶企业在进行自媒体营销时，要具有品牌和创新意识。在视频和文字内容制作上可以结合当下热点。例如，近年来国内大力开展精准扶贫，茶叶企业可以利用自身资金优势收购当地优质茶叶，并借助自媒体平台，进行产品推广和品牌介绍，不仅可以为企业树立良好的品牌形象，同时还能在助力乡村振兴中发挥重要作用。此外，当下“国潮”风行，企业可以对茶叶产品外包装进行全面升级，打造优势国货产品，为茶叶注入传统文化气息，刺激消费者的购买欲望。

（五）利用自媒体延伸茶叶产业链，促进“三茶”发展

近年来，茶产业在促进乡村振兴、脱贫攻坚等方面发挥了重要作用。随着市场和科技的发展，传统茶饮不断升级创新，新式茶饮纷纷崛起，围绕茶叶展开的三产融合也越发深入。尤其是以茶文化为核心内涵茶文旅融合新模式，依托茶叶产地自然山水和生态旅游资源优势，坚持生产、生态和生活的有机融合的茶乡旅游，发展潜力巨大。茶业自媒体可以借助其信息传播的巨大优势，为全产业链延伸发展注入新活力，加大对茶叶产品及茶叶文化旅游的大力宣传，让群众感受其魅力，提升消费力度。

自媒体时代，茶业发展的机遇与挑战并存。我们必须不断更新发展观念，在茶业发展中转变主流思路，依靠自媒体平台拉近茶叶与群众之间的距离，不断拓展销售渠道，让茶叶更加深入现代生活，并绽放出蓬勃的生命力。

附录

附录一　2020中国茶产业数据

一、2020年全国各地区六大茶类产量

单位：吨

地区	绿茶	青茶	红茶	黑茶	黄茶	白茶
江苏	8900.00	0.00	3100.00	0.00	0.00	0.00
浙江	172000.00	400.00	9000.00	5500.00	200.00	1000.00
安徽	118900.00	0.00	10700.00	400.00	8700.00	200.00
福建	103286.87	215906.00	43281.47	0.00	0.00	55656.90
江西	57800.00	562.40	18113.45	10.00	210.50	1380.00
山东	26000.00	100.00	3100.00	100.00	100.00	200.00
河南	65000.00	0.00	16000.00	0.00	0.00	0.00
湖北	241097.78	1592.50	46174.66	59852.70	239.00	1614.41
湖南	104240.00	2545.00	41169.00	86490.00	3912.00	2470.00
广东	48000.00	51000.00	13900.00	2000.00	600.00	500.00
广西	43095.22	174.91	20188.84	20285.65	226.00	725.16
海南	400.00	0.00	200.00	0.00	0.00	0.00
重庆	32900.00	0.00	8200.00	2200.00	0.00	0.00
四川	269701.00	4213.00	13222.00	27211.00	267.00	729.00
贵州	286211.04	0.50	80567.19	15401.09	0.00	3455.92
云南	181252.54	1279.41	72482.99	148886.83	0.00	4921.84
陕西	82690.96	10.00	4752.86	4986.70	1.00	554.20
甘肃	1235.80	0.00	112.20	0.00	0.00	70.00
合计	1842711.21	277783.72	404264.66	373323.97	14455.50	73477.43

注：缺少台湾省数据。

二、2020年全国各地区茶园面积

单位：万亩

地区	年末实有茶园面积		2020年比2019年增加情况		本年采摘面积
	2020年	2019年	增量	增幅/%	2020年
江苏	50.80	50.77	0.03	0.06	45.20
浙江	307.50	306.00	1.50	0.49	285.50
安徽	286.32	280.25	6.07	2.17	282.85
福建	335.40	327.80	7.60	2.32	320.00
江西	169.00	164.85	4.15	2.52	157.00
山东	39.00	35.60	3.40	9.55	35.00
河南	205.20	174.50	30.70	17.59	183.60
湖北	513.71	495.00	18.71	3.78	389.00
湖南	274.00	266.30	7.70	2.89	258.00
广东	104.08	100.08	4.00	4.00	93.67
广西	118.23	115.63	2.60	2.25	121.00
海南	3.32	3.62	-0.30	-8.29	1.80
重庆	78.20	70.28	7.92	11.27	66.90
四川	586.00	575.00	11.00	1.91	446.24
贵州	716.31	698.70	17.61	2.52	619.22
云南	709.70	699.90	9.80	1.40	630.00
陕西	233.00	215.40	17.60	8.17	204.80
甘肃	17.92	18.19	-0.27	-1.48	12.40
合计	4747.69	4597.87	149.82	3.26	4152.18

注：缺少台湾省数据。

三、2020年全国各地区茶叶产量

单位：吨

地区	茶叶产量		2020年比2019年增加情况	
	2020年	2019年	增量	增幅/%
江苏	12000.00	15352.00	-3352.00	-21.83
浙江	188100.00	181096.10	7003.90	3.87

续表

地区	茶叶产量		2020年比2019年增加情况	
	2020年	2019年	增量	增幅/%
安徽	138900.00	137094.25	1805.75	1.32
福建	418131.24	412000.00	6131.24	1.49
江西	78076.35	73403.00	4673.35	6.37
山东	29600.00	26620.00	2980.00	11.19
河南	81000.00	75303.00	5697.00	7.57
湖北	350571.05	335400.00	15171.05	4.52
湖南	240826.00	223111.00	17715.00	7.94
广东	116000.00	103496.30	12503.70	12.08
广西	84695.78	88312.03	-3616.25	-4.09
海南	600.00	920.00	-320.00	-34.78
重庆	43300.00	41241.00	2059.00	4.99
四川	315343.00	300951.00	14392.00	4.78
贵州	385635.74	286046.00	99589.74	34.82
云南	408823.61	399957.00	8866.61	2.22
陕西	92995.72	91682.50	1313.22	1.43
甘肃	1418.00	1396.80	21.20	1.52
合计	2986016.49	2793381.98	192634.51	6.90

注：缺少台湾省数据。

附录二　2020中国茶业价格指数

一、2020年五峰茶叶价格指数

（一）坚持疫情防控，狠抓市场培育

面对突如其来的新冠肺炎疫情，湖北西南茶叶市场坚持一手抓疫情防控，一手抓市场培育，把疫后重振作为工作的着力点，使疫情对市场的影响降到最低限度。一是制定严格的疫情防控方案和防控措施，并把任务落实到人；二是对进入市场的人员严格执行扫健康码、测体温和登记制度，常抓不懈，长期坚持不放松；三是立足服务茶农、茶企、茶商，加大宣传推介力度，完善市场服务功能，落实培育市场政策措施，降低疫情对市场的影响，2020年交易量和交易额分别为2.28万吨、13.42亿元，较2019年分别上涨203.6%、200.3%，实现翻番；四是向五峰慈善总会捐款6万元，用于新冠肺炎疫情防控工作。

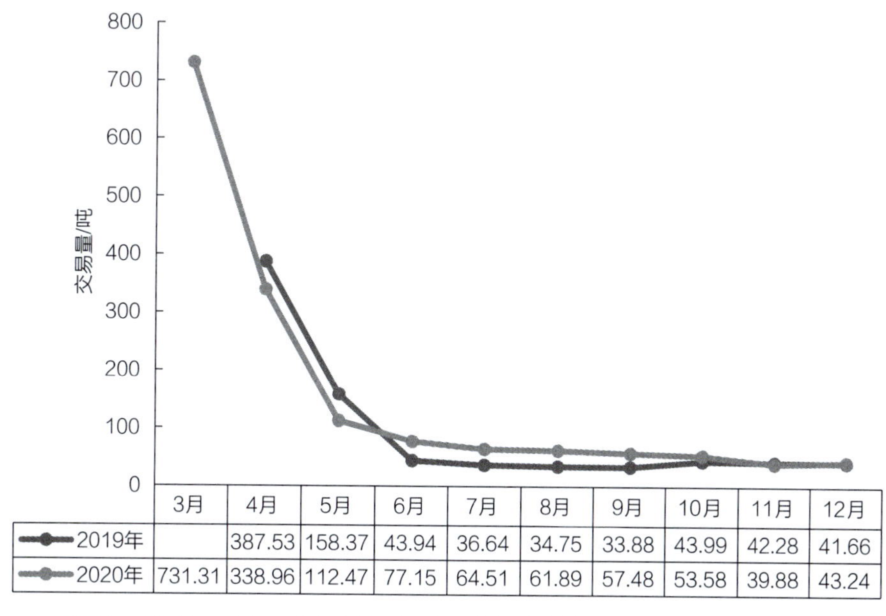

	3月	4月	5月	6月	7月	8月	9月	10月	11月	12月
2019年		387.53	158.37	43.94	36.64	34.75	33.88	43.99	42.28	41.66
2020年	731.31	338.96	112.47	77.15	64.51	61.89	57.48	53.58	39.88	43.24

附图1　2019—2020（12月）中国茶叶指数之地方名茶指数——五峰茶叶

（二）引领作用显著，助力产业发展

茶叶是五峰的支柱产业，湖北西南茶叶市场为茶企、茶商、茶农搭建了良好的服务平台，通过3

年的市场培育，市场的知名度逐年提高，进入市场采购的外地茶商逐年增多，交易量大幅增长，市场引领作用、支撑作用、集聚功能明显发挥，有效地推动了茶产业的转型升级，为五峰扶贫攻坚、产业发展做出了积极贡献。一是茶企与茶商合作增多，“来样定制”成为新的合作模式，如山东茶商陆续携带样品前来五峰茶企考察，现场指导茶叶加工技术；二是茶叶生产周期延长。以往茶企重在春茶，如今诸多茶企重视夏秋茶生产，茶叶资源利用率提高；三是茶叶品种增多。通过市场可以反映出客户所需茶叶品种，为茶商、茶企、茶农提供决策依据。茶叶加工企业一改过去埋头生产、忽视创新的状况，主动根据市场需求调整产品结构，香茶、白茶、扁形茶、黑茶等新产品不断涌现，产品品类增多、产品特色增加；四是引导品种改良。开发基地引进茶叶新品种，黄金芽、龙井43、中黄、中白等新品种落户五峰，南河茶叶示范基地的成功，带动了周边乡村茶叶品种改良的积极性，新品种种植面积逐步扩大；五是线上线下齐给力。疫情挡不住五峰茶的销售活力，楚盈春、万绿等电子商务平台通过线上交易，把五峰茶销往全国各地，有效降低了疫情对市场的影响。

（三）落实培育措施，增强茶商信心

五峰县委县政府高度重视湖北西南茶叶市场的培育和发展，对市场培育期内的物流补贴、茶叶采购商奖励、经销大户奖励、租金补贴以及为外商免费提供住宿等出台了一系列优惠扶持政策和措施。湖北西南茶叶市场通过印发资料、播放视频的方式对政策措施进行广泛的宣传，使入驻市场的茶商、茶企和外地采购商充分感受到县委县政府对市场的重视和关怀。同时，按规定兑现相关政策，有效地激发了市场活力，市场入住率提高到98%；十大名茶进入市场，外地采购商明显增多，市场交易量大幅提升。

（四）做好服务工作，强化宣传推介

市场引进了供销e家五峰电子商务运营中心、五峰全域旅游集散中心的基础上，中通快递、申通快递、德邦快递、百世快递、邮政快递、山鹰物流以及湖北银行等单位，使服务功能进一步完善，为茶商、茶企提供良好的物流快递、装卸等服务。一是继续实行商铺租金“租三年免一年”的优惠政策，降低茶商经营成本，减轻茶商负担；二是快递物流进入市场，并提供上门服务，给茶商创造了良好的物流快递条件；三是宣传接待工作，全年累计接待考察调研团队20余批次1200多人次，为吸引、汇聚全国各地茶商到湖北西南茶叶市场发展营造了良好氛围。

（五）2021年工作思路

2021年西南茶叶市场运营目标：销售量3万吨，销售额突破18亿元。将继续争取市场培育政策措施，惠及茶农、茶企、经营户和客商，促进市场更加繁荣；做好“24小时在线茶市”创建工作，建立综合营销模式，完善运行机制，提高运行质量和效率，通过在线茶市宣传五峰茶叶品牌，使峰茶走出湖北，覆盖全国；做好市场推介工作。积极配合开展大型茶事活动和招商活动，加强与友好茶市的互

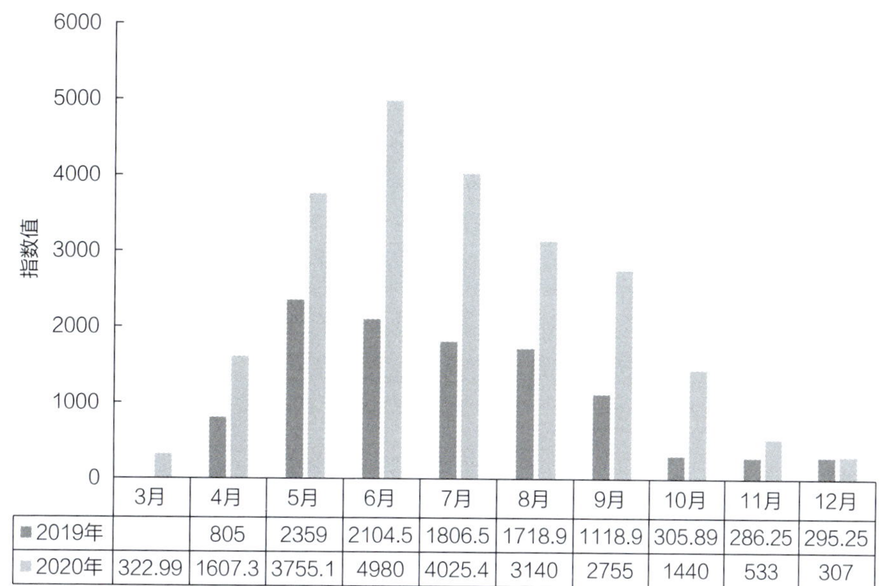

附图2　2019—2020（12月）五峰西南茶叶市场交易量

（注：“中国茶业指数之地方名茶指数——五峰茶叶”编制单位为中国茶叶流通协会、五峰土家族自治县人民政府、五峰西南茶叶市场）

动交流，积极开展市场推介工作；做好市场服务工作。加发挥入驻市场的物流、快递、冷库、电子商务、银行、精制服务等功能的作用，为市场茶商提供良好服务。

二、2020年安溪铁观音价格指数

（一）2020年度茶叶行情

以下采样数字仅限于茶都市场毛茶交易量情况。

2020年1—12月安溪茶叶批发市场市场交易量17959.4吨，比去年同期18892.7吨，减少933.3吨，下降4.9%；交易额266464.15万元，比去年同期264407.58万元，增加2056.57万元，上升0.78%；平均单价比去年同期升4.1%（附表1）。

附表1　2020安溪茶叶批发市场交易情况

月份	交易量/吨	交易额/万元	单价/（元/斤）
1	1126.00	13984.92	62.10
2	0	0	0
3	778.80	7414.18	47.60
4	1282.60	11697.31	45.60

续表

月份	交易量/吨	交易额/万元	单价/（元/斤）
5	1703.00	24897.86	73.10
6	1381.00	14362.40	52.00
7	1345.00	12912.00	48.00
8	1267.00	11656.40	46.00
9	2571.00	31880.40	62.00
10	3213.00	94462.20	147.00
11	2107.00	28739.48	68.20
12	1185.00	14457.00	61.00
小计	17959.40	266464.15	64.78

（二）市场2020年度茶叶销售形势分析

1．产量较去年同期相比总体产量下降

今年受新冠肺炎疫情影响，全国各地进行紧急战备状态，茶都关闭交易市场，2月份市场零交易。在疫情相对稳定后，3月份下旬茶都才逐步开发市场交易，但交易量还是相对去年同期减少一半左右。

新冠肺炎疫情期间无外省客商入市现场采购，茶农采制茶叶积极性不高，买卖双方主要通过电话、微信等方式订货，以物流形式发货，市场交易量大幅下降。

2．质量价格与去年相比略有提升

一是适度稀植、茶树留高、茶园土壤深翻、梯壁留草有机肥替代化肥等科学管理方式普遍推行，茶园肥力提高，使茶青内含物增加，茶叶肥厚，茶青原料质量大幅提高，为制好茶提供了原料支撑。安溪铁观音大师赛的持续举办，形成了“种好茶、制好茶”的浓厚社会氛围，茶农更加用心钻研好茶。茶叶集中采制期间气候条件较好，茶树长势良好，为好茶的制作提供了必要的条件。

二是重摇青、重发酵的传统制茶理念强势回归，拔高茶叶整体质量。

三是好茶好价，效益明显。祥华旧寨、龙涓南崎、感德槐植等产茶名村的制茶能手所制茶叶大多是茶商上门抢购或电话订购，而且供不应求，好茶好价更加明显。

四是茶品多元，效益明显。黄旦、梅占等名优品种由于多元的适制性，不少茶农根据茶叶的适制性和市场需求加工茶品，虽然产量有所减少，但比较效益更显著，价格上涨，茶农的积极性更加高涨。

五是线上交易，效益明显。受疫情防控影响，一些省外茶商今年没有到安溪进行现场选购，而是采用电话、微信等形式向安溪茶商、茶农订购茶叶，传统的面对面交易逐步向掌上交易、诚信交易加速转变。另外，“网红+直播+带货”的模式属于当前热点，我县的茶企、大师、茶商纷纷拓展直播市场，效果比较显著。

（三）2021年安溪铁观音的销售预测

安溪县政府通过实施适度稀植、合理留高、梯壁留草、绿色种管严控茶园管理，茶叶生长环境得到更好的优化，茶农自觉采好茶制好茶的意识也进一步增强。经过政府的引导，更多茶农看中茶品质的提升，不再一味追求量上的增加，把更多精力投入到打造品质上，预计2021年的茶叶产量基本保持平衡，但茶叶质量将继续呈现上升趋势，预计均价仍可保持15%左右的增幅。

（四）最新茶叶销售价格信息

据实时交易数据显示，1月份毛茶批发均价为68.5元/斤，较去年同期增长10.3%。临近春节，市场销售态势良好，消费档次以中高档茶为主，市场销售单价以400～600元/斤较为畅销。

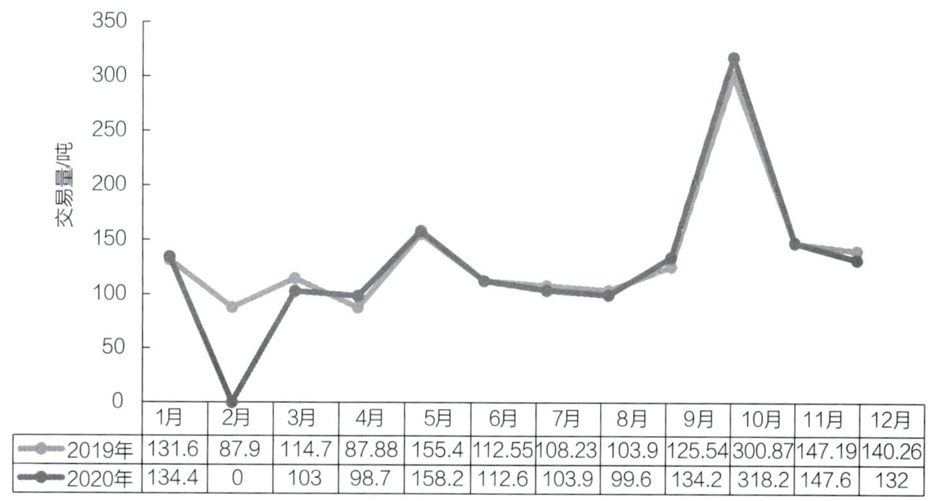

	1月	2月	3月	4月	5月	6月	7月	8月	9月	10月	11月	12月
2019年	131.6	87.9	114.7	87.88	155.4	112.55	108.23	103.9	125.54	300.87	147.19	140.26
2020年	134.4	0	103	98.7	158.2	112.6	103.9	99.6	134.2	318.2	147.6	132

附图3　2019—2020（12月）中国茶叶指数之地方名茶指数——安溪铁观音

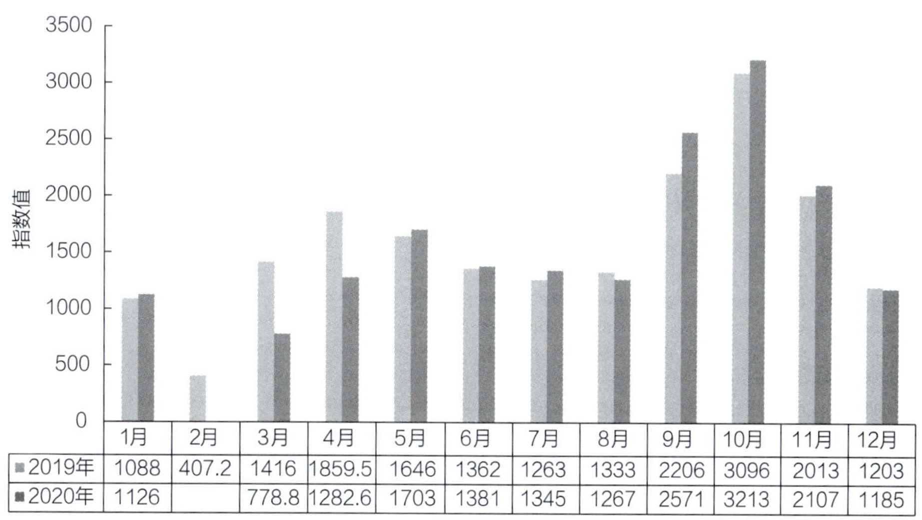

	1月	2月	3月	4月	5月	6月	7月	8月	9月	10月	11月	12月
2019年	1088	407.2	1416	1859.5	1646	1362	1263	1333	2206	3096	2013	1203
2020年	1126		778.8	1282.6	1703	1381	1345	1267	2571	3213	2107	1185

附图4　2019—2020（12月）安溪中国茶都铁观音交易量

（注："中国茶业指数之地方名茶指数——安溪铁观音"编制单位为中国茶叶流通协会、安溪县茶叶管理委员会、安溪中国茶都）

三、2020年大佛龙井价格指数

截至2020年12月底，中国茶市交易总量17052.07吨，比2019年17506.30吨，减少454.23吨，下降2.59%；交易总额55.14亿元，比2019年55.71亿元，减少0.57亿元，下降1.02%。从市场统计数据分析，2020年茶类交易趋势呈现出：龙井茶交易量略有下降，但交易额有所增长，红茶、黑茶青茶及其他绿茶降幅较大。

附表2　2019年、2020年茶叶市场交易情况

茶类	2019年		2020年		增幅/%	
	交易量/吨	交易额/亿元	交易量/吨	交易额/亿元	交易量	交易额
龙井	15669.27	47.58	15511.61	48.80	-1.01	2.56
红茶	757.60	4.36	712.31	3.85	-5.98	-11.70
黑茶	79.86	0.407	52.76	0.237	-33.93	-41.71
青茶	386.571	1.009	262.184	0.629	-32.18	-37.63
其他绿茶	613.00	2.354	513.20	1.632	-16.28	-30.67
合计	17506.30	55.71	17052.07	55.14	-2.59	-1.02

（一）龙井茶交易量降价增

据统计，中国茶市2020年度龙井茶交易总量15511.61吨，比2019年15669.27吨减少157.66吨，下降1.01%；龙井茶交易总额48.80亿元，比2019年47.58亿元增加1.22亿元，增幅2.56%。按产茶的季节分析，市场呈现以下特点。

1. 春茶交易量小幅下降，交易价好于往年

据统计，春茶交易量5499.11吨，比上一年春茶交易量5621.68吨，减少122.57吨，降幅2.18%；交易额32.54亿元，比去年春茶交易额31.52亿元增长3.25%；交易均价591.72元/千克，比上一年春茶交易均价560.63元/千克，增幅5.55%。

今年的春节遇上了新型冠状病毒疫情的暴发，为确保茶市和业主的安全，积极响应省一级防控和县疫情防控领导小组要求，认真落实防控措施，自1月底市场暂停营业，防疫期间市场交易影响直接，年初交易量减少明显。到2月26日市场复市，刚好本地乌牛早少量开始采摘上市，经营户也普遍反映，今年的春茶，整体而言，外观、香气、滋味都好于去年，因疫情外地早春茶未能采购，多数茶商库存少，因此，新茶上市交易价较高。尤其是本地的大佛龙井中高档龙井茶交易价比往年好，高档的大佛龙井交易价在1800元/千克以上，中高档的大佛龙井交易价都在1000元/千克以上。尤其是性价比最好且受市场青睐的600～800元/千克的大佛龙井中档高山茶成为抢手货，出现供不应求的状况。

进入四月，气温逐渐回暖，雨水充沛，春茶进入旺销时期，需求量较大交易价格坚挺，平均交易价格增加20元左右，茶农利好，普遍受益。但到了4月下旬，谷雨后气温转高，茶叶品质略受影响，质量有所下降促使价格下滑。茶农也纷纷提前修剪茶树，来市场交易的茶农逐渐减少，茶市交易量随之减少。茶农及经营户反映："今年的乌牛早优势明显交易时间长且量增价好，而高档龙井43#品质好，价格高，交易持续天数不长，起落较快"。

2．夏茶交易量、交易价均实现增长

统计显示，夏茶交易量4237.64吨，比上一年春茶交易量4089.65吨，增加148吨，增幅3.62%；交易额6.466亿元，比去年同期6.025亿元增长7.32%；平均交易价152.59元/千克，比去年夏茶交易平均价格147.32元/千克增长3.58%。

谷雨过后，由于气温升高，茶农纷纷提前修剪茶树，比上一年较早的结束了春茶生产。尤其是今年农历的"闰四月"，相对气温要比往年偏低，对修剪后的茶树抽芽十分有利，夏茶前期长势良好，相比去年有所增产。入夏以来，连续多天的阴雨天，气温较低，非常适宜茶树的生长，茶农适时采摘青叶加工，使干茶均衡上市交易。夏茶前期生产增产明显，七月夏茶生产略有减幅。5月、6月交易均价延续了春茶末交易价的势头，同比保持增长。主要原因：一是今年夏季雨水调匀，光照充足，持续高温天气少，茶叶的香气和色泽要好于往年，促进了交易价格上涨；二是采购商利用网络直播带货的人数明显增多，推动了价格的上扬。茶市经营户纷纷反映，销地市场的茶商对夏茶需求量明显增加，都是当天采购，当天打包发货。

3．秋茶交易量下降，交易价略微上涨

市场统计，秋茶交易量5678.57吨，比上一年秋茶交易量5850.22吨，减少171.65吨，降幅2.92%；交易额9.62亿元，比去年交易额9.85亿元下降2.30%；秋茶交易平均价格169.44元/千克，比上一年秋茶平均交易价格168.35元/千克，增幅0.65%。

进入8月后，天气逐渐凉爽，早晚温差大，使茶叶生长茂盛，茶农普遍反映秋茶生产加工延续了春夏茶价涨收增的好年景。尤其是茶农在提升品质上下功夫，从采芽匀称、炒制提香、色泽鲜亮等环节严格把关。市场普遍反映，今年的秋龙井品质大有提升，也让茶农卖出了好价钱。市场交易也呈现了交易价格持续增长的好势头。

（二）红茶、黑茶青茶及其他绿茶交易量减额降明显

今年春节前后因受新冠病毒疫情影响，福建、贵州、云南、浙南等外地其他茶类的新茶进入茶市少，当市场一复市本地新茶就上市，加上省外销地市场受疫情影响复市迟，导致茶商部分新茶囤积，未能及时外销，部分茶商销售状况不如往年。4月份以前，多数销地市场还未正常复市，外地茶商对疫情下的茶叶需求量处于不确定状况，部分茶商心有顾虑，担心收下来卖不出去，导致茶市2020年红茶、黑茶、青茶及其他绿茶类的交易量和交易额都呈不同程度下降。

（三）品牌化成为市场营销的竞争手段

从往年新茶上市时间看，外地龙井茶交易明显增多，尤其浙南地区的市场扁形绿茶上市比我们早10天左右，不但在时间上有先机，在价格上有优势。而龙井茶在绿茶品种中誉为“绿茶皇后”，深受消费者青睐，也正因为如此，龙井茶的交易价格透明度高于其他绿茶，竞争更是日趋激烈。

但随着龙井茶消费市场竞争的激烈化，消费市场对于茶叶品牌消费意识在不断强化。中国茶市的经销商也反映，采购商对龙井茶的产地、品牌、品质也更加理性化。围绕品牌价值形成涉及各类茶叶的生态环境和内在品质不同，不同品牌的龙井茶交易价格也呈现出交易差价。品牌化的市场营销策略也进一步促使茶企为了夯实竞争实力，十分注重品牌营销，在追求品牌化的道路上正在提速前进。据中国茶市的调查，大佛龙井在众多龙井茶产区中，以高山的生态环境和较高的加工技能以及优先一步的品牌优势获得市场竞争优势，交易价格明显高于周边县市的龙井茶，如春季大佛龙井茶交易价要高于浙南地区的龙井茶为300～400元/千克，要高于周边县市的龙井茶100～200元/千克，并且保持了大佛龙井良好竞争优势。可以说，品牌价值已成为茶叶市场营销的竞争手段。

（四）电商采购增量明显

随着茶叶企业在电商领域的不断切入，茶叶电商网络交易额的增长速率明显高于行业增速，电商来茶市采购中档龙井的采购量增长明显。初步统计，电商采购量同比增长20%左右。另外，国内网络直播带货的蓬勃发展及国外代购龙井茶的兴起，又使茶商多了新的销售渠道。今年每个交易日聚集在茶市直播带货的主播超过15人。

（五）茶叶加工的产业化程度提高

近几年来，县政府高度重视茶农生产加工茶叶的产业化程度，以市场为导向，在政策上大力扶持规模化、标准化、清洁化的茶叶生产加工规模企业和专业合作社，以自然村为单位的规模加工模式悄然发展，加工大户收购茶农采摘的青叶统一加工，逐步取代了一家一户自采自炒的零散加工模式。为此，加工大户来茶市投售交易的户数明显增多，而零星来茶市投售的茶农随之减少。一方面反映出茶叶的产业化加工程度显著提高；另一方面市场也反映大佛龙井的品质明显提升，有力地促进了大佛龙井稳步持续发展。

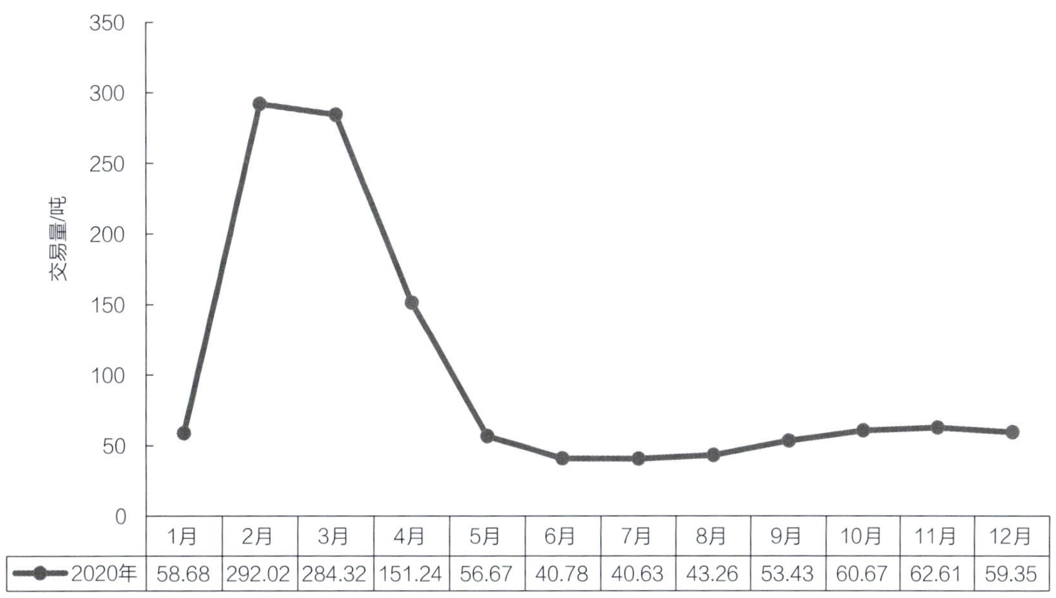

附图5 2020年1—12月中国茶叶指数之地方名茶指数——新昌大佛龙井

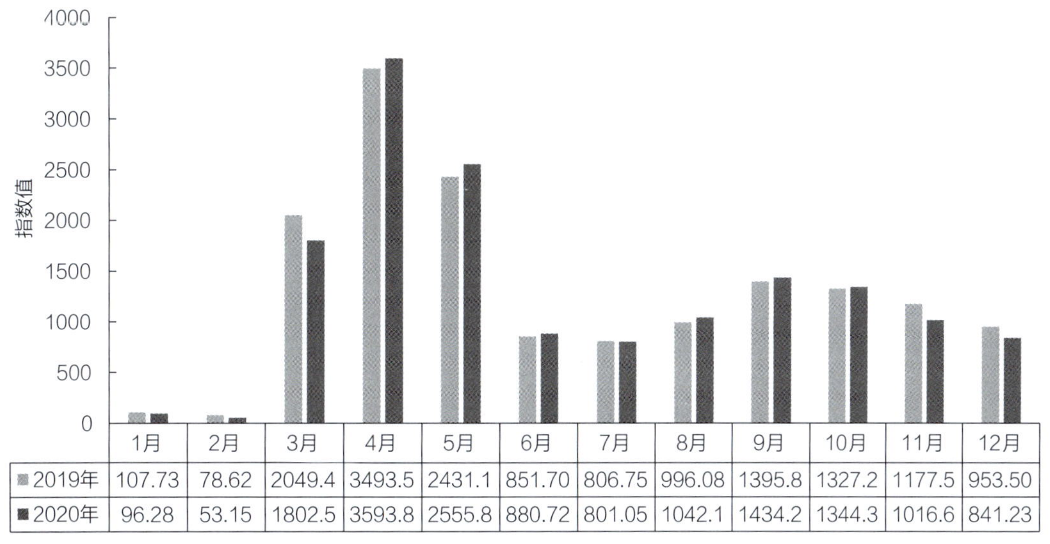

附图6 2019—2020（12月）新昌中国茶市交易量

（注："中国茶业指数之地方名茶指数——新昌大佛龙井"编制单位为中国茶叶流通协会、新昌县人民政府、中国茶市）

四、2020年松阳绿茶价格指数

2020年注定是不平凡的一年。新冠疫情突发，自1月23日起浙江省启动重大突发公共卫生事件一级响应，松阳县从1月26日开始行动，浙南茶叶市场也随之闭市。之后周密部署，制定《浙南茶叶市场能行证办理使用方案》，通过网上预约、现场核验、取证入场、现场监督等措施，经过前期演练，浙南茶叶市场在报松阳县新型冠状病毒肺炎疫情防控指挥部备案后，于2月24日有序开市，是全国同类市场中第一个开市交易的市场。

按照“网上市场交易和实体市场交易并举”的思路，升级了浙南茶叶市场网上商城平台。全年市场交易总量为8.09万吨，交易总额62.09亿元，同比增长1.13%和0.53%。其中市场店铺交易量为8.01万吨，比去年增加了167吨，浙南茶叶市场网上商城交易量为733吨，交易额9216万元，实现“防得住疫情，闻得见茶香”。

（一）市场店铺交易量增

2020年松阳县早春茶生产之际，正值新冠疫情严管期间，再加上早霜冻恶劣天气的双重影响，政府鼓励茶农们调整茶类生产结构，采摘部分名茶后直接留养，在后期采制高档香茶、红茶原料。因此2020年松阳本地香茶在质量和数量上都有明显提高。早期浙南茶叶市场刚开市时，由于人员及物流的严格限制，能进市场交易的茶叶数量仅占到65%左右。直到全省重大突发公共卫生事件响应等级降级，疫情防控成常态化后，各地茶商迫不及待地赶往浙南茶叶市场收购茶叶，同时贵州、四川等地的茶叶也开始源源不断涌入浙南茶叶市场。早春茶的影响逐步被后期的市场需求给替代，虽然市场比往年少交易一个多月的时间，但在10月底，市场的交易量开始反超去年同期。

（二）市场店铺交易额涨

2020年早期高档名优茶由于数量较少，单价相比往年增长5%～10%。近两年来，市场中毛峰比例持续增长，红茶销售较为疲软，本地茶叶与外地茶叶价格相差近25%，而本地的各个茶树品种间效益不均，黄叶类茶的价格在所有茶树品种中拔得头筹，其中黄金芽和黄金叶两个品种的价格相对较高。2020年夏秋茶时期的价格较2019年同期涨10%左右。

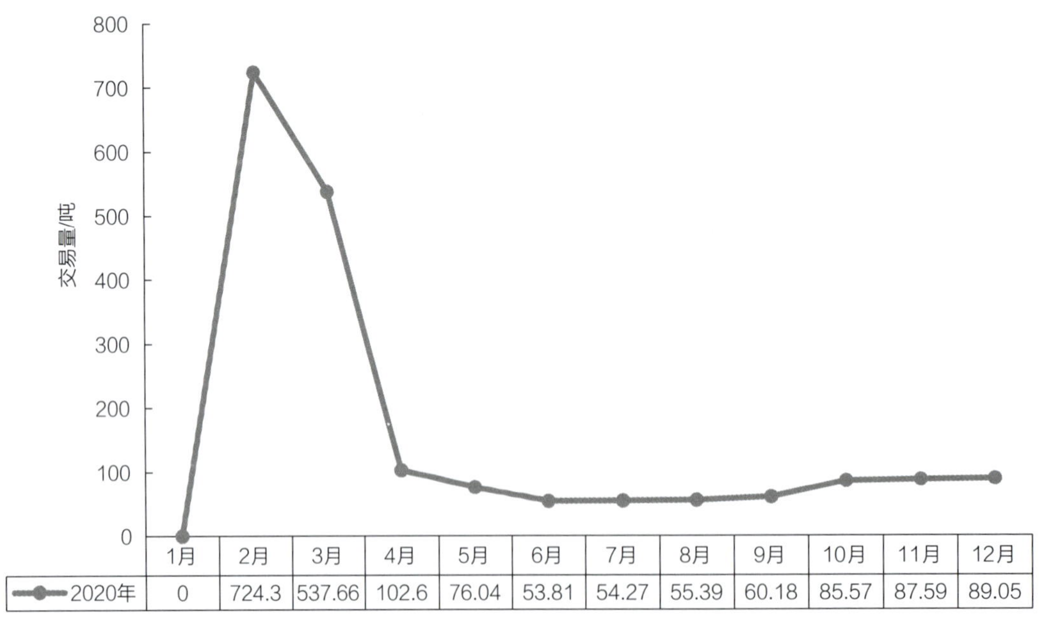

附图7　2020年1—12月中国茶叶指数之地方名茶指数——松阳绿茶

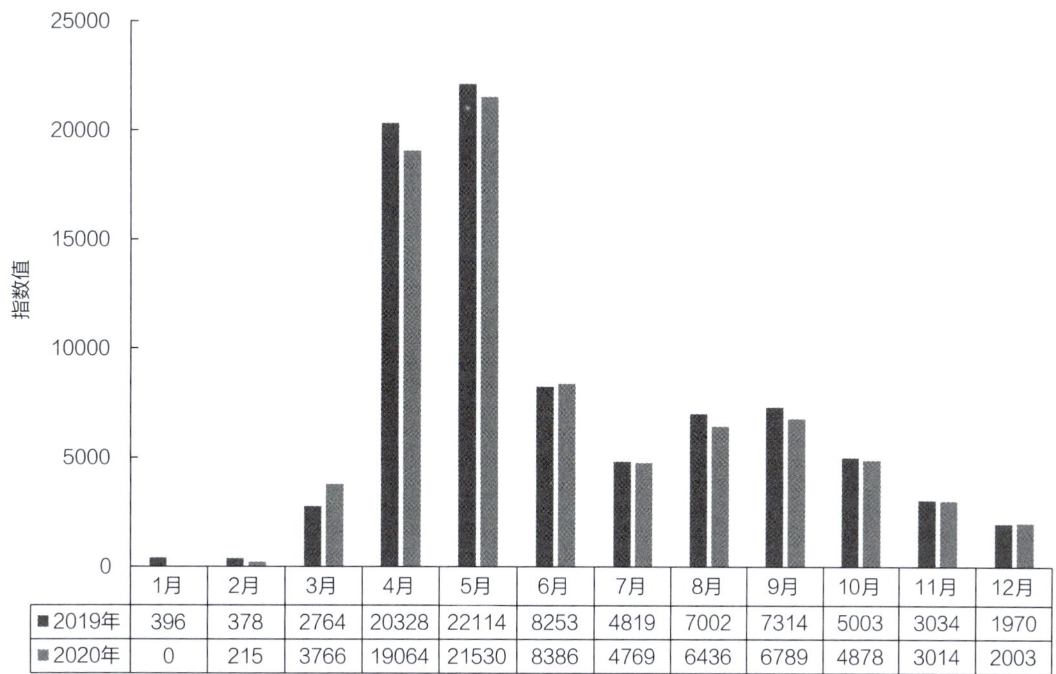

附图8 2019—2020（12月）浙南茶叶市场交易量

（注："中国茶业指数之地方名茶指数——松阳绿茶"编制单位为中国茶叶流通协会、松阳县人民政府、浙南茶叶市场）

（三）市场网上商城升级

由于新冠疫情影响，在不误防疫的同时不减茶收，并能有效抢抓住数字经济发展的新机遇，松阳县乘势升级了浙江浙南茶叶市场网上商城平台，助推茶产业转型升级。经升级后的浙南茶叶市场网上商城平台入驻企业920家，注册会员14998个，全年实现交易10.57万笔，交易额0.92亿元。

五、2020年信阳毛尖价格指数

（一）2020年度茶叶市场行情

2020年信阳毛尖市场交易量合计为301.9吨，比去年同期466.08吨，减少了164.18吨，下降了35.22%；交易额合计为53587.38万元，比去年同期71249.4元，下降了17662.02万元，下降了24.79%；单价为1767.3元/千克，比2019年同期增加了280.63元/千克。

附表3　信阳毛尖（指数信息合作单位）市场交易情况

月份	交易量/吨	交易额/万元	单价/（元/千克）
1			
2			
3	27.03	3719.34	1376
4	43.7	7486.99	1714
5	44.17	7960.34	1802
6	31.42	6312.75	2009
7	30.4	5744.72	1890
8	26.52	5041.45	1901
9	26.74	5876.86	2203
10	22.72	3699.18	1628
11	27.95	4388.28	1570
12	21.25	3357.47	1580
小计	301.9	53587.38	1767.3（均价）

（二）2020年度茶叶市场销售形势分析

1．产量较去年同期相比总体产量减少

（1）由于新冠肺炎疫情原因，信阳毛尖采摘量大幅减少　2020年1月、2月，由于疫情期间所有人居家隔离，毛尖茶叶滞销，因此这两个月交易量几乎为零。同时1月、2月份正是新茶成品的最后关头，茶园疏于打理，导致2020年毛尖新茶产量有一定程度的减少。

（2）2020年年初信阳降雨量较少，导致新茶后期吃水量不足，所以春茶大幅度减产。

（3）制茶人员减少。受疫情影响，导致茶叶收成减少。

2．价格与去年相比明显提升

（1）2020年春茶收成较少，但需求量没有减少，所以单价则比去年有所上涨。

（2）3月、4月份，信阳降雨量增多，为好茶的制作提供了必要的条件。而且在采摘和制作工艺方面大部分用手工完成，确保了茶叶的品质。所以2020年的总体茶品质较往年有了大幅度提升，量少质优，自然价高。受到供需影响，无论是中低档茶还是高端茶，价格均呈现较大的上升趋势。

（3）广大茶农较注重冬季茶园管理，特别是土壤改良的广泛推广，茶园肥力提高，使茶青内含物增加，茶叶肥厚，茶青原料质量大幅提高。

（4）举办全国名优（绿、红）茶评比、信阳毛尖传统手工炒制大赛，制好茶的氛围更加浓厚。

3．信阳毛尖茶产销企业采取了积极的措施，确保今年茶叶销路畅通：

（1）推行茶庄园取得良好效应。茶产业与旅游产业结合、庄园模式和茶文化特色小镇结合的新型发展模式，打造新型茶园的建设目标。依托信阳丰富的人文及自然生态资源性，第一、二、三产业融合发展，以旅游产业带动茶叶销售，拓展茶叶销路。

（2）以举办每年一次的信阳茶文化节为平台，抓住“一带一路”战略机遇，做大做强茶叶贸易，密切与“一带一路”沿线国家的出口贸易合作。

（3）举办河南省农产品与电商创新发展高峰论坛、信阳名优农特产品展示展销活动等。以“消费升级与业态创新”、“真心扶贫、爱心周末”为主题，设置案例分享、高峰论坛板块，得到产业内外专家学者和企业家的积极响应。

（三）2021年信阳毛尖茶的销售预测

在市政府的高度重视及采取的多元化积极管理措施保障下，预计2021年的茶叶产量会大幅度增长，茶叶质量将继续呈现上升趋势，预计均价仍可保持小幅度增长。

（四）最新茶叶销售价格信息

临近春节，市场销售态势良好，消费档次以中低档茶为主，市场销售单价以600～1000元/千克较为畅销。

（五）2021年计划

一是贯彻绿色发展理念，继续抓好产业发展质量，推进当地种植区域优化调整，做专做强；二是

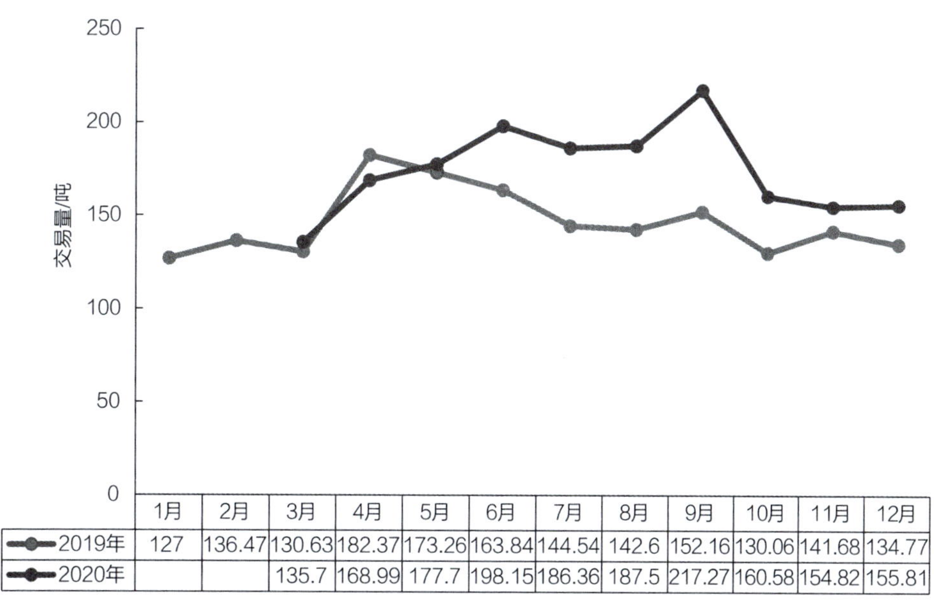

	1月	2月	3月	4月	5月	6月	7月	8月	9月	10月	11月	12月
2019年	127	136.47	130.63	182.37	173.26	163.84	144.54	142.6	152.16	130.06	141.68	134.77
2020年			135.7	168.99	177.7	198.15	186.36	187.5	217.27	160.58	154.82	155.81

附图9　2019—2020（12月）中国茶叶指数之地方名茶指数——信阳毛尖

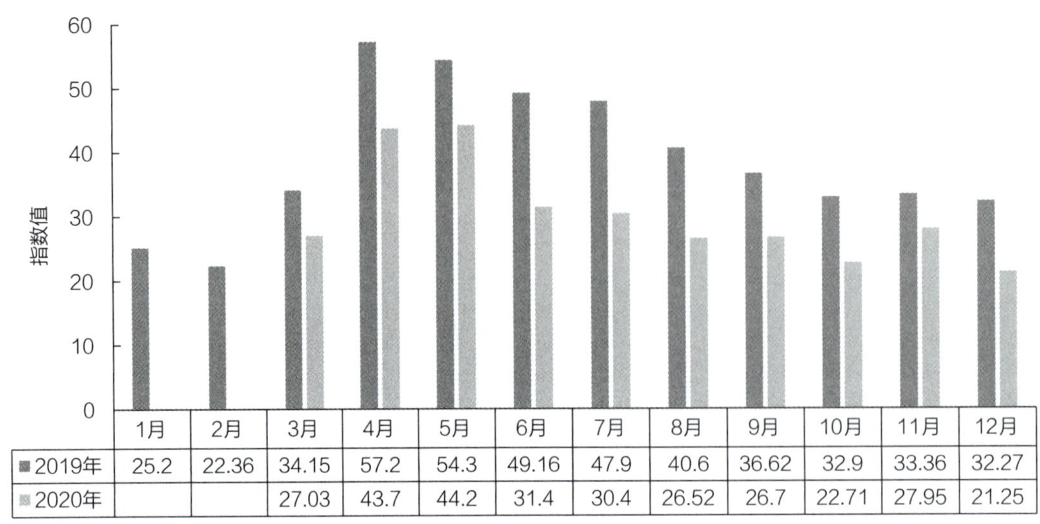

	1月	2月	3月	4月	5月	6月	7月	8月	9月	10月	11月	12月
2019年	25.2	22.36	34.15	57.2	54.3	49.16	47.9	40.6	36.62	32.9	33.36	32.27
2020年			27.03	43.7	44.2	31.4	30.4	26.52	26.7	22.71	27.95	21.25

附图10　2019—2020（12月）信阳毛尖指数信息采集合作单位市场交易量

（注："中国茶业指数之地方名茶指数——信阳毛尖"编制单位为中国茶叶流通协会、信阳市茶叶流通协会、信阳国际茶城）

继续做好品牌公共营销，以节会为节点，结合本区域品牌特色开展精准化营销活动；三是继续进行发展模式创新，用更加包容的心态鼓励各种经营模式的探索和尝试，鼓励企业结合市场进行产品机构的调整，结合本地资源禀赋探索三产融合模式；四是继续扶持与开展流通渠道创新，对产地批发市场进行提档升级，扶持龙头企业进行品牌旗舰形象店与零售系统升级改造，加大电商平台销售力度，线上线下构建新型终端零售体系。

六、2020年南宁市横州市茉莉花、茉莉花茶价格指数

（一）主要工作

（1）开展了以横州市西南茶城的茉莉鲜花交易市场为抽样点进行茉莉鲜花数据的采集、编制、发布，完成了对2020年4—10月的茉莉花价格指数的收集，进而分析整个茉莉花茶市场形势。

（2）与中国茶叶流通协会合作，开展价格指数网络建设工作，2020年4—10月期间，在中国茶叶流通协会刊物《茶世界》上发布"横州市茉莉鲜花、茉莉花茶价格指数及行情信息发布"。

（二）工作成效

（1）通过在中国茶叶流通协会官网和刊物《茶世界》上发布的横州市茉莉花茶价格指数及宣传横州市茉莉品牌，让更多客商了解横州市茉莉花和茉莉花茶的市场行情，横州市茉莉品牌得到进一步推广。

（2）2020年全年的茉莉花产量为9.5万吨，和2019年全年9.5万吨持平，2020年茉莉花平均价格18.82元/千克，同比2019年茉莉花平均价格24.52元/千克减少23%，2020年的茉莉花产值为19 亿元。2020年对比2019年茉莉花产量有所浮动，原因是今年年亩产量有所下降，但新种茉莉花达到1万多亩，故产量与去年持平。

（3）2020年成功举办了第二届世界茉莉花大会暨2020年中国（横州市）茉莉花文化节，极大地提高了横州市茉莉花（茶）的知名度和影响力，茉莉旅游文化得到进一步挖掘，茉莉花产业链得到进一步延伸。茉莉花（茶）价格指数的收集与发布，让更多的客商了解横州市茉莉花和茉莉花茶的市场行情，进而推动横州市茉莉品牌的推广。

（三）成立工作小组

横州市茉莉花茶价格指数工作成立了领导小组，组长为局长，工作人员由茉莉花茶价格指数编制人员组成，价格指数工作办公室设在局办公室。

（四）明年工作思路

进一步完善与发展横县茉莉花茶价格指数的收集、编制、发布，发挥价格指数的作用。一是继续建立与完善中国茉莉花茶价格指数分析系统，完善茉莉花价格和茉莉花茶价格的统计，建立完善的数据库；二是运用大数据分析，创新信息引领，打造“互联网+茉莉”。共同完成“互联网+”茉莉花平台搭建、调试及运营工作，进一步深化与阿里巴巴集团战略合作，推动茉莉花产业转型升级发展；三是与中国茶叶流通协会深入沟通和交流合作，为横州市茉莉花茶价格指数工作的开展指明方向。

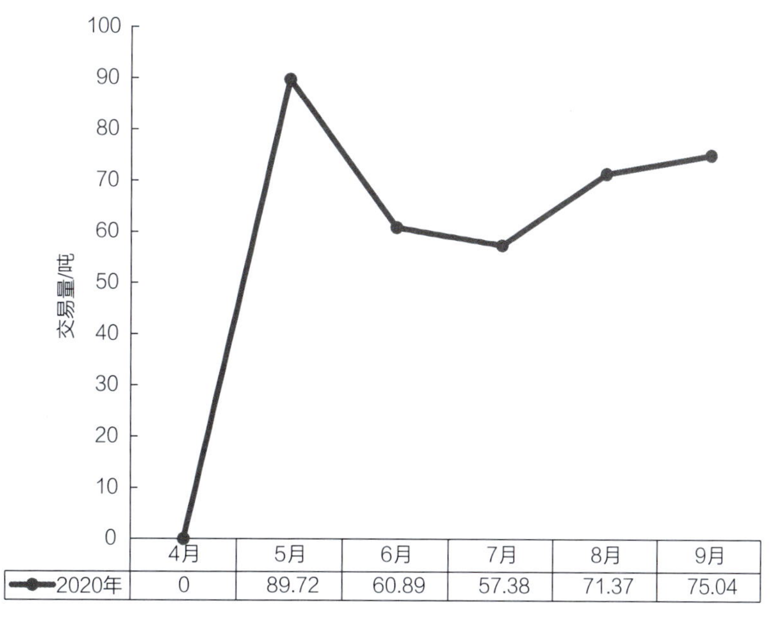

附图11　2020年4—9月中国茶叶指数之主要辅料指数——横州市茉莉鲜花

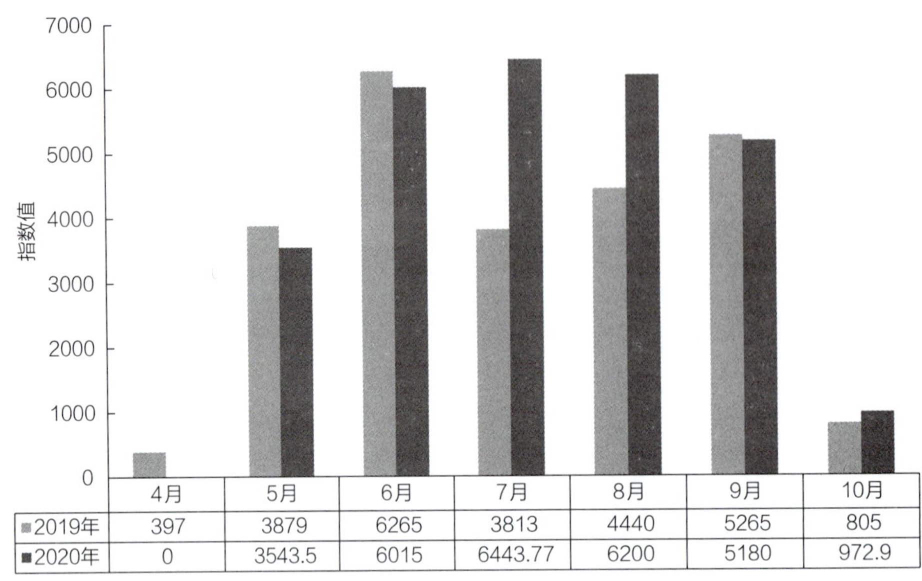

	4月	5月	6月	7月	8月	9月	10月
■2019年	397	3879	6265	3813	4440	5265	805
■2020年	0	3543.5	6015	6443.77	6200	5180	972.9

附图12　2019—2020（10月）横州市茉莉鲜花指数信息采集合作单位市场交易量

（注："中国茶业指数之主要辅料指数——横州市茉莉鲜花"编制单位为中国茶叶流通协会、横州市人民政府、横州市西南茶城、中国茉莉小镇石井茉莉花交易市场）

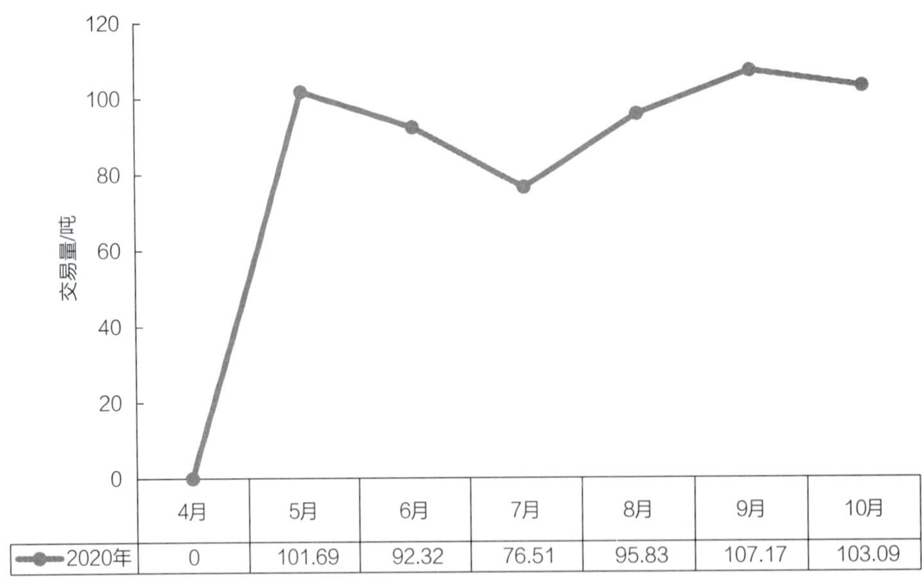

	4月	5月	6月	7月	8月	9月	10月
2020年	0	101.69	92.32	76.51	95.83	107.17	103.09

附图13　2020年4—10月中国茶叶指数之地方名茶指数——横州市茉莉花茶

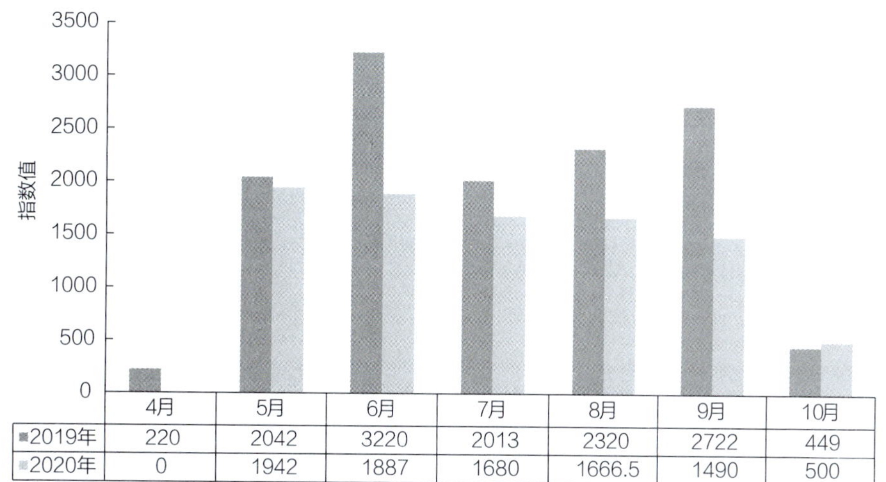

	4月	5月	6月	7月	8月	9月	10月
2019年	220	2042	3220	2013	2320	2722	449
2020年	0	1942	1887	1680	1666.5	1490	500

附图14　2019—2020（10月）横州市茉莉花茶指数信息采集合作单位市场交易量

（注："中国茶业指数之地方名茶指数——横州市茉莉花茶"编制单位为中国茶叶流通协会、横州市人民政府、横州市西南茶城、中国茉莉小镇石井茉莉花交易市场）

附录三　2020中国茶叶出口海关统计数据

一、2020年我国茶叶出口量

名次	国家或地区	2020年出口量/千克	2019出口量/千克	增幅/%
1	摩洛哥	67159190	74283597	-9.59
2	乌兹别克斯坦	23031846	20488368	12.41
3	加纳	18730410	16462112	13.78
4	多哥	17636660	15072746	17.01
5	塞内加尔	16901530	15130886	11.70
6	俄罗斯	14812091	13931849	6.32
7	毛里塔尼亚	14097722	14516710	-2.89
8	中国香港	13974241	17444273	-19.89
9	阿尔及利亚	13894051	14731516	-5.68
10	喀麦隆	13573668	10390409	30.64
11	日本	11486833	12008898	-4.35
12	美国	9661369	14731516	-34.42
13	德国	8349650	10792000	-22.63
14	波兰	6089619	4194404	45.18
15	贝宁	5878291	10458744	-43.80
……				
合计		348814610	366551878	-4.84

二、2020年我国茶叶出口额

名次	国家或地区	2020出口额/美元	2019出口额/美元	增幅/%
1	中国香港	465306506	506171883	-8.07
2	摩洛哥	198163705	225323016	-12.05
3	马来西亚	171314963	131245443	30.53
4	越南	132674335	151856211	-12.63
5	缅甸	114472613	45209223	153.21
6	加纳	79843661	71788345	11.22
7	多哥	76913438	65649565	17.16

续表

名次	国家或地区	2020出口额/美元	2019出口额/美元	增幅/%
8	塞内加尔	67420214	62033743	8.68
9	毛里塔尼亚	60209532	63611820	-5.35
10	日本	57153002	54476195	4.91
11	美国	52849364	70053560	-24.56
12	阿尔及利亚	47106244	50197940	-6.16
13	乌兹别克斯坦	40368425	36163236	11.63
14	俄罗斯	38726994	44594282	-13.16
15	泰国	33117015	45102066	-26.57
……				
合计		2037981957	2019594232	0.91%

三、2020年我国茶叶出口均价

茶类	2020年出口均价/（美元/千克）	2019年出口均价/（美元/千克）	增幅/%
绿茶	4.45	4.34	2.53
红茶	11.96	9.92	20.56
乌龙茶	12.74	13.01	-2.08
花茶	9.91	9.96	-0.50
普洱茶	31.52	18.54	70.01
总量	5.84	5.51	5.99

四、2020年1—12月中国红茶出口海关统计分国别和地区前20位（红茶）

名次	国家或地区	出口量/千克	名次	国家或地区	出口额/美元
1	中国香港	5105048	1	中国香港	121832382
2	美国	3635742	2	缅甸	74696219
3	缅甸	3422445	3	越南	55361114
4	波兰	2867164	4	马来西亚	16578010
5	巴基斯坦	2587452	5	美国	11121001
6	俄罗斯	2582491	6	吉尔吉斯斯坦	8680829
7	德国	1636174	7	波兰	6802665
8	越南	1321124	8	俄罗斯	6565025

续表

名次	国家或地区	出口量/千克	名次	国家或地区	出口额/美元
9	英国	875222	9	德国	6120343
10	马来西亚	633936	10	塔吉克斯坦	4974658
11	蒙古	602890	11	英国	3974356
12	泰国	367508	12	贝宁	3959868
13	塔吉克斯坦	360159	13	新加坡	2243075
14	法国	304282	14	日本	2127985
15	乌兹别克斯坦	260126	15	巴基斯坦	1948522
16	吉尔吉斯斯坦	243800	16	伊朗	1859913
17	日本	200483	17	埃及	1833990
18	新加坡	148830	18	中国台湾	1700851
19	哈萨克斯坦	137271	19	法国	1533658
20	中国澳门	137175	20	柬埔寨	1484516

五、2020年1—12月中国花茶出口海关统计分国别和地区前20位（花茶）

名次	国家或地区	出口量/千克	名次	国家或地区	出口额/美元
1	日本	2394641	1	日本	17060751
2	俄罗斯	784799	2	中国香港	14903805
3	美国	545271	3	美国	7748514
4	中国香港	522052	4	加拿大	3016239
5	德国	202561	5	俄罗斯	2977878
6	新加坡	189458	6	德国	2252978
7	波兰	142608	7	哈萨克斯坦	1286581
8	加拿大	127974	8	马来西亚	1119398
9	马来西亚	102907	9	新加坡	1034032
10	塞内加尔	102217	10	法国	955673
11	法国	101561	11	南非	827922
12	阿联酋	99860	12	阿根廷	744137
13	斯里兰卡	86174	13	塞内加尔	674253
14	越南	81626	14	荷兰	626298
15	英国	81103	15	英国	618404
16	墨西哥	64052	16	澳大利亚	562851

续表

名次	国家或地区	出口量/千克	名次	国家或地区	出口额/美元
17	荷兰	60277	17	阿联酋	542213
18	澳大利亚	45616	18	波兰	472666
19	比利时	36138	19	斯里兰卡	470132
20	南非	35627	20	比利时	350291

六、2020年1—12月中国绿茶出口海关统计分国别和地区前20位（绿茶）

名次	国家或地区	出口量/千克	名次	国家或地区	出口额/美元
1	摩洛哥	67156194	1	摩洛哥	198139114
2	乌兹别克斯坦	22757040	2	中国香港	158928371
3	加纳	18722490	3	马来西亚	93325793
4	多哥	17624660	4	加纳	79800192
5	塞内加尔	16799313	5	多哥	76847349
6	毛里塔尼亚	14018025	6	塞内加尔	66745961
7	阿尔及利亚	13881766	7	毛里塔尼亚	59978057
8	喀麦隆	13573668	8	越南	52656609
9	俄罗斯	9745419	9	阿尔及利亚	47054053
10	德国	6122131	10	乌兹别克斯坦	39939141
11	贝宁	5778291	11	缅甸	33633172
12	冈比亚	5526520	12	美国	29397295
13	美国	4979778	13	俄罗斯	24428893
14	中国香港	4756453	14	冈比亚	21876604
15	尼日尔	4729719	15	德国	21456717
16	阿富汗	3986171	16	泰国	21017930
17	几内亚	3251330	17	喀麦隆	16169587
18	马里	3216892	18	法国	15259700
19	法国	3204519	19	吉尔吉斯斯坦	14400727
20	利比亚	3108670	20	马里	13745850

七、2020年1—12月中国普洱茶出口海关统计分国别和地区前20位（普洱茶）

名次	国家或地区	出口量/千克	名次	国家或地区	出口额/美元
1	中国香港	1815348	1	中国香港	96618334
2	日本	367392	2	马来西亚	2305842
3	德国	239557	3	韩国	2130323
4	马来西亚	223120	4	缅甸	1882769
5	蒙古	175838	5	德国	1475404
6	韩国	109255	6	日本	1388230
7	波兰	91835	7	越南	1310025
8	中国澳门	66203	8	法国	910182
9	中国台湾	62545	9	柬埔寨	619500
10	美国	49111	10	美国	577174
11	哈萨克斯坦	48854	11	中国澳门	420794
12	缅甸	45300	12	波兰	381939
13	法国	43712	13	中国台湾	269646
14	越南	36150	14	加拿大	235260
15	智利	30995	15	俄罗斯	177350
16	西班牙	23560	16	荷兰	174126
17	俄罗斯	18385	17	智利	157161
18	阿根廷	17000	18	蒙古	128999
19	加拿大	15093	19	比利时	94308
20	荷兰	14815	20	新加坡	92241

八、2020年1—12月中国乌龙茶出口海关统计分国别和地区前20位（乌龙茶）

名次	国家或地区	出口量/千克	名次	国家或地区	出口额/美元
1	日本	7572027	1	中国香港	73023614
2	马来西亚	1932562	2	马来西亚	57985920
3	中国香港	1775340	3	日本	29458047
4	俄罗斯	1680997	4	越南	23087506
5	越南	1138726	5	泰国	11107761

续表

名次	国家或地区	出口量/千克	名次	国家或地区	出口额/美元
6	泰国	1053460	6	俄罗斯	4577848
7	美国	451467	7	缅甸	4009104
8	尼日利亚	176322	8	美国	4005380
9	新加坡	176115	9	德国	1603558
10	缅甸	160195	10	中国台湾	1063432
11	德国	149227	11	新加坡	990506
12	乌克兰	109054	12	韩国	902158
13	斯里兰卡	99143	13	加拿大	518168
14	毛里塔尼亚	79697	14	阿根廷	444932
15	墨西哥	51142	15	斯里兰卡	350962
16	韩国	45301	16	尼日利亚	312336
17	巴布亚新几内亚	41857	17	法国	293792
18	加拿大	39463	18	南非	277434
19	南非	31317	19	毛里塔尼亚	231475
20	波兰	27130	20	菲律宾	227761

附录四 2020中国茶叶行业调查结果

一、县域

（一）2020茶业百强县名单（100个）

贵州省湄潭县、福建省安溪县、湖南省安化县、河南省信阳市浉河区、广西壮族自治区横州市、贵州省凤冈县、湖南省长沙县、云南省勐海县、云南省凤庆县、福建省武夷山市、四川省雅安市雨城区、福建省福鼎市、江西省婺源县、湖北省英山县、浙江省新昌县、浙江省松阳县、湖北省赤壁市、湖北省恩施市、湖北省鹤峰县、湖南省石门县、四川省洪雅县、云南省昌宁县、湖北省宜昌市夷陵区、四川省高县、湖北省五峰土家族自治县、四川省夹江县、湖北省宣恩县、福建省福安市、广东省英德市、湖南省桃源县、贵州省石阡县、广西壮族自治区昭平县、四川省筠连县、安徽省歙县、陕西省紫阳县、云南省临沧市临翔区、浙江省武义县、山东省日照市岚山区、云南省双江拉祜族佤族布朗族傣族自治县、安徽省岳西县、云南省云县、安徽省休宁县、河南省光山县、贵州省都匀市、福建省政和县、河南省罗山县、四川省邛崃市、安徽省祁门县、福建省宁德市蕉城区、安徽省黄山市徽州区、江西省遂川县、湖北省宜都市、福建省寿宁县、安徽省霍山县、贵州省黎平县、山东省日照市东港区、江西省浮梁县、湖北省保康县、江西省修水县、湖北省谷城县、安徽省金寨县、贵州省正安县、云南省永德县、河南省商城县、浙江省淳安县、湖北省咸宁市咸安区、河南省新县、陕西省泾阳县、安徽省黟县、湖北省咸丰县、安徽省舒城县、贵州省余庆县、浙江省宁海县、云南省景东彝族自治县、广西壮族自治区苍梧县、浙江省磐安县、贵州省金沙县、云南省景谷傣族彝族自治县、陕西省平利县、河南省固始县、湖北省长阳土家族自治县、江西省铜鼓县、广东省大埔县、贵州省普安县、江苏省常州市金坛区、贵州省安顺市西秀区、云南省镇康县、浙江省景宁畲族自治县、湖北省巴东县、河南省潢川县、福建省光泽县、贵州省思南县、浙江省龙泉市、浙江省天台县、湖南省吉首市、江西省上犹县、广西壮族自治区三江侗族自治县、浙江省泰顺县、安徽省宁国市、广东省紫金县

（二）“十三五”茶业发展十强县

贵州省湄潭县、福建省安溪县、湖南省安化县、云南省勐海县、广西壮族自治区横州市、河南省信阳市浉河区、福建省福鼎市、浙江省松阳县、安徽省黄山市徽州区、湖北省赤壁市

（三）2020年度茶业品牌建设十强县

广东省英德市、安徽省祁门县、福建省武夷山市、浙江省新昌县、陕西省泾阳县、贵州省都匀市、云南省双江拉祜族佤族布朗族傣族自治县、江西省浮梁县、四川省筠连县、山东省日照市岚山区

（四）2020年度茶业生态建设十强县

贵州省石阡县、湖南省石门县、河南省商城县、云南省昌宁县、江西省上犹县、福建省福安市、广西壮族自治区三江侗族自治县、湖北省五峰土家族自治县、安徽省舒城县、四川省邛崃市

二、企业

（一）2020年度茶业百强企业名单

湖南省茶业集团股份有限公司、天福（开曼）控股有限公司、浙江华茗园茶业有限公司、四川省峨眉山竹叶青茶业有限公司、湘丰茶业集团有限公司、北京张一元茶叶有限责任公司、北京吴裕泰茶业股份有限公司、华祥苑茶业股份有限公司、萧氏茶业集团有限公司、武夷星茶业有限公司、湖南华莱生物科技有限公司、黄山小罐茶业有限公司、福建春伦集团有限公司、福建品品香茶业有限公司、四川省茶业集团股份有限公司、安徽省六安瓜片茶业股份有限公司、谢裕大茶叶股份有限公司、普洱澜沧古茶股份有限公司、湖南省白沙溪茶厂股份有限公司、福建新坦洋集团股份有限公司、杭州艺福堂茶业有限公司、湖北采花茶业有限公司、昆明七彩云南庆沣祥茶业股份有限公司、羊楼洞茶业股份有限公司、云南六大茶山茶业股份有限公司、安徽国润茶业有限公司、勐海雨林古茶坊茶叶有限责任公司、云南双江勐库茶叶有限责任公司、广东茶叶进出口有限公司、福建省天湖茶业有限公司、福建武夷山国家级自然保护区正山茶业有限公司、腾冲市高黎贡山生态茶业有限责任公司、陕西苍山秦茶集团有限公司、河南新林茶业股份有限公司、福建省天禧御茶园茶业有限公司、勐海陈升茶业有限公司、闽榕茶业有限公司、信阳市文新茶叶有限责任公司、安徽省祁门红茶发展有限公司、黄山市猴坑茶业有限公司、江西省宁红集团有限公司、安徽省抱儿钟秀茶业股份有限公司、云南下关沱茶（集团）股份有限公司、大不同集团有限公司、广西壮族自治区梧州茶厂、湖北省茶业集团股份有限公司、黄山王光熙松萝茶业股份公司、福建鼎白茶业有限公司、贵州阳春白雪茶业有限公司、益阳茶厂有限公司、云南中茶茶业有限公司、天方茶业股份有限公司、福建康来颜茶业有限公司、黄山光明茶业有限公司、厦门山国饮艺茶业有限公司、恩施州伍家台富硒贡茶有限责任公司、黄山紫霞茶业有限公司、福建誉达茶业有限公司、福州福民茶叶有限公司、湖北三品源茶业科技开发有限公司、广西梧州茂圣茶业有限公司、四川省文君茶业有限公司、北京市武夷山老记茶业有限责任公司、英德八百秀才茶业有限公司、济南博茗茶叶交易中心、黄山市新安源有机茶开发有限公司、福建瑞达茶业有限公

司、福建顺茗道茶业有限公司、江西省武夷源茶业股份有限公司、福建省广福茶业有限责任公司、福建省莲峰茶业有限公司、海南省农垦五指山茶业集团股份有限公司、汉中山花茶业有限公司、苏州三万昌茶叶有限公司、北京二商京华茶业有限公司、江门丽宫国际食品股份有限公司、咸阳泾渭茯茶有限公司、广东省大埔县西岩茶叶集团有限公司、仙居县茶叶实业有限公司、贵州湄潭兰馨茶业有限公司、广东凯达茶业股份有限公司、湖北宜红茶业有限公司、湖北汉家刘氏茶业股份有限公司、云南农垦集团勐海八角亭茶业有限公司、武夷山香江茶业有限公司、河南蓝天茶业有限公司、浙江诚茂控股集团有限公司、广西农垦茶业集团有限公司、信阳申林茶业开发有限公司、霍山汉唐清茗茶叶有限公司、重庆市二圣茶业有限公司、罗山县亿峰生态林业开发有限责任公司、福建福鼎东南白茶进出口有限公司、广西金花茶业有限公司、杭州茶厂有限公司、四川蒙顶山跃华茶业集团有限公司、宁强县千山茶业有限公司、河南九华山茶业有限公司、福建华香茶业有限公司、河南赛山悟道生态茶业科技有限公司

（二）2020年度茶业创新十强企业

福建品品香茶业有限公司、黄山小罐茶业有限公司、谢裕大茶叶股份有限公司、杭州艺福堂茶业有限公司、湖南省白沙溪茶厂股份有限公司、安徽省六安瓜片茶业股份有限公司、云南白药天颐茶品有限公司、勐海陈升茶业有限公司、湖北采花茶业有限公司、信阳市文新茶叶有限责任公司

（三）2020年度茶业社会责任十佳企业

中国茶叶股份有限公司、八马茶业股份有限公司、安徽省祁门红茶发展有限公司、福建春伦集团有限公司、四川省茶业集团股份有限公司、云南下关沱茶（集团）股份有限公司、浙江省茶叶集团股份有限公司、广东茶叶进出口有限公司、贵州阳春白雪茶业有限公司、勐海雨林古茶坊茶叶有限责任公司

（四）2020年度茶业新锐十强企业

漳州天骏茗风生态农业发展有限公司、湖南省九狮寨高山茶业有限责任公司、恩施市润邦国际富硒茶业有限公司、广东茗皇茶业有限公司、海南农垦白沙茶业股份有限公司、贵州琦福苑茶业有限公司、云南中吉号茶业有限公司、江苏天目云露茶业有限公司、安徽兰花茶业有限公司、广西顺来茶业有限公司

附录五　2020茶类相关管理文件汇总

（2020.7.29—2021.6.20）

1.《市场监管总局关于2020年上半年食品安全监督抽检情况分析的通告》（食品安全抽检监测司2020年第18号）

2. 市场监管总局办公厅关于印发《餐饮质量安全提升行动方案》的通知（市监食经〔2020〕97号）

3. 市场监管总局办公厅关于印发《市场监管行政处罚、行政强制流程图》和《市场监管执法行为用语规范》的通知（市监稽〔2020〕113 号）

4.《全国专业标准化技术委员会管理办法（2020修订版）》（2017年10月30日国家质量监督检验检疫总局令第191号公布，根据2020年10月23日国家市场监督管理总局令第31号修订）

5.《网络餐饮服务食品安全监督管理办法（2020年修订版）》（2017年11月6日国家食品药品监督管理总局令第36号公布，根据2020年10月23日国家市场监督管理总局令第31号修订）

6.《保健食品注册与备案管理办法（2020年修订版）》（2016年2月26日国家食品药品监督管理总局令第22号公布，根据2020年10月23日国家市场监督管理总局令第31号修订）

7.《食品召回管理办法》（2015年3月11日国家食品药品监督管理总局令第12号公布，根据2020年10月23日国家市场监督管理总局令第31号修订）

8.《零售商品称重计量监督管理办法》（2004年8月10日国家质量监督检验检疫总局、国家工商行政管理总局令第66号发布，根据2020年10月23日国家市场监督管理总局令第31号修订）

9.《集贸市场计量监督管理办法》（2002年4月19日国家质量监督检验检疫总局令第17号发布，根据2020年10月23日国家市场监督管理总局令第31号修订）

10.《商品量计量违法行为处罚规定》（1999年3月12日国家质量技术监督局令第3号公布，根据2020年10月23日国家市场监督管理总局令第31号修订）

11.《商标印制管理办法》（1996年9月5日国家工商行政管理局令第57号公布 1998年12月3日国家工商行政管理局令第86号第一次修订，2004年8月19日国家工商行政管理总局令第15号第二次修订，2020年10月23日国家市场监督管理总局令第31号第三次修订）

12.《中华人民共和国企业法人登记管理条例施行细则》（1988年11月3日国家工商行政管理局令第1号公布，根据1996年12月25日国家工商行政管理局令第66号第一次修订，根据2000年12月1日国家工商行政管理局令第96号第二次修订，根据2011年12月12日国家工商行政管理总局令第58号第三次修订，根据2014年2月20日国家工商行政管理总局令第63号第四次修订，根据2016年4月29日国家工商行政管理总局令第86号第五次修订，根据2017年10月27日国家工商行政管理总局令第92号第六次修订，根据2019年8月8日国家市场监督管理总局令第14号第七次修订，根据2020年10月23日国家市场监督管理总局令第31号第八次修订）

13.《网络购买商品七日无理由退货暂行办法》（2017年1月6日国家工商行政管理总局令第90号公布，根据2020年10月23日国家市场监督管理总局令第31号修订）

14.《拍卖监督管理办法》（2001年1月15日国家工商行政管理局令第101号公布，根据2013年1月5日国家工商行政管理总局令第59号第一次修订，根据2017年9月30日国家工商行政管理总局令第91号第二次修订，根据2020年10月23日国家市场监督管理总局令第31号第三次修订）

15.《侵害消费者权益行为处罚办法》（2015年1月5日国家工商行政管理总局令第73号公布 根据国家市场监督管理总局令第31号修订）

16.《市场监管总局关于2020年第三季度食品安全监督抽检情况分析的通告》（食品安全抽检监测司2020年第28号）

17.《市场监管总局关于加强网络直播营销活动监管的指导意见》（国市监广〔2020〕175号）

18. 市场监管总局关于印发《食用农产品抽样检验和核查处置规定》的通知（国市监食检〔2020〕184号）

19.《市场监管总局关于加强网上销售消费品召回监管的公告》（质量发展局2020年第61号）

20. 市场监管总局办公厅关于《食品安全法实施条例》第81条适用有关事项的意见（市监稽发〔2021〕2号）

21.《网络交易监督管理办法》（2021年3月15日国家市场监督管理总局令第37号公布）

22.《市场监管总局办公厅关于开展民生计量专项行动的通知》（市监计量发〔2021〕21号）

23.《网络食品安全违法行为查处办法》（2016年7月13日国家食品药品监督管理总局令第27号公布，根据2021年4月2日《国家市场监督管理总局关于废止和修改部分规章的决定》修改）

24.《市场监管总局关于2020年市场监管部门食品安全监督抽检情况的通告》（食品安全抽检监测司2021年第20号）

25.《市场监管总局关于2021年第一季度市场监管部门食品安全监督抽检情况的通告》（食品安全抽检监测司2021年第24号）

26. 市场监管总局关于印发《国家标准样品管理办法》的通知（标准技术管理司国市监标技规〔2021〕1号）

27. 市场监管总局关于印发《2021年度 实施企业标准“领跑者”重点领域》的公告（国家市场监督管理总局公告2021年第22号）

图书在版编目（CIP）数据

2021中国茶叶行业发展报告 / 中国茶叶流通协会组织编写. — 北京：中国轻工业出版社，2021.10

ISBN 978-7-5184-3677-4

Ⅰ. ①2… Ⅱ. ①中… Ⅲ. ①茶业—产业发展—研究报告—中国—2021 Ⅳ. ①F326.12

中国版本图书馆CIP数据核字（2021）第194441号

责任编辑：贾　磊　　　责任终审：劳国强
整体设计：锋尚设计　　责任校对：吴大朋　　责任监印：张　可

出版发行：中国轻工业出版社（北京东长安街6号，邮编：100740）
印　　刷：三河市国英印务有限公司
经　　销：各地新华书店
版　　次：2021年10月第1版第1次印刷
开　　本：889×1194　1/16　印张：23.75　插页：3
字　　数：550千字
书　　号：ISBN 978-7-5184-3677-4　定价：498.00元
邮购电话：010-65241695
发行电话：010-85119835　传真：85113293
网　　址：http://www.chlip.com.cn
Email：club@chlip.com.cn
如发现图书残缺请与我社邮购联系调换
210757K1X101ZBW